T0299170

بسم الله الرحمن الرحيم

المرجع المتكامل في
إدارة الاستراتيجية

محفوظة
جميع الحقوق

المملكة الأردنية الهاشمية
رقم الإيداع لدى دائرة المكتبة الوطنية
(2009 / 6 / 2655)

658

جواد ، شوقي ناجي
المرجع المتكامل في إدارة الاستراتيجية/ شوقي ناجي جواد.
_ عمان :دار الحامد للنشر ، 2009 .
( ) ص .
ر. أ. : (2655 / 6 / 2009) .
الواصفات : / الإدارة النقدية// الإدارة//إدارة الأعمال/

❖ أعدت دائرة المكتبة الوطنية بيانات الفهرسة والتصنيف الأولية .

* (ردمك) ISBN 978-9957-32-460-5

دار الحامد للنشر والتوزيع

شفا بدران - شارع العرب مقابل جامعة العلوم التطبيقية
هاتف: 00962- 5231081 فاكس : 00962- 5235594
ص.ب . (366) الرمز البريدي : (11941) عمان – الأردن

Site : www.daralhamed.net   E-mail : info@daralhamed.net

E-mail : daralhamed@yahoo.com   E-mail : dar_alhamed@hotmail.com

المرجع المتكامل في
إدارة الاستراتيجية

الاستاذ الدكتور

شوقي ناجي جواد

أستاذ إدارة الأعمال

الطبعة الأولى

1431هـ - 2010م

بسم اللـه الرحمن الرحيم

﴾ومن يعمل من الصالحات وهو مؤمنٌ فلا
يخاف ظلماً ولا هضماً﴿

صدق اللـه العظيم
سورة طه
الآية 112

المحتويات
Content

المقدمة

Introduction

تزايد الاهتمام خلال العقدين الأخيرين بنشر مفهوم الاستراتيجية (Concept of Strategy) وطرق إدارته. وقد لازم هذا الاهتمام ظهور وازدهار أدبيات عالجت صياغة الاستراتيجية ورسم خططه، وأوضحت الطرق المناسبة لتطبيقه بما يتلاءم وامكانات أي من المنظمات القائمة. وفي ذات الوقت ازداد اقبال الطلاب وذوي الاختصاص على دراسة إدارة الاستراتيجية (Strategy Management) صياغةً واختياراً وتطبيقاً وتقييماً. كذلك كان منحى الدارسين الآخرين، وعلى الرغم من ان حقل إدارة الاستراتيجية هو تجمع اشعاع نظريات عديدة (اقتصادية وسياسية واجتماعية وتكنولوجية...الخ). الا ان ممارسة إدارة الاستراتيجية امتدت لتشمل جوهر العملية الادارية بكل اشكالها وفعالياتها التنظيمية.

ومع ان ازدياد الاهتمام بإدارة الاستراتيجية يسير ببطء نسبي لكنه وبكل تأكيد سينفذ إلى البيئة الأساسية للتنظيم الخاص بكل المنظمات الهادفة وغير الهادفة الربح (Profit and Non Profit Enterprises). ان أساسيات إدارة الاستراتيجية غدت ركناً رئيساً من اركان ادارة المنظمة ولمراحل العمليات الجارية في المنظمة عموماً. وبات واضحاً، وكما أقر بعض المعنيين، ان هذا الحقل الجديد "إدارة الاستراتيجية" يستحوذ اهتمام الادارة العليا في المنظمات التي تقع عليها مسؤولية وضع الاستراتيجية وتنفيذه. ومع ان تأثير الاستراتيجية يغطي الأساس التنظيمي للمنظمة ككل، الا ان الادارات الوسطى تتحمل هي الأخرى وبدرجات متفاوتة مسؤولية ادارته. ان الاستراتيجية بأشكالها ومفاهيمها تتشابه مع طبيعة الوظيفة التقليدية للمدير عند النظر اليها من خلال التسلسل الهرمي للادارة (The Hierarchy).

وكما سيرد ذكره في فصل لاحق من هذا الكتاب، فانه من المفيد النظر إلى إدارة الاستراتيجية من خلال مداخل ووجهات نظر متعددة. حيث يمكن أولاً اعتبار إدارة الاستراتيجية على أنها الهيكلية المتطورة (Evolving Body) للمعرفة التي بلورت مدرسة

الفكر الاداري، كما يمكن ثانياً اعتبارها هيكلاً انتقائياً (Electic Body) تتكون من المعرفة المستقاه من النظم التقليديـة والعلوم الأخرى. اما المدخل الثالث فيؤكد على الخـواص العامـة (General Properties) لإدارة الاستراتيجية بما في ذلك امكانية اخضاعها للتطبيـق عـلى المـنظمات كافـة مـع تفاوت شدة التركيز والاهتمام وطبيعة العمل في هذه المنظمات. كما يمكـن ومـن مدخــل رابـع النظـر إلى إدارة الاستراتيجيـة مـن منظـور عـالمي (Global Perspective). ان هـذا المـدخل يطـرح فكرة بان المنظمة ما هي الا نظام بديل لنظام اكبر هو البيئـة الخارجيـة. امـا المـدخل الخـامس فانه يؤكد على النوعية الكلية(Holistic Quality)، ذلـك ان مظلـة إدارة الاسـتراتيجية تغطـي كـل الفعاليات التنظيمية بما في ذلك المسـؤوليات والقوانــين والضوابــط المرعيــة. ويعـالج المدخــل السادس الجوانـب التعاونية والتداؤبية (Synergetic) لإدارة الاستراتيجية. والتداؤب يعني معـدل المحاولات الايجابية لمزج عناصر الادارة في صنع القرار الذي يحقق مصلحة المنظمة ويعود عليها بالنفع. وأخيراً المدهل العقلاني (Rational) الذي يركز على الرشد في صنع القـرارات الاداريـة وبمـا يتلاءم والهدف من عمليـات إدارة الاسـتراتيجية. ان هـذه المـداخل السـبعة بمجموعهـا تعكـس شخصية إدارة الاستراتيجية المتعددة الأبعاد.

والحقيقة ان مصطلح إدارة الاستراتيجية يتضمن القـدرة التنبؤيـة للتوافـق المنشـود بـين القـدرات الذاتيـة للمنظمـة وبـين الفـرص الجيـدة المتاحـة، او التهديـدات الناشـئة عـن البيئة الخارجية لها. والمؤمل ان مردود إدارة الاستراتيجية يعود بالنفع على منظمات الأعمال والعاملين فيها، وكذلك على أصحاب المصـالح المشـتركة. ذلـك ان إدارة الاسـتراتيجية عبـارة عـن مجموعـة المفاهيم المرتبطة بالمركز التنظيمي التي ينبغي ان ترمـي إلى تحقيـق نتـائج ايجابيـة للمنظمـة. بمعنى آخر ان إدارة الاستراتيجية هـي العمليـة الأساسـية التـي تجعـل مـن ادارة المنظمـة ادارة فعالة، وبدونها فان التوقـع بتفـوق اداري وفاعليـة تنظيميـة يبـدو ضـعيفاً في أحسـن الأحـوال ومستحيلاً في أسوأ الأحوال بكل تأكيد.

يهدف هذا الكتاب إلى مناقشـة موضـوع إدارة الاسـتراتيجية بطريقـة علميـة مدروسـة، القصد منها اعانة القائمين على ادارة اية منظمة على تقوية قدراتها كمنظمة في استثمار

الفرص المتاحة وكيفية التعامل مع التهديدات الخارجية. ان اعمال تطور مفهوم إدارة الاستراتيجية التي يعرضها كتابنا هذا تؤيد تأكيدات بعض الكتاب التي تعكس ضرورات العمل الجاد باتجاه تحقيق هدف المنظمة انطلاقاً من أساسيات إدارة الاستراتيجية التي هي جوهر أعمال إدارة وقيادة المنظمة. وهنا لا بد لنا من التثبيت من ان إدارة الاستراتيجية يجب ان تجري في كل المنظمات، مهما اختلفت غاياتها وتوجهاتها، وهي لا تقتصر كما يعتقد البعض على المنظمات التجارية. وفي الواقع ان مفهوم سياسات الأعمال (أو كما تسمى السياسات الادارية) (Business Policies) الذي ناقشناه في كتاب سابق، قد نما وازدهر بشكل أسرع من مفهوم إدارة الاستراتيجية، الا ان الأول هو جزء من المفهوم الأخير.

ان نموذج المفهوم العملياتي (Conceptual Process Model) يرتبط بجسور وموصلات حساسة وخطرة وحرجة (Critical Linkages) مع سياسات الأعمال التي تهدف لمعالجة مواقف وحالات معينة، في حين تهدف إدارة الاستراتيجية إلى دراسة ومعالجة موقف المنظمة ككل في ضوء مواقف المنظمات الأخرى المماثلة، وتعمل على وضع نظرية متطورة للعمل. فالنموذج المطروح في الفصل الثاني سيكون المرجع الأساس للفصول اللاحقة التي تحوي شرحاً تفصيلياً للعناصر الرئيسة لعملية إدارة الاستراتيجية.

وفي الواقع، تكمن أهمية السياسة (Policy) والاستراتيجية (Strategy) والسلوك الاداري (Administrative Behavior) في طبيعة العلاقة بينهم، وفي كونهم يلتقون حول محور حاجة المنظمات لسياسة الأعمال النابعة من ستراتيج رصين. ان ما نشر من دراسات وبحوث عن إدارة الاستراتيجية خلال السنوات العشر الماضية، يعكس النقلة الواضحة في المحاولات التقليدية لفهم موضوع سياسات الأعمال، ويعكس أيضاً سرعة تطور حقل إدارة الاستراتيجية. وسوف تحل إدارة الاستراتيجية محل سياسات الأعمال كمادة رئيسة في كليات ومعاهد ادارة الأعمال.

ان جهدنا هذا هو جهد متواضع في هذا الاتجاه لسبر غور حيثيات ما وراء الأعمال بطريقة منطقية مسهبة لتشمل وعلى التوالي النظريات المعاصرة والرائدة، إلى جانب

المفاهيم الأساسية لإدارة الاستراتيجية. ان هذا الكتاب يقدم النظريات والمفاهيم والمبادئ الحديثة والخاصة بإدارة الاستراتيجية اذا ما قورنت بما هو موجود في الكتب المرجعية الأخرى.

وقد يكون من المناسب الاشارة هنا إلى انه، وبالرغم من ان جمهور هذا الكتاب سيكون ولا شك من طلبة كليات ومعاهد ادارة الأعمال سواء من كان منهم في الدراسة الأولية او العليا، إلا ان الحاجة تلزم تعميم المعارف التي يتضمنها حقل إدارة الاستراتيجية على الطلبة الآخرين سواء من كان منهم في الإدارة التربوية او الصحية او العامة وحتى المدراء العاملين في المنظمات الاقتصادية والاجتماعية والسياسية.

انه لأمر طبيعي ان تفقد محتويات الكتاب أهميتها، أو ان تكون قليلة الفائدة للذين يعملون في الادارة اذا هم رغبوا فقط بزيادة معلوماتهم عن إدارة الاستراتيجية. الا ان الحال سينعكس اذا هم اندفعوا لاستيعاب النظريات والمبادئ والآراء والمفاهيم المطروحة في هذا الكتاب، حيث ان ذلك سيؤسس لهم الأرضية الصلدة التي تساعدهم على تطوير أساليب التعامل مع الأحداث خلال حياتهم العملية، او في أي نشاط واقعي منظم مستقبلاً. ومما لا شك فيه ان العاملين في حقل ادارة الأعمال قد يتعرضون لحالات معقدة توقعهم في هفوات او تجعلهم يرتكبون الأخطاء خلال ممارستهم للعمل الاداري. ومهما تكن طبيعة هذه الهفوات والأخطاء، فان معالجتها وتقويمها يغدو أمراً ممكناً اذا هم استوعبوا معاني ومضامين إدارة الاستراتيجية. ومن الدروس المستنبطة من ماضي الاحداث تتقوّم سلوكية الاداريين ويتحسن أداؤهم وتتقدم خطاهم على طريق النجاح ان هم كسبوا الجديد، والكتاب الحالي خير عون لهم على ذلك.

ان الفرضية التي استند اليها هذا الكتاب تنطلق من ضرورة الالمام بنظريات ومفاهيم إدارة الاستراتيجية قبل وضعها موضع التنفيذ والتطبيق. الالمام والاستيعاب لمثل هذه النظريات والمعارف يمكنان الدارس والاختصاصي ومن يمارس ادارة الأعمال من الحصول على المهارات والقدرات الضرورية التي تساعده في التبصر والتنبؤ ووضع التخمينات والحلول المناسبة للحالات والمشاكل التي قد تبرز في مجال ادارة الأعمال.

انه لمن نافلة القول ان التعلم يجب ان يسبق التطبيق اذا أريد للأخير نتائج ايجابية ورصينة وذات ديمومة. وإذا ما شرع القائد الاداري بتطبيق الاستراتيجية وتنفيذها دون ان يكون قد اكتسب المعرفة المطلوبة فان أرضية هذا التنفيذ ستكون هشة لا يمكن التعويل عليها او الانطلاق منها.

منذ مدة ليست بالقصيرة كنت أجري مسحاً لآراء بعض الاساتذة والمختصين الذين يتعاملون أو الذين يدَّرسون مادة سياسات الأعمال في كليات ومعاهد الادارة، توصلت من خلال ذلك المسح إلى ان هناك رغبة قوية وأكيدة تدعو إلى صياغة هيكل معلوماتي شامل (Comprehensive Body of Knowledge) يساعد على نقل وتركيس المعارف والنظريات الخاصة بموضوع إدارة الاستراتيجية. وبالتالي فقد بنينا نهجاً في هذا الكتاب وفي كتابنا السابق سياسات الأعمال على هذا الأساس. ففي كتابنا ذلك أضفنا إلى الجانب النظري حالات دراسية ذات مضامين قريبة من الواقع العملي والتطبيقي ليتمرس عليها ذوي العناية. اذ ان الحاجة إلى هيكل معلوماتي شامل ذي جوانب تطبيقية عملية، امر اساس يمكن المعنيين على الاستفادة منه في التعامل مع موضوعي سياسات الأعمال وإدارة الاستراتيجية.

وبسبب الخصائص الأساسية لموضوعات السياسة (Policy) والاستراتيجية (Strategy) والعمل الاداري (Managerial Action) فقد عمد الكتاب إلى معالجة كل موضوع بمعزل عن الآخر، او في فصول خاصة عزلت باقي الموضوعات وان كان الكاتب المعني قد جمعها في كتاب واحد. الا اننا سعينا خلال كتابنا هذا إلى تقليص هذه الفجوة والتغلب على العزلة العملية. لان هذه الموضوعات مترابطة مع بعضها البعض، ومتفرعة من بعضها البعض. فالأصل في سعي المنظمة نحو تحقيق أهدافها هو العمل الاداري، والاستراتيجية هي منهجه، والسياسة المرشد والموجه لهذا العمل.

وفي ضوء ما تقدم فان مؤلفنا هذا يسعى وبمعلوماته الأساسية إلى تبسيط المفاهيم ذات العلاقة بإدارة الاستراتيجية إلى الدارس والمختص والمولع بشؤون ادارة الأعمال. لذلك سعى كتابنا هذا إلى دمج النظرية مع التطبيق عند طرح موضوع إدارة الاستراتيجية من خلال توضيح بنية النظريات القديمة وعرض النظريات والمفاهيم الجديدة وبإسهاب مناسب.

ومن جانب آخر فان كتابنا الحالي يستعرض موقع العناية بإدارة الاستراتيجية من قمة الهرم التنظيمي حتى المستويات الادارية الأولى (التنفيذية)، وهو في الوقت نفسه يصور العلاقة التبادلية والجوهرية بين مستوى إدارة الاستراتيجية ومستويات المنظمة كافة (انظر الشكل التالي لطفاً).

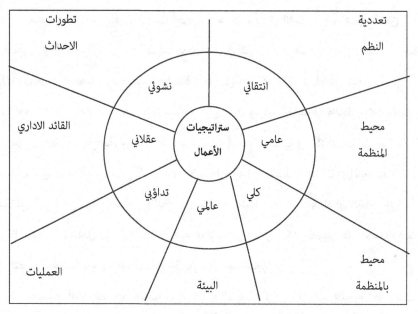

العلاقة التبادلية بين المفاهيم الأساسية

لإدارة الاستراتيجية

ولم يغفل كتابنا الحالي شرح موضوعات السياسة والاستراتيجية والعمل الاداري على وفق اطار واسع من المفاهيم والاساس الفكرية والعلمية الجديدة لادارة السنراتيج مع الحفاظ على الجسور والروابط الاساسية والحرجة التي لا يمكن باي حال من الاحوال تجاهلها لاهميتها التأثيرية.

وأخيراً وليس آخراً، فقد ضم كتابنا بطبعته الثانية، عشرة فصول احتوت النظريات والمفاهيم والمبادئ الأساسية لإدارة الاستراتيجية والجوانب الفكرية والفلسفية والعملية لانماط العمل التي تم تقديمها وشرحها بانسيابية مناسبة تستعرض المداخل والوظائف الأساسية لهذه الادارة، فضلاً عن مناقشة زوايا معينة للإدارة الاستراتيجية لتوضيح خواصها المتنوعة

وابعادهـا المهمـة. ولم يغفـل كتابنـا الحـالات (Cases) المنتقـاة مـن الواقـع والتـي تـم تحليلهـا وتقييمها بالاعتماد على المنطلقات التي جاءت بها النظريات والمفاهيم والمبـادئ التـي نوقشـت على صفحات فصوله.

وختامـاً نأمل ان نكون قد وفقنا في فتح الأبواب على المعرفة الجديدة لإدارة الاستراتيجية عربياً أمـام الدارسـين والمعنيـين في شـؤون ادارة الأعـمال والعاملين في منظماتنا المختلفة دون استثناء. ونحن لا نغالي إذا قلنا بان كتابنا يكاد يكون أول كتاب في ادارة استراتيج بهذه السعة وهذا العمق بطبعتيه الأولى والثانية، القصد منهما بناء المدير العربي بناءاً إدارياً قوياً ورصيناً وفاعلاً تجاه زيادة التعقيد الحاصل في منظماتنا بأشـكالها وأنواعهـا وأحجامهـا المتنوعـة، وهـي تتعامل مع عناصر وكتل ومتغيرات البيئة الأكثر تعقيداً المحيطة بهذه المنظمات في سبيل تقـديم أفضل النتائج إلى الجهات المستفيدة....!

و اللـه ولي التوفيق

الأستاذ الدكتور
شوقي ناجي جواد

الفصل الأول

المدخــل

إلى إدارة الاستراتيجية

الفصل الأول

المدخل إلى إدارة الاستراتيجية

رسالة المنظمة Organization Mission

رسالة المنظمة تترجم أسباب نشوئها وتواجدها في بيئة الأعمال. وتجيب مثل هـذه الرسالة على مجموعة أسئلة تتمحور حول طبيعة عمل المنظمة، فمـثلا يقول كـل مـن Steiner, Miner & Gray (1986) أن رسالة المنظمـة هي تصريحات تطلقها الهيئـة المؤسسية تعبر عـن التصميم والغاية والاتجاه الخاص بها. ومهما كانت المعاني التي تنطوي عليها رسالة المنظمة فهي تحدد أبعاد الساحة التنافسية لأعمالها، كما تقرر أسـلوب تخصيص مواردهـا المتنوعـة، وتـأطر أسلوب بحثها عن الفرص وتشخيصها للتهديدات القائمة في البيئـة، والى جانـب ذلـك كلـه فهـي التي تساعد في الكشف عن مواطن قوة وضعف المنظمـة أيضـا. كل ذلك يعكس لنا أهميـة تحديد معالم الرسالة كي تستطيع منظمة الأعمال من رسم حدود لساحات عملياتها، وتمنعها من أن تهمل أو تتغاضى عن المجالات ذات العلاقة.

وقد تدون رسالة المنظمة بلغة واسعة وعريضة او تتضمن مفردات ذات معاني ضيقة او محددة. فمثلاً أيام زمان عبرت رسالة منظمـة السكك الحديدية عـن خـدماتها كخطـوط نقل حديدية ليس إلا. وبالتالي عانت هذه المنظمة من نتائج نشاطها بسبب محدودية أبعاد رسالتها، مما دفعها إلى أن تصرح علناً من أن رسالتها هي إدامة خطوط المواصلات لخدمة ذوي المصالح بهذه المنظمة، لذا فتحت مضامين رسالتها الجديدة فرص عملياتية تنافسية جديدة.

وحتى نستوعب بعمق أكبر مفهوم الرسالة، فسيكون ذلك من خلال الفصل بـين مفهـوم الرسالة (Mission) ومفهـوم الغـرض (Purpose). الغرض يعبر عـن الـدور المتوقع مـن المنظمـة مجتمعيا أن تلعبه، وهذا الدور هو ما يتوقعـه المجتمع مـن كـل المنظمات المماثلـة. ذلـك أن الغرض الأساس لكل منظمة هو قيامها باستثمار الموارد المجتمعية المتوفرة لانتاج السلع

والخدمات بكفاءة ومسؤولية. وفي الإطار المجتمعي فإن الغرض من ولادة أية منظمة هو لتقديم السلع والخدمات بالشكل القانوني والأخلاقي والاعتباري، مع سعيها لتحقيق مردود (ربح أو فائض) تستعين به لمواجهة متغيرات مستقبلها. فمثلاً الغرض من المستشفى هو توفير العناية الصحية، والغرض من إنشاء الجامعة هو لنشر المعرفة وتعميق العمليات البحثية لطلابها. أما الغرض من النادي الاجتماعي فهو لتوفير الترفيه الاجتماعي، في حين نجد ان الغرض من المحاكم هو لتفسير السلوكيات القانونية وتطبيق أحكام القانون تجاه غيرها.

أما مفهوم الرسالة فإن التعبير الكلي المتمخض عن غرضها. ولما كان الغرض يحدد الدور الذي يجب أن تلعبه المنظمة لإشباع الحاجات المجتمعية، فإن رسالتها تحدد بشكل دقيق أبعاد الغرض المجتمعي، حيث أن الرسالة توضح عمل المنظمة، فمثلا اذا كان غرض المنظمة هو الاستجابة الدائمة لحاجات المستهلك بخاصة والمجتمع بعامة من خلال تصميم وانتاج وتسويق السلع الأمينة والجيدة، فإن إدارتها ستجتهد بتواصل لبلوغ هذه الغايات، في حين نرى ان رسالة المنظمة ستدون بمصطلحات ذات معان أضيق، فالمنظمة تحدد مضامين رسالتها على هيئة سلع وخدمات، فتصرح منظمة السكك الحديدية بأنها تعمل في نشاط أو قطاع النقل والصيدلية تعمل في المجال الدوائي العلاجي للأغراض الصحية. أو ان تعلن المنظمة عن رسالتها ومن منظور السوق أو المستهلك المستهدف، فمثلا قد ترى منظمة ما نفسها على أنها قائمة لتجهيز الأسمدة إلى المزارعين. والرسالة المعبرة عن غايات المنظمة عليها أن تفصح عن ذلك من خلال السلع المنتجة والأسواق المستهدفة. وبالتالي فإن الرسالة تدفع بالمنظمة لاستثمار الفرص المتطابقة مع توجهاتها واغراضها.

وباختصار يجب أن لا تكون رسالة المنظمة واسعة وعريضة المعنى بحيث تسبب الغموض والارباك للمعنيين بها، بل يجب أن يكون هناك ارتباط عام وتناغم ملحوظ بينها وبين فعالياتها.

أهداف المنظمة Organization Objections

الأهداف هي النتائج المحددة والمكممة أحيانا التي ترغب منظمة الأعمال بلوغها خلال مدة متفق عليها. إن عملية تحديد الأهداف تعد عملية مهمة ومطلوبة من عمليات

التخطيط، لأن الأهداف هي الموجهات والمرشدات للقيام بأنشطة مطلوبة، وتضمن تحقيقها. ويؤكد العديد من المهتمين بالسلوكيات (Boseman G., Phatak A. 1989)، على أن الأهداف تعد قوة دافعة ومحفزة للأفراد العاملين في المنظمة وتساعدهم في ضمان خط السير الآمن. كما أن الأهداف ستصبح معايير يوماً لقياس مستويات النجاح المتحقق على طريق تنفيذ الخطط المنظمية.

هناك أكثر من مدخل لتحديد الأهداف (Steiner, Miner, Gray 1986) ومع ذلك يجب أن تتمتع هذه الأهداف بجملة من الخصائص:

أولا: أن تتمتع الأهداف بقوة التوجيه والدفع.

ثانيا: أن تكون ذات مطواعية للتفعيل والاجرائية.

ثالثا: أن تكون واضحة ومفهومة من لدن مشغليها.

رابعا: أن تتوافق الأهداف وتتناغم مع المعايير الأخلاقية والاجتماعية السائدة مجتمعياً وأعمالياً.

خامسا: أن تسود الأهداف جميعا الترابطية والعلاقة التبادلية فيما بينها.

فمثلا التوجه نحو زيادة حجم المبيعات قد يتحقق من خلال التعامل مع الحصة السوقية، الانفاق الاعلاني، أو اختراق السوق، واعادة النظر بتصميم المنتج، ويستند كل ذلك إلى نسق عمليات البحث والتطوير.

ومن جانب آخر فإن الأهداف هي النهايات التي تتمنى منظمات الاعمال بلوغها، ومن خلال ذلك تحقق رسالتها المنشودة. وعند تحقق المخرجات المرغوب بها، عند ذاك يمكن اعتمادها كمقاييس لمدى التقدم الذي تحققه منظمة الأعمال على طريق تنفيذ الخطط المعتمدة. لذلك تعد الأهداف هي المحطات النهائية لجميع الفعاليات والأنشطة الإدارية القيادية والرقابية والتخطيطية.

وكما هي الحال تجاه العوامل المؤثرة في بلورة فلسفة ورسالة المنظمة، فإن الأهداف هي الأخرى تتأثر بجملة من العوامل الناشئة في البيئتين الداخلية والخارجية للمنظمة، حيث تفرز هذه العوامل التهديدات والمخاطر وكذلك توفر لها الفرص المناسبة، في ضوء أهدافها ومواردها المتنوعة.

ومن الأمثلة السائدة عن أهداف المنظمات التي يمكن أن تستقى من المساحات المختلفة، تظهر لنا من خلال العرض التالي:

1- الربحية:

- تحقيق 20% عائد عن الاستثمار خلال السنتين القادمتين.
- زيادة دخل المنظمة بمقدار 50 مليون دينار خلال مدة ثلاث سنوات.

2- السوق:

- تحقيق حصة في السوق توازي 30% منه خلال الخمس سنوات القادمة.
- زيادة مبيعات المنتج (أ) بمعدل 60% من حجم المبيعات الكلي.

3- الأفراد:

- خلال السنة القادمة ينخرط جميع مدراء القمة في برامج تطويرية بالتعاون مع مدرسة تدريبية قائدة.
- تخفيض معدل دوران العمل بمعدل 3% خلال السنة القادمة.

4- المسؤولية الاجتماعية:

- تخصيص ما يعادل 5% من الدخل للأغراض الخيرية والإنسانية.
- تطوع خمس من مدراء القمة للتدريس في الجامعات مجاناً.

وإجمالاً وبعد ان يجري تقييم جوانب قوة وضعف المنظمة ودراسة الفرص والتهديدات المحتملة، وبعد بناء وتكوين رسالة، فلسفة، ستراتيجيات، وأهداف المنظمة، يقع على عاتق المدراء الستراتيجيون ان يكونوا قادرين على الإجابة عن الأسئلة التالية:

1- في أي نشاط نحن نعمل.
2- هل سنتسمر في مزاولة هذا النشاط ولأي مدة وبنفس مستوى الاندفاع.
3- هل ان تخطيطنا يسمح للمنظمة أن تنمو من خلال الدخول بنشاط جديد أو بزيادة الجهود.
4- هل نسعى لتخفيض حجم النشاط والعمل.
5- هل نحن نسعى لتنفيذ مثل هذه الاستراتيجيات تباعاً وتناغماً.

الرؤيا **Vision**

الرؤيا هي قوة ادراك تصويرية، أو هي الفكر السليم تجاه شيء ما. ومن زاوية المضمون المنظمي، فإن الرؤيا تعني تلك الصورة الذهنية والفكرية عن مستقبل المنظمة، وأنه لمن الأهمية بمكان تمتع كل من مؤسسي المنظمة ومدراء القمة فيها بالقدرة على تكوين صورة المنظمة ورسمها كما هم يريدونها أن تكون مستقبلاً. ولتأطير معالم هذه الصورة الناتجة عن الرؤيا المتوقعة تجاه المنظمة لا بد من تحديد أبعاد عملياتها وعلى النحو التالي:

1- نوعية أعمال المنظمة ومخرجاتها.

2- حدود عملها جغرافيا.

3- نظام القيم المنشط لبلوغ المراد.

4- نوع العلاقات التي ستنشأ مع الأطراف ذات العلاقة.

وقد عبرت إحدى الدراسات التي سعت لاستطلاع أراء مدراء قياديون (Kattz 1996) ومعرفة وجهات نظرهم في كيف يرون معايير المدير التنفيذي الناجح خلال العشرة سنوات القادمة. وقد أشارت استجابات إلى أن أهم الخصائص التي يجب أن يتحلى بها مدراء المستقبل هي أن يمتلكوا رؤيا واضحة وعميقة تجاه الأمور.

وأنه لمن الأهمية بمكان أن تمتلك منظمة الأعمال الرؤيا الواضحة عما ستكون عليه حتى تحافظ على البقاء والديمومة من خلال تركيزها وتوجيهيها للأعمال، دون ان تنتقل بسبب وجود فرصة أو حالة تناغمية هنا وهناك في مجالات لا علاقة لها بها(Bijlani 1997). فمثلاً قد تسعى إحدى المنظمات للدخول في عمليات تكامل عمودي لتعظيم المردود عن طريق تخفيض الكلف أو لتحقيق ربحية ما. فقد تتحقق هذه النبوءة على المدى القصير، ولكن على المدى البعيد لن يكون خياراً مرموقاً وواعداً لها.

ومن ناحية ثانية فإن الأهمية المتوخاة من الرؤيا السليمة عن حالة المنظمة المستقبلية، هو لإيجاد ثقافة تعليمية في المنظمة تتناسق مع تطلعات الرؤيا. فمثلاً إذا امتدت رؤيا المنظمة إلى تصورات عالمية، وأن تلعب دوراً محظوظاً في السوق الجديد، فإنه لمن المنطقي أن توظف معطيات هذه الرؤيا ثقافياً لبلوغ تمايز صناعي لصالح المنظمة.

أما من ناحية ثالثة فإن وضوح الرؤيا يمكن المنظمة بأكملها (كليا) من تطوير قوة الالهام، والوحي لذوي التوجه التسويقي نحو الغايات المنشودة وبالتالي تشجيع ودعم عمليات بناء فرق العمل طالما أن المنظمة هي وحدة انتاجية فعالة (فريق أكبر).

مراحل إدارة الاستراتيجية

العديد من المفاهيم والتقنيات التي تعاملت مع موضوع إدارة الاستراتيجية تطورت واعتمدت من لدن منظمات الأعمال وبنجاح، وبمرور الوقت عمل ممتهني الأعمال والباحثين والدارسين على تنقية وتأطير هذه المفاهيم.

وقـد أوردت أدبيـات إدارة الاستراتيجية (Wheelen & Hunger 1998) أن منظمة الأعمال تنتشر بفعالياتها الإدارية وصولا إلى العمل بمبادئ وأسس إدارة الاستراتيجية عبر أربعة مراحل هي:

1- مرحلة التخطيط المالي (Basic Financial Planning)

وهي المرحلة التي يشرع من خلالها إداريو القمة باقتراح موازنات السنة القادمة. وهذه الموازنات تتضمن مشروعات مقترحة وغير مستندة إلى دراسة وتحليل عميقين. ذلك أن غالبية البيانات والمعلومات تكون مستمدة من البيئة الداخلية للمنظمة تتمحور غالبيتها حول توقع حجم المبيعات والأرباح المحتملة.

2- مرحلة التنبؤ التخطيطي Forecast – based Planning

يسعى مدراء القمة في منظمات الأعمال بإعداد خطط خمسية لمنظماتهم بسبب ضعف جدوى الموازنات السنوية لمحاكاة التخطيط الطويل الأجل. وأن مثل هذه الخطط تنشر ظلالها على مساحة زمنية لا تستطيع معطيات المعلومات والبيانات التي توفرها البيئة الداخلية أن تغطيها. ذلك أن مدراء القمة يتزاحمون لتوفير الموارد المالية المطلوبة، وينغمرون باجتماعات لا نهاية لها لتقويم نتائج متوقعة. وبالتالي قد ينقضي زمن معتبر دون وضع الخطة الخمسية موضع التنفيذ تأثراً باعتبارات سياسية عموماً.

3- مرحلة التخطيط الستراتيجي Strategic Planning

بسبب الاعتبارات السياسية التي تلعب دورها وحسبما نوهت عنه المرحلة السابقة فإن فاعلية الخطط الخمسية تصبح موضوع تساؤل. لذا يجب على مدراء القمة مسك زمام عملية التخطيط والشروع بالتخطيط الستراتيجي. كما تندفع إدارة القمة لتحسين قدرة المنظمة في الاستجابة للتغيرات السوقية والمنافسة من خلال تفكيرهم الستراتيجي. كما وتندفع المنظمة للاستعانة بالخبرة الخارجية، وما توفره لها من تقنيات وأساليب تخطيطية حديثة لأعمال جمع المعلومات ورسم الاتجاهات المستقبلية. فمثلا طور أحد الخبراء وحدات استخبار تنافسية في منظمة الأعمال، وجعل مدراء قمة هذه المنظمة يجتمعون مع أعضاء هذه الوحدة مرة كل شهر يتذاكرون ويقيمون ويطورون تخطيطهم الستراتيجي. مثل هذا اللقاء بين قيادي وغير قيادي المنظمة يبرز الجانب الرسمي لبناء الستراتيج ويترك أمور تنفيذها إلى الإدارات التنفيذية. نهجياً فإن مدراء القمة يبنون خطة خمسية بمساعدة الخبراء وبإمداد محدود من الإدارات الأخرى.

4- مرحلة إدارة الاستراتيجية Strategic Management

لقد أصبح واضحا الآن أن الخطط الستراتيجية تصبح عديمة الجدوى دون الاغناءة المعرفية والتجريبية من لدن المدراء العاملين في المنظمة المعنية. إلى جانب تعهدهم رعاية تنفيذ هذه الخطط. وهؤلاء المدراء معنيون بتكوين وبناء سلسلة من الخطط الستراتيجية المتكاملة والمترابطة والهادفة نحو بلوغ أهداف المنظمة. ذلك أن هذه الخطط تفصل لنا متطلبات التنفيذ والتقييم والرقابة أكثر من توجهها نحو التنبؤ بالمستقبل، وأنها تبرز سيناريوهات ستراتيجية محتملة, وقد استعيض عن الخطط ستراتيجية الخمسية بالتفكير الستراتيجي من لدن المدراء على جميع المستويات التنظيمية خلال السنة. وفي الوقت الذي كانت المعلومات الستراتيجية حكراً لمدراء القمة أصبحت الآن متاحة لغالبية المدراء المنظمة، وبدلاً من الاستعانة بكادر مركزي للتخطيط، جرى الاستعانة بخبراء محليين واخرين لتوجيه أعمال النقاش الستراتيجي. ومع كون المبدأ يفرض على إدارة القمة بناء وصياغة الخطط الستراتيجية ولكن النهاية الستراتيجية تبرز من المساحات المنظمية دون استثناء، وبالتالي فإن أعمال التخطيط باتجاه

عملية الإدارة الاستراتيجية تصبح أعمال متبادلة ومتعددة لكنها موجهة نحو غايات المنظمة الأخيرة. ويشارك في هذه الأعمال جميع العاملين في المنظمة مع الاعتراف بمسؤولية إدارة القمة عن ستراتيج منظمتهم ابتداء.

إدارة الاستراتيجية إدارة واعدة

عكست الدراسات البحثية (Wheelen & Hunger 1998) بأن المنظمات المنغمرة في أعمال إدارة الاستراتيجية يكون أدائها وإنجازها أفضل بكثير من تلك التي هي عكس ذلك، ثم إن بلوغ مستوى مناسب من الموائمة والمجانسة بين ما يجري في بيئة المنظمة وبين هيكلها وستراتيجيتها وعملياتها، له نتائج على أدائها، وقد بينت إحدى الدراسات (Smith & Grimm 1987) أن تطوير الستراتيج في ضوء التطور الحاصل في البيئة المحيطة بالمنظمة المعينة يمنحها تفوقاً متميز عن قريناتها التي لا تعتمد نفس المنحى. وما يساعدنا في ذلك أن الإدارة الاستراتيجية توفر الآتي للأطراف المعنية (المدير المؤسسي، الباحث المنقب، وطالب العلم المتعلم، Steiner, Miner & Gray 1986):

أ- من حيث سعة المعرفة (Knowledge) فإن التمرس في حقل الإدارة الاستراتيجية يتمكن وبشكل ملحوظ:

- فهم المغزى الأساسي لستراتيج قائد القمة والمنظمة.
- فهم علاقة التأثير التبادلية بين البيئتين الداخلية والخارجية لمنظمة الأعمال وانعكاسات كل ذلك على أعمالها.
- التوسع في فحص جوانب القوة والضعف للمنظمة وكذلك في تشخيص الفرص وتحديد نوعية المخاطر الناشئة في محيط المنظمة.
- فهم العلاقة التبادلية بين الأنظمة الفرعية لمنظمة الأعمال.
- زيادة مدارك المعنيين في استيعاب تفرد الوضع والعمليات للصناعات المنافسة.
- زيادة اليقظة نحو اتجاهات قادة القمة ولقيمهم ولأسلوب تفكيرهم.

ب- من حيث تطوير الاتجاهات (Attitudes) الدارسين والمعنيين بحقل إدارة الاستراتيجية، فإن مثل هذه الدراسة تفتح آفاق:

- النظر للقضايا والمتغيرات بمنظار موحد.

- عمليات صنع واتخاذ قرارات كما يمارسها المحترف.

- عمليات صنع واتخاذ القرارات وفي اطار المنظور الكلي للمنظمة.

- امكانات المعنيين في التعامل مع كل القضايا المنظمية تعاملا حرفيا.

جـ- من حيث تنمية المهارات والقدرات (Skills & Abilities) وباتجاهات متعددة ومتنوعة نحو:

- تجميع خيوط ومتغيرات المواقف المختلفة بسرعة نسبية وتكاملية.

- تحليل الظواهر ومسبباتها وتشخيص الفرص والتهديدات.

- تحديد الستراتيجيات الملائمة لمواقف المستقبل.

- صقل المهارات التحليلية تجاه المساحات العملياتية والوظيفية في المنظمة (المالية، الانتاج، التسويق، الأفراد، البحث والتطوير).

- القدرة على ترجمة الأفكار ونقلها تحريرا للقضايا ذات العلاقة.

- تطوير وتعزيز وتنمية القدرات التعبيرية الشفاهية.

- تنمية قدرات الربط بين النظرية والواقعية والتطبيق.

إجمالاً يمكن القول بأن إدارة الاستراتيجية هي إدارة واعدة، وذلك للمزايا العديدة التي ممكن ان توفرها هذه الإدارة على صعيد الحساسية الملحوظة تجاه الرؤيا الستراتيجية للمنظمة، والتركيز الحاد على الأهمية الستراتيجية للقضايا المطروحة، وتعزيز الاستيعاب والفهم للتغيير والتطور المستمرين للكتل البيئية المختلفة.

وبالتالي فإن إدارة الاستراتيجية تساعد في الاجابة على الأسئلة التالية:

أولاً: ما هو وضع المنظمة حالياً؟

ثانيا: اذا لم نجري أي تغييرات، كيف سيكون وضعها بعد سنة من الآن؟ سنتين من الآن؟ خمس سنوات من الآن؟ عشر سنوات من الآن؟ وهل الاجابات عن هذه الأسئلة مرضية مقبولة؟

ثالثا: اذا لم تكن الإجابات عن الأسئلة في الفقرة ثانيا مرضية ومقبولة، ما الأعمال الواجب اعتمادها من قبل إدارة المنظمة؟ وما هي المخاطر أو المردودات المحتمل توقعها؟

التدويل (العالمية) ... تحدي أمام إدارة الاستراتيجية

Globalization … A Challenge to Strategic Management

وحتى أمد قصير عنيت منظمات الأعمال تسويق منتجاتها وتقديم خدماتها والحفاظ على مستويات النجاح والتقدم ضمن حدود رقعها الجغرافية الوطنية. وأن توجهها دولياً كان محدوداً، حيث كان الاعتقاد السائد بأن المردود المالي والارباح من عمليات التصدير للدول الاجنبية يشير إلى أن هذه المردودات والأرباح ليست سوى تزويق لميزانياتها المالية. فخلال عقد الستينات نظمت غالبية الشركات الأمريكية نشاطها من خلال مجموعة أقسام إنتاجية تعمل على تصنيع وتسويق منتجاتها إلى الولايات الأمريكية فقط. في حين وفرت قسما واحدا يهتم بأعمال تصدير مثل هذه المنتجات إلى خارج الحدود. التكليف الدولي يعد رسالة موجهة تقول بأن على الشخص المكلف بإدارة هذا القسم البحث عن واجب او عمل آخر.

أما في أيامنا هذه فقد تغير كل شيء. العولمة، بمعنى أن تدويل الأسواق والمنظمات قد غير اساليب المنظمات الحديثة في قيامها بالأعمال، وبلوغ مستويات اقتصادية متميزة مثل الكلفة المنخفضة والسعر القليل، حالات تؤدي الى موقف تنافسي وتسمح لهذه المنظمات بالانتشار والانطلاق الى أسواق العالم بدلاً من المراوحة في الأسواق المحلية، وبدلا من اعتماد قسم دولي واحد لإدارة الشؤون الخارجية، فإن منظمات اليوم غدت تعتمد هياكل تنظيمية مصفوفية التي من خلالها تشابكت وحدات المنتج المعنية بشؤون التصدير مع وحدات المنتج المحلية. وبالتالي فإن التكليف الدولي يعد الآن مفتاح التقدم نحو إدارة القمة لمن يسعى اليها.

وكلما اتجهت الصناعات نحو التدويل والعولمة، غدت إدارة الاستراتيجية نهجاً مهماً وحيوياً للحفاظ على ابقاء تطور التدويل وبلوغ الوضع الدولي لهذه المنظمة او تلك، وبالتالي بلوغ الميزة التنافسية لها على المدى البعيد، فعلى سبيل المثال امتلكت احدى المنظمات

الإنتاجية منظمة اخرى ليس لنوعية المنتوج بل لكون لها حضورا في الساحة الدولية وعدم الاكتفاء بالانتشار على مستوى الساحة المحلية فقط.

عليه، فإن التدويل والعولمة أصبحت حالة تحدي أمام إدارة الاستراتيجية لمنظمات الأعمال، بمعنى كيف لمدراء القمة لمنظمة أعمال معينة الحفاظ على ابقاء سير المنظمة على الطرق الصحيح في ظل اتجاهات جميع التطورات التكنولوجية والاقتصادية والسياسية والاجتماعية وغيرها دوليا وعالميا، ومع استحالة مثل هذا الأمر الى حد ما، الا ان العديد من منظمات الأعمال أخذت بالابتعاد عن التنظيم العمودي، من القمة الى الأسفل، الى توشيح منظماتهم بالتنظيم الأفقي، والمتداخل، بمعنى على المنظمات التكييف وبسرعة للظروف المتطورة والمتغيرة لتصبح منظمة تتعلم من معطيات تفاعل عوامل البيئة المحلية والدولية دوماً.

بناء منظمة أعمال متعلمة Learning Organization

نشطت أعمال الإدارة الاستراتيجية في يومنا هذا حتى غدت قيمها ساعية لبناء منظمة أعمال قادر وبنجاح على العمل في بيئة ديناميكية متطورة حركية وخالية من التعقيد. فمثلا احد المنظمات في حقل الحديد والصلب نمت قابليات مدراء قمتها بما يدعهم دائمي المثابرة في تعديل وتطوير ستراتيجياتها (Lau 1996)، وحتى تبلغ التفوق التنافسي في بيئة ديناميكية ابتعدت نسبيا عن الاجرائية البيروقراطية ومالت تدريجيا الى المرونة والمطواعية في بيئة مستقرة نوعا ما كالتي كانت في سنين مضت فان بناء الستراتيج تنافسي كان يستند الى تحديد الوضع التنافسي المرغوب والعمل على الحفاظ عليه. وطالما ان سرعة ظهور بدائل تكنولوجية او سلعية أصبحت نسبيا عالية، فقد أدركت منظمات اليوم ان تبني ميزة تنافسية دائمة أمر بعيد المنال، بمعنى ان الأمر يفرض على منظمات الأعمال قدرة المرونة الستراتيجية والانتقال من ستراتيج عامل إلى اخر.

المرونة الستراتيجية تتطلب تعهد والتزام منظمة الأعمال نحو تنمية واغناء مواردها وطاقاتها المتنوعة، كما تأمل أن تصبح هذه منظمة متعلمة، بمعنى أن تصبح منظمة الأعمال هذه منظمة ماهرة في خلق واقتناء ومناقلة وتحويل المعرفة، وتهذيب سلوكيتها، وبما يوحي

أمام الآخرين انها تطورت معرفيا وفكرياً. ومنظمات الأعمال المتعلمة يجب ان تصقل مهاراتها في اربعة فعاليات (Garvin 1993) هي:

1- حل المشكلات نظميا.

2- تجريب مداخل وسياقات عمل جديدة.

3- التعلم من التجربة ودروس الماضي وتجارب الآخرين.

4- مناقلة المعرفة المكتسبة وبسرعة الى عموم المنظمة.

المنظمات المتعلمة تتحاشى الثبات من خلال اختبار مستمر لذاتها وفعالياتها وتجاربها. والمدراء في جميع مراكز المنظمة ولمستوياتها كافة يجب أن يسهموا في هذا النشاط وصولاً الى مساهمتهم في أعمال إدارة الاستراتيجية ومسح البيئة لالتقاط المعلومات الفاعلة وتقديم بدائل ستراتيجية قادرة على اقتناص الفرص. كما ويتطلب الأمر قيام هؤلاء المدراء المشاركة وباستمرار لتطوير أساليب وطرق واجراءات وتقنيات التقييم والرقابة. وقد سعت إحدى المنظمات مثلا (Campbell & Yeung 1991) الى تدريب العاملين فيها على تشكيل جماعات العمل الصغيرة وتقنيات حل المشكلات وهي متوقعة ان تستخدم هذه التقنيات خلال الاجتماعات وللمستويات الادارية كافة دون قيد.

هل أنت مدير ستراتيجي في منظمة متعلمة؟

Are you a strategic manager at a learning organization

المنظمة المتعلمة هي تلك التي تنظر الى التطورات والتغييرات الجارية في البيئة المحيطة نظرة تنطوي على كونها فرصة مواتية للتعلم واكتساب الخبرات واستخلاص مصادر الميزة التنافسية التي يمكن ان تدعم مكانة منظمة الأعمال مستقبلاً. وعندما نقول منظمة متعلمة فنحن نشير ضمناً الى ادارتها ومدرائها الساهرون على مصالحها، فكيف لنا ان نقيم أنفسنا كمدراء لنؤمن بأن قدراتنا توثق مسارنا وتسند سلوكياتنا لجعل منظمتنا منظمة متعلمة.

وفي هذا المجال تشير احدى الدراسات (Hinterhuber & Popp 1992) الى ما يميز الستراتيجي عن غيره وكما يلي:

1- امتلاك الستراتيجي للقدرة على فهم مغزى الأحداث دون تحيز لأراءه واتجاهاته القائمة.

2- امتلاك القدرة على صنع واتخاذ قرارات وبسرعة مناسبة واعتماد العمل المطلوب دون ان ينحسر متأثرا بخوف ما.

ومع اهمية امتلاك المدراء المعنيين بإدارة الاستراتيجية بالخصائص آنفة الذكر، الا انه على المدير دوما ان يحاور نفسه على وفق الفقرات التالية ليميز نفسه ونشاطه كستراتيجي عن غير الستراتيجي:

1- هل امتلك رؤيا ريادية. نظرة واسعة عميقة بعيدة الأفق جامعة ابداعية خلاقة غير اعتيادية تجاه المواقف والأحداث التي تدور في أو حول بيئة المنظمة.

2- هل اعتمد فلسلفة مؤسسية، عندما يتم ترجمة الرؤيا الى واقع يرسم خطوط المستقبل وتصاغ من خلال مصطلحات مستوعبة ومدركة تصبح عند ذاك فلسفة منظمية معتمدة من قبل أصحاب الرؤيا الريادية ومدرائهم في ادارة القمة تهدي كصرخة مدوية الى الطريق المنشودة.

3- هل عندي ميزة تنافسية، الستراتيج هي الشيء النابع والمطوّرة عن فكرة مرشدة لسلوك مطلوب في عالم متغير. أما في عالم الأعمال فإن الفكرة المرشدة يجب ان تنشد وباستمرار المكانة المتفردة في الحصة السوقية التي هي مجال نشاط المنظمة المعنية. بمعنى اخر ان تعكس هذه الفكرة سعي المنظمة لان تصبح صاحبة المكانة المرموقة في ذلك السوق.

4- هل يسخر العاملين في منظمتي طاقاتهم لصالح الهدف المنشود. نظريا فإن المنظمة التي تدار بأسلوب ستراتيجي هي اتحاد تعاوني بين رياديها واداريها والعاملين فيها حتى يأخذ هذا التعاون شكل طوق نجاة لوحدات الأعمال في هذه المنظمة.

5- هل تمكنت من بناء منظمة قادرة على تنفيذ الرؤيا. اذا اعتقد الرواد واداري المنظمة بأنهم قادرون على التدخل بشؤون الادارات الاخرى تطفلا، فإنهم على خطأ، إلا ان سريان النشاط عبر هيكل المنظمة بشكل تداؤبي تناغمي وبما تعكس فكرة التنظيم في تجميع الجهود ودفعها نحو الهدف المنشود، هو ما يترجم فكرة هذه الفقرة.

6- هل يشترك مدراء الخط الأول في عملية التخطيط الستراتيجي. التخطيط الستراتيجي هو من مهام مدراء الخط الأول الذي سيتولون تنفيذ الستراتيج. ولهذا الاعتبار فإن ضمانات النجاح تبرز من خلال حجم ومقدار مشاركة مدراء الخط الأول في عملية التخطيط الستراتيجي. وهنا لا بد من رعاية بعد نظر مدراء الخط الأول، وكيف يوظف مدراء القمة جهود مختصي التخطيط بالعملية، وأخيرا رعاية عملية توجيه تنفيذ الستراتيج والإشراف عليها.

7- هل ان الثقافة المؤسسية بتناغم مع الستراتيجيات. كلما ازداد تناغم ستراتيجيات الأعمال والثقافة المؤسسية تعاظمت مستويات جدارة الإدارة الاستراتيجية. وبمقدور ادارة المنظمة توفير مناخ مروج للإبداع وتوليد الأفكار الخلاقة والبناءة، من خلال نشر القيم والعادات والتقاليد المنظمية الرصينة التي تنسجم واتجاهات العاملين والمجتمع، وهي في الوقت نفسه تنسجم والستراتيجيات القائمة.

8- هل أنا قادر على تحديد الاتجاهات، واعتمد مداخل عمل جديدة؟ إن قيمة جدارة أي ريادي او قائد اداري تكمن في قدرتهم على البقاء والديمومة. ومن الأمثلة على ذلك:

- القدرة على انشاء برامج، مشروعات وتوجهات بدلا من ماذا أنجزوا.

- القدرة على اثارة تساؤلات، دون الاجابات التي يجدوها او يعرفوها.

- القدرة على اختيار العاملين القادرين على ترجمة الرؤيا، وليس الأبنية التي يهدوها.

9- هل أنا محظوظ في حياتي المنظمية حتى الآن؟ هناك اعتقاد سائد بين عموم المعنيين في حقل إدارة الاستراتيجية وأنا أحدهم من ان الستراتيجي الجيد يحتاج حالات ومواقف تساندها الفرص والمناسبات والساعات المواتية والمدعومة بالقدرية الايجابية، وهناك الكثير من الأمثلة في حياتنا تشير الى ان النجاح المتحقق تطلب العديد من الأحداث ان تتزامن والخيارات المهنية (الستراتيج) والتي ستولد الحدث المحظوظ.

10- هل أنا أسهم في تنمية المجتمع وتطويره، وكذلك لي شخصياً؟ العديد من الرياديين والمدراء الذين يمتلكون جدارة وقدرة ستراتيجية على تحاشي الفشل والاخفاق من خلال التمسك بمعطيات الرؤيا الريادية والفلسفة المؤسسية والأفكار والاتجاهات الضابطة

لمسيرة عملهم. وعلى مثل هؤلاء تجميع أجزاء الصورة الكبيرة الواسعة فكريا والبقاء بعيدا عن أي المثبطات المؤثرة في هذه الصورة مع ايجاد الربط السليم بين ما يجري داخل وخارج منظماتهم. ومثل هذه القدرات والامكانات تنمو لدى مثل هؤلاء الستراتيجيون عبر وخلال مسيرة حياتهم العملية وكذلك عبر التدريب والتطوير. ومع كل ذلك فمن الصعوبة بمكان ان يقول أو أن يشعر أحدهم بأنه عندهم الحلول التامة للمشكلات التي تواجههم أو أن عندهم الكلمة الأخيرة لكل شيء.

وختاماً على الرياديين والمدراء تعريض أنفسهم لمساءلة "ماذا قدمنا لهذا العالم حتى جعلناه أفضل مما كان عليه يوم عهدت إلينا المسؤوليات الستراتيجية".

القرارات الستراتيجية

من الخصائص المميزة لإدارة الاستراتيجية هو اهتمامها بعمليات صنع واتخاذ القرارات الستراتيجية، وبنمو منظمات الأعمال وتطور وتعقد حجومها وعملياتها وهي تمخر عباب بيئة غير يقينة الأحداث، فإن القرارات الادارية تتعقد هي الاخرى ويصعب صنعها أيضا. ولنا ان نعرض في هذا الفصل اطار مراحل ومضامين عمليات صنع واتخاذ القرارات الستراتيجية.

يعد القرار قرارا ستراتيجيا (Hickson et al 1986) اذا تعامل مع المستقبل البعيد لمنظمة الأعمال ويتمتع بالخصائص التالية:

1- الندرة: القرارات الستراتيجية هي غير اعتيادية وليس لها نمطية سابقة تتبع.
2- الترابطية: القرارات الستراتيجية مسؤولة عن موارد المنظمة الحيوية وتتطلب الالتزام من لدن جميع العاملين فيها دون استثناء.
3- التوجيهية: القرارات الستراتيجية توفر الأسس التوجيهية للقرارات الأخرى وللفعاليات والأعمال المستقبلية لعموم المنظمة.

إلا أن (Mintzberg 1973) سبـق المعنيين بالأمر عندما قدم لنا صيغ القرارات الستراتيجية الثلاثة، حيث قال إن القرارات الستراتيجية هي قرارات خاطفة تصنع وتعتمد من قبل شخص متميز (ريادي) او ممن يمتلك السلطة ويتمتع بعقلية متألقة وقادر على اقناع

الاخرين بقبول وتبني قراراته. وسوف نتعرض لصيغ القرارات الستراتيجية في الفصل السابع من كتابنا هذا.

وعموما يمكن القول بأن القرارات الستراتيجية هي تلك القرارات التي تعمل على تشكيل منظور ستراتيجي كلي يجاري التغيير والتطور البيئي، لذا فهي:

1- تعنى بمجموع فعاليات المنظمة دون استثناء، وتعمل على تحقيق المواءمة والمجانسة والتناغم فيما بين فعاليات المنظمة وكتل البيئة التي تعمل من خلالها.

2- تعنى بمواءمة فعاليات المنظمة ومواردها وطاقاتها التشغيلية ولها اثار تطبيقية أساسية على توجهات المنظمة، وتتفاعل مع قراراتها العملياتية.

3- تعنى بتوجهات المنظمة بعيدة المدى، لذا فهي قرارات على قدر من التشابك والتعقيد.

وبالتالي لا بد من الاشارة الى ان عملية صناعة واتخاذ القرارات الستراتيجية تتضمن سلسلة من المراحل كما اوصى بها كل من (Wheelen & Humger 1998) وذلك لأن هذه المراحل هي الأكثر انسجاما مع الصيغة التخطيطية التي سيرد عرضها في الفصل السابع.

ونحن نعرض للقارئ المجتهد هذه المراحل لاعتقادنا بانها الأكثر ايجابية وعقلانية لتطوير عملية صناعة واتخاذ القرارات الستراتيجية.

1- مرحلة تقييم نتائج الأداء الجاري من خلال مثلا مراجعة العائد على الاستثمار، الربحة وكذلك تقسم رسالة المنظمة، أهدافها، ستراتيجياتها وسياستها.

2- مرحلة مراجعة مجمع الإدارة المؤسسية من خلال الوقوف على أداء مجلس الإدارة، مدراء إدارة القمة.

3- مسح وتقييم البيئة الخارجية لتحديد العوامل الستراتيجية التي تساعد على رسم الفرص المتاحة والتهديدات المحتملة.

4- مسح وتقييم البيئة الداخلية لتحديد العوامل الستراتيجية التي توفر مزايا قوة المنظمة وأساسيات جدارتها وكذلك نقاط ضعفها.

5- تحليل العوامل الستراتيجية (فرص، تهديدات، قوة، ضعف) (فقضت SWOT لتشخيص وتأشير القضايا والمشكلات، وكذلك لمراجعة وتنقيح خطط المنظمة (رسالتها، اهدافها، ستراتيجياتها ... الخ) وحسبما هو ضروري.

6- توليد وتقييم واختيار البدائل الستراتيجية المفضلة في ضوء التحليل الجاري كما هو معروف في الفقرة السابقة.

7- تنفيذ الستراتيجيات المختارة من خلال برامج عمل وموازنات ساندة واجراءات محسوبة.

8- تقييم الستراتيجيات المنفذة في ضوء مخرجات نظام التغذية العكسية ونظام رقابة الفعاليات لضمان عدم تفاقم الانحرافات عما هو مخطط.

فلسفة ادارة المنظمة **Organization Philosophy**:

قلنا في كتابنا سلوكيات الانسان (1992) أن كل انسان على وجه البسيطة هذه يتحلى بشخصية تميزه عن غيره من الأفراد الاخرين. ويصح مثل هذا القول على منظمات الأعمال التي تتحلى هي الاخرى بشخصيات تميزها عن غيرها من المنظمات، وكذلك عن مثيلاتها الاخريات. وكما أن شخصية الانسان تتطور، فإن شخصية المنظمات تتطور هي الاخرى نتيجة التباينات والاختلافات في النظم الفكرية السائدة (Thoughts' Systems). ونطلق على النظام الفكري الذي يهيمن على المنطقة ويبلور شخصيتها ويميز سلوكها عن المنظمات الاخرى، فلسفة المنظمة (Organizational Philosophy).

اعتماد فلسفة المنظمة المركزية (**The Use of Control Philosophy**)

تشير الادبيات ذات العلاقة الى ان كلمة فلسفة (Philosophy) تعني هيكل المعرفة، أو أنها تعني النظام الفكري السائد في منظمة الأعمال. وكلمة فلسفة مصطلح عام وشامل تخص الأفراد والجماعات والمنظمات بأنواعها. لكل فرد منا فلسفته الخاصة التي توجه وتشكل شخصيته وسلوكياته. وأن هذه الفلسفة تتطور وتتبلور بمرور الوقت نتيجة لما يمر به هذا الفرد أو ذاك من حالات تعلم، وما يكتسبه من خبرة، الى جانب تأثيرات الكتل البيئية

المختلفة وتوفر هذه الفلسفة نظاما فكريا علميا وعمليا، للفرد يساعده على مزاولة أعمال صناعة واتخاذ القرارات اللازمة لمسيرة حياته. وينطبق هذا القول على منظمات الأعمال كونها تجمعات انسانية هادفة.

إن حرية الانسان في التفكير والعمل لها ميزة ايجابية عالية في أي من المجتمعات القائمة. وأن فلسفته الشخصية قد تبدو واضحة وطاغية على أعمال صناعة واتخاذ القرارات الخاصة به والذي لا يتعدى تأثيره أداء وعمل صانعه. إلا أن هذه الاستقلالية في التفكير تظهر في حدود ضيقة لا تصل حد التأثير في الاخرين. أما اذا اتجه القرار للتأثير في الأفراد والجماعات في بيئة العمل، لا بد والحال هذه من سيادة فلسفة مركزية تظلل فلسفة الفرد صانع القرار وفلسفة الجماعة والأفراد المتأثرين بالقرار. وإن سيادة فلسفة مركزية في عموم منظمة الأعمال يبعد عن جميع أعضائها حالة المعاناة خلال سعيهم نحو تحقيق أهداف المنظمة. ومن جانب آخر فإن الفكر السلبي غير المنسجم له آثاره المؤذية والمضرة بالمنظمة والمنتمين اليها، اذ قد يعمل هذا الفكر على قتل روح الابداع والمبادرة والابتكار التي تعد من اعمدة الحياة المنظمية وتطورها. عليه، لا بد وأن يمتد اشعاع الفلسفة المركزية للمنظمة الى المدى المفيد لتسهيل نشاط العمليات الادارية فيها، وفي الوقت نفسه يجب الا تتحكم الفلسفة في نشاط الأعضاء للحد الذي يعيق ويعرقل أعمال الابتكار، أو يشل حالة الابداع فيهم. وبالتالي لا بد من ان تتوازن فلسفة الفرد الخاصة وفلسفة المنظمة ضمن حدود وأبعاد المتغيرات والضرورات التي تحكم العمل الجماعي لتكيف الأوضاع والمواقف البيئية المتفاعلة مع المنظمة على الدوام.

تعكس فلسفة اية منظمة من منظمات الأعمال مجموعة القيم والمعتقدات والمواقف والسياقات التي يتحدد بموجبها السلوك والاتجاه العام للمنظمة، وحسبما تم التنويه عنه فإن فلسفة ادارة المنظمة هي ذلك النظام المعرفي المترابط الذي يهيئ منطلقا للتفكير نحو انواع محددة من القضايا. وتعتمد ادارة هذا النظام عند تأديتها لمهماتها المحققة لرسالتها، وهو الذي يوجه السلوك العام للمنظمة. والشكل التالي يعكس لنا هذا المعنى (شكل 1).

وإجمالاً فإن فلسفة ادارة المنظمة هي نظام من الأفكار توضح قضايا أساسية التي تعتمد من قبلها، باعتبار ان هذه الفلسفة تعبر عن الاتجاهات والتصورات والمواقف والمعتقدات ونظم القيم السائدة والمتصلة بالأعمال وتحدد نوع وشكل السلوك المرغوب للأفراد في ادارة دفة العمل في المنظمة، لأنها المدخل العقلاني للتعامل مع المواقف التي تواجهها.

الشكل (1)

آثار فلسفة المنظمة على وحداتها الادارية خلال

توجهها نحو تحقيق الرسالة

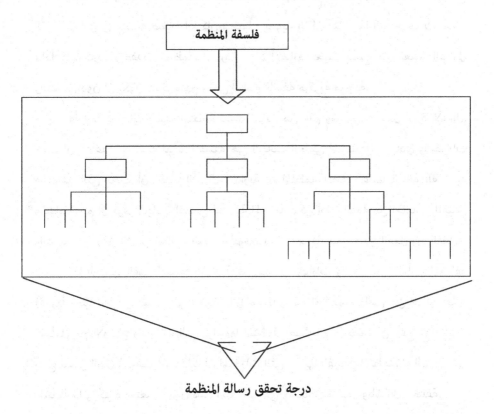

درجة تحقق رسالة المنظمة

أهمية الفلسفة المنظمية

إن الأهمية النسبية للفلسفة المنظمية السليمة والصحيحة تكمن في كونها ركيزة العمل العلمي والمنطقي لإدارة المنظمة. وعلى الرغم من صحة النظرية القائلة بأن الإدارة علم وفن في آن واحدة، إلا ان التركيز على جانبها الفني يقلل من امكانية التنسيق بين مهام وأنشطة أعضاء المنظمة، ذلك أن الحالة الفنية تستند الى الموهبة الشخصية التي تبرز أهميتها وقيمتها اذا جاءت منسجمة ومتناغمة مع احتياجات وتطلعات الجماعات العاملة في المنظمة. وقد ينجح القائد الإداري في منظمة صغيرة اذا كان شخصاً موهوباً، إلا ان مثل هذا النجاح قد لا يتحقق تماماً كلما كبرت وتعقدت المنظمة، أو ازداد عدد أعضائها بحيث يصبح من العسير التعامل والتنسيق دون ان يكون هناك منهج علمي أساسه فلسفة مركزية موجهة.

واذا ما عدنا الى فلسفة المنظمة نجدها مزيج من علم وفن ضمن حقل إدارة الأعمال. حيث ان القاعدة الأساسية لهذه الفلسفة هي الجانب العلمي المستند الى المبادئ والنظريات والقواعد التي يجب أن تسود الأعمال الإدارية في المنظمة لتضفي عليها الحالة العمومية والشاملة. ثم ان توفر الجانب العلمي لفلسفة المنظمة يمكن ادارة القمة من اخضاعها للقياس والتقييم على وفق الأسس العلمية السائدة للوقوف على العلاقة السببية بين الفعل ورد الفعل.

أما الجانب الفني لفلسفة المنظمة فيستند الى المهارات والقدرات الانسانية المختلفة (فكرية، فنية)، والتي تستند الى الخبرة المتراكمة لدى مدراء القمة، والتي من خلالها يمكن التعامل مع الأوضاع والحالات التي تواجهها المنظمة، حيث ان ما يصح من علاج الان قد لا يصح لنفس الحل في وقت آخر. ذلك ان المتغيرات التي يمر بها الفرد في المنظمة، او التي تمر بها المنظمة ذاتها كثيرة ومتعددة. وأن هذه المتغيرات هي في تفاعل مستمر وبأشكال مختلفة.

لذا يقع على ادارة القمة مهمة بناء وصياغة فلسفتها في ضوء هذا المزيج العلمي والفني والمستند الى هيكل المعرفة والخبرة المتراكمة التي تتحلى بها، وفي اطار مسؤولياتها الاجتماعية، دون أن ننسى ان المنظمة وحده جزئية من حالة كلية أكبر، ألا وهو المجتمع.

وكلنا يعلم أن أعمال صنع واتخاذ القرارات الستراتيجية هي من صلب مسؤولية إدارة القمة في منظمة الأعمال حفاظاً على مستلزمات رسالتها، ولغرض الحفاظ على الحالة التنسيقية للمهام الموكلة لإدارة القمة عليها ان تنشر هذا التنسيق خلال أدائها لمهماتها. وعندما يكون بمقدور العاملين استيعاب وتطبيق توجهات فلسفة المنظمة بشكل سليم، فإن ذلك سيوفر الاطار المرجعي الذي يعمل على تسهيل الاتصالات بينهم، والتالي يكون بلوغ وتحقيق الهدف امرا قريب المنال. ذلك ان فلسفة الادارة توفر الأرضية المناسبة لاتفاق الأفكار والآراء والتوجهات عموماً. ومثل هذا الاتفاق حول الفلسفة السائدة يوفر حالة التطابق الفكري والتوجيهي تجاه المشاكل والحالات التي تعكر مسيرة المنظمة، ويعكس الشكل التالي الأفكار المنوه عنها آنفاً (الشكل 2).

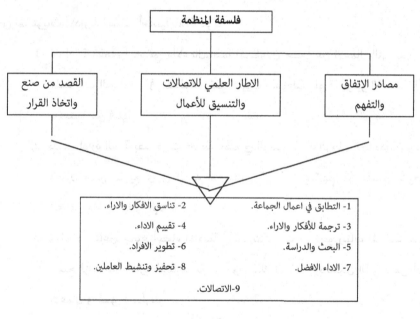

شكل (2)

صانعوا فلسفة المنظمة **Formulators of Organization Philosophy**

لقد أصبح أمرا حتميا ان تطغى فلسفة ما على ادارة اية منظمة من منظمات الأعمال. وتنشأ مثل هذه الفلسفة من مصدرين أساسيين مع بقاء تأثير مصادر اخرى سواء كانت من داخل او خارج المنظمة. المصدر الأول هو الآراء والأفكار التي تحملها الهيئة المؤسسية للمنظمة، أما المصدر الثاني فيعكس توجهات ادارة القمة من المستوى الثاني (مستوى الأعمال) وقد يشترك معه المستوى الثالث (مستوى الوظائف)، ذلك ان هذا المستوى يتحمل امر تنفيذ خطط المنظمة ويخرجها من واقعها النظري الى التطبيقي.

تحديداً فإن المستوى المؤسسي ومستوى الأعمال ينفردان بصياغة فلسفة المنظمة، ونقلها الى المستويات الإدارية لأسباب أساسية ثلاثة هي:

1- ان ادارة القمة، المؤسسي والأعمال، هما المسؤولان حصراً عن الاعمال التي تدور في المساحات العملياتية في المنظمة، وتقع عليهما مسؤولية بلورة جوهر الفلسفة التي ستعتمد من قبلها.

2- تتمتع ادارة القمة بصلاحيات واسعة وهم في الوقت نفسه الرجال الحدوديون وعلى اتصال وثيق بما يجري في البيئة المحيطة، وكل ذلك يمكنهم من تقديم التوجيه القانوني والملزم لباقي الإدارات.

3- ولما كان تفاعل جميع أعضاء المنظمة برسم شكل التوجه نحو رسالة المنظمة، عليه يصبح لزاماً على إدارة القمة ضمان حصول ذلك التفاعل وبالشكل الذي يؤمن أداء الأعمال والنسق المطلوب.

الجانب الفكري لنشوء وتطور فلسفة المنظمة

يتطور النظام الفكري لأي فلسفة منظمية وفي اية منظمة من منظمات الأعمال على مرحلتين. المرحلة الأولى هي مرحلة التصميم، باعتبار التصميم عملية نشوئية تطورية. ذلك ان الفلسفة المنظمية لا تظهر للوجود مرة واحدة بل تمر بعدد من المراحل ابتداءً من الحالة المظهرية للفكرة او المفهوم الذي أخذ بالانتشار في المنظمة وانتهاءً بتركيب ومزج النظريات لتصبح هيكل من المعرفة والمرشدة والموجهة لأعمال صنع واتخاذ القرارات في المنظمة المعنية. فالمرحلة الأولى تعتمد على ظهور أفكار وآراء تأخذ بالسريان والشمولية والتعميم على مراكز النشاط في المنظمة. وتعد هذه المرحلة هي بداية صياغة الأفكار والمفاهيم بالشكل الذي يناسب الفلسفة في منظمة الأعمال. وعند التأكد من وجود العلاقة الارتباطية بين الأفكار ذات الصلة بفلسفة المنظمة. بعد ذلك تأتي المرحلة الثانية التي تنطوي على تجميع وتصنيف الأفكار والمعارف وبلورتها على شكل مبادئ قابلة للتشغيل. ويلي هذا العمل المرحلة الثالثة والتي يكون توجهها مزج ومزاوجة المبادئ ذات العلاقة ضمن اطار فكري واضح لتشكل نظرية للعمل في المنظمة. ومن ثم ينتهي العمل الى المرحلة الرابعة التي يتمحور دورها حول تكوين هيكل معرفي متكامل يصبح مرشداً وموجهاً لأعمال صنع واتخاذ القرارات وبحسب متطلبات الأعمال في المنظمة. وأخيراً تأتي المرحلة الخامسة والتي تعنى بتنفيذ الفلسفة. اذ تنحصر اهم نشاطات وفعاليات هذه المرحلة في نشر ومناقلة الأفكار والمبادئ الرئيسة التي نتجت عن المراحل السابقة.

وتتولى ادارة القمة عند المرحلة الخامسة اجراء الاتصالات ومد الجسور الموصلة بين الفكر والفلسفة المنظمية. باعتماد التعليمات والسياسات السائدة. ولا بد لفلسفة المنظمة من اختراق النظم البيئية الجزئية للمنظمة (الفرد، النشاط، الاتصالات، الصلاحيات، الهيكل التنظيمي) بالطريقة والاسلوب المساعدين على تطوير مستويات الاداء المنظمي وفق الاساليب والاجراءات العلمية والمنطقية. وعلينا ان نتذكر دوما بأن تنفيذ فلسفة المنظمة مرتبطة أساساً بأسلوب تصميمها وبناءها، ومن الخطأ فصلهما عن بعضهما.

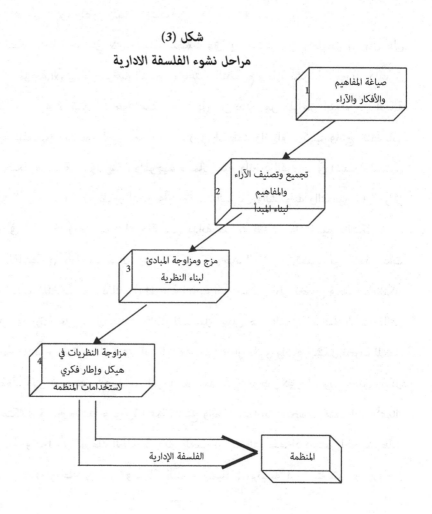

شكل (3)

مراحل نشوء الفلسفة الادارية

صياغة المفاهيم والأفكار والآراء **1**

تجميع وتصنيف الآراء والمفاهيم لبناء المبدأ **2**

مزج ومزاوجة المبادئ لبناء النظرية **3**

مزاوجة النظريات في هيكل وإطار فكري **4**
لاستخدامات المنظمة

الفلسفة الإدارية

المنظمة

خصائص فلسفة المنظمة

قد يصعب على منظمات الأعمال تبني فلسفة منظمية معينة سبق تصميمها ودفعها للتنفيذ ما لم تتوفر لها خصائص مساندة، ذلك ان توفر مثل هذه الخصائص يسند ويدعم أسس نجاح تلك الفلسفة، وتوفر كذلك الفهم المشترك بين عموم العاملين في هذه او تلك المنظمة، ومن اهم خصائص فلسفة المنظمة ما يلي:

1- **الشمولية:** ونعني بها ان يكون الهيكل الفكري للفلسفة المنظمية واسعاً ومظللاً ومنتشراً يغطي جميع أجزاء المنظمة دون استثناء وبالقدر الذي يسمح تعشيق مفاصل المنظمة ويتجانس مع تكنولوجيتها، وبما يؤدي الى تخفيض عدم التأكد الناشئ في البيئة الخارجية.

2- **الايجاز والتهديف:** ونقصد بذلك ان تكون فلسفة المنظمة حاوية على الأفكار والمعارف ذات الصلة بتوجهات المنظمة، وبالقدر الذي يسمح لها بممارسة أعمال صنع واتخاذ القرارات المناسبة، مع مراعاة كون الأفكار والمعارف دافعة لمعلومات غير مطلوبة قد تخلق عبئاً لا مبرر له على أعمال صنع واتخاذ القرارات في المنظمة.

3- **الانسجام والتناغم:** فلسفة المنظمة، وكما نوهنا عنه تشكل الإطار الفكري لتوجه أعمال المنظمة، وبالتالي فإن الآراء والمعارف والأفكار التي تحتويها هذه الفلسفة يجب ان تكون منسجمة ومتناغمة مع بعضها البعض، ومتماسكة لتشكل هيكلاً نسيجياً متيناً يربط ما يدور في البيئتين الداخلية والخارجية، وبما يؤدي الى تحسين وتطوير الأداء عموماً.

وإجمالاً نقول ان فلسفة المنظمة يجب ان تكون فلسفة شاملة وموجزة وهادفة ومتناغمة، ولتحقيق مثل هذا المطلب فإن بناء هذه الفلسفة يتكون من خليط متجانس من النظريات تتناسب ورسالة المنظمة.

أسس صياغة فلسفة المنظمة:

تجري صياغة فلسفة منظمة الأعمال في ضوء معطيات البيئة الداخلية لها. وتتأثر هذه الفلسفة بالخصائص المنظمية المختلفة، مثل توفر قواعد المعلومات، حجم وهيكل المنظمية، طبيعة النشاط الممارس، نوعية وطبيعة الأعضاء العاملين، الموقع الجغرافي، درجة التماسك بين الأعضاء، الاندفاع نحو تحقيق مستويات نجاح أفضل لها. وبالتالي فإن صياغة الفلسفة يجب أن تنبثق من داخل المنظمة، وتنورنا في ذلك التساؤلات التالية:

1- أي القيم ترغب إدارة المنظمة جعلها سائدة ومتكاملة؟

2- أي فكرة ترغب ادارة المنظمة تجسيدها؟

3- أي الأدوار الإدارية هي المطلوبة؟ وكم هي درجة التخصص والاحتراف لهذه الإدارات؟

4- ما هي شروط وطبيعة ودرجة قوة العمل في المنظمة؟

5- ما هي مديات المسؤولية الاجتماعية، والأسس الأخلاقية التي يجب أن تحافظ عليها المنظمة؟

6- كم هو دور الدراسات والبحوث في المنظمة؟

7- كم هي درجة استقرار المنظمة؟

8- ما هو شكل أعمال الاتصال وتبادل المعلومات، وكذلك شكل أعمال الرقابة في المنظمة؟

9- ما هو شكل توجه المنظمة نحو مركزية او لامركزية القرار فيها؟

10- ما هو شكل الهيكل التنظيمي للمنظمة؟

11- ما هو المنتج الرئيس للمنظمة؟

12- كيف يقاس أسلوب استخدام الموارد المختلفة في المنظمة.

13- هل وضعت فلسفة المنظمة في إطار اعتبارات المدى البعيد أم القصير؟

14- ما هي ابعاد توجه المنظمة وحدود عملها؟

15- كم يتأثر الأداء بقضايا الزمن، الكلفة، التكنولوجيا والجهد المبذول؟

16- مدى الحرية المتاحة لجماعات الأمر الواقع.

وعلى وفق الاجابات التي ستبرز تجاه هذه التساؤلات واخرى غيرها، تساعد ادارة القمة على بلورة المبادئ والنظريات المناسبة لتطوير وتحسين فلسفة المنظمة المعتمدة. ثم ان نوعية وطبيعة الاجابة على مثل هذه التساؤلات تتأثر بشكل او بأخر بنوعية مدراء القمة وبعنصر عدم التأكد الذي يحيط بمستقبل المنظمة المعنية.

ومع أن العوامل المؤثرة على فلسفة المنظمة كثيرة ومتنوعة الا ان هذه الحقيقة لا تغير من ان ادارة القمة في المنظمة تتحمل مسؤولية تحديد معنى وأبعاد الفلسفة الخاصة بها، كما هي في الشكل التالي (شكل 4)

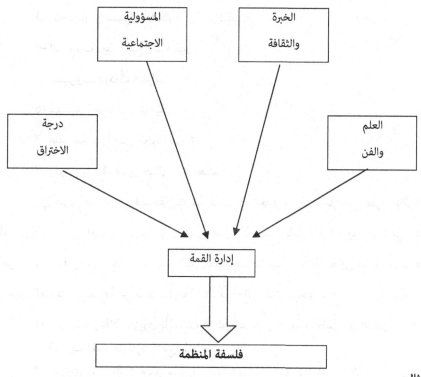

شكل (4)

العناصر المؤثرة في فلسفة المنظمة

```
المسؤولية          الخبرة
الاجتماعية         والثقافة

درجة                          العلم
الاختراق                      والفن

              إدارة القمة

              فلسفة المنظمة
```

مثال:

لتوضيح تطبيق وتنفيذ فلسفة المنظمة، نسرد لقارئنا المجتهد الحالة التالية لتوضح لنا ما يمكن ان يكون واقعياً، فبعد ان تقوم ادارة القمة بوضع فلسفتها موضع التطبيق، تنشرها على عموم العاملين في المنظمة بخطط مدعومة بقرارات وأوامر وتعليمات تساعد على نقل وإيصال هيكلية الفكر الفلسفي الذي يجب ان يسود أطراف المنظمة المعنية ليساعد على صنع واتخاذ قرارات إدارية صائبة.

وكي تتمكن إدارة القمة من فحص واختبار احد مظاهر فلسفة المنظمة اثناء وخلال اعلانها، تفترض ادارة القمة اقرارها بان جانباً من رسالتها تجاه زبائنها هو تحقيق زيادة ملحوظة في نوعية ومستوى الخدمات التي تقدمها لهم في غضون الأشهر القليلة القادمة، أو يهم مثل هذا التوجه هو بقاء اداء المنظمة ضمن الاطار الاخلاقي والتنافسي للقطاع الجامع لنشاطها. وبالتالي فان قياس مستوى النجاح الممكن تحققه عن الاداء يكون من خلال فحص ودراسة التغيرات في ضوء المؤشرات التالية:

1- الزيادة في حجم المبيعات لمدة مقصودة.

2- الزيادة في عدد الجهات التي تتعامل معها المنظمة.

3- الانحسار في مستوى الشكاوي والاعتراضات.

4- انطباعات رجل البيع والمروجون.

5- مستوى مردودات الشراء.

6- مستوى الحسابات المدنية.

7- المقايسة مع أعمال الجرد السابق.

8- ردود فعل المنافسين خلال مدة معينة.

وفي ضوء إطار تقييم فلسفة المنظمة هذه، قد تعمد ادارة القمة على تطوير نظريات لها علاقة بتحقيق الجانب المعني من رسالتها، ومن هذه النظريات مثلاً نظرية "ان الزبون على حق دائماً"، فقد يسعى هذا الزبون وفي إطار الضغوط التنافسية والأخلاقية إلى املاء شروط على مسوق الخدمة او السلعة. وتستند مثل هذه النظرية إلى جملة مبادئ منها:

1- تعزز ثقة وعلاقة الزبون بالمنظمة في ضوء مستوى حرية التعامل بين الاثنين.
2- التصرف المنضبط للزبون مع المنظمة.
3- مستوى المنافسة لا يجعل عمل المنظمة غير أخلاقي في تعاملها مع الزبون.

في ظل هذه الفلسفة التي تعنى بسلوكية الزبائن تعلن رسمياً من قبل المنظمة عن طريق خططها وسياساتها، التي قد تضم كذلك أفكاراً وآراءً تتعلق مثلاً بسياسة قبول ارجاع الشيء المباع وسياسة البيع بالأجل. وكلا السياستين تنشران معارفاً وأفكاراً تخص نظام العمليات الائتمانية والحسابات المدنية، وعندما تجد إدارة القمة أن عليها تبني مثل هذه الفلسفة، عليها عند ذلك نشرها على عموم المنظمة وعرض التبريرات والتفسيرات اللازمة ليسهل قبول واستيعاب هذه الفلسفة باتجاه ضمان تناسق الجهود.

وقد لا يقف الأمر عند هذا الحد، فان ما يتحقق من مردود يتسبب في تزايد عدد المتعاملين مع المنظمة المعنية التي اتبعت فلسفة جديدة، وينشئ مثل هذا المردود التزامات اخرى تجاه أعضاء المنظمة جراء نشاطهم وفاعلياتهم، فمثلاً قد يتطلب الأمر توفير المستلزمات المالية والمادية لإغناء هذه الفلسفة، ذلك ان تجاوب الزبائن مع هذه الفلسفة

يتسبب في خلق مجالات استثمارية جديدة تتطلب بذل المزيد من النشاط والقيام بفعاليات اضافية نتيجة الفرص التي قد تظهر امام المنظمة، مثلاً. ومثل هذه الحال تزيد من احتمال ريادة النشاط التجاري مع الزبائن مما يدفع إلى التفكير في كيفية تحسين استغلالهم للسلع والخدمات. وإجمالاً فان ما تقدم يفرض على إدارة القمة في منظمات الأعمال صنع واتخاذ قرارات مناسبة لتنفيذ فلسفتها بشكل سليم يتجانس مع رسالتها في الحياة. والشكل التالي (5) يعكس لنا هذه الصورة.

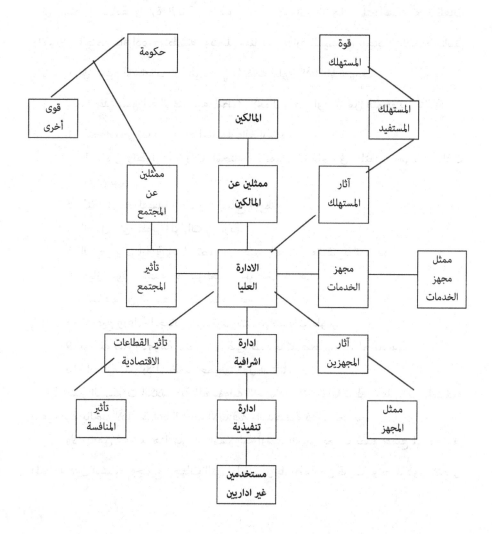

المسؤولية الاجتماعية وفلسفة المنظمة

ترسم حدود وأبعاد المسؤولية الاجتماعية للمنظمة من قبل ادارة القمة فيها، حيث تعد مثل هذه المسؤولية من المتغيرات الأساسية الواجب مراعاتها عن صياغة فلسفة المنظمة، ويتم تحديد أبعاد هذه المسؤولية من خلال دراسة وتحليل رسالة المنظمة ومكونات كتل بيئتها الخارجية بغية احداث التوازن المقبول بينهما، وذلك ان المسؤولية الاجتماعية هي تعهد والتزام ادارة المنظمة بعامة وادارة القمة بخاصة بمزاولة الاعمال والافعال المتجانسة مع تطلعات وأهداف المجتمع بأفراده ومنظماته، ويتجلى هنا دور ادارة القيمة في ايجاد التناغم والتناسق والانسجام في عموم المساحات العملياتية في المنظمة لبلوغ الأداء المستهدف.

وقد تأخذ المسؤولية الاجتماعية لمنظمة الأعمال واحداُ أو أكثر من التوجهات التالية:

1- التوجه نحو تدريب أفراد المنظمة والعناية بهم.
2- استثمار وتطوير الخبرات المختلفة لجميع العاملين في المنظمة مهما اختلفت توجهاتهم.
3- التعامل مع القضايا الحضارية لصالح الجميع.
4- العمل على تطوير المهارات الإدارية.
5- الحرص والعناية في اشباع تطلعات القيم والعادات والتقاليد السائدة.
6- حيازة موقع متقدم ومتميز لخدمة المصالح العامة.
7- المساهمة في الأنشطة ذات النفع العام.
8- تشجيع ورعاية الجهات التي تهتم بتقديم خدمات طوعية.
9 صيافة بقاء وديمومة المنظمة في ضوء طموحات أصحاب المصالح تجاهها
10- العناية بالموارد المنظمية جميعها دون استثناء.

تشير التفسيرات الكلاسيكية للمسؤولية الاجتماعية إلى كونها تنطوي على تعهد المنظمة بالقيام ولو بالحد الأدنى بقيادة الناحية الأخلاقية والتدعيمية تجاه المجتمع.

ولا بد من التأكيد هنا على ان المسؤولية أوسع وأشمل بحيث تضم جميع العاملين في المنظمة دون استثناء، وجميع الجهات التي لها مساس بالمنظمة من قريب او بعيد دون اقتصار

هذه المسؤولية على فئة او جهة دون اخرى. وعلى العكس من ذلك اذا ما اهملت ادارة القمة مسألة المسؤولية الاجتماعية او تناست ان تأخذها بالحسبان، فان ذلك يعرض مصالح المنظمة وأعضائها للخطر، هذا من ناحية ومن ناحية ثانية يعرض مصالح الجهات ذات المصلحة بالمنظمة كذلك إلى الضرر، ومن ناحية ثالثة تتعرض فلسفة المنظمة عموماً إلى التفتت.

فلسفة المنظمة ومزيج (الخبرة/التعليم):

يعد مزيج الخبرة/التعليم من المتغيرات المؤثرة في اعمال صياغة فلسفة المنظمة، اذ ان ما يحمله كل عضو في ادارة القمة من مؤهلات تعليمية، تحمل بين طياتها نفحات العلوم المعاصرة والنظريات السائدة ويتمخض عنها من تطبيقات، انعكاسات ملحوظة على مجمل سلوكيات هؤلاء المدراء الرسمية وغير الرسمية. كما ان متراكم الخبرة من الفهم الخاص للحالات والقضايا والمواقف التي نشأت عن بيئات مختلفة وتفاعلت بشكل أو بآخر مع مستوى المهارات والقدرات التي يمتلكها الفرد او مجموعة الأفراد في المنظمة، وناتج الأمر سلوك جديد متطور يصدر عن ذلك الفرد او مجموعة الأفراد يعكس بالضرورة متراكم الخبرة والتعليم الذي يتحلى به المعني.

التعليم في واقع الحال يعد شكلاً رسمياً من أشكال الخبرة، حيث ينسج التعليم مفاهيم الفرد وآرائه واتجاهاته ويصدر عن هذا النسيج سلوكاً متطوراً بعد ان تبلورت خبرة المعني بالأمر. وبالتالي يتعاظم الأداء تبعاً لحصيلة التعليم والخبرة عبر الحياة الوظيفية للمدراء عموماً (مدراء قمة، وسط، الخط الأول).

ويجب ان لا نقبل بأحد هذين المتغيرين (الخبرة او التعليم) اذ لا يكون التحصيل العلمي كافياً لوحده لضمان نجاح الاداري، بل يتعزز ذلك التحصيل بما يكسبه الاداري من خبرات وتجارب وممارسات وبما تجعله اكثر قدرة على التعامل مع المواقف والاحداث وبلوغ نتائج افضل. وعندما نقول ان المدير الفلاني يتمتع بمهارات ادارية جيدة، نجد انه طور هذه المهارات من خلال التطبيق السليم والمزج الجيد بين الجوانب العلمية والتعليمية والعملية وبين جوانب الخبرة والممارسة، وعلى وفق شكل وطبيعة المزيج تبرز قدرة الاداري.

ويظهر مما تقدم ان لمتراكم الخبرة والتعليم علاقة ترابطية مع فلسفة المنظمة، باعتبارها نظام التفكير الذي يوجه سلوك الفرد والمنظمة، بمعنى آخر ان لكل سلوك اداري اطار فلسفي ينظمه، وبما يعبر عن الاتجاهات والتصورات والمواقف والمعتقدات التي يحملها الفرد او الجماعة او المنظمة في النهاية.

الهيئة المؤسسية والمسؤولية الاجتماعية:

إلى عهد قريب كانت شركة كوداك لاجهزة التصدير من الشركات ذات الشهرة المحلية والدولية، الا انها وخلال الفترة من 1983 وحتى 1993 انحدرت من موقعها ضمن العشرة الأوائل بين الشركات المماثلة إلى ما دون ذلك بكثير. أحد محللي هذه الصناعة صور هذه الشركة على انها مصابة بالغرور، بدينة، ضعيفة الحركة، قصير النظر وغير قادرة على معالجة انحسار حصتها السوقية وتخطي العقبات. ادارة القمة صنعت قراراً ستراتيجياً يستند إلى حماية منتجاتها الحالية بدلاً من تطوير منتجات مستقبلية اخرى، فعملت على مضاعفة جهودها لتعيد توازنها واستقرارها وتحسن وتطور اداءها.

وبعد مناقشات حامية قرر مجلس ادارة شركة كوداك إنهاء خدمات مديرها التنفيذي الذي حمل مسؤولية الاخفاق وبدلاً من ترقية احدهم من داخل الشركة، جرى تعيين مدير تنفيذي جديد يتمتع بخبرة ودراية واسعة، وقد أخذ هذا القادم الجديد على عاتقه مسؤولية انتشال الشركة من هذه الأزمة وبتوئد.

هذه القضية توضح لنا بأن مدى تأثير مدراء القمة وأعضاء مجلس الادارة على اداء منظماتهم، وبينت كذلك بان سياسة الترقية التي اعتمدتها شركة كوداك حسرت حصتها في السوق، وان اختيار مدير تنفيذي من خارج هذه الشركة يعد عملاً واعداً لإعادة الشركة إلى موقعها المتميز قياساً بمثيلاتها من المنافسين.

إدارة الاستراتيجية ومجالس الادارة:

تتباين مسؤوليات والتزامات مجالس ادارة منظمات الاعمال، سيما عند اختلاف القوانين والانظمة المرعية بين الاقطار والدول بخاصة، ويقع هذا التباين لاختلاف الكتل

البيئية ولشكل التفاعل الجاري بين كتلة واخرى، فمثلاً الكتلة السياسية لقطر ما لا تتشابه مع كتلة سياسية لقطر آخر أو بلد آخر، وهكذا الحال لبقية الكتل الاقتصادية والاجتماعية والتكنولوجية والقانونية...الخ. واذا ما اخذنا بالاعتبار ان بعض الدول تتكون من مجموعة ولايات ولكل ولاية قوانينها وأنظمتها التي تؤثر بشكل أو بآخر على مجالس ادارة منظمات الأعمال القائمة فيه.

الا ان نتائج العمليات الاحصائية تفيد بان هناك اتفاق عام (Demb & Neubauer 1992) حول خمس مسؤوليات أساسية هي:

1- إعداد الستراتيجيات المؤسسية، ورسم التوجهات العامة الكلية، وتحديد رسالة ورؤيا المنظمة المستقبلية.

2- اختيار وتعيين المدير التنفيذي للمنظمة إلى جانب انتقاء مدراء القمة.

3- ممارسة الرقابة والتوجيه والإشراف على ادارة القمة.

4- مراجعة استخدامات موارد المنظمة والمصادقة على الخطط الخاصة بها.

5- صيانة مصالح حملة الأسهم والمالكين.

6- رعاية مصالح الجبهات ذات المصلحة تجاه المنظمة.

وبالاضافة إلى الواجبات والمسؤوليات المعروضة أمامنا الآن، فان على المدير العربي ان يضن ان منظمته تدار بتناغم وعلى وفق القوانين والانظمة المرعية في بلد الاقامة، كما عليه ان يخلص للقوانين والانظمة والتشريعات التي تلعب دور اساسي في الساحات العلماتية لمنظمة، من جانب ثالث يجب ان يكون المدير العربي يقظاً تجاه مطاليب واحتياجات الجماعات صاحبات المصالح، والمجتمع ككل في النهاية، حتى يضمن هذا المدير استمرارية عجلة النشاط في منظمته.

ومن وجهة النظر القانونية فانه يقع على عاتق أعضاء مجالس ادارة منظمات الاعمال مسؤولية توجيه شؤون منظماتهم وليس ادارتها، بمعنى انه على اعضاء مجلس الادارة ملزمين قانوناً ان يكدوا ويجتهدوا وبعناية رعاية لغايات وأهداف منظماتهم.

واذا كان لنا ان نتساءل كيف يستطيع مجلس الادارة ان يفي بهذه الالتزامات والمسؤوليات؟ فان الاجابة على مثل هذا التساؤل تكمن في ممارسة مجلس الادارة للمهام التالية:

أ- **التوجيه** (Monitor): فان نشاط أعضاء مجلس الادارة من خلال اللجان التي يشكلها المجلس، يمارس عضو المجلس خلال عضويته اعمال التوجيه وإثارة الانتباه واستقطاب الجهود نحو توجهات منظمته المستقبلية.

ب- **التقييم والتأثير** (Evaluate & Influence): يتولى أعضاء مجلس الادارة فحص واختبار مقترحات، قرارات، أعمال الادارة، واقرارها. كما يتولى اعضاء المجلس تقديم النصح وعرض التوصيات وتحديد البدائل.

جـ- **الاستهلال والتحديد** (Initiate & Determine): ويمارس مجلس الادارة كذلك مهمة رسم وبناء رسالة المنظمة، ويحدد ويقرر الخيارات الستراتيجية إلى ادارة المنظمة. ومثل هذه المهمة تعد من المهام الحيوية والأساسية لمجالس ادارة منظمات الأعمال.

يلاحظ مما تقد اهتمام ورعاية مجالس ادارة المنظمات بعملية الإدارة الاستراتيجية وإلى الحد يدفعها إلى تبني المهام الثلاث آنفة الذكر. ويمتد هذا الاهتمام بين الضعيف إلى العالي، أو كما عبر عنه احد المعنيين بستة مستويات من الاهتمام:

المستوى الأول: اهتمام وهمي (Phantom) والذي يعكس عدم المعرفة بما يجب القيام به وبالتالي انحسار الاسهام.

المستوى الثاني: أعمل وأنا أبصم (Rubber Stamp) بمعنى يسمح المسؤول صناعة القرارات من قبل الآخرين وعرضها للتصويت ويقوم بالموافقة على الفعاليات اللازمة للتنفيذ.

المستوى الثالث: المراجعة المحدودة (Minimal Review) شكلياً يقوم المسؤول بأعمال المراجعة لبعض القضايا التي تطرح عليه، والعكس مقبول أيضاً.

المستوى الرابع: المشاركة الاسمية (Nominal Participation) ينغمر لدرجة محدودة بمراجعة بعض القضايا المختارة (برامج، معايير، قرارات أساسية، خطط...الخ) دون المشاركة التفاعلية.

المستوى الخامس: مشاركة فاعلة (Active Participation) يلاحظ عند هذا المستوى ان المعني يسأل، يصادق، يقر ستراتيجيات وسياسات، يحدد أهداف ويطور رسالة منظمته، يشترك في لجان، يتولى المراجعة المالية، ويعتني بالتدقيق الإداري.

المستوى السادس: المحفز (Catalyst) يلاحظ عند هذا المستوى بأن يأخذ المسؤول زمام المبادرة والقيادة في تأسيس او تطوير رسالة وأهداف وستراتيجيات وسياسات المنظمة، ويكون له دور ستراتيجي فاعل خلال عمل اللجان المنبثقة عن المجلس.

دور ادارة القمة:

ينعكس دور مدراء القمة من خلال نشاط المدير التنفيذي للمنظمة تعاونياً وتناسقياً مع المدير التشغيلي والرئيس ومساعده ومدراء المساحات العملياتية في المنظمة، ومع ان الإدارة الاستراتيجية تنشر عناية واهتمام جميع العاملين الا ان مجلس ادارة المنظمة يحمل مدراء القمة مسؤولية ادارة ستراتيجياتها، وبالتالي فان عمل مدراء القمة متعدد الأبعاد وموجه نحو تقدم ورقي منظمتهم. قد تتباين أعمال مدراء القمة من منظمة إلى اخرى تبعاً لمضامين رسالتها وأهدافها وستراتيجياتها وفعالياتها الأساسية، الا انه على المدير التنفيذي ان يرعى مهمتين أساسيتين ويتحمل مسؤوليتهما وهما:

1- القيادة والرؤيا الستراتيجية:

وهنا يبرز دور العملية القيادية لتوجيه عمليات وفاعليات المنظمة نحو انجاز وتحقيق الأهداف المنشودة، والقيادة هي التي تعمل على ضبط سياقات الأداء من خلال تجميع الجهود ودفعها باتجاه المقصود في عموم المنظمة، اما الرؤيا الستراتيجية وهي التي تصف قدرة وقابلية المنظمة نحو ما تريده. هذه الرؤيا التي يجب ان تتناغم ورسالة المنظمة، وفي الوقت نفسه يجب ان يتشبعوا بمضمون رسالة المنظمة. وادارة القمة هي القادرة على تحقيق هذا الاشباع لما تملكه من صلاحيات وامكانات ولجميع العاملين في المنظمة، وان حماس ادارة القمة أو عدمه حالة مرضية معدية، ذلك ان المدير التنفيذي:

أ- قادر على ربط مفاصل الرؤيا الستراتيجية للمنظمة من خلال سعة أفقه ونظرته الشمولية والكلية لها.

ب- قادر على اداء الدور المطلوب منه وبما يسمح للآخرين اقتفائه والسير على هداه.

جـ- قادر على عكس الأداء العالي تجاه الآخرين ويعبر عن ثقته الرصينة بقابليات الاتباع لبلوغ مثل هذا الأداء.

2- ادارة عملية التخطيط الستراتيجي:

تبني منظمة الأعمال لخصائص المنظمة المتعلمة، فانها ستضمن بشكل أو بآخر بزوغ عملية التخطيط الستراتيجي من أي موقع من مواقع هذه المنظمة، اذ بدون دعم وتشجيع ادارة القمة لعملية التخطيط، فان الإدارة الاستراتيجية لا تنشط عند الادارات الاخرى. وقد أصبح أمراً ملحاً في يومنا هذا مبادرة ادارة القمة في ممارسة التخطيط الستراتيجي والعمل على ادارته، اذ عليها ان تطلب من مستوى الاعمال مستوى الوظائف رفع مقترحات خططها الستراتيجية، او تطلب منهما دراسة مصورات هذه الخطط كما أعدتها ادارة القمة والطلب ن هذين المستويين تصوير وضعهما الستراتيجيين في هذه الخطط المعروضة.

وبغض النظر عن السياقات المعتمدة فان مجلس ادارة المنظمة ينتظر من ادارة القمة ان تهتم بادارة عملية التخطيط الستراتيجي حتى تتمكن مواقع عمل جميع وحدات الأعمال والمساحات الوظيفية بأخذ مواقعهم بشكل سليم في الخطة الكلية للمنظمة.

ومن هنا يتضمن عمل ادارة القمة تقييم ومراجعة خطط الوحدات وتقديم الملاحظات بشأنها، وحتى يكون بالامكان ذلك يجب ان تهتم وحدات الأعمال بعرض التبريرات والايضاحات لمحتوى خططها وبما يجعلها منسجمة ومتداثبة مع الخطة الكلية الشاملة للمنظمة ذاتها.

الكثير من منظمات الأعمال الكبيرة لديها مجموعـة من المختصين والمعنيين بالتخطيط الستراتيجي يتعاونون ويساندون كل من ادارة القمة ووحدات الأعمال خلال انشغالهم بعملية التخطيط الستراتيجي، ومن أهم مسؤوليات هؤلاء المتخصصين:

أ- تحديد وتحليل التوجهات الستراتيجية لمنظمتهم واقتراح البدائل الستراتيجية على المستوى المؤسسي وإبلاغ ادارة القمة بذلك.

ب- اعتماد منهج الدعم والاسناد إلى مستوى الأعمال وتوجيههم خلال ممارستهم عملية التخطيط الستراتيجي.

صناع القرار والمسؤولية الاجتماعية:

نبدأ مناقشتنا هنا بإثارة السؤال التالي، هل ان صناع القرار الستراتيجي مسؤولين أمام حملة الأسهم فقط، ام ان مسؤوليتهم أوسع من ذلك؟ ان فكرة المسؤولية الاجتماعية تشير إلى انه تقع على المنظمة الخاصة مسؤوليات تجاه مجتمعها والتي تمتد إلى ما وراء جني الارباح، كما ان آثار القرار الستراتيجي تمتد هي الاخرى إلى خارج المنظمة المعنية. وتتنوع آثار القرار الستراتيجي على مكونات البنية الداخلية للمنظمة، وقد تسعى بعض القرارات إلى اعادة تشكيل قوة العمل، او ايقاف خط انتاجي معين، او يبقى السؤال في مثل هذه المواقف يدور حول مدى ملائمة وانسجام رسالة وأهداف وسياسات المنظمة لهذا الوضع او ذلك.

في ضوء ما تقدم يصبح من المنطق القول بان يتعامل مدراء القمة مع هذه المواقف المتباينة تعاملاً منطقياً أخلاقياً لبناء خطة ستراتيجية فعالة تطبيقاً، وتعكس مثل هذه الخطة مسؤولية المنظمة تجاه البيئة الخارجية.

قد يتساءل البعض عن ما هي مسؤوليات منظمة الأعمال، ونود تطمين السائل بان هناك وجهتي نظر، الأولى قد نطلق عليها النظرة التقليدية نحو مسؤولية المنظمة والتي تستند إلى المبدأ الاقتصادي القائل بحرية الحركة الاقتصادية مع بعض القيود والضوابط التي تمارسها الدولة على اعمال منظمة الاعمال، بمعنى ان تراعي منظمة الاعمال مستويات الاسعار، تخفيض الكلف، توظيف عمالة ماهرة، تلبية احتياجات المساهمين والجهات ذات المصالح. وقد يعبر عن كل ذلك بان تأخذ المنظمة على عاتقها مسؤولية استثمار مواردها وتشغيل طاقاتها والقيام بفعاليات من شأنها زيادة عوائد المنظمة مع الحفاظ على قواعد اللعبة في ضوء منافسة مفتوحة مع المنظمات المماثلة.

اما وجهة النظر الثاني فتشير إلى أن مدراء منظمات الاعمال يتحملون اربعة مسؤوليات اساسية هي مسؤوليات اقتصاديات، وقانونية، وأخلاقية، وحسن التقدير والتميز (Carroll, 1979).

المسؤوليات الاقتصادية (Economical):

وهي تلك المتعلقة بتقديم السلع او الخدمات ذات القيمة إلى المجتمع الذي تعمل فيه ومن خلاله المنظمة وبما يساعدها على آراء واجباتها تجاهه وتجاه حملة الأسهم والدائنون.

المسؤوليات القانونية (Legal):

وهي تلك الاعتبارات التي تحددها القوانين والانظمة والتشريعات المختلفة والصادرة عن الجهات صاحبات السلطة، والتي يجب ان تطيعها وتحترفها منظمة الأعمال.

المسؤوليات الأخلاقية (Ethical):

وهي تلك المعتقدات ذات العلاقة بالسلوكيات والتصرفات الصادرة عن المنظمة في مجتمع ما، فمثلاً ينتظر المجتمع من المنظمة ان تتعامل مع العاملين والمجتمع عموماً بأسلوب منظم مرتب متناسق مع ما هو سائد حتى وان لم يكن هناك قانون مشرع.

مسؤوليات حسن التقدير والتميز (Discretionary):

وهي المسؤوليات الطوعية غير المصطنعة التي تفرضها المنظمة على نفسها، مثل تدريب العاملين وتطوير قدراتهم، الأعمال الخيرية بعامة، ايجاد مركز للرعاية الصحية... إلى آخره من التوجهات الطوعية للخدمة العامة والنظرة المسؤولة تجاه الغير.

ومع كون هاتين المسؤوليتين (الأخلاقية وحسن التقدير) يقعان ضمن اطار المسؤوليات الاجتماعية بعامة، الا ان الفرق بينهما هو ان البعض لا يتوقع من بعض المنظمات ان تستجيب إلى مسؤوليات حسن التقدير والتمييز، في حين يحمل الجميع منظمات الأعمال المسؤوليات الأخلاقية.

أصحاب المصالح (Stakeholders):

تبقى المناداة بمسؤولية المنظمة اجتماعياً حالة جذابة ورائقة لنا لحين ان يثور التساؤل، المسؤولية تجاه من؟ تنطوي بيئة المهمة (Task Environment) الخاصة بمنظمة الأعمال على العديد من الجماعات التي لها مصالح من قريب او بعيد تجاه نشاطاتها، بمعنى ان لهذه الجماعات تأثير بشكل ما على منظمة الأعمال او ان منظمة الأعمال تتأثر بهم، ومخرجات كلا الجانبين يتفاعلان تأثيراً ببعضهما البعض، وتنعكس هذه التفاعلات على أهداف وغايات كل منهما، ولكن الحيرة تنشأ عندما يتساءل البعض، هل يجب ان تسأل المنظمة عن بعض الجماعات ان هذه المسؤولية يجب ان تكون متساوية تجاه كل الجماعات القائمة في بيئة المهمة. ولو ان مصالح الجماعات تتعارض مع بعضها البعض وتخلق من المشكلات ما قد يحسر مفعول القرار الستراتيجي، الا ان حكمة ادارة القمة قادرة على تخفيض مثل هذا الحسر.

ولاطلاع الدارس المبجل ندرج له مسميات الجماعات ذات المصالح مع منظمة الاعمال (الحكومة، مجتمع التجار والصناع، المنظمات المحلية، المنظمات الاعلامية، حملة الأسهم، المستهلكون، الزبائن، المنافسون، المحاكم، العاملون، رجال الدين، مدراء المنظمة، المجهزون، غرف التجارة والصناعة، المنظمات التعليمية، العلماء، الدائنون، المجتمع المالي، النقابات والاتحادات، المنظمات الجماهيرية، الجماعات السياسية والأحزاب) وما إلى ذلك دون ان ننسى ان كانت مثل هذه المنظمات داخل الحدود السياسية للرقعة التي تعمل فيها منظمة الأعمال ام خارج هذه الحدود.

متغيرات إدارة الاستراتيجية عسكرياً/ إدارياً:

من منظور تاريخي تقليدي ينحدر مصطلح الستراتيج إلى جذور عسكرية عميقة، وهو يعني فعل القائد، او هو الفعل او العمل الذي يعتمده القائد العسكري عند تعامله مع الخصم، والركيزة الاساسية للاستراتيجية عسكرياً هي ان احد الخصمين يتمكن من دحر الغريم، وبغض النظر عن عـدده وعدته، اذا تمكن من ادارة المعركة، او الاقتحام في ميدان

(Terrain) يتواءم مع قدراته وقابلياته مقايسة مع الخصم. والشكل التالي (6) يصور لنا توجه القائد العسكري في دراسته لأعداد الستراتيج المطلوب في خوض المعركة.

شكل (6)

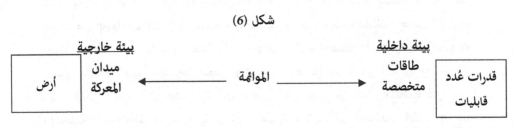

حيث أن القائد العسكري في دراسته لإعداد الستراتيج اللازم يأخذ بنظر الاعتبار المبادئ التالية:

(المبادأة، العمل التعرضي، الحشد، تركيز القوة، الاقتصاد بالجهد، التوزيع المتجانس للقوة، سرعة الحركة، المرونة، المباغتة، المبادرة الأولى، الأمن، السرية، الحماية، الوقاية، التعاون، التناسق بين العناصر، وضوح الهدف، معلومات كافية، إدارة المعنويات، القيادة).

أما في حقل ادارة الاعمال فان الميل يتجه إلى اعتماد مصطلح الجدارة المتميزة (Distinctive Competence) تعبيراً عن القدرات المختلفة، المهارة، التكنولوجية، الموارد بأنواعها) التي تمكن منظمة الاعمال من التمايز عن منافساتها من خلال خلق ميزة تنافسية لها في السوق. وبالتالي فان منظمة الاعمال قد تمتلك مجموعة متنوعة من الفعاليات والمهارات التي تقودها لأن تتمتع عن طرقها بميزة تنافسية. فمثلاً تتميز بعض المطاعم بكونها توظف وتستثمر اساليب متعددة لبناء الميزة التنافسية والتي تتضمن الخدمة الحميمة والصادقة إلى جانب النوعية المتميزة لما يقدم من طعام إلى الزبائن، بحيث تدعهم يتركون التردد على مطاعم اخرى.

نعود إلى الستراتيج عسكرياً فنجد ان المخطط ينشغل بدراسة الميدان الذي فيه سيجري الاشتباك مع الخصم، وقد يكون هذا الميدان أرضاً منبسطة او غابة او مستنقع او منطقة جبلية، وان خصائص أي من هذه الميادين لها دور في تحديد نوعية الجيوش وشكل الانتشار فيها، بحيث تجني القيادة في نهاية المطاف الفوز.

أما من وجهة النظر الادارية، فان المنافسين لا يتواجهون في معركة الانتشار في السوق لكسب الزبائن، كما هي الحال في المعارك العسكرية، وانما تقع المنافسة بين الخصوم في بيئة الصناعة بهدف توسيع الحصة السوقية وكسب الزبون المستهدف، وبالتالي فان الزبائن هم الذين يقررون أي المنافسين ربح الجولة وأيهما خسرها، وعليه فان بيئة الصناعة ستكون هي الميدان لمعارك المتنافسين.

نعود إلى القول ان الزبائن يسعون لاشباع حاجات متنوعة وكثير مما يتيح للمنظمات ميادين كثيرة ومتنوعة تختار منها ما تشاء، واذا عدنا ثانية إلى صناعة المطاعم، نجد انها تضم مجاميع مختلفة من الزبائن منهم من ينشر وجبات منخفضة السعر، وآخرين يتطلعون كمية من بعض المواد الغذائية في صحونهم، ويبقى آخرين ميالون إلى وجبة طعام صحية تنسجم وسعيهم نحو الرشاقة، وبالتالي فان كل جماعة تشكل ميادين او حصص التي يتنافس في غزوها واشباع حاجاتها المتنافسون من المنظمات.

ان جوهر الستراتيج قيام المعنيين باجراء المواءمة بين مصادر القوة والجدارة المتميزة مع الميدان المتاح بطريقة ما وبما يضمن لأحد المتنافسين ميزة تنافسية على البقية في نفس الميدان. اما في اطار العمل العسكري فان الستراتيج يحكم على القائد العسكري ان يختار ارض المعركة المناسبة لما تتمتع به وحداته من قوة، وهي غير محبذة للخصم. فمثلاً قوة الفرسان تحبذ التشابك مع الخصم على ارض مسطحة مفتوحة حيث تستطيع استثمار السرعة والمناورة عليها أفضل من ميدان آخر.

وبالمقابل فان الستراتيج التنافسي لمنظمات الأعمال يهدف إلى تحقيق افضل مواءمة بين الجدارة التي تتميز بها المنظمة المعنية والبيئة الخارجية التي تقع فيها العمليات التنافسية. ومع ذلك فان طبيعة المواءمة معقدة جداً في حقل الاعمال، ذلك ان المنافسة والصراع في الأعمال قد لا يؤدي سريعاً إلى مواقف الربح والخسارة.

ذلك ان قيام المنظمات بتطوير مصادر قوتها او مهاراتها، كما ان تفاعل الكتل البيئية قد يقود إلى فقدان المنظمة ميزتها التنافسية، وان مثل هذا التعقيد ناشئ عن ما تتمتع به منظمة الأعمال من قوة وضعف وما تواجهه في بيئتها من فرص وتهديدات يوفر الستراتيج

المختار من سياقات تدفع المنظمة إلى ذلك المستقبل. والشكل التالي (7) يصور لنا اهتمامات القائد الإداري لتحديد مكانة منظمته في بيئة الأعمال.

شكل (7)

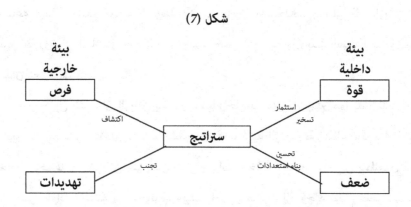

الفصل الثاني

الأسس الفكرية للسياسة والاستراتيجية

الفصل الثاني

الأسس الفكرية للسياسة والاستراتيجية

Conceptual Foundations of Policy and Strategy

تشكل كل من السياسة (Policy) والاستراتيجية (Strategy) ثنائياً ذا مغـزى في حقـل ادارة الأعمال، الا انه لم يظهر اجماع بين المعنيين بخصوص تحديد معنـى كـل مـنهما او بيان نـوع العلاقة بينهما، فمن ناحية معينة اعتبرت السياسة حالة هيكلية ذات ثبات يتم بموجبها تحديد أبعاد ومعالجة الكثير من الأمور الحيوية التي تجري في المنظمات،(*) ومن ناحية أخرى يقـال ان الاستراتيجية هي التي تحدد شكل ونوع السياسة المناسبة لعمل المنظمـة والتي تـستوحى مـن هدف المنظمة وانتهاءً بالفلسفة والاتجاه العام الخاصين بها، ومـن نـواحي أخرى يعتقـد بـأن العلاقة بين السياسة والاستراتيجية هـل علاقـة مؤقتـة او ضعيفة، فإمـا أن تـؤثر الواحـدة عـلى الاخرى بشكل مباشر، او غير مباشر، أو لا تـأثير إطلاقـاً، وبالتـالي فان هـدف هـذا الفصـل هـو تحديد الأسس الفكري المميزة للسياسة والاستراتيجية ومن ثم بيان العلاقة بين هذين المفهومين في حقل ادارة الأعمال.

مفهوم السياسة The Concept of Policy:

ان السياسة هي احدى المفاهيم الادارية التي تنطوي على ارشاد متخذي القرار في المنظمة وتحكم تنفيذ الأعمال وتساهم في تنظيم العلاقات الداخلية والخارجية للمنظمة، ان السياسة اداة ارشادية عامـة (General Guide) لمتخـذي القرار مهما كان مستواهم التنظيمي. وفي الوقت نفسه فهي تحكم وتقيد سلوكيات أعضاء المنظمة وتعمل على جعلها منسجمة ومتشابهة نسبياً.

(*) اخترنا مصطلح "منظمة" ليعبر عن كل جهة تمارس نشاط منظم لتحقيق هدف منشود، سواء كانت هذه الجهة (مؤسسة، دائرة حكومية أو غير حكومية) تعمل بالنشاط الاقتصادي او الاجتماعي او السياسي او التكنولوجي.

هناك العديد من التعاريف لكلمة "سياسة" وإحداها يشير إلى ان السياسة كمصطلح (لفظاً كان ام كتابة ام ضمناً) تعني حدود واتجاهات العمل الإداري، فهي بهذا المعنى توضح الاتجاهات الواجب اتباعها (Terry et. al. 1982). وبتعبير آخر ان السياسة قرار معلوم اتخذ مسبقاً ليصبح معياراً للتطبيقات الادارية ومرشداً للمديرين في اتخاذ قرارات ادارية لاحقة (Broom, 1969). ومن وجهة نظر أخرى تعني السياسة معالجة القرارات القائمة لتصبح قرارات حكيمة. لذلك يقول البعض ان السياسة هي العمل التأملي والذكي لصانعي القرارات في الادارة العليا بدل اللجوء إلى التكرارية والأعمال الروتينية التي يمكن برمجتها واعتبارها أسساً للقرارات (McNicholes 1983). كما يمكن القول ان السياسة هي مجموعة الاتجاهات التي تساعد على تحقيق أهداف المنظمة، لأنها تلك المبادئ والقوانين والقيم التي تعمل على توجيه وتسيير المنظمة (Klein 1973 et al)، فهي تعني التوجيه الإداري عموماً. والسياسة، كما أشار آخرون (Haner 1976) هي مجموعة القواعد والأسس التي تضعها القيادة الإدارية لتوجيه فكر المنظمة وأعمال العاملين فيها. وقد نرى في مصطلح السياسة فكرة كلية باعتبارها نظام الادارة المختار الذي يجسده أحد نظم الادارة ويساعد على توضيح وتحديد الرؤية البيئية وهوية المنظمة ويمكن من إدراك وفهم المشاكل واستيعاب بنية المنظمة بشكل عام (Ansoff et al 1979).

إن السياسة كمفهوم كلي (Holesitic) تعني تصور المنظمة حالة كلية باعتبارها متكونة من مجموعة من العمليات والوظائف ذات العلاقات المتبادلة، لذلك نجد ان السياسة تنطوي على مفهوم تداؤبي (Synergetic). وتجانساً مع هذا المعنى نجد ان السياسة تهدف إلى توحيد عناصر المنظمة بشكل يجعلها تعمل وفق معطيات الحالة المثالية والتي بدون هذا التوحيد ستتمايز وتختلف درجات أفضلية كل عنصر فيها مما قد يؤدي بالضرر لكل المنظمة. وأخيراً فان للسياسة مفهوم عالمي (Global) يظهر بالقدر الذي تمتد به أعمال المنظمة إلى العالم كله.

بعد هذه التعريفات الخاصة بالسياسة لا بد من الاشارة إلى ان هناك اجماع عام (Higginson 1966) بين الإداريين والاختصاصيين يشير إلى ان لسياسة الأعمال خصائص وصفات جوهرية تتميز بها عن المفاهيم الأخرى السائدة في منظمة الأعمال. وفي هذا المجال

تعد السياسة أداة لتوجيه الأعمال (Guide to Action) ذلك أنها توجه الأعمال داخل المنظمة نحو تحقيق الغايات والأهداف المنشودة، كما ان السياسة تحدد السلوكيات التي قد تصدر عن العاملين وذلك بتوضيح السبل والمناهج لتحقيق الغايات المنشودة، فهي تحدد مثلاً ما يجب او ما لا يجب القيام به من قبل ذوي العلاقة. إضافة إلى ذلك فان السياسة تعين القائمين على أعمال المنظمة في كيفية صنع القرار الإداري في منظمتهم، ذلك ان السياسة تضع قواعد للقرار بغية الإفادة منها في تحقيق قبوله من لدن الأطراف الأخرى، وبالتالي فإن السياسة تلبي احتياجات المنظمة باتجاه رسم سلوكيات ثابتة ومنظمة ومتينة، حيث تجعلها قادرة على النمو (Filley et. al. 1976).

ومن جانب آخر فان لسياسة العمل ميزات خاصة تساعد على تعميق ادراك المدير للمفاهيم، ذلك انها توجه (Direct) الأعمال وتركز (Focus) الانتباه، وتحدد (Limit) نوعية مردودات الأعمال المنظمة ابتداءً، اذا ما مورست أصولياً، كونها تشتق وتصنع اعتماداً على الممارسات العملية والخبرة الواقعية وقياساً بالأهداف التنظيمية لكافة المستويات والوحدات الادارية في المنظمة (Broom 1969).

كما يمكن ايراد ميزات أخرى للسياسة تبرز من خلال تطابق نتائجها مع بعض المعايير، فمثلاً يجب ان تكون السياسة مدونة وموثقة وبصيغ مفهومة حتى توفر توجيهات انتقائية (Selective Guidance) لادارة المنظمة، حيث تهيئ سياسة العمل مساحة عمل مناسبة تسمح لصانعي القرار حرية التصرف والحكم إزاء المواقف التي تواجه أعضاء المنظمة خلال مسيرتهم نحو تحقيق الأهداف (Haynes et. al. 1975). وانه لمن المعقول التوقع ارتباط تطور واستخدام السياسة بمؤشرات خاصة في منظمة ما، فهي تتأثر بدرجة تناغمها وانسجامها مع عناصر البيئة الخارجية (سياسية كانت ام اجتماعية ام اقتصادية وحتى التكنولوجية)، والسياسية في الوقت نفسه تعكس حالة وتركيبة عناصر البيئة الداخلية، وانه لمن المعقول أيضاً التوقع بان السياسة تصنع على أساس الأهداف الادارية وتساهم في تحقيقها، فضلاً عن كونها تعكس تجارب وخبرات وحاجات المنظمة، وتعمل على مؤازرة ادارة المنظمة باختلاف مستوياتها مراعاة اختيار الكلمات والجمل بكل دقة وبلغة سهلة موحدة بعيدة عن احداث التناقضات والتضارب المنطقي كونها ستغطي مساحات رئيسة من

اعمال المنظمة، ومن الامور المستحبة توثيق السياسة وكتابتها ليتمكن المعنيون من دراستها وفهمها واستخدامها، ولكن علينا ان لا ننسى دور ادارات المنظمة المعنية ومسؤوليتها في مراقبة درجة مرونة السياسة والعمل على اجراء التنقيحات واحداث التعديلات وبما يعكس أي تغييرات في عناصر البيئتين الداخلية والخارجية (Steiner 1969 b).

وهنا نود التنويه من ان البعض يخلط أحياناً بين سياسة العمل وإجراءات العمل (Procedures) والعكس صحيح أيضاً في أحيان أخرى، وقد أورد مسحاً أجرته إحدى جمعيات الإدارة العالمية (Higginson 1966) لمائة مدير عكس هذا الخلط وأكد على ان الأمر الصحيح هو ان إجراءات العمل تنبثق عن سياسات العمل وكلاهما يعملان على دفع الجهود والأعمال نحو الأغراض والأهداف العامة للمنظمة، ذلك ان كليهما يحققان:

1- توجيه الأعمال.

2- الارشاد لصنع القرار الإداري.

3- توجيه وتوحيد السلوك الإنساني.

4- ضمان الانسجام والتنسيق في العمل الاداري لغرض تحقيق الأهداف المنشودة للمنظمة.

وبالتالي فانه يمكن القول بأن سياسة العمل تأخذ مديات الشمولية بشكل أكبر من اجراءات العمل وذلك لمحدودية الأخيرة، حيث ان السياسة هي دليل ومرشد فكري لقيادات المنظمة في اعمال صناعة واتخاذ القرارات. اما اجراءات العمل فهي الخطوات المرتبة ترتيباً زمنياً متناسقاً (Chronological Sequence) ولها تعاقب منطقي بين خطوة وأخرى، ويتسبب عن تنفيذها تأدية العمل المراد انجازه ضمن حدود سياسة العمل ذات العلاقة (Terry et. al. 1982) ويمكن اسناد ذلك بكون السياسة تعمل على ربط العلاقات التنظيمية الداخلية للمنظمة (Internal Operations).

ما للسياسة وما عليها An Assessment to Policy:

نستوحي من المناقشة السابقة بأن النتيجة التي يحصل عليها الاداريون في معظم الأعمال التنظيمية عند تشغيل سياسة العمل بشكل فلسفي ومنطقي هي نتيجة مفيدة وحالة صحية تقع لصالح المنظمة، وبالرغم من هذا التصريح، قد يكون من المفيد أيضاً ان ننشر هنا ايجابيات وسلبيات تشغيل سياسة العمل.

ايجابيات السياسية (Advantages of Policy):

يعزى الكثير من ايجابيات سياسة العمل إلى الاستخدام المنطقي السليم والمتكرر لها لتصريف أعمال المنظمة، ذلك ان السياسة تحول دون فشل وانحراف أي خطة عمل عن قوانين وقواعد العمل التي تنبثق عن السياسة والتي توضح الأسباب التي تدعو إلى تتبع هذه القوانين والقواعد. كما ان السياسة تعمل على زيادة متانة العمل وتبسط حالة التعاون وتنمي قابلية الأفراد على أداء العمل، ثم ان السياسة تقرر علاقات عادلة ومنصفة بين العاملين كونها تطبق وتعتمد من قبل المدراء على جميع العاملين، ومن جانب آخر فان ممارسة الصلاحيات المخولة لصنع واتخاذ القرارات يتم بمساعدة سياسة العمل، اذ ان اللامركزية في صناعة واتخاذ القرار تمنح الرؤساء التنفيذيون حرية في التعامل والتصرف مع الحالات والمواقف في ضوء سياسة العمل، آخذين بنظر الاعتبار قاعدة الاستثناء في العمل الاداري (To Deal primarily with exceptions to policy).

ثم ان سياسة العمل تكشف لنا عن تطلعات رسالة المنظمة وغايات الادارة العليا فيها، كما تعزز ضرورات تحمل المسؤولية وتنشيط تخويل الصلاحيات وبما يؤدي إلى احداث توافق وتبسيط التعاون الاداري والقيادي لضمان تحقيق الأهداف، فضلاً عن كونها تبني اسس ومنطلقات لتقييم القرار والعمل الاداري في المنظمة (Filley 1975 et. al & Broom 1969)، كما تسهم السياسة بشكل او بآخر في تعزيز درجة فاعلية المنظمة واندفاعها نحو أهدافها لما تحدثه من تأثير واضح في مناخها الذي تجري في اطاره الأعمال الادارية (الجماعية، والفردية)، فمثلاً نجد ان تأثير سياسة العمل يمتد إلى اعمال صنع واتخاذ القرار الاداري ذلك كونها تشكل اطار العمل الفكري وترشده لأعمال صنع ذلك القرار،

وتضمن في ذات الوقت درجة قوة ومتانة القرار من خلال مسايرته لأهداف وغايات المنظمة وبنفس قوة هذا التأثير تؤشر درجة اهتمام الادارات الوسطى والعليا بأعمال صنع واتخاذ القرارات الادارية غير الروتينية لمواجهة حالات او محصلات غير مؤكدة (Uncertain Outcomes). وكون سياسة العمل هي قاعدة للأعمال المساهمة والهادفة إلى تحقيق أهداف المنظمة، فهي تعمل على تقريب وتمتين العلاقة بين اقسام المنظمة والحد من العزلة بينها، حيث تعمل السياسة كوسيط موصل يربط ما بين اعمال المناصب الادارية أفقيا وعمودياً في الهيكل العام للمنظمة. ثم ان السياسة تفسح المجال أمام ادارة المنظمة للتنبؤ بالاعمال ضمن الحدود المعقولة ان القدرة على التنبؤ بالاعمال المستقبلية يوفر لقيادة المنظمة الجهد والوقت ويخفض الكلفة، مما يجعلها تركز جهودها نحو التقدم والابداع. ان الالمام بسياسة العمل الجارية والتأكد من فاعليتها في المنظمة يقلل من حالات عدم التأكد (Uncertainty) التي قد تواجه ادارتها، فالمنتسبون يشعرون بالثقة والأمان وبالتالي فان سلوكهم سيتماشى مع النمط المرغوب، وبهذا تتكون لديهم الشجاعة لاتخاذ الخطوة الأولى لانجاز مهامهم (Steiner 1969).

وتجدر الاشارة هنا إلى ان هذه الايجابيات لا تظهرها سياسات الأعمال كما هي مكتوبة في برامج وخطط المنظمة وانما تبرز أمامنا كلما تمكن الاداريون وحسب موقعهم في المنظمة من ممارسة المهام وتصريف الأعمال اعتماداً على تلك السياسات. وأخيراً، وحيث ان سياسة العمل ترشد فكر الادارة وتوجه نشاطها وتعمل على المساهمة في صنع قرارات معقدة وذات مغزى، فهي توفر مقاييس (Parameters) لدرجة ممارسة الحرية الادارية ولمستوى الصادرات الفردية والابداعات في تصريف الأمور.

سلبيات السياسة (Disadvantages of Policy):

ان تقديمنا لايجابيات سياسة العمل وعرضها بالشكل آنف الذكر لا يعني ان مجرد صياغة مجموعة من السياسات سيضمن عدم نشوء حالات معوقة ومعضلات أمام ادارة المنظمة، فقد اظهرت نتائج بعض المسوحات (Higginson 1966) بأنه على الرغم من ان سياسة العمل هي صيغة اساسية لتوجيه العمل المنظمي، الا انها تعد أداة من ادوات الادارة

القوية وليست بديلة عنها، ثم ان امتداد مفعول السياسة كمرشد تنظيمي يعتمد بدرجة كبيرة على أوامر ووعود الادارة العليا لتحقيق التقارب بين العوالم البيئية (داخلية كانت ام خارجية) وبين الأنظمة والقوانين المرعية، وبدون هذا التقارب يصعب وصول هذه الوعود والاتفاقات إلى جميع أجزاء المنظمة، الأمر الذي يرفع من كلفة تنفيذ وتطبيق السياسة ويحد من مضاعفة الايجابيات التي يمكن جنيها جراء تشغيل السياسة.

عند تشغيل سياسة العمل يلوح في أفق ادارة المنظمة مبدأ تخويل الصلاحيات بالقدر الذي يساعد على عملية صنع واتخاذ القرارات لتصريف الأعمال في المنظمة، وإن غياب هذا المبدأ قد يعمل على إبطال مفعول وفائدة السياسة، ومع أننا استعرضنا بعضاً من الايجابيات والسلبيات المرتبطة بجوانب تشغيل سياسات الأعمال، الا انه من الواضح ان الايجابيات الناتجة عن التشغيل تفوق السلبيات اذا ما احكم صانعوا القرار تنشيط عملية تخويل الصلاحيات وتوزيع الأدوار بهدف تحقيق ما تنشده المنظمة من غايات وبراعة ملحوظة حتى تتكلل الجهود بتقدم المنظمة نحو النجاح.

الاستراتيجية (المعنى والمفهوم) (The Concept of Strategy):

أخذت أدبيات الادارة حالياً تزخر بالتعريفات والشروحات التي تعكس معنى الاستراتيجية، وأحد هذه التعريفات ينص على ان للاستراتيجية وجهان أساسيان، الأول يعكس وضع الاستراتيجية (Strategic Posture) ويوضح نوع العلاقات التي يمكن ان تقوم او تنشأ بين منظمة ما وبين المنظمات الأخرى العاملة في محيطها الخارجي، أما الوجه الثاني فانه قد يأخذ شكل خطة استراتيجية (Strategic Plan) تشتمل على جملة أهداف وغايات ذات استراتيجية معينة، ويصبح أمر هذه الخطة تحقيق تلك الأهداف والغايات. وتعريف آخر يركز على ان الاستراتيجية تنبثق من الهدف المنظمي، ذلك ان الاستراتيجية خطة كبيرة وعظيمة (Grand Design)، أو مدخـل كلـي عام (Overall Approach) تختاره ادارة المنظمة وتتحرك من خلاله نحو تحقيق أهدافها، وهناك تعريفات أخرى تغض النظر عن مغزى العلاقة بين الاستراتيجية ورسالة المنظمة، وتركز بقوة على تحقيق الأهداف، وعلى هذا فالاستراتيجية هي عملية حشد وتوزيع الموارد المختلفة (بشرية،

مادية ومالية) لتحقيق الأهداف (Bracker 1980, Katz 1970, Brickner et, al., 1977, Klein & Murphy 1973).

وهناك تعريف مختصر ينص على ان الاستراتيجية مجموعة من الأهداف التي اذا ما تحققت نالت المنظمة مركزا مرموقاً بين المنظمات العاملة في البيئة (Tilles 1963)، لذلك فقد أشير أحياناً إلى ارتباط الاستراتيجية بقدرة المنظمة على التعامل مع عوامل تعرقل نجاحها وتقدمها ككيان قانوني (Legal Entity) (Ferguson 1974). الا ان المشكلة في هذا المنطوق الفكري الضيق تكمن في تحديد نوعية العوامل الرئيسية التي تؤثر وتعيق أعمال تحقيق أهداف وغايات المنظمة وهي في سعيها نحو ذلك، وللاستراتيجية تعريف شامل ينص على انها عملية تحديد الأهداف الرئيسة البعيدة المدى للمنظمة وتبني منهج الأعمال الذي من خلاله يتم تحديد مواقع المصادر المتاحة وتشغيلها باتجاه إنجاز وتحقيق هذه الأهداف (Chandler 1966). ثم قدم لنا (Andrews 1980) تعريفاً آخر اكثر شمولية فقد اشار إلى ان الاستراتيجية هي نمط القرارات والامكانات العاملة في المنظمة لتحقيق الأهداف والأغراض والغايات، بحيث يكون سعيها باتجاه وضع الخطط والبرامج لتحقيق تلك الأهداف من خلال معرفة وتحديد مستوى السلعة او الخدمة التي تسعى المنظمة لتقديمها، وكذلك تثبيت وتوضيح المستوى الذي تطمح المنظمة لبلوغه، إلى جانب تحديد طبيعة ونوعية الاسهامات المطلوبة من وحداتها الادارية، ويمكن اعتبار هذا التعريف اكثر سعة وشمولية من التعريفات الأخرى كونه يربط العلاقة بين توجه المنظمة نحو تحقيق رسالتها وبين تحقيق الأهداف الادارية، اعتماداً على اعمال صناعة واتخاذ القرارات من قيادة المنظمة.

وحول مهمة او رسالة المنظمة (Organizational Mission) فالاستراتيجية هي المنهج والتصميم الكبير والمهم (Grand Design) لعملية اتخاذ القرارات التي لا بد وان تجري في المنظمة، وفي سياق هذا الكلام فان الاستراتيجية هي الاطار العملي الذي يوجه هذا التصميم وكذلك الأنماط التي تقرر وتحدد طبيعة واتجاه المنظمة (Tregoe & Zimmerman 1980)، ومن وجهة نظر ممارس الفلسفة الادارية (Bates 1984 et, al.) فان الاستراتيجية تعني فلسفة قيادة المنظمة في تسخير مواردها لبلوغ وتحقيق الأهداف المنشودة، وتعني

السترتيج أيضاً الحدود والضوابط التي تتخذ او توضع إلى جانب القرارات الضرورية لتوجيه الأعمال لبلوغ أهداف المنظمة.

وفي نطاق الأهداف الادارية (Managerial Objectives) فان الاستراتيجية تطرح اسلوب اختيار بدائل العمل لتطبيق وتنفيذ الأفضل باتجاه تعزيز رسالة المنظمة، ذلك ان الاستراتيجية تنطوي على عملية التحكم بأعمال المنظمة وتوجيهها في ضوء العمليات الجارية (Broom 1969). وان عنصر الفاعلية للاستراتيجية (The Action Element of Strategy) ينعكس من خلال عملية صنع القرارات الادارية المهمة التي تؤشر بان الاستراتيجية هي الحصيلة او النتيجة النهائية جراء تطبيق هذه القرارات (Mintzberg 1975). وبالتالي فانه لا يمكن اعتبار سياسة العمل في ضوء هذا التعريف على انها الأسلوب والمنهج المساعد لأعمال صناعة القرارات الادارية، فحينما تعكس نتائج مجموعة من القرارات المعلقة بجانب من جوانب المنظمة انسجاماً وتناغماً مع ما متوقع على الدوام تكون الاستراتيجية قد اتخذت شكلها وصيغتها الأساسية (Mintzberg 1977).

بسبب اشتقاق مفهوم الاستراتيجية من المفاهيم الإدارية والتنظيمية العسكرية، فقد وجد هذا المفهوم طريقه إلى الحياة من خلال تعريفات أخرى، ففي اللغة تعني كلمة استراتيجية "عمل القائد" وهي مشتقة من كلمة اغريقية (Strategos) التي تعني على وجه التحديد "القائد"، والاستراتيجية عند الاغريق قديماً كانت تعني "كل ما يفعله القائد"، والفعل (Stratego) يعني التخطيط لابادة العدو من خلال الاستخدام الفعال والمؤثر للموارد (Steiner 1969) و(Bracker 1980)، وبالتالي فان الاستراتيجية تنطوي على الحالة العلمية والفنية لتشغيل وتوظيف الموارد والمهارات في منظمة ما لتحقق الأهداف الأساسية (McNichols 1977).

لا بد ان تكون الاستراتيجية من بين اهتمامات المدراء التنفيذيين الذين يرتبط عملهم بصياغة الأهداف وتحديدها في ضوء القوى والضغوط الداخلية والخارجية وسياسات الأعمال الجارية، ويعملون على ضمان صحة التطبيق لتحقيق أهداف المنظمة المنشودة (Steiner 1982)، وبالتالي فان الاستراتيجية هي الوسيلة او الوسائل الأساسية للوصول

إلى هدف معين مهما كان، ما دام التفكير فيه حاصلاً. وبمعنى آخر، لا جدوى من الحديث عن الاستراتيجية بدون وجود هدف معين في تفكير المعنيين (Thorelli 1977).

وفي المنظمات ذات الأهداف التجارية فان الاستراتيجية تعني الطريقة او مخطط العمل لتحديد مواقع الموارد النادرة ذات المغزى للحصول على فوائد تنافسية لاستثمار أي فرصة مناسبة مع نسبة معقولة من المخاطرة (Risk)، (Rogers 1977)، اما في المنظمات العسكرية فالاستراتيجية هي علم تشغيل القوة العسكرية المحاربة لتأمين وضمان وتحقيق الأهداف الحربية (McNichols 1983).

ان الشيء المهم، وبغض النظر عن التعريفات آنفة الذكر هو ان الاستراتيجية يمكن تطبيقها في أي عمل من الأعمال التنظيمية، مع قبولنا بمبدأ التباين المعقول القائم بين منظمات الأعمال، ومن خلال استعراض التعريفات الخاصة بالاستراتيجية، نرى من المناسب تقديم تعريف للاستراتيجية يُعتمد خلال هذا الكتاب. يقول هذا التعريف ان استراتيجية منظمة ما او استراتيجية وحدة تابعة لمنظمة ما، هي خطة تعتمدها وتطبقها ادارة المنظمة لغرض:

1- تحقيق أهداف وغايات طويلة الأمد خاصة بها.

2- بناء المحددات والضوابط والسياسات التي توضح الطريق إلى الاستراتيجية.

3- صياغة مجموعة من الخطط والأهداف القصيرة الأمد التي تتبناها المنظمة اعتقاداً منها بأنها ستسهم في تحقيق أهدافها الأبعد (Lorange & Vancil 1977).

اعتمدنا هذا التعريف ونحن ننظر إلى المنظمة كنظام متكامل أولاً، وإلى أي وحدة من وحداتها على انها نظام آخر داخل ذلك النظام الا انه محكوم بجملة من المحددات والضوابط والسياسات التي تختارها الادارة العليا في هذه او تلك المنظمة، وتأخذ الاستراتيجية في المنظمات المتعددة الأقسام والدوائر المعقدة (Complex Organizations) شكلاً هرمياً متسلسلاً (Lorange & Vancil 1977)، ثم ان الاستراتيجية في اية منظمة او أي وحدة من وحداتها الادارية هي مجموعة أدوات مؤثرة وذات فاعلية بطبيعتها لانها تعبر عن الضوابط الآنية والسياسات والخطط في كل الأوقات، مع القبول بمبدأ التغيير في ضوء تطور عناصر البيئة المحيطة (Lorange & Vancil 1977).

وتدفعنا الضرورة هنا إلى التعرض لمفهوم التكتيك (Tactics) إلى جانب مناقشتنا لمفهوم الاستراتيجية، ففي المؤسسات العسكرية فان كلمة استراتيجية لها مدلول عربي واضح هو "السوق" الذي يعني رسم الخطط الأساسية للعمليات الحربية وحساب الموارد الأساسية التي يمكن زجها في العمليات لتحقيق التفوق على العدو، والتكتيك يعني كل الوسائل التي بواسطتها تنفذ الخطط آنفة الذكر (Cannon 1976)، والتكتيك يعتمد على مرتكزات علمية وفنية أيضاً تساعد على القيام بالمراوغة والمناورة التي من شأنها تحويل انتباه الأطراف الأخرى إلى امور هي ليست من صلب اهتمامات الطرف المهاجم او المتنافس أساساً حتى تسمح له بالانقضاض عليه (Andrews 1980)، ولو ان مثل هذه التفرقة تنعدم في المنظمات المدنية الا انه يجب عدم وضع التكتيك موضع الاستراتيجية عند حصول حالة الالتحام في زحمة المنافسة، والالتحام في المنطوق العسكري التحليلي للمعارك يعني المناوشات والاشتباكات المحدودة التي هدفها الأساس في العمليات العسكرية إضعاف قدرات العدو وتدميره في أقصر فترة ممكنة وبأقل الخسائر، أما في العمليات التجارية فان الهدف هو الحصول على والاحتفاظ بأفضلية المركز التنافسي في السوق. وإذا ما تم اعتماد مفهوم التكتيك في المنظمات المدنية فانه حينئذ سيرتبط بالقرارات اليومية الخاصة بعمليات بسيطة ومؤثرة (Chandler 1966).

آثار الاستراتيجية **The Effects of Strategy**

مما تقدم يمكن ان نقول بان للاستراتيجية أبعاد متعددة ذات آثار ملحوظة، ومن خلال تجاربنا نقول أيضاً ان للاستراتيجية آثار وأبعاد داخلية وخارجية قياساً بتنفيذ المديرين لخطط أعمالهم باعتبارها جزء متمم للعمليات الادارية الجارية في جميع المنظمات وان اختلفت اهدافها وغاياتها.

الآثار الخارجية External Effects

من أهم وظائف الاستراتيجية التقليل من حالة عدم التأكد (Uncertainty) كعنصر من عناصر المستقبل القريب والبعيد، ان منبع عدم التأكد هو البيئة الخارجية المحيطة بالمنظمة، وعدم التأكد هو الفجوة التي تحصل بين ما هو معروف وبين ما يجب ان يعرف لاغراض

صياغة استراتيجية (Mack 1971). ان نسبة التغيرات في البيئة المحيطة تسهم كثيراً في خلق حالة عدم التأكد، لهذا فان مثل هذه التغيرات تعد من اهم القيود والضغوط البيئية التي تلعب دورها عند صياغة استراتيجية منظمة ما، واعتماداً على معدل التغيرات نجد ان تعقيدات البيئة الخارجية تسهم هي الأخرى في خلق حالة عدم التأكد في هذا المستقبل، فمثلاً يظهر عدم التأكد بوضوح وبأعلى الدرجات في المجتمعات المعقدة (Complex) وعالية في المجتمعات القلقة وغير المستقرة (Unstable) ولكن الأمر يختلف في المجتمعات الأقل تعقيداً والمستقرة. (Duncan 1972)

واعتماداً على كمية المعلومات المستقاة من البيئة الخارجية لغرض صياغة مناهج عمل بديلة لمنظمة ما وهي ساعية لتحقيق اهدافها، فان الاستراتيجية المعتمد تخفض من حالة عدم التأكد، ذلك انه لا يمكن القضاء على حالة عدم التأكد نهائياً، بل يمكن تخفيضها إلى الحد المعقول، ان امكانية القضاء على حالة عدم التأكد بشكل نهائي يعني انعدام الحاجة للاستراتيجية (Ansoff 1965)، وبالتالي تظهر الاستراتيجية في بيئة معلوماتية خاصة، وفي احسن الأحوال لا بد من توفر معلومات حتى وان كانت جزئية او بسيطة عن بدائل عمل معينة. ان معظم المعلومات المتوفرة لدى ادارة استراتيجية يجب ان تدور حول الحالات البديلة التي تعالج مسارات المنظمة نحو غاياتها المنشودة (Ansoff 1971)، ان الاستراتيجية توفر إطاراً يتم من خلاله اشتقاق معلومات جديدة في ضوء المعلومات الواردة من البيئة الخارجية للاستفادة منها في مواجهة حالة عدم التأكد ووضع حدود معقولة لانجاح المناهج البديلة للأعمال والأنشطة المطلوب تنفيذها لتحقيق الأهداف الادارية.

ان عملية ادارة الاستراتيجية تقلل من احتمال ظهور احداث غير متوقعة لان الاستراتيجية تقحم ادارة المنظمة في اعمال اعداد مناهج عمل بديلة، وكلما كان عدم التأكد كبيراً -في حالة ما- دعت الضرورة إلى سبق الاحداث بمناهج بديلة لتحديد احتمال حدوث تلك الاحداث. وايجاد المنافذ البديلة لها، وكلما كان اهتمام المنظمة واضحاً، توضحت الاختيارات ونتائجها، طالما ان المنظمة تمكنت من الاستجابة لمتغيرات البيئة التي تنشر عملياتها فيها (Katz 1970). وغالباً ما يصاحب عدم التأكد الناشئ من البيئة الخارجية تغييرات جوهرية قد تؤثر سلباً أو إيجاباً على المنظمة وفي أوقات مختلقة، لذلك فان

اهم وظائف الاستراتيجية هنا هي تهيئة المنظمة وتمكينها من التعامل مع تلك المتغيرات، لأن الاستراتيجية هي الادارة القوية للتعامل مع المتغيرات (Ansoff 1977)، ومن بين الضغوط البيئية التي تفرض على المنظمات العاملة احداث التغير والتطور والاستجابة لها أولاً: التطورات التكنولوجية والتجديدات الناشئة عنها. ثانياً مستوى توازن استجابات وسلوكيات المنظمات تجاه الأحداث. ثالثاً: التطور والتغيير السياسي سواء كان ذلك على المستوى المحلي أو الدولي. رابعاً: تطور آراء واتجاهات الأفراد ومدى اندفاعهم لتحقيق أهدافهم الخاصة. وما إلى ذلك من الضغوط، فالتغيير والتجديد يظهران أولاً في أي من القوى الخارجية المكونة للبيئة المحيطة ومدى هيمنة المنظمة عليها، وثانياً يحصل التغيير بسبب الضغوط الحاصلة، وما على المنظمة الا التأقلم مع هذه التغيرات اعتماداً على قوة الضغط ووقته واتجاهه، وهنا يبرز دور ادارة المنظمة في اعمال ادارة استراتيجياتها وحماية كيانها ومكوناتها من التأثيرات المعاكسة الحاصلة في البيئة الخارجية.

كما ان استخدامات الاستراتيجية من قبل المنظمة قد يمتد اثرها لتعكس ما يطرأ من مستجدات داخل المنظمة على البيئة الخارجية لها، بمعنى ان التطورات الحاصلة في البيئة الداخلية للمنظمة تظهر آثارها في البيئة الخارجية اذا كانت الاستراتيجية مصممة بشكل يسمح للمنظمة الولوج في الفرص المناسبة لها. وأن تتفادى من خلال الاستراتيجية أيضاً التهديدات والمخاطر التي قد تواجهها وبما يسمح لها الحفاظ على المكانة الحالية والمخططة للمنظمة. ذلك ان الاستراتيجية الجيدة لا يرمي لان تكون المنظمة سلبية في علاقاتها مع مكونات البيئة الخارجية (منظمات، هيئات، حكومة، مجتمع). ان ادارة وتنفيذ الاستراتيجية بشكل سليم يضع المنظمة في موقع التكافؤ مع عناصر ومكونات بيئتها وبالشكل الذي يمنحها فرصة ممارسة تأثيراتها الجوهرية على نتائج الاحداث الجارية في البيئة الخارجية (Harrsion 1978).

تشير نتائج تطبيقات الاستراتيجية في المنظمات على اختلاف انواعها (اقتصادية ام عسكرية) إلى ان بعضاً من هذه المنظمات قد بلغت من القدرة ما يمكنها ويؤهلها لصياغة الاستراتيجية التي تمكنها من سبق التغيرات الممكنة الحدوث في البيئة الخارجية، وتسعى هذه المنظمات من خلال احداث التغييرات والتطورات إلى نشر نتائجها إلى البيئة الخارجية، ان

الحافز المحرك لمثل هذا النشر هو ان الطابع الاقتصادي الذي يطغى على منظمات الأعمال هو ما يحفزها ويحركها لنشر سلعتها أو خدماتها، في حين ان الحافز والمحرك للمنظمات العسكرية هو توفير الامكانات لتدمير العدو وتحقيق الانتصار عليه ليس في ساحة المعركة فقط، بل في السوح الاخرى كذلك، ولا يفوتنا ان نذكر هنا ان للتطور التكنولوجي اثر ملحوظ في تعزيز التحفيز والتحريك للمنظمات وهي في سعيها نحو مبتغاها وما تنشده.

ان صياغة الاستراتيجية بالشكل الذي يدع نتائج تطبيقها تتوازن مع التغيرات الخارجية من ناحية، أو ان تعاكسها وتضاددها من ناحية أخرى، إجراءٌ وعملٌ غاية في التعقيد والصعوبة، ان تطبيق الاستراتيجية من خلال انشطة ووظائف المدير قد تخلق حالات متفاوتة من التأثير على البيئة الداخلية للمنظمة، وان مثل هذا التأثير قد يتوازن مع الضغوط الخارجية التي تواجهها المنظمة باستمرار، حيث تتأثر قوة الضغوط هذه بدرجة قوة العناصر المكونة للبيئة الخارجية، وهنا يجب أن يبرز دور إدارة المنظمة في الحفاظ على حالة التوازن، وتتمكن إدارة المنظمة من جعل القوتين المتوازنتين تتعايشان في حدود علاقة متوازنة يمكن تسميتها بالتوازن الخارجية (External Equilibrium)، وفي الحقيقة إن وجود توازن خارجي مثالي يبدو حالة أسطورية إذ أن من الثابت إلا تتمكن المنظمة او مكونات البيئة الخارجية من احتلال موقع السيادة، وهنا لا بد من الإشارة إلى انه على إدارة المنظمة اعتماد استراتيجية معينة تمكنها من الحفاظ على هيمنتها او سيطرتها على ما يجري في البيئة الخارجية في نفس الوقت تحمي هذه السترتيج كيانها.

الآثار الداخلية Internal Effects

إلى جانب الآثار الخارجية للاستراتيجية فان لها آثاراً داخلية أيضاً، ذلك أن الكثير من وظائف الاستراتيجية لها آثار داخل المنظمة، ومن هذه الآثار ان الاستراتيجية تبسط وتسهل عملية صنع واتخاذ القرار، ان كمية المعلومات الواردة من المحيط الخارجي والتي تدخل في اعمال صنع القرار تعمل على تخفيض حالة عدم التأكد الناشئة عن حركة البيئة الخارجية، وان مجرد مزاوجة هذه المعلومات مع تلك المتكونة في البيئة الداخلية والتي تتعلق بالطاقات التنظيمية، فانها ستشكل رافداً جديداً من المعلومات يمكن ان تخدم عملية صنع واتخاذ

القرارات، ان هـذا الرافـد الجديد من المعلومات يعمل على صيانة انشطة الهرم التنظيمي (Hierarchy) الذي تتجلـى فيـه اهداف وغايات ومناهـج العمـل البديلة (Alternative Course of Action) الساعية لتحقيق ما تنشده المنظمة، وتأتي القرارات الادارية عشوائية في غياب الحالة النظمية للهرم التنظيمي وحينذاك تلعب الصدف دورها في نجاح القرارات. ان الحالة النظمية للهرم التنظيمي تزيد من فاعلية القرارات خاصة اذا كانت هيكلية الاستراتيجية النظمية متجانسة مع مستويات ذلك الهرم. اذ يجب ان تشكل هيكلية استراتيجية بناءً تتناغم وتتداءب من خلال قرارات المنظمة مع طبيعة احتياجات أنشطتها وأعمالها قياساً بالخطط الموضوعة (Steiner et. at. 1982).

كما ان من وظائف الاستراتيجية الداخلية الأخرى تأثيرها على تحديد مجالات موارد ومصادر المنظمة المختلفة، ان اكثر التعريفات التي وردت بشأن الاستراتيجية تضمنت اشارة واضحة إلى تحديد مجالات وموارد ومصـادر المنظمـة (Stonich & Gogel 1982, Chandler 1966) مالية كانت ام مادية ام بشرية، ومن المتفق عليه ان تحديد مجالات الموارد وأسلوب اقتنائها (Acquisition) وتحديد مواقعها هي من الوظائف الأساسية للادارة العليا في عمليات صنع وصياغة وتطبيق الاستراتيجيـة (Cannon 1976). إننا في الواقع لا يمكن اعتبار أي من المستويات الادارية هو المستوى المسؤول عن اقرار متطلبات الموارد الخاصة لكل وظيفة او عملية جارية في المنظمة (Bower 1974)، ومع ان الأداء يبرز في المستويات الوسطى والتنفيذية من الادارة، الا ان القرار بتشغيل الموارد المختلفة يتخذ من قبل الادارة العليا، وان الادارة العليا هي المسؤولة عن مراقبة ومتابعة استخدام الموارد المتاحة لانها تمتلك وسائل انجاح تطبيق الاستراتيجية في كل المستويات الادارية الاخرى (Bower 1974).

ان الاستخدام السليم للاستراتيجية يضمن سلامة استخدام الموارد في عمليات هادفة، لان الاستراتيجية اداة لتحريك تلك الموارد بما يتلاءم والنتائج المتوخاة من انشطة المنظمة المختلفة، حيث ان الاستراتيجية تمنح ادارة المنظمة القدرة على تخمين درجة المخاطر الناجمة عن استخدام الموارد (Tilles 1963). الا ان التخطيط الجيد والتطبيق الصحيح للاستراتيجية يزيدان من فرص الاستخدام الفاعل لكافة الموارد. وبكل تأكيد فان استخدام الموارد بالطريقة التي تضمن تحقيق الأهداف والغايات من أهم المعايير لتقييم الاستراتيجية.

كما ان هناك وظيفة اخرى للاستراتيجية تبرز في البيئة الداخلية للمنظمة، ذلك ان الاستراتيجية تحدث حالة التداؤب والتناغم (Synergetic) بين العمليات والانشطة الجارية في المنظمة، وكذلك تخلق الاستراتيجية فرصاً لمعالجة وتسوية اختلاف الآراء حول رسم أهداف يتمنى الجميع تحقيقها، حيث ان للاستراتيجية أهداف منظورة تستطيع ادارة المنظمة تحقيقها مهما اختلفت آراء العاملين ووجهات نظرهم حيالها. وبدون التحديد الواضح للاستراتيجية يصعب تنظيم الأنشطة والفعاليات بعيدة المدى مع تلك التي تنجز في المدى القصير. وعلى هذا الأساس فان تسخير وتعيين الموارد يعتمدان على المجال الذي تضلله الاستراتيجية بشكل مباشر او غير مباشر (Katz 1970).

ان للآثار التداؤبية والتناغمية حالة تكاملية تخلقها الاستراتيجية، ذلك ان نشاط المنظمة وعملها الجاري من خلال الاستراتيجية يكون اكثر تأثيراً وفاعلية مما لو مارست هذه المنظمة نشاطها بعيداً عن تحديد استراتيجية معينة، ومن الشواهد على الآثار التداؤبية والتناغمية للاستراتيجية المعتمد من قبل منظمة ما انعكاساتها من خلال:

1- تعزيز كفاءة العمليات.

2- تعظيم الانتفاع من الموارد المتاحة.

3- دفع المنظمة لاستثمار الفرص في البيئة الخارجية.

4- فتح آفاق التأثير على القوى والعناصر الخارجية.

وعلى الادارة التيقظ والحذر تجاه خلو الاستراتيجية من حالة التداؤب والتناغم، فقد تنشئ مثل هذه الحالة تدني كفاءة العمليات وسوء استخدام الموارد المتاحة والافادة منها، وانخفاض قدرة الاستراتيجية على تحقيق حالة التوازن مع البيئة الخارجية (Ansoff 1968).

يقودنا مفهوم التداؤب والتناغم إلى الأثر الرابع للاستراتيجية، الذي يمكن ملاحظته بعد ممارسة نشاط تقييم الفعاليات والانشطة التي تنفذ من قبل المنظمة، الا ان هذا الأثر ينشأ في البيئتين الداخلية والخارجية، والتساؤلات التالية تساعد على اكتشاف هذا الأثر: **أولاً:** هل يساعد استخدام الاستراتيجية على تقدير قيمة العمليات التنظيمية، واذا كان الجواب إيجاباً، فهل هناك دلائل واقعية على ان استخدام الاستراتيجية هو السبب في تحقيق هذا الايجاب؟ هنا يمكن القول ان الاجابة على التساؤل الأول هي نعم، لأن للاستراتيجية علاقة

مع درجة ومستوى تحقق الأهداف المنظمية كونها ترسم الطرق لتسخير موارد المنظمة، وان هذه العلاقة تمتد إلى الغايات والوسائل، ذلك ان الاستراتيجية إطار يقاس في ضوئه مستويات تحقيق كل الأنشطة والفعاليات المنظمية (Ferguson 1976).

ولأن للاستراتيجية وسائل لتقدير مستوى الفاعلية النظمية، عليه فان استخدامها ينضج تنفيذ الانشطة والفعاليات التنظيمية على المدى الطويل، ان معظم الدراسات التطبيقية في ادارة الأعمال أشارت إلى ان المنظمات التي تضع وتنفذ استراتيجية معينة يمكنها ان تتجاوب مع غالبية التغييرات الحاصلة في البيئة الخارجية، وان هذه المنظمات قد كبرت وحققت نجاحاً قياساً بمنظمات أخرى لم تضع او تنفذ استراتيجية معينة (Chandler 1966)، وفي دراسة اخرى (Rumelt 1974) جرى تقييم مائتي منظمة تجارية حيث لوحظ ان أعمالاً اقتصادية كبيرة قد تحققت بعد ان وظفت هذه المنظمات استراتيجيات تمت صياغتها مسبقاً بشكل صحيح ومنظم، كما عكست دراسة اخرى (Schoeffler et. al 1974) أجريت على خمسة وسبعين منظمة تجارية العلاقة الترابطية الايجابية بين عملية توظيف استراتيجية ومستوى الربحية المتحققة، وبالرغم من ان هذه الدراسات ركزت على المنظمات التجارية الا انه من المنطقي الافتراض بان استخدام الاستراتيجية يؤدي إلى تطوير وتحسين الأعمال في المنظمات عموماً (الرسمية منها وغير الرسمية).

العلاقة الترابطية بين السياسة والاستراتيجية:

The Interrelation of Policy and Strategy

السياسة مصطلح يستعمل في أغلب الأنشطة التنظيمية، ولم يتفق المعنيون على تحديد المعنى الموحد والدقيق لهما، أحياناً تعتبر السياسة مجموعة المؤشرات والضوابط المعيارية (Gauged Constraints) الموثقة التي يقوم المدراء بتنفيذ أعمالهم في ضوئها، وفي هذا السياق فان السياسة هي الإطار الذي في ضوئه تدور فعاليات وأنشطة المنظمة وتسهم في توضيح الأحداث المستقبلية الخاصة بها، صحيح ان دور السياسة في المنظمة هو تحقيق التوجيه السليم للأعمال التي يتخذها على ديمومتها، الا انها في الوقت نفسه تشكل الأساس الفكري

المرشد للقرارات اليومية التي يتخذها المدراء أثناء سعيهم لتوظيف موارد المنظمة لصالح أهدافها.

اما الاستراتيجية فهي أقل نشراً وعمومية (Genetic) وأقل فهماً وإدراكاً من السياسة، ان مفهوم الاستراتيجية يعزى إلى اهداف سياسية طبيعية (Geopolitical) في الدول ذات التوجه القومي، وتعزى كذلك إلى الأعمال العسكرية، ان اول استخدامات مصطلح الاستراتيجية كان من قبل القادة العسكريين قديماً وامتد حتى وقتنا الحاضر، وفي الدول الغربية تزايد توظيف الاستراتيجية في المنظمات المختلفة حتى أن الدراسات أشارت إلى أن اكثر المنظمات نجاحاً هي التي كانت قد وظفت استراتيجاً واضحاً ومعلوماً لتحقيق أهدافها. وقد لوحظ أيضاً ان المنظمات غير الهادفة للربح (الخدمية) لا تعتني بالاستراتيجية او ادارته ولا تأخذ انشطتها منحى استراتيجي، اما في منظماتنا العربية فان الاعتقاد يقودني إلى التصريح بانه يندر ان نجد لهذه المنظمات استراتيجات تحكم وتوجه أعمالها.

السياسة والاستراتيجية مصطلحان متباينان ومتفاوتان (Disparate Conceptions)، لذلك يصعب على البعض تحديد نوع العلاقة بينهما من خلال المعاني والتعاريف الخاصة بكل منهما، السياسة هي دليل عمل يتضمن مجموعة ضوابط ومحددات ينصرف في ضوئها المدراء عند مواجهة حالة ما، وعند تنفيذ السياسة الموضوعة تتمكن ادارة المنظمة من وضع قدميها على الطريق نحو تنفيذ الاستراتيجية، لذلك أوضحت وجهات نظر أخرى ان هناك علاقة ملحوظة وقوية بين السياسة والاستراتيجية اللذين تم اختيارهما لخدمة أهداف وغايات المنظمة، وفي ضوء وجهتي النظر السابقتين نجد ان المستويات الإدارية الوسطى والتنفيذية تهتمان أكثر بالسياسه وتغض النظر عن الاعتبارات الاستراتيجيه عند صنع الفرارات اليومية، الا اننا ومن ناحية اخرى نجد ان السياسة والاستراتيجية مفهومان تبادليان (Reciprocal Concepts)، اذ أنهما يتخللان اعمال المستويات الادارية كافة في المنظمة، وهذا هو عين التوجه الذي تبناه كتابنا الحالي الذي يعكس حقيقة ان السياسة هي الخطوط العامة التي في ضوئها تصنع القرارات المجسدة لاستراتيجية المنظمة، والناحية التبادلية هنا تعني ان السياسة والاستراتيجية لهما حالة اتحادية تماسكية (Unity) على مستوى الأعمال التنظيمية كافة، ولما كانت السياسة تخدم مصالح المنظمة، فيجب بناؤها وتطويرها لتنسجم وتتلاءم مع استراتيجية

التي صنعت أصلاً لتصون مصالح المنظمة، وعلى هذا الأساس تتصف السياسة بالحالة الحركية (Dynamic) لتترادف مع التغيرات والتحويرات الضرورية للاستراتيجية، والسياسة قد تكون ثابتة الا ان ثباتها نسبي خاصة اذا كانت معدلات التغير في البيئة الخارجية عالية.

ان التبادلية القائمة بين السياسة والاستراتيجية تتمحور حول ترابط مفاهيم بعضهما البعض، ذلك ان نجاح السياسة يعد مؤشراً لنجاح الاستراتيجية ويعكس نوعية وماهية النتائج المتوقعة من هذا النجاح، وعلى هذا الأساس فان للسياسة محددات ومؤشرات، والاستراتيجية يحدد الطريقة التي يتم بموجبها تنفيذ السياسة القائمة (Existing Policy) انطلاقاً من حسن مزاوجة موارد المنظمة على طريق تحقيق غاياتها، وبالتالي فان السياسة تغطي الغايات والوسائل المساعدة على تحقيق نجاح المنظمة بينما تعكس الاستراتيجية الوسائل التي تساعد على تحقيق الغايات.

ويمكن عكس فكرة الحالة التبادلية بين السياسة والاستراتيجية من خلال الهرم التنظيمي للمنظمة، ابتداءً.. نقول ان السياسة توضع وتحدد من قبل الادارة العليا، وتنفذ من قبل الادارات الاخرى من خلال تحويل الصلاحيات المناسبة، بينما تصاغ الاستراتيجية من قبل الادارة العليا وينفذ من قبلها، ومن جانب آخر يتم تطبيق كل من السياسة والاستراتيجية على المستويات الادارية كافة وصولاً إلى المحافظة على مكانة المنظمة بين المنظمات الأخرى والحفاظ على أهم مواردها المختلفة، وبدون فاعلية هذا التطبيق وجهود الادارة العليا في مراقبة ومتابعة نتائج كل من السياسة والاستراتيجية، فان السياسة تفقد ميزاتها تجاه المنظمة كما لا تحقق الاستراتيجية الاستخدام الكفؤ للموارد المتاحة لهذه المنظمة، وان الحفاظ على الحالة التكاملية للتبادلية بين السياسة والاستراتيجية وعلى كل المستويات الادارية من شأنه ان يسهم في تحقيق الأهداف المرسومة ويمكن المنظمة من الابقاء بالتزاماتها ووعودها وبالتالي تتضاعف قوتها وتصمد أمام متغيرات البيئة الخارجية.

من ناحية أخرى فان حالة التبادلية بين السياسة والاستراتيجية تعكس الترابط المتسلسل بين الغايات والوسائل (Means-End Chain). فالسياسة بحد ذاتها ليست غاية انما وسيلة لغاية تنشدها الاستراتيجية وتبعاً لهذا المفهوم فهي الوسيلة لتحقيق غايات محددة تعزز من امكانات وجود المنظمة وقدرتها على القيام بواجباتها، فمثلاً ان عدم تطبيق سياسة

معينة لصالح استراتيجية قادرة على تحقيق اهداف مرسومة للمنظمة فان ذلك يعني فصل العلاقة التبادلية بين السياسة والاستراتيجية في سلسلة الغايات والوسائل، ومثل هذا الفصل من شأنه ان يؤثر سلباً على نشاطات المنظمة، ان الاستخدام الامثل لتبادلية العلاقة بين السياسة والاستراتيجية يقلل من حالة الانعزال ويوثق حالة التبادلية (Reinharth et. al 1981).

للاستراتجية حالة شمولية تعم كل الجوانب المنظمية (Organizational Encompassing) في حين ان السياسة ما هي الا قرارات سابقة وموجهة تساعد على انجاح الاستراتيجية المعتمد من قبل المنظمة (Bates and Elderdge 1984)، وبتعبير آخر فان السياسة هي دليل عمل يستعين به المدراء في تحديد موقف تجاه الأحداث الناشئة وهي في مسعاها نحو أهدافها، اما الاستراتيجية فهي خطط يستعان بها لاقرار نمط الاعمال المطلوبة من المنظمة قياساً بأعمال المنظمات الاخرى وهي تنشد تحقيق أهدافها (Paine and Anderson 1983).

الاستراتيجية تحصن المنظمة لكونها توضع بعد دراسة شاملة وواسعة تستخلص منها أهداف رئيسة للأعمال، وتظهر قوة الاستراتيجية لانها ترمي إلى التركيز على حالات او مشاكل تقيس وضع المنظمة في ضوء واقع المنظمات الأخرى، اما السياسة فهي خطة تتضمن حلولاً موحدة لسلوك الادارات (Standing Plan) ويمكن استخدامها لمرات عدة لتسيير الأعمال والتعامل مع الحالات الناشئة داخل المنظمة، كما ان السياسة تتضمن أيضاً مفاتيح الأبواب على دروب تنفيذ الاستراتيجية، ان الاختيار الدقيق والسليم للسياسة يعزز مكانة الاستراتيجية ويعطي المعنى الدقيق لها ويوجه القرارات الادارية بالاتجاه الذي يدعم مكانة الاستراتيجية، وفي الواقع، ما من استراتيجية تستحق الرعاية والاهتمام حتى تتوضح تطبيقاتها على السياسة (Newman and Logan 1981)، وطالما أن التخطيط يتواصل من الاستراتيجية إلى السياسة ومن السياسة إلى الاستراتيجية، فان مثل هذا التخطيط يفترض على ادارة المنظمة مراجعة الاستراتيجية وبشكل دوري كحالة ضرورية. وأخيراً لا بد من القول ان كل من السياسة والاستراتيجية تدعم الواحدة الأخرى وتساندها، وكلاهما يشكلان وحدة جوهرية مساندة لإدارة المنظمة وبغض النظر عن طبيعة اعمالها.

الفصل الثالث

الأطر الفكرية للسياسة والاستراتيجية

الفصل الثالث

الأطر الفكرية للسياسة والاستراتيجية

Conceptual Framework for Policy and Strategy

إن حالة التبادلية القائمة بين السياسة والاستراتيجية التي نوقشت في الفصل السابق، يجب ان تكون من بين المفاهيم الأساسية والجوهرية الجارية في ادارات المنظمات المختلفة (الرسمية منها وغير الرسمية). وإننا إذ نناقش مفهوم السياسة مرة ثانية فان ذلك سيوفر لنا أطراً فكرية لاتخاذ القرارات المناسبة التي تسهم في بلورة عمل الادارة تجاه الاستراتيجية، ذلك ان القرارات والأوامر المنفذة لسياسات العمل تعكس توجه ادارة المنظمة نحو غاياتها وتعرض دفعاً لحالة التوازن والديمومة وحركية إدارة الاستراتيجية ثم ان الاستراتيجية المعتمد يتعرض للتغير بانتظام ويتأثر ذلك التغير بمعدل التغيير الجاري في عناصر البيئة الخارجة للمنظمة، وبالمقابل فان العديد من العناصر الخارجية عموماً تستجيب هي الأخرى للتغيرات الجارية في العناصر الأخرى، وعلى إدارة المنظمة صياغة استراتيجيتها بطريقة تدعها تستجيب وتتكيف هي الأخرى تجاه ما يحصل من تطور وتغيير في البيئة الخارجية، ان أي استجابة تحدثها الاستراتيجية يجب ان تظهر آثارها في السياسات المعتمدة من قبل المنظمة المعنية.

دأب الكتاب والباحثون على تصنيف السياسات والاستراتيجية حسب مضامينها الأساسية، لذلك سيعالج الجزء الأول من هذا الفصل الإطار العام لمعنى ومفهوم السياسة ووصف تركيبتها البنيوية إلى جانب تبيان تطبيقات السياسة وآثارها، أما الجزء الثاني من هذا الفصل فسوف ينهج ذات المنهج عند تعامله مع مفهوم الاستراتيجية، فضلاً عن تشخيص التسميات والمصطلحات التي وردت بشأن هذا المفهوم وفي إطار وصفي، أما الجزء الثالث من هذا الفصل فانه سيناقش مبدأ التسلسل الهرمي لسياسات العمل ابتداءً من الادارة العليا (قمة الهرم) وانحداراً إلى المستويات الدنيا للمنظمة آخذين بنظر الاعتبار ان السياسة هي مجموعة قرارا سابقة توجه عملية صنع القرار المطلوب بقصد تنظيم سلوكية الأفراد داخل

المنظمة، ثم يأتي الجزء الرابع ليعرض لنا التسلسل الهرمي للاستراتيج ويوضح كيف ان هذا التسلسل له ستة مستويات أساسية في المنظمة تعكس الوسائل والغايات وصولاً إلى غايات المنظمة المنشودة.

ولا يفوتنا أن نذكر بأننا لن نغفل خاصية الحالة التبادلية للعلاقة القائمة بين السياسة والاستراتيجية عند معالجتها لهذين المفهومين ذلك ان السياسة هي الإطار الديناميكي لعمليات الاستراتيجية، فالستراتيج هو الحالة الديناميكية لفاعلية المنظمة.

تصنيف سياسة العمل **Policy Classification**

لا يوجد نظام ثابت لتصنيف سياسات العمل يمكن اعتماده لكافة أنواع المنظمات، ذلك ان اسلوب التصنيف يمكن ان يتأثر بالأهداف الاساسية للمنظمة وبالتكنولوجية السائدة ونوعية عناصر البيئة الخارجة الأخرى، فمثلاً قد يكون لإحدى منظمات القطاع العام ادارتها الخاصة، وبالتالي يكون من الضروري لها اعتماد سياسات عمل تساعدها على توجيه وتسيير وإدارة جميع أعمالها التي تختلف عن منظمة أخرى. ان مثل هذه الحالة تنطبق على المنظمات التي لا تمتلك إداراتها الكثير من الحرية في أعمال صنع واتخاذ القرارات، وهذه الحالة تختلف في منظمات أخرى (القطاع الخاص) التي تدفعها الضرورة إلى إيجاد مجموعة السياسات الإرشادية العامة التي تعطي لها الحرية وتفسح لها المجال إزاء المواقف المختلفة وتتمكن من صناعة واتخاذ القرار الاداري الملائم، على عكس الحالة الحاكمة (Govern) في المنظمات البيروقراطية، اذ غالباً ما تكون سياسة العمل في المنظمات البيروقراطية هدفاً قائماً بحد ذاته، وفي المنظمات الأخرى تكون وسيلة لتحقيق هدف وصولاً إلى غاية منشودة.

ومع ذلك يتم تصنيف سياسة العمل في كلا النوعين من المنظمات بشكل يتلاءم وأهدافها وتكنولوجيتها وبيئتها الخارجية، والشكل رقم (3-1) يعكس لنا اصناف سياسة العمل وكيف يمكن تصنيفها إلى ستة مجاميع، وكل مجموعة تعكس لنا العوامل والعناصر الأساسية وتبين الاختلاف على المجموعات الأخرى، ان مثل هذا التصنيف يساعدنا على تجزئة المجموعة الواحدة إلى أجزاء أخرى أصغر، ويمكننا من الاشتقاق وإعطاء مسببات متنوعة، وما يرد في الشكل المذكور خير دليل على ذلك.

مصدر السياسة **Origin of Policy**

تنشأ سياسة العمل من مصادر عدة، فبعض المنظمات تعتمد سياسة عمل تقليدية ومعروفة سابقاً، حيث جرت العادة ان تعتمد بعض المنظمات سياسات معروفة (Traditional) أصلاً في منظمات أخرى، وأن القانون العام لا يبرر وضع سياسة جديدة، سوى اعتماد ما هو جاهز للاستخدام، أو قد تنشأ سياسة عمل معينة بنشوء قرار اداري معين يشكل سابقة لحدث ما ويستمر العمل به حتى بعد زوال الحالة او الأسباب التي ادت إلى اتخاذه (.Filley et. al 1976). ان سياسة العمل التقليدية قد تصبح جزءاً من حضارة وتاريخ المنظمة بسبب تأثيرها على قيادة المنظمة ومن ثم على قوتها وكفاءتها، وفي حالة ظهور سلوكيات جامدة تتطلب التغيير ولا تتغير، قد يصبح لسياسة العمل تأثير عكسي على فاعلية المنظمة.

وقد يكون مصدر ومنشأ السياسة رأياً فردياً يفرض على المنظمة اعتباطاً، وهذه الحالة تسمى سياسة قسرية (Fiat) وتوجد مثل هذه السياسة في المنظمات ذات التوجه المركزي في عملها الاداري ان السياسة القسرية تمنح واضعيها الحرية والتصرف الواسعين تجاه أحداث المنظمة وقد يعجز الآخرين عن مثل هذا التصرف في الوقت الذي تتوقع منهم المنظمة القيام بالاعمال وإدارة النشاط الخاص بها (Filley et. at. 1976) ان هذا النوع من سياسة العمل لا يؤدي إلى تطوير أداء المرؤوسين، انما يحقق شعوراً من عدم الرضا وعدم التأكد لديهم ولدى العاملين في المستويات الأدنى من الإدارة، وبالتالي فان مثل هذه المشاعر تحدث فجوة بين التوجه نحو الأهداف المنشودة وبين أسلوب تنفيذ متطلبات الخطط.

ولما كانت السياسة انعكاساً لفلسفة وخيار الإدارة العليا فقد لا تكون قسرية بل سياسة تفضيلية (Preference) التي تصبح في الغالب جزءاً من حضارة المنظمة وأيضاً تحوي السياسة التفضيلية المرشدات والتوجهات والطرق الأساسية التي تجعلها الأفضل في نظر الإدارة العليا للمنظمة كسياسة عمل لقيادة عملياتها، ولغرض تحقيق الأفضلية في العمل الإداري وحل مشكلاته، ينبغي على إدارة المنظمة التركيز على اعتبارات معينة، مثل الأمانة والاستقامة والوضوح في التعامل مع الآخرين والكفاءة والتأثير، تكريس الجهود لخدمة

مصالح المنظمة والمتعاملين معها (Steiner et. al. 1982)، ان مثل هـذه التعـابير هـي مـن أهـداف دائرة العلاقات العامة، الا ان معظمها يمكن ان يعبر عن سياسة تنظيمية بالتوجه التفضيلي.

ويمكن ان تنشأ سياسة العمل من قبل مجالس ادارة المنظمات، ويتم تخويـل الصلاحية اللازمة وبما يتلاءم والسياسات العرفية (Rational-Legal-Policy)، وهذا النوع م السياسـة ينسـجم مع أهداف المنظمة والحالة العامة السائدة في البيئة الخارجية (Filley et. at. 1976)، وذلك ان مـا هو سائد في البيئة يتضمن القيم والعادات والتقاليد والمعـايير القياديـة التـي يفضـلها المجتمـع، شكلاً أو مضموناً، لتسيير أعماله وتوفر السياسات العرفيـة نظامـاً توجيهيـاً حـاكماً (Governance System) للمنظمات، وتساعد اداراتها على صنع واتخاذ قرارات تتماشى والحالـة العامـة السـائدة في المجتمع، ان السياسة التي تضعها القيادات الادارية بالشكل القسري يعطيها القوة والامكانية بالقدر الذي يكفيها لقيادة عمليات المنظمة، اما السياسة العرفية فهي تنشأ وتنمـو في المنظمـة من خلال سياسات تكميلية وعمليات وقواعد وقوانين تتبلور عند مدراء المنظمـة ورجـال الادارة خلال ممارستهم للأعمال ومعايشتهم للبيئة الداخليـة والخارجيـة للمنظمـة، ومجمـل القـول ان السياسة تنشأ من عدة مصادر ولجميع الأنشطة التنظيمية، ودعونـا الآن ان نلقـي الضـوء عـلى طبيعة السياسة من حيث خصائصها الأساسية.

طبيعة السياسة Nature of Policy

بالإمكان فهم طبيعة سياسات الأعمال من خلال فهم خصائصها الأساسـية وكـما فصلـت في الشكـــل (3-1)، وهـــذه الخصـــائص هـــي الوضـــوح (Salience) والأهميـــة (Significance) والتخصصية (Specificity). كما أن للسياسة خصائص أخرى الا ان الخصائص آنفة الذكر هي أكـثر تعبيراً عن الأسس المعتمدة في تصنيف السياسات في عموم المنظمات.

فالسياسة يجب ان تكون واضحة وصريحة وموثقة لكي يتم الشروع باستخدامها بسهولة عند نشوء ما يستدعي لذلك، وكلما زاد وضوح السياسة مالت الأمور نحو الواقعية

والعملية، وأمكن فهمها واستيعابها حتى لتغدو مسلمة بها، وعلى خلاف ذلك فالسياسة القليلة الوضوح تصبح عرضة لتنوع تفسيراتها، فصلاً عن عدم فهمها من قبل الآخرين، لهذا السبب نجد ان غالبية المنظمات المتقدمة إدارياً تدون وتوثق سياساتها بكتب رسمية او كتيبات حتى يسهل نشرها وتعميمها على المعنيين، وبالتالي يسهل تنفيذها، وقد ثبت أحد الكتاب (Steiner 1969) رأيه بهذا الشأن وأكد على أهمية وضوح السياسة وكتابتها، واعتبر ان النقل الشفهي لها وسيلة ضعيفة تبرز عيوباً كثيرة، الا ان وجهة نظر أخرى (Haner 1976) ترى ان السياسة المدونة تحد من مرونة التصرف في عملية صنع القرارات وتخفض من قابلية الإبداعية وروح المبادرة الضروريتين، وبالتالي فان استجابة المنظمة إلى المتغيرات الخارجية تكون محدودة، وبالرغم من ذلك فقط لوحظ ان غالبية المدراء وكما جاء في إحدى الدراسات (Haner 1976) يفضلون العمل ضمن إطار محدد ومرسوم من سياسات العمل، وأن يجري تبليغهم بها تحريرياً دون تركها تتناقل في جو مشحون بالتبريرات والتفسيرات المتعددة.

ان الجانب المهم تجاه الوضوح والتدوين لسياسات العمل يشع من كون السياسة تلعب دوراً ازدواجي التأثير (Composite Function) قياساً بحجم المنظمات الكبيرة التي تكون عرضة للمسائلة من قبل مؤسسها او مالكيها تدون سياساتها في حين نجد ان المنظمات الصغيرة التي يديرها شخص واحد في العادة والتي تعتمد الأسلوب المركزي في الإدارة تميل إلى اعتماد سياسات غير مدونة.

وتبرز أهمية سياسة العمل من كونها توحد الجهود وتنسقها وتجعلها متكاتفة باتجاه مصالح وغايات المنظمة وان اهتمام ادارة المنظمة بأعمال صنع سياسة العمل وتطبيقها يؤدي إلى نقص حالات الانحراف والتشتت في الأعمال، لذلك فان المسؤولية الادارية المرتبطة بالمركز والمستوى الوظيفي يفترض ان تلعب هذا الدور لأن أي انحراف عن خط العمل يؤثر عكسياً على نشاط المنظمة.

اما سنة التخصصية لسياسة العمل فانها تحدد شكل المعلومات والبيانات المطلوبة لتنفيذ وتطبيق توجهات سياسة العمل، تتقرر هذه التخصصية في ضوء اهتمام ادارة المنظمة بسمتي الوضوح والتدوين والأهمية، فمثلاً نجد ان سياسة العمل المرتبطة بمساحة وظيفية معينة

تعد سياسة تخصصية وهي واضحة في تلك المساحة، وان استبعادها قد لا ينعكس سلباً على الطاقات والجهود الجارية في المنظمة على عكس سياسة العمل التي تغطي بشموليتها مجالات أوسع من المساحة التنظيمية، ومن ذلك سياسية التخزين وسياسة تحفيز العاملين مادياً، فالأولى هي أقل شمولية وأكثر تخصصاً من الثانية.

ولمناقشة التخصصية، من المفيد ان نميز بين السياسة المرتبطة بالعمليات التنظيمية، وتلك المرتبطة بالأهداف التنظيمية وكلا المنوعين من السياسات يعملان كمرشد للمنظمة وبتفاوت واضح في درجة التخصص فالسياسة المرتبطة بالأهداف التنظيمية والتي تنشأ في قمة الهرم التنظيمي لها شمولية وعمومية اكثر من السياسة المرتبطة بالعمليات التنظيمية، فهي تعمل على توجيه عمليات اتخاذ القرار لعموم العاملين وفي المواقف التي تحتاج إلى قرار يوحد الجهود ويجعل الأفعال منسجمة ولذلك يظهر تأثير مثل هذه السياسة اذا تمكن المدير من الحفاظ على أو ضمن حسن سير العمل، او يساعد الآخرين على تحقيق ما يخدم الأهداف المنشودة (Higgins 1966).

ومن جانب آخر فان التخصصية في السياسة لها علاقة مباشرة بالأعمال اليومية للمنظمة، باعتبارها تتضمن مجموعة متنوعة وكثيرة من القوانين والضوابط التي ترشد المدير إلى الكيفية التي يحقق العاملين من خلالها تأدية أعمالهم في المستويين الأوسط والتنفيذي من الهرم الإداري وضمن المساحات الوظيفية الجارية في المنظمة (انتاج، تسويق، افراد...الخ)، ومع هذا فالتخصصية في السياسة لا بد وأن يكون لها دوراً بارزاً في الحالة الكلية من خلال العمليات الجارية والمساهمة في تحقيق ما تنشده المنظمة، وباختصار فانه يمكن تصور طبيعة سياسة العمل من خلال تحليل الخصائص الأساسي للموضوع... والأهمية... والتخصصية، كما يمكن التوسع في تحليل هذه الخصائص على مستوى سياسات العمل الداخلية والخارجية وكل ما يحكم السلوك الجاري في المنظمة أو ما يحكم السلوك الجاري بين المنظمة والمتعاملين معها.

مجال السياسة **The Scope of Policy**

قد تغطي السياسة العمليات الداخلية أو ان تكون مصممة أصلاً لتحكم العلاقات الناشئة بين الأقسام والوحدات داخل المنظمة لجعل هذه العلاقات متواصلة ومترابطة مع ما يجري في البيئة الخارجية، لذلك تكون السياسة ذات توجه عام (Generic) لان تطبيقها يجري في كل المجالات الداخلية والخارجية للمنظمة، ومن الشراء على المساحات التي تغطيها سياسات العمل الداخلية (أسعار المنتجات، الرقابة على نوعية المنتج، الرقابة المالية)، أما المساحات التي تغطيها سياسات العمل الخارجية فتشتمل على علاقات المنظمة بجهودها وبالمجهزين وبمحور العلاقات العامة التي يجب ان تسود.

وفي هذا السياق تجدر الاشارة إلى ان لسياسة العمل تأثيران سواء كانت ذات علاقة بالبيئة الداخلية أو الخارجية: الأول محدود، يغطي أنشطتها الداخلية فقط، والثاني يغطي وظيفة واحدة فقط من وظائف هذه المنظمة سواء كان ذلك على الصعيد الداخلي أو الخارجي ويظهر هذا التأثير عندما تكون سياسة العمل غير معروفة من قبل الغير وليس لها بعداً عاماً، فهناك مثلاً سياسة عمل خاصة بالجباية والدفوعات وتوزيع الأرباح، مثل هذه السياسة تحدد المعايير الخاصة بالقرار الإداري الذي يعالج المتغيرات الداخلية والخارجية، وأثرها على الجوانب المشار إليها، ومع ان سياسة توزيع الأرباح هي سياسة داخلية الا ان لها مجالها العام الذي تظهر انعكاساته على المدى الطويل.

ان نشر السياسة على بعديها الداخلي والخارجي يمنحها صفة التكاملية والشمولية (Haner 1976, Higginson 1966)، ان مجال السياسة يتعين حسب موقع التأثيرات المباشرة التي تحدثها نتيجة القرارات المتخذة في ضوئها، لذلك نؤكد على أن تحديد مجال السياسة يعتمد على قدرة إدارة المنظمة في اكتشاف التأثير الذي تحدثه سياسة العمل، ذلك ان سياسة العمل هي فن توجيه الإدارة في أعمال صنع القرارات لصالح أهداف وغايات المنظمة، اما اذا كنا نبحث عن المنفعة المتحققة من تشغيل السياسات، علينا اذن البحث هنا وهناك عن المساحات الوظيفية التي تؤدي من خلالها انشطة المنظمة، ذلك ان المنفعة قد تختلف من حالة إلى اخرى، وتنعكس آثار سياسة العمل من خلال ما تفرضه من قيود

وضوابط تجاه النشاط الاداري لمتخذي القرار، وبالتالي نجد هناك تماثلاً وانسجاماً في قراراتهم تجاه العمليات المنظمية، وتقلل هذه الضوابط والقيود حالات التقاطع والتنافر في السلوكيات الادارية للمدراء.

المساحات الوظيفية للسياسة **The Functional Areas of Policy**

تضع المنظمات عموماً سياسات عمل لترشد أعمال المدراء وهي تختار هذه السياسات لتغطي غالبية أوجه النشاط الجاري فيها، فأما ان تعتمد المنظمة نوع محدد من سياسات العمل وعند ذاك يظهر مفعول هذه السياسات في مساحات وظيفية معينة، وكلمة "وظيفة" هنا تعني مجموعة الأعمال المترابطة التي تساهم في انجاز عمل اكبر، ووظائف المنظمة هي مجموعة الانشطة والأعمال المقسمة والموزعة على وحدات وأقسام او دوائر خاصة بها في المنظمة الواردة.

المساحة الوظيفية للسياسة المبنية في الشكل رقم (3-1) توضح انواع الاعمال التنظيمية الاساسية التي تدور في المنظمة الواحدة، ويتم صياغة السياسة المطلوبة للمساحة الوظيفية -للانتاج مثلاً- على وفق حاجات ترتبط بأهداف وغايات المنظمة، اما مسألة تقدير الحاجة لسياسة عمل لوظيفية معينة من وظائف المنظمة، فينبغي ان تجري وفق الخطوات التالية التي تسهم في صياغة وبناء السياسة المنشودة (Gilmore 1968):

1- مراجعة وتقييم سياسات العمل الحالية.
2- تحديد وإدراك المشاكل والقضايا الممكن توقعها كنتيجة لاعتماد سياسة العمل المالية او السياسة المراد صياغتها.
3- تشخيص أسباب المشاكل الفعلية والمتوقعة.
4- صياغة سياسة او سياسات بديلة.
5- تقييم السياسات البديلة لمعرفة إيجابياتها وسلبياتها
6- اختيار السياسة الأفضل والاقدر على مواجهة المشاكل المحتملة.
7- اقرار السياسة المختارة.
8- متابعة تنفيذ السياسة للتأكد من انها تتضمن المؤشرات المطلوبة.
9- تنقيح واعادة صياغة سياسة العمل لتتلاءم دوماً مع الحالات والظروف المتغيرة.

ان سعة المساحات الوظيفية لسياسة العمل الواحدة تختلف باختلاف الواجب والمهمـة ومستوى التكنولوجيا المعتمدة في منظمة ما، إلى جانب تأثيرها وتأثرها بعناصر البيئة الخارجيـة (Higginson 1966)، فمثلاً تهتم المنظمـات التجاريـة بالسياسات التسويقية والتخزينيـة اكـثر مـن اهتمام المنظمات الاخرى التي تعطي الأولوية لسياسات الافـراد والتمويل، في حين نجد ان المنظمات التي تستخدم تكنولوجية عالية تهتم اكثر بالسياسات الخاصة بالبحث والتطوير، امـا المنظمات التي يكون اهتمامها منصب على الجمهور فانها تركز على سياسات العلاقات العامـة بدرجة اكبر من تركيزها على سياسات اخرى.

ان مجموعة السياسات التي يـتم اختيارهـا تهيـئ مسببات الاطار الارشادي للعمليـة الادارية في المنظمة، وان ممارسة هذه السياسة او تلك يجب ان يتنـاغم مـع الأهـداف ويناغم بينها، لذلك فان تهيئة المعلومات والبيانات الرصينة تساعد المدراء على معالجة القضايا الحاليـة والمستقبلية التي تنشأ بين فترة وأخرى، اما بالنسبة للأعمال المتكررة نوعـاً مـا والروتينيـة، فـان السياسات الموضوعة كفيلة بمعالجتها من خلال القرارات المتخذة حيالها (Steiner 1969).

البعد الزمني للسياسة Time Dimension of Policy

تعد سياسات العمل موجهاً ومرشداً للأعمال الإدارية على المدى الطويـل لـذلك نجـد إن المنظمات تميل إلى صياغة سياسات معمرة لفترة طويلة نسبياً، إن عملية صياغة السياسة يجب إن تتوازى مع عملية التفكير بعمرها الجديـد (Steiner 1969)، كـما أن سياسـة العمل تسـهم في ضبط وإدارة الأعمال الجاريـة في المنظمـة، وكـذلك تسـهم في توجيـه القرارات مستقبلاً، إن السياسة مرة أخرى، تعكس طبيعة الأعمال التي تـم إنجازها في الماضي، رغـم كونها مرتبطة بالحاضر ولها توجه مستقبلي، وهذا يعني أن لسياسـة العمـل روابـط تشـدها بالأبعاد الزمنيـة الثلاثة (الماضي، والحاضر، والمستقبل)، أن الاهتمام بالبعد الزمني يكشف لنا ان اهمية السياسـة لا تظهر في الفترة الزمنية التي يظهر فيها تأثير السياسة، بل يجب ان تبرز هـذه الأهميـة في كـم من الوقت مستقلاً حتى تظل سياسة العمل قوية ومؤثرة، لذلك تتأطر السياسـة بإطار يغلب عليه شكل الزمان المستقبلي الذي يضمن ممارسة هذه السياسة دون أخرى.

ونحن نناقش البعد الزمني للسياسة، لا بد لنا ان نناقش ماهية البعد الزمني وماهية الفترة الزمنية المرتبطة بالتوجه المستقبلي للسياسة. وللإجابة نقول، ان هناك ثلاثة ابعاد زمنية مستقبلية، البعد الأول يعطي فترة زمنية طويلة الأمد والتي تتجاوز الخمس سنوات ولا تتعدى العشر سنوات لأسباب تتعلق بقدرة الجهة المعنية في التحكم بعنصر عدم التأكد، والبعد الثاني يغطي الفترة المتوسطة الأمد التي تتجاوز الثلاثة سنوات ولا تزيد عن الخمس سنوات، اما البعد الثالث فانه يغطي الفترة القصيرة الامد والتي تمتد من الوقت الحاضر وحتى الثلاث سنوات القادمة، ووفق هذا التبويب فاننا نجد ان السياسة ترتبط بالأهداف الموضوعة من قبل ادارة المنظمة ولنفس الأبعاد الزمنية.

اما مناقشة من يقوم باختيار وصياغة سياسات العمل وفق الأبعاد المذكورة آنفاً، فان الاجابة تنطوي على ابراز مسؤولية الادارة العليا للمنظمة لما لها من باع طويل في مسألة اعداد سياسة العمل بعيدة الأمد، وقد تشارك الادارات في صياغة وإعداد سياسات العمل وذلك تابع من كون الادارات الأخرى مسؤولة عن تحقيق أهداف المنظمة إلى جانب الادارة العليا، الا ان درجة المشاركة ترتبط بنمط القيادة الادارية، اذ كلما مال النمط القيادي إلى التكامل الذي يعكس ايمان المنظمة بالقيادة الجماعية زادت درجات المشاركة بأعمال صياغة سياسات العمل.

مستوى سياسة العمل The Level of Policy

المستوى هو الجانب الآخر في دراسة أصناف سياسات العمل وكما موضح في الشكل (3-1)، وعند الحديث عن مستوى سياسة العمل فان ذلك يجرنا للحديث عن مستويات الادارة الثلاثة (ادارة عليا، وسطى، ودنيا) ففي المنظمات الكبيرة (الرسمية منها وغير الرسمية) هناك ثلاث مستويات ادارية، المستوى الأول هو مستوى الادارة العليا (القيادي)، والمستوى الثاني هو مستوى الادارة الوسطى (الاشرافي)، اما المستوى الثالث فهو مستوى الادارة الدنيا (التنفيذي)، وفي ضوء هذه المستويات يمكن القول بان هناك ثلاث، انواع او اصناف، من سياسات العمل... سياسات تخص الادارة العليا والتي تتميز بقلة التخصص وعمومية توجهها وارتباطها بوظائف العلاقات العامة والبحث والتطوير وتوفير

مصادر الأموال للمنظمة، اما سياسات الادارة الوسطى فهي الأكثر تخصصا، وينصب اهتمامها على الأمدين المتوسط والقصير كونها تعالج اكثر ما تعالج الأمور ذات العلاقة بشؤون المنظمة الداخلية، ويزداد تخصص السياسة وتقل عموميتها إلى الحد الأدنى عندما نناقش الحاجة لها في المستوى الأدنى من الادارة (التنفيذي)، كما ان البعد الزمني لمثل هذه السياسة يكون قصيراً قياساً بتوجهات الإدارتين الأعلى، وتعنى مثل هذه السياسة بشؤون الانتاج والأفراد وما إلى ذلك، ولما كانت لهذه السياسة توجهات تنفيذية فانها تكاد تكون اجرائية التنفيذ اكثر من كونها توجيهية.

ومن المناقشة آنفة الذكر يبدو لنا واضحاً ان مستوى سياسات العمل متأصلاً ومتوطناً في قمة هرم ادارة المنظمة حيث تكمن هناك أعمال صياغة وإقرار ورقابة السياسات المعمول بها من قبل المنظمة.

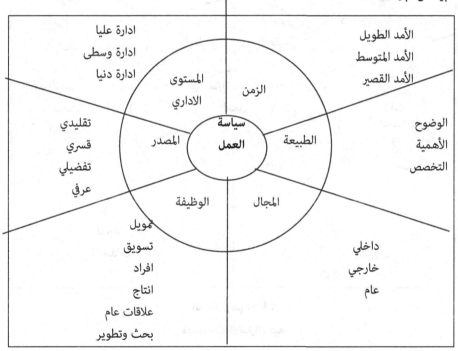

الشكل رقم (3-1)

تصنيفات سياسة العمل

تصنيف الاستراتيجية **A Classification of Strategy**

ومثلما تحدثنا عن أصناف سياسات العمل نتحدث الآن عن أصناف ستراتيجات الأعمال، حيث يستفاد من هذا التصنيف في تحديد العناصر المشتركة بين أنواع الاستراتيجية والعناصر المهمة لبعض هذه الأنواع، كما ان تصنيف الاستراتيجية يساهم في أعمال تقييم الاستراتيجية لمنظمة ما ومقارنتها مع ستراتيج منظمة أخرى. لقد أورد المهتمون بعلم الادارة (Mintzbgxg 1973) تصانيف عدة للاستراتيجية نعرضها في الشكل (3-3) ثم نتعرض لها بنوع من التفصيل.

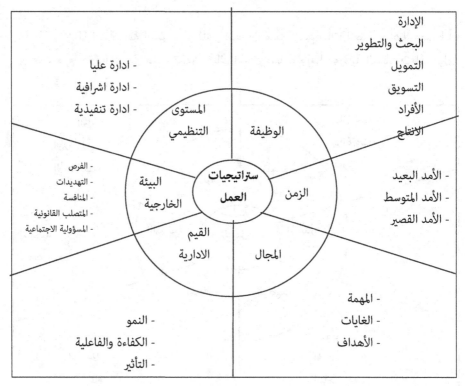

الشكل رقم (3-3)
تصنيفات الاستراتيجية

مجال الاستراتيجية **The Scope of Strategy**

نقصد هنا بـ"المجال الخاص" بالستراتيج هو شموليتها وتغطيتها لمهمة المنظمة وغاياتها وأهدافها، كما يتضمن المجال جانبين من الجوانب الأساسية التي يمكن للاستراتيجية ان تنشط من خلالهما، الأول هو المهمة (Mission) أو الرسالة التي تجسد سبب وجود المنظمة في البيئة، والجانب الثاني هو قدرات إدارة المنظمة التي تمكنها من تحقيق مهماتها قياساً بغاياتها وأهدافها، وقد اعتبر الكتاب المعنيون (Newman & Logan 1981, McNichols 1983) الجانب الأول هو الأساس أو الجذر الستراتيجي او الاستراتيجية العام، وكما هو الجذر في النبات، فان الاستراتيجية الجذر يلعب نفس الدور ليعطي المنظمة الجرعات والموجهات الأساسية للكيفية التي من خلالها تتمكن من بلورة وجودها وتحديد موقعها بين المنظمات الأخرى وتحديد شكل وكم ونوع المصادر والموارد التي يمكن ان تعنيها على القيام بمهمتها (Newman & Logan 1981, McNichols 1983).

اما الجانب الثاني الذي يغطيه المجال الستراتيجي فانه يرتبط بأهداف وغايات الأعمال والبرامج التي تقع مسؤولية تحقيقها على إدارة المنظمة، وتبرز هنا الستراتيجيات الثانوية المتفرعة عن الاستراتيجية الجذر (Root Strategy)، وهناك ثلاثة أنواع فرعية أساسية (McNichols 1983) وهي:

1- **الاستراتيجية العملياتية** (Operational): التي تتعامل مع الجوانب الانتاجية والخدمية والبشرية والمالية التي تمكن المنظمة من تنفيذ مهمتها.

2- **الاستراتيجية التنظيمية** (Organizational Strategy): التي تتعامل مع الجوانب التنظيمية والهيكلية وشبكة الاتصال وتقسيم الأعمال وكل ما يسهم في تحقيق توجه الاستراتيجية العملياتي.

3- **الاستراتيجية الرقابية** (Control Strategy): وتهتم هذه الاستراتيجية بمسائل الرقابة والمتابعة للتأكد من مساهمة كل من الاستراتيجية العملياتية والتنظيمية ومقارنة انجازاتهما وفق معايير ومقاييس مختارة حتى تتمكن إدارة المنظمة من إقرار مستويات نجاح

وتقدم المنظمة نحو غاياتها وأهدافها التي يقصدها الاستراتيجية العملياتية وبمساعدة الاستراتيجية التنظيمي.

وما دمنا نتحدث عن المجال الذي من خلاله تعمل الاستراتيجية، فان هذا المجال عرضة للتغيير والتطور قياساً بالمتغيرات والكتل البيئية المختلفة، لذا نرى ان تهتم الادارة العليا في المنظمة كل الاهتمام بتحديد وصياغة وإقرار الاستراتيجية الجذر، اذ منها وفي ضوئها يتم تحديد وصياغة وإقرار الستراتيجات الفرعية الأخرى، وتسهم الإدارات الأخرى (الوسطى، والتنفيذية) في أعمال بناء وصياغة الاستراتيجية وكما سنأتي على ذلك لاحقاً.

البعد الزمني للاستراتيجية **Time Dimension of Strategy**

الاستراتيجية كأي خطة عمل من خطط المنظمة لها توجه مستقبلي، وهذه الخطة تهتم كل الاهتمام بما ستكون عليه الحال في المستقبل، وهي تبحر مع المنظمات الأخرى في محيطات وبحور السوق (Newman & Logan 1981)، ان المستقبل الذي تنشده هذه المنظمة (البعد الزمني) يجب ان يتماشى بالضرورة مع البعد الزمني لأعمال التخطيط والخطط الموضوعة، ذلك ان الخطط تحتوي اجابات عن ماذا يجب انجازه لتحقيق الهدف المنشود، اما خطة الاستراتيجية فانها تحتوي اجابات عن: أين - متى - كيف - من الذي - سيقوم بالانجاز لتحقيق هدف وغايات المنظمة، ان العلاقة بين خطط المنظمة والاستراتيجية هي روح وجوهر ستراتيجية التخطيط (Ansoff 1971).

ان صياغة الاستراتيجية تبدأ كما هي الحال في أعمال التخطيط بالتوقع والتنبؤ بنوع الأحداث او الأعمال التي يمكن ان تقع في المستقبل البعيد نسبياً ثم إحكام هذا التوقع على آماد الخطط الأخرى (القصيرة والمتوسطة)، اعتماداً على حجم المعلومات المستقاة من البيئة وصولاً إلى الوقت الذي تتم فيه عملية الصياغة (الوقت الحاضر)، ان النظرة الأساسية للاستراتيجية هي نظرة بعيدة الأمد، ولكن قبل ان تتحقق نتائج الاستراتيجية بعيدة الأمد، ينبغي لإدارة المنظمة بناء هيكل توقعاتها بالأحداث والفعاليات التي يمكن ان تحصل خلال الآماد الأخرى. لذلك يجب ان تحتوي الاستراتيجية الرامية للتعامل مع المستقبل توجهات وأهداف متنوعة منها البعيدة والمتوسطة والقريبة الأمد، وبناءً على ما تقدم فان البعد الزمني

يعد عنصراً هاماً ضمن المفاهيم الأساسية للاستراتيجية يستفاد منه في أعمال الفرز والتصنيف.

المساحة الوظيفية للاستراتيجية Functional Areas of Strategy

ان وظائف المنظمة هي مجموعة الأنشطة والفعاليات التي تم تجميعها وتوزيعها بشكل نظمي لغرض تحقيق منافع معينة، والمساحات الوظيفية للاستراتيجية الموضوعة من قبل ادارة المنظمة ترتبط بالأنشطة والفعاليات التي لولاها لما تمكنت هذه المنظمة او تلك من بلوغ مبتغاها، والوظائف الأساسية لاية منظمة هي تلك التي تم تثبيتها في الشكل رقم (3-2) وكما يلي:

الادارة	Management	التمويل	Financing
التسويق	Marketing	الأفراد	Personnel
الإنتاج	Production	البحث والتطوير	Research & Development

ان وظيفة الادارة هي الجهود التنسيقية التي يبذلها القائمون عليها لتشغيل الوظائف الأخرى للمنظمة، وان عملية الادارة بحد ذاتها تنطوي على عمل مميز ودقيق يتضمن وظائف العملية الادارية (التخطيط، التنظيم، التوظيف، التحفيز، الرقابة) (جواد وآخرون 1988)، ابتداءً من تحديد وصياغة الخطط، والتي تشمل وضع الاستراتيجية، وتنظيم الفعاليات والتوظيف، وإدارة العمليات، وانتهاءً بالرقابة عليها.

وليست المساحات الوظيفية للاستراتيجية هي انشطة المنظمة المختلفة فحسب، بل ان هذه المساحات تمتد لتشمل العناصر الأخرى المذكورة في الشكل رقم (3-2) أيضاً، فمثلاً عند صياغة استراتيج لأعمال ونشاط التسويق نجد ان الاستراتيجية تغطي أيضاً الفرص المتاحة للمنظمة ومستوى المنافسة الجارية في السوق، هذا فضلاً عن امتداد مفعول الاستراتيجية إلى عنصر الزمن وحسب آماده الثلاثة كما ان الاستراتيجية التي تغطي النشاط الانتاجي او نشاط البحث والتطوير، فانها تمتد أيضاً للعناية بالمستويات الادارية الثلاثة وما يراد منهم على مدى الزمن المتوسط والبعيد، وما قلناه عن شمولية استراتيج الانتاج او البحث والتطوير يمكن قوله عن الاستراتيجية التمويلي وتغطيته للعناصر الأخرى الواردة في الشكل

المذكور (3-2)، فمثلاً نجد ارتباطاً ملحوظاً بين ستراتيج التمويل والهمة والهدف والغاية التي تنشدها المنظمة، فضلاً عن العلاقات الأخرى.

المستوى التنظيمي للاستراتيجية Organizational Level of Strategy

ان المستوى التنظيمي للاستراتيجية يتشابه مع مستويات الهرم التنظيمي للمنظمة، وفي نطاق ما ورد في الشكل (3-2) نرى ان الادارة العليا في المنظمة تهتم أولاً وبشكل أساس بالمهام والواجبات والأهداف ذات الآماد البعيدة، وثانياً نجدها تتوجه وبشكل فعال نحو البيئة الخارجية آخذة في الوقت نفسه العمليات الجارية في المنظمة بنظر الاعتبار، وثالثاً نجد ان هذا المستوى يكون مسؤولاً وبشكل مباشر عن قوة وفاعلية المنظمة كنظام كامل، وتقترن العملية الادارية الجارية في المستويات الادارية الثلاثة بالمستويات التنظيمية للاستراتيجية والدور الذي يجب ان يلعبه القائمون على هذه الادارة لصالح مستقبل المنظمة.

عند دراسة اهتمامات الادارة الاشرافية (الوسطى) وتحليل مستوياتها عن تحقيق الأهداف والغايات وفي ضوء الأطر الزمنية المختلفة، نلاحظ ان مثل هذه الاهتمامات تمتد إلى البيئة الخارجية للمنظمة، كما ان هذه الادارة تهتم كذلك بمستويات النمو والكفاءة والفاعلية الممكن تحقيقها من قبل المنظمة، وتنعكس قيم الادارة الاشرافية وبشكل واضح على مستوى الادارة الدنيا (التنفيذية) ذلك ان الحالة التنفيذية تبرز في هذا المستوى وتتوازى مع المستوى الادنى للاستراتيجية الذي هو الاستراتيجية الحذر، حيث يصبح المستوى التنفيذي من الادارة المرآة العاكسة لكل ما يصدر عن الادارتين الاشرافية والعليا.

البيئة الخارجية External Environment of Strategy

لقد حظي موضوع تأثير البيئة الخارجية على عمليات صياغة واقرار تنفيذ الاستراتيجية عموماً باهتمام كبير انعكس في أدبيات ادارة الأعمال (Anderson & Paine 1975)، على الرغم من وجود متغيرات كثيرة ومتعددة في البيئة الخارجية لأية منظمة، وتأثير أي من هذه المتغيرات على الاستراتيجية، او اهمية بعض هذه المتغيرات دون غيرها حالياً، ويشير الشكل رقم (3-2) إلى خمس متغيرات أساسية قائمة في البيئة الخارجية، على ادارة

المنظمة أخذها بنظر الاعتبار ودراستها وتحليلها عند صياغة وإقرار الاستراتيجية المطلوب ولأي مستوى إداري، ويمكن تبويب هذه المتغيرات على النحو الآتي:

1- الفرص المتاحة Opportunities

2- التهديدات والمخاطر Threats & Risks

3- المتطلبات القانونية Legal Requirements

4- المسؤولية الاجتماعية Social Responsibility

5- المنافسة Competition

وتنشأ هذه المتغيرات نتيجة التفاعل الحاصل بين العناصر المكونة للبيئة الخارجية، وهي الظروف السياسية والاجتماعية والاقتصادية والتكنولوجية (Davis 1973)، كما وتوفر هذه العناصر المجال المناسب لتنشيط مفعول المتغيرات المذكورة، فالفرص مثلاً ما هي إلا المناسبات التي تتمكن المنظمة من خلالها تسخير طاقاتها مؤقتاً او دوماً لتحقيق منافع منشودة كنشر سلعتها وتحسين وضعها في السوق قياساً بالمنظمات الأخرى العاملة في البيئة الخارجية، ولما كانت الفرص غير متاحة دائماً فهي تظهر لوهلة ثم تختفي لذلك كان على إدارة المنظمة اقتناصها والاستفادة منها لقصر عمرها الزمني.

وإلى جانب الفرص فقد تكمن في البيئة الخارجية تهديدات ومخاطر تفرض نفسها على المنظمة، وأن ظهور مثل هذه التهديدات قد يسبب ضعفاً في كيان ونشاط المنظمة ويؤثر عليها إجمالاً بحيث يجعلها خاملة تجاه متطلبات السوق الذي استحوذت المنظمات الأخرى على حصص منه، ومن العناصر الأخرى المؤثرة في مسيرة المنظمة ووضعها قياساً بالمنظمات الأخرى، عنصر المنافسة، الذي يختلف نوعاً ما عن الفرص والتهديدات، فعند بناء الاستراتيجية يجب ان تراعي المنظمة حدة المنافسة بالقدر الذي يضعها في موضع المباراة والأولوية مع المنظمات الأخرى، ورغم ان النافسة حالة معهودة في عموم المنظمات التجارية الا انها تأخذ مدارها في المنظمات الأخرى كذلك، فتكون المنافسة بين المنظمات الأخرى غير الهادفة للربح على أساس ما تقدمه كل واحدة منهم من عطاء لزبائنها ومجتمعها وبيئتها الكلية، اما العنصر الآخر الواجب مراعاته عند صياغة وتصميم الاستراتيجية هو المتطلب القانوني الذي يؤشر درجة مراعاة المنظمة لكل الجوانب القانونية التي تؤثر على حركة

المنظمة. ويبقى عندنا العنصر الخامس والمهم كذلك، الا وهو المسؤولية الاجتماعية للمنظمة التي تنطوي على الالتزامات والتعهدات التي تقع على المنظمة تجاه مصالح المجتمع الخاصة والعامة، كل هذه العناصر مطلوب مراعاتها بشيء من التمحيص والفحص والتحليل عند اختيار وصياغة ستراتيجيات المنظمة.

القيم الادارية للاستراتيجية Managerial Values in Strategy

لقد حظيت المنظمات التجارية باهتمام اكبر من غيرها من قبل الدارسين والمهتمين بدراسة القيم الادارية السائدة فيها (England 1967)، مقارنة بالدراسات التي اجريت على المنظمات غير التجارية، وقد لوحظ ان القيم الادارية السائدة في المنظمات عموماً لها آثار تنظيمية ملحوظة (Sikula 1973). وبقدر تعلق الأمر بالمدراء القائمين على اعمال المنظمة، فقد لوحظ ان اهتماماتهم تنصب حول مفهومي القوة (Power) والمكانة (Status) (de Grazia 1960). ومن جانب آخر فان القيم الخاصة بالنمو والكفاءة تبدو غاية في الاهمية، حيث لوحظ من خلال تحليل بعض المعلومات والبيانات التي جمعتها الدراسات (England 1967) ان هناك علاقة ارتباطية بين قيم القوة والمكانة وأن لها دور مؤثر في نشاط المنظمة، وقد تضمن الشكل (3-2) الخاص بتصنيف الاستراتيجية من جانب القيم الادارية إلى ثلاثة عناصر أساسية هو النمو والفاعلية والكفاءة والتأثير، ولا يفوتنا القول ان القيم الإدارية جزء مكمل لأعمال صياغة وإقرار الاستراتيجية، وتجدر الاشارة أيضاً إلى ان ما يقال في مجال القيم على مستوى الادارة العليا يمكن ان يقال على مستوى الادارتين الأخريين.

التسلسل الهرمي للسياسة The Hierarchy of Policy

ان عملية صناعية وصياغة سياسات العمل وكنظرة شمولية تتم في مجال نظمي او مجموعة نظمية (System context)، ومن هذا المنظور الكلي الشمولي فان الحالة المهيمنة على هرمية المنظمات عموماً تبدأ من هرمية الدولة، حيث تستقي منها جميع المنظمات قوانينها ونظمها التي في ضوئها يتم تكييف بنية سياسات العمل الخاصة بالمنظمات تعتبر نظام جزئي يعمل داخل نظام أكبر، ومثل هذا التدرج الجزئي تشكيلة النظم يتماشى والهيكلية

الهرمية لسياسات الأعمال، فمثلاً نجد ان هيكلية سياسات العمل في المنظمة تتأثر بشكل أو بآخر، وتتكيف نتيجة لذلك التأثر للضغوط والمتغيرات المفروضة من المستويات والنظم الأكبر لسياسات العمل، وعلى مستوى المنظمة باعتبارها نظام جزئي. وهي في الوقت نفسه نظام كلي قياساً بالنظم المكونة لها، وعلى هذا الأساس فان المستويات الهرمية لسياسات العمل ابتداءً من قمة المنظم وحتى أدنى المستويات تتأثر هي الأخرى بسياسات الإدارة العليا وضوابطها (Lewin & Shakun 1976).

وفي المنظمات عموماً ينظر إلى سياسة العمل من خلال تسلسل هرمي للسياسات تعلوه سياسة واسعة وشاملة تميل إلى قلة الشمول والتخصص كلما انحدرنا إلى المستويات الادارية الأدنى، والشكل رقم (3-3) يعكس مفهوم تسلسل وهرمية سياسات العمل في معظم الأنشطة التنظيمية، ومن خلال دراسة هذا الشكل نجد ان هناك اربعة مستويات هرمية للسياسات، اما المستويين الآخرين فيشتملان على الانظمة والقوانين والاجراءات الخاصة بالعمليات التنظيمية التي تقوم بها مستويات المنظمة، وهناك علاقة ترابطية بين كل من المستويات الهرمية المشار اليها، فهي تهمل مجتمعة ومنفصلة وتصدر عنها تأثيرات وتحدث ضغوطاً على المنظمة عموماً، وعلى مساحاتها الوظيفية، فضلاً عن كونها تنشئ ضغوطاً على سلوكيات ادارة المنظمة والعاملين فيها فراراً وجماعات.

ان الشكل (3-3) يصور لنا سياسة العمل من قمة المنظمة وحتى مستواها الأدنى، على انها مجموعة ضوابط توجيهية لصناعة القرار باعتبارها السياسة اداة مرشدة لسلوكيات الأفراد والمجموعات في المستويات الدنيا، ففي أعلى التسلسل الهرمي نجد سياسات أساسية أولية واسعة تعنى بأهداف المنظمة وقوتها وكفاءتها، والطرق والتوجيهات الممكن اعتمادها لادارة النشاط فيها، وبعد هذا ترى سياسات أقل شمولية وأهمية الا ان نفحاتها تظهر في العمليات والأنشطة الوظيفية (Steiner 1969).

ثم ان سياسات العمل الرئيسة تفرض هيمنتها وضغوطها على مهام المنظمة، باعتبارها تنطوي على مجموعة من الضوابط التي ترشد الادارة العليا في أعمال صناعة القرار بشكل خاص، وكذلك اعمال القرارات الخاصة بالادارات الأخرى، وإلى جانب كون سياسة العمل دليل ارشادي لأعمال القرارات، فهي أيضاً أداة رقابية يمكن من خلالها التأكد من

سعي المنظمة باتجاه الأهداف المرسومة ليس الا، ان مثل هـذه الاعتبـارات الارشـادية والرقابيـة تسري على عموم المستويات التنظيمية وأقسام المنظمة المختلفة (Steiner 1969).

* السياسة الرئيسية
ضوابط للمهام والأعمال
ضوابط ادارية عامة

* السياسة الثانوية
ضوابط عمليات الانتاج
ضوابط التعامل مع الزبائن

* السياسات الوظيفية
ضوابط تنفيذية على المساحات الوظيفية

* السياسات الفرعية الأدنى
ضوابط تنفيذية تفصيلية للمهام الوظيفية
ضوابط التعامل مع الأفراد والجماعات

* الاجراءات التنفيذية القياسية
ضوابط المعاملات الداخلية
ضوابط المعاملات والخدمات الخارجية

* القوانين والأنظمة
ضوابط سلوكية تفصيلية على الجماعات والأفراد

الشكل رقم (3-3)
التسلسل الهرمي للسياسة

وإلى جانب السياسات الرئيسية للأعمال هناك سياسات العمل الثانوية التي تشتق مـن السياسات الأولى، وان مفعولها يتطابق مـع مفعول السياسـات الرئيسـة (Higginson 1966) كـما وينشط عمل السياسات الثانوية في التأكيد على نوعية الزبائن والمتعاملين مـع المنظمة، لـذلك نجد ان السياسات الرئيسة هي أداة ارشاد وتوجيه لبلوغ رسالة المنظمة (Mission)

Oriented)، في حين ان سياسات الأعمال الثانوية هي أداة ارشادية وتوجيهية لتحقيق أهداف الادارة (Objectives).

وعموماً فان السياسات نظم توجيهية للادارة وهي في سعيها نحو بلوغ النتائج المرجوة من المنظمة (Higginson 1966)، وللاستزادة من المعلومات في هذا الموضوع ننصح بالاطلاع على كتابنا الموسوم سياسات الأعمال الصادر عام 1990.

التسلسل الهرمي للاستراتيجية **Hierarchy of Strategy**

إلى جانب العلاقة الهرمية بين سياسات العمل وهيكل المنظمة، هناك علاقة أخرى بين هرمية المنظمة وهرمية الاستراتيجية، ان هيكل المنظمة وبنائها حالة مساعدة على صياغة واقرار تنفيذ الاستراتيجية، ذلك ان متانة البنية الداخلية للمنظمة في حالة منشطة للابداع اذ ان البنية الضعيفة قد تسبب لها الدمار، ومن جانب آخر يصعب على المنظمات أداء أعمالها بدون الحالة الهرمية والهيكلية (Leavitt et. al, 1973)، كذلك هي الحال بالنسبة للاستراتيجية التي يجب ان تأخذ الحالة الهرمية نزولاً إلى المستويات الدنيا في التنظيم، ولما كان التنظيم يسعى لتحقيق أهداف وغايات المنظمة فان الاستراتيجية تنطوي على اعمال اختيار الاهداف وتحديد السياسات والبرامج لأجل تحقيق تلك الاهداف والغايات، فضلاً عن الدور الذي تلعبه الاستراتيجية في بلورة شكل البنية التنظيمية وملاءمتها لتساعد المنظمة على اثبات وجودها، ان اختيار الاهداف او البنية الستراتيجية لمستوى اداري معين يتأثر بالمستوى الاداري السابق ويؤثر على اختيار الأهداف والبنية الستراتيجية للمستوى الأدنى منه (Bower 1970)، ويوضح الشكل رقم (3-4) التسلسل الهرمي للاستراتيجية المعتمد بمستوياته الهرمية الستة، ان هذا التسلسل يعد حلقة وصل للوسائل والغايات، فالمستوى الأدنى هو الركيزة لتحقيق غايات المستوى الأعلى، وان كل المستويات الثانوية الأخرى هي مرتكزات لتحقيق غايات الاستراتيجية الجذر في قمة هذا التسلسل.

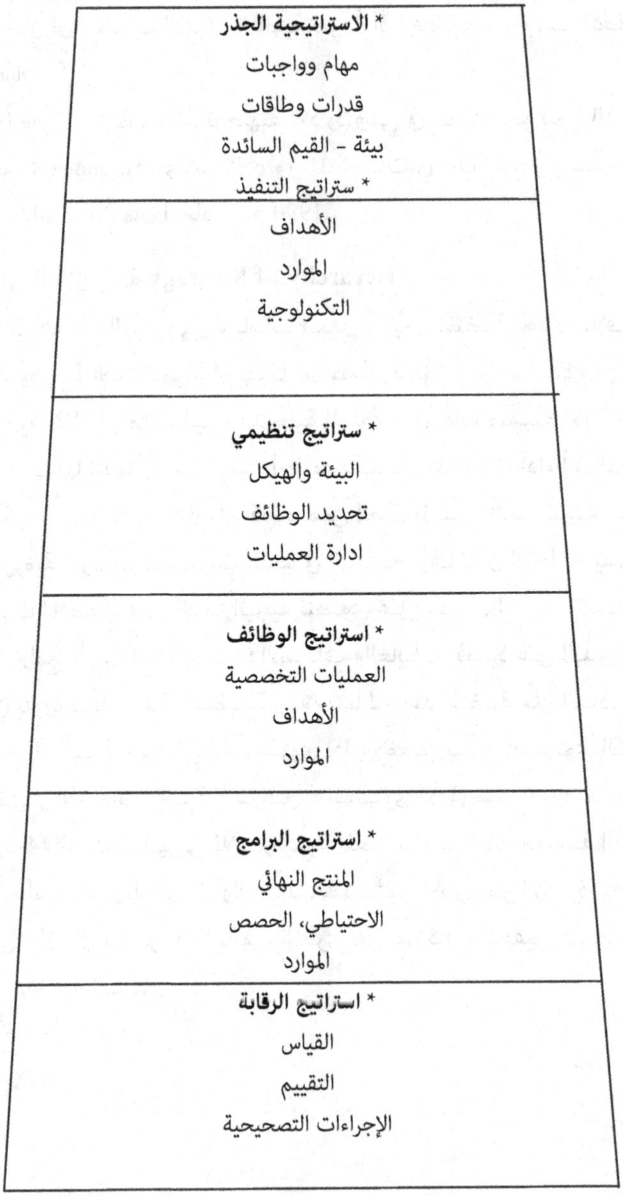

* الاستراتيجية الجذر
مهام وواجبات
قدرات وطاقات
بيئة - القيم السائدة
* ستراتيج التنفيذ
الأهداف
الموارد
التكنولوجية
* ستراتيج تنظيمي
البيئة والهيكل
تحديد الوظائف
ادارة العمليات
* استراتيج الوظائف
العمليات التخصصية
الأهداف
الموارد
* استراتيج البرامج
المنتج النهائي
الاحتياطي، الحصص
الموارد
* استراتيج الرقابة
القياس
التقييم
الإجراءات التصحيحية

الشكل رقم (4-3)

التسلسل الهرمي للاستراتيجية

الاستراتيجية الجذر Roat Strategy

ان نشوء وتطور اعمال الاستراتيجية الجذر (الأساس) تقع ضمن مسؤوليات الإدارة العليا التي يجب ان تضطلع بالتفكير بمهام وواجبات وتوجهات المنظمة عموماً، وعلى هـذه الادارة ان تتساءل، ما هي واجباتها؟ وماذا يجب ان تكون؟ مثل هـذا السـؤال يعين ادارة المنظمة على تحديد الأهداف وبناء الستراتيجيات والخطط وصنع القرارات الآنية للحصول على النتائج المرجوة.. ان عملاً كهذا العمل يجب ان يتم في مستوى يستطيع رؤية ومشاهدة المنظمة بأكملها وموازنة الأهداف مع الحاجات الآنية ومطابقتها مع الحاجات المستقبلية، والعمل على تحديد المصادر والمـوارد المختلفة (المالية والمادية والبشرية) بغية تحقيق النتائج المتوخاة (Drucker 1973).

يلعب القائد الاداري الدور المركزي والأساس في عمليات اختيار وصياغة الستراتيجيات الأساسية للمنظمة باعتباره القائد الستراتيجي الـذي يتعـاون مـع مسـاعديه في أعمـال صياغة واقرار تلك الستراتيجيات (Steiner et. al. 1982)، ويتحدد الاستراتيجية الجذر في ضوء المؤشرات الرئيسية للمنظمة من حيث طبيعتها ومجالها ومهماتها وبحدود امكاناتها وقدراتها ومواردها المختلفة (Cannon 1968).

ان الاستراتيجية الجذر المنبثـق عـن اهـداف وغايـات المنظمة يـوفر للمنظمة ركيـزة لاشتقاق استراتيجيات اخرى (فرعيـة وثانويـة)، ويضمن سـلامة التسلسل الهرمي لهيكلية الاستراتيجيات المعتمدة من قبل المستويات الادارية الاخرى في المنظمة الواحدة (Steiner et. al. 1982) وتعمل هرمية الهيكل التنظيمي وهرمية الاستراتيجية بعلاقات ترابطية متداخلة لتحقيق أهداف المنظمة.

الاستراتيجية الجذر والـذي تستمد منه الستراتيجيات الاخرى، تجسـد مهمة ورسـالة المنظمة الأساسية وتوفر لها الأطر العام للقيام بالمهـام الأخرى في ضوء قدراتها وامكاناتها، ان الحديث عن قدرات المنظمة يمتد إلى الحقوق والالتزامات الواقعـة علـى المنظمة، وطاقاتها ومواردها البشرية والمالية والمادية، ونوع التكنولوجيا السـائدة فيهـا، فضلاً عـن الحـديث عـن نوعية وقدرات الادارة العليا والعاملين في هذه المنظمة، ثم ان الاستراتيجية الجذر يتجه

مفعوله نحو البيئة الخارجية إلى جانب كونه يحدد سيطرة المنظمة على بيئتها الداخلية، وخلاصة القول ان الاستراتيجية الجذر ترسم الحدود لأسلوب التعامل والتفاوض مع عناصر القوى السائدة في البيئة الخارجية (سياسية، اقتصادية، اجتماعية، تكنولوجية)، ومن هنا ينشأ نمط الانفتاح والتعامل مع البيئة الخارجية اعتماداً على القيم الادارية السائدة في المنظمة.

الاستراتيجية العملياتية **Operating Strategy**

تستمد الاستراتيجية العملياتي (تنفيذ العمليات) من الاستراتيجية الجذر وتعتبر عملية الاشتقاق هذه الوظيفة الثانية ضمن وظائف المدير عند صياغة وبناء ستراتيجيات المنظمة، وخلال هذه الوظيفة يركز القائد الاداري على أعمال المزج والمزاوجة بين الامكانات والطاقات والموارد المتاحة للمنظمة في برنامج تنفيذي القصد منه ايصالها إلى اهدافها المنشود، ويقوم كذلك بتحديد الأعمال العامة والخاصة المنوي ادارتها، ان بناء الاستراتيجية الجذر بشكل متين وسليم ينتج عنه ستراتيج عملياتي تنفيذي بشكل منطقي. ان لولب الأمر يستدعي وجود الانسجام والتناسق بين كل من خطة الاستراتيجية الجذر وخطة الاستراتيجية لتنفيذ العمليات (McNichols 1977)، مثل هذا التأكيد يعزز حالة الترابط الواجب بزوغها من هيكلية الاستراتيجية الهرمية، وهناك علاقة جدلية بين الاستراتيجية الجذر والتنفيذي، فبدون الأول لا يمكن اشتقاق الثاني ولولا الثاني لن يكون بالامكان تحقيق ما ينشده الأول، ذلك ان الاستراتيجية الجذر توضح ماذا ستعمل المنظمة، وتوضح الاستراتيجية التنفيذي كيف، متى، اين، ومن الذي سينجز الأعمال لتحقيق الهدف الأعلى.

ولا بد هنا من ان نقول بان الاستراتيجية التنفيذي تتضمن ثلاثة مكونات أساسية، المكون الأول هو الأهداف ويقصد بها ما يمكن ان تحققه المنظمة من خلال زج مواردها في استخدامات تكنولوجية وتقديمها على شكل مخرج (سلع وخدمات)، ويوضح كذلك كيف ان الهدف الواحد هو جزء من كل (Gross 1964)، باعتباره نهجاً مبرمجاً كنهج كلي تعزز نتائجه مهام المنظمة وأنشطتها (Ackoff 1975)، اما المكون الثاني فهي الموارد والطاقات، وهي على ثلاثة اشكال: الموارد المالية والمادية والبشرية. ولكي يصبح بالامكان تحقيق اهداف الاستراتيجية التنفيذي فان الأمر يتطلب زج كل هذه المكونات بالطريقة والشكل

الذين يمكنان من تحقيق النتائج المتوخاة، آخذين بنظر الاعتبار وجود ستراتيج او مجموعة ستراتيجيات لكل هدف منشود، فمجموع ستراتيجيات الأهداف يشكل معالم التخطيط البعيد الأمد، وإن هذا التخطيط البعيد الأمد يشكل البرنامج الستراتيجي، ويوضح لنا الشكل رقم (3-4) عملية البرمجة التي تنطلق أساساً من الاستراتيجية الجذر وتستمد منه وتنجز انشطة البرنامج من خلال ستراتيج تنفيذ العمليات، ان البرنامج الستراتيجي هو تشكيلة من الأهداف والستراتيجيات التي تتعامل الموارد بأشكالها الثلاثة وكيفية استخدامها وتطويرها للوصول بالمنظمة إلى الأهداف المرغوب تحقيقها (Steiner 1969).

المكون الثالث من مكونات ستراتيج تنفيذ العمليات هو التكنولوجيا التي يمكن تعريفها على انها تقنية المهمة وخلاصة المعرفة التي يوظفها الانسان لتحقيق وانجاز أهداف المنظمة (Luthans 1973)، كما ان التكنولوجيا هي مجموعة مسلمات وتقنيات يمكن توجيهها باتجاه الغايات (Harrison 1978)، لذلك فان التكنولوجيا تعني ترجمة العلوم والمعارف إلى واقع عملي على شكل طرق وأساليب ومعدات (Galbraith 1967)، وبما ان التكنولوجيا هي المكون الجوهري لستراتيج التنفيذ، فهي اذن الوسيلة التي تستعين بها ادارة المنظمة إلى جانب الموارد الأخرى لتحويل الأهداف من مجرد منطوق او جملة ذات معان إلى أشياء ملموسة كالسلع والخدمات، والتكنولوجيا بهذا الشأن تعني كافة الطرق والأساليب المساعدة على تحويل مدخلات المنظمة كمادة أولية إلى مخرجات انتاجية او خدمية، كما ان التكنولوجيا المعتمدة تساعد على امتصاص التقلبات الطارئة بين ستراتيج التنظيم وستراتيج تنفيذ العمليات، وفي هذا السياق فان اعتماد او استحداث تكنولوجيا مفيد وضروري لتنفيذ اعمال الاستراتيجية العملياتي ويوفر للمدراء مدخلات لصياغة شكل البنية الهيكلية للمنظمة (Newman 1973)، وعندما تتعين الأهداف وتوضع الستراتيجيات الأخرى وفقاً للضوابط المحددة لموارد المنظمة وضمن التكنولوجيا المعتمدة لانجاز وتحقيق الأهداف، عندئذ تعتبر الاستراتيجية المقر قابل للتنفيذ عند المستوى الأدنى وكما هو مرسوم في الشكل (3-4).

الاستراتيجية التنظيمية **Organizational Strategy**

يبدأ مفعول ستراتيجات المنظمة على الهيكل من ستراتيج تنفيذ العمليات والاستراتيجية الجذر للمنظمة، ان هيكل المنظمة او بنياتها ينشأ في ضوء الستراتيجيات المنظمية (Chandler 1966)، ولكي يكون الهيكل او البنية التنظيمية شيئاً قوياً ومؤثراً، يجب ان يبنى بعد بناء الاستراتيجية، ان أي عمل يخص هيكلية وبنية المنظمة يجب ان يبدأ من تحديد واختيار الأهداف والستراتيجيات بحيث يصبح بمقدورها اقرار اهداف البنية الهيكلية الأخرى، وحتى تتمكن المنظمة من تحديد ماهية الأنشطة والفعاليات الرئيسة فيها، ان هيكلية البنية التنظيمية القوية والمؤثرة هي التي تجعل هذه الأنشطة ممكنة التوظيف والأداء (Drucker 1973)، والحالة الستراتيجية الأولى في المنظمة تكمن في كيفية توزيع الأعمال والمصالح بين الرئيس والمرؤوس بما يضمن تحقيق الأهداف التي رسمتها استراتيج العمليات التنفيذية، وبعد توزيع الأعمال يبرز دور المدير في تحديد الوظائف وتعبئة المواقع وملئها في بنية المنظمة لضمان تحقيق مستوى كفاءة وفاعلية للعمليات المنظمية، ومع ان هيكلية المنظمة حالة مهمة، الا ان الأهم من ذلك واشغال الوظائف بأفراد مناسبين، فقد تكون المنظمة ناجحة بسبب بنيتها الهيكلية المتينة والقوية، الا انها لن تستطيع النهوض بأعبائها اذا كان القائمون على أعمالها غير كفوئين.

ثم تأتي بعد ذلك مهمة ادارة العمليات لصالح المنظمة.. باعتبارها المهمة الثالثة من مهام الاستراتيجية التنظيمي، ان ادارة العمليات تتطلب المهارة والبراعة في أعمال القيادة بقصد الحصول على القبول والانسجام مع الأفراد، اذ ان القيادة هي عملية التأثير في المرؤوسين لإحداث الأفعال والأنشطة الموصلة إلى الأهداف المحددة في ستراتيج تنفيذ العمليات.

ان اختيار الوقت المناسب والطريقة في ادارة الاستراتيجية التنظيمي حالة مهمة لتنفيذ ستراتيج تنفيذ العمليات انطلاقاً من ستراتيج الجذر، وهذه العلاقة تعكس لنا جانب التسلسل الهرمي للاستراتيجية (Dale 1975).

الاستراتيجية الوظيفية **Functional Strategy**

يبرز لنا الشكل رقم (3-4) كيف ان الاستراتيجية الوظيفي تعقب وبشكل منطقي الاستراتيجية التنظيمي، وان هذه الأخيرة تعرض فرصاً عدة لاسناد ودعم الاستراتيجية الوظيفية، حيث ان الاستراتيجية الوظيفي تدفع المنظمة لمواجهة اسواقها ومنافسيها ومحيطها العام، ومن خلال الإدراك الواعي للأداء الوظيفي وتناغمه مع هيكلية البنية التنظيمية يمكننا التكهن بدرجة الصمود ضمن سقوف تنافسية، وكذلك الإفادة من القدرة التنافسية للمنظمة (Ferguson 1974).

الاستراتيجية الوظيفي تحديداً تركز بشكل مباشر على الوظائف الأساسية للمنظمة التي تناسب من خلال الهيكل التنظيمي لها، وأن الوظائف الأساسية التي تدور في عموم المنظمات والتي سبق الإشارة إليها في الشكل (3-2) هي:

1- وظيفة الإدارة   Management
2- وظيفة البحث والتطوير   Research & Development
3- وظيفة التمويل   Finance
4- وظيفة التسويق   Marketing
5- وظيفة الأفراد   Personnel
6- وظيفة الإنتاج   Production

وفي ضوء التسلسل الهرمي للاستراتيجية الوظيفي فقد اعتبرت وظيفة الادارة الوظيفة العليا والأولى ذات الأثر العمودي (Superordinate) على كل ما يجري في هرم المنظمة نظراً لشموليتها واحتواء مسؤولياتها ونطاق سلطتها على جوانب المنظمة بأكملها، اما الوظائف الأخرى فانها تؤدي أعمالاً او وظائف محددة نجمت عن تقسيم وتوزيع الأعمال حتى تسهل انجازها من خلال الأقسام والدوائر القائمة في المنظمة، ان الاستراتيجية الوظيفي تهدف إلى العمليات متوجهة (Process Oriented) نحو الغايات المنشودة.

ان التوجه للأساس لهذه الاستراتيجية هو ضمان تأدية الأموال والأنشطة بما يوصل إلى ازالة التناقضات والفروق بين الوظائف الجارية ضمن بنية هيكلية، الاستراتيجية الوظيفي

نابعة من البنية الوظيفية للمنظمة مهما اختلفت وتطورت هياكلها البنيوية وفق قواعد تقسيم الأعمال (سلعي، جغرافي، عملياتي، زمني...)، لأن الأساس في الأمر هو النشاط والوظيفة المطلوبة، تختلف الستراتيجيات الوظيفية من منظمة لأخرى، حيث ينشأ هذا الاختلاف بسبب المهمة والواجب او البيئة او نوعية التكنولوجيا المعتمدة في كل منها، فالمنظمات التجارية مثلاً إحدى النماذج لكلامنا هذا حيث تعتمد ستراتيجيات وظيفية تنطلق من أهدافها الاقتصادية المستندة إلى عمليات البيع وتحقيق الأرباح، وهي بالتالي تسعى، وبغض النظر عن حجمها، إلى توظيف ستراتيجيات وظيفية متنوعة وعلى نطاق واسع ضمن المساحات الوظيفية فيها كالإنتاج والتمويل والتسويق (Cannon). أما المنظمات غير الهادفة إلى الربح (الخدمية) فعليها هي الأخرى توظيف ستراتيجيات وظيفية مماثلة لتتمكن من انجاز مهماتها، فمثلاً نجد انه على الجامعات والكليات الأهلية توظيف:

1- ستراتيجية تسويقية لجذب الطلاب للدراسة.
2- ستراتيجية انتاجية (مناهج ومقررات) لاعانة الطلاب في الحصول على المعلومات العمليات الأساسية.
3- ستراتيجية تمويلية لضمان تدفق نقدي سليم من وإلى الكلية او الجامعة لتعويض الخدمات والجهود العلمية.

وتستفيد المنظمات الأخرى المماثلة (كالمستشفيات) كذلك من مثل هذه الستراتيجيات في أداء أعمالها وتعاملها مع بيئتها وتكنولوجيتها، ان الستراتيجية الوظيفية تلائم المنظمات الهادفة للربحية كما هي تلائم المنظمات غير الهادفة للربح كمنظمة الخدمة الاجتماعية (Harrison 1975).

الاستراتيجية البرامجية **Program Strategy**

اذا كان الاستراتيجية الوظيفية خطة موجهة نحو نشاط عملياتي معين بقصد تحقيق هدف واحد، فان ستراتيج البرامج هي خطة موجهة نحو مجموعة أعمال لغرض تحقيق مجموعة أهداف مترابطة، فمثلاً يتركز اهتمام ستراتيج انتاج مادة معينة حول طبيعة تصنيع المنتوج المطلوب وتركيبته وتجميعه وشحنه او خزنه لغرض تصديره، ان ستراتيج الانتاج هي

واحدة من الستراتيجيات الوظيفية في حين ان الاستراتيجية البرامجي تشتمل على وتغطي الحالات والجوانب المختلفة والأنشطة الأخرى المساعدة على انتاج سلعة واحدة، وبالتالي فان البرنامج يغطي الستراتيجيات الادارية والتطويرية والتسويقية والمالية والتي تسهم جميعاً بشكل او آخر لتحقيق المنتوج المطلوب. لذلك يتجه اهتمام الاستراتيجية البرامجي نحو الحصيلة الانتاجية الأخيرة (End Product)، هذا إضافة إلى أن الاستراتيجية البرامجي تعني كافة الأعمال الوظيفية الواجب إنجازها لنيل الحصيلة الإنتاجية.

إن التخطيط للاستراتيجية البرامجية مستمد من ستراتيج المنظمة الكلي وكما هو موضح في الشكل رقم (3-4)، حيث أن الاستراتيجية البرامجي تتبع البنية الهيكلية بينما نجد أن الاستراتيجية الكلي للمنظمة هي التي تحكم البني الهيكلية (Starkweather 1973)، ومع أن أسلوب التخطيط البرامجي يعتمد في المنظمات الاقتصادية بشكل واسع، إلا أن الأمر لا يقتصر عليها فقط، فالمنظمات الخدمية هي الأخرى بهذا الأسلوب في الوقت الحاضر، ففي المؤسسات العسكرية مثلاً، ذات الطابع المركز في العالي، تظهر غلبة وهيمنة ستراتيج الوظيفة، إلا أننا قد نجد قائداً واحداً في قاطع معين مسؤولاً عن عمليات متنوعة (برية، جوية، بحرية)، ويعكس لنا هذا الأمر جانباً من تطبيق ستراتيج برامجي (Starkweather 1973).

وتتجه المنظمات غير الهادفة للربح إلى المركزية، ومثل هذا الاتجاه ليس أمراً عرضياً أو وليد صدفة، اذ ان الأساس في تنظيم وتصميم منظمات تجارية لا مركزية هو التوجه الأساس للربح ومن الصعوبة تنفيذ هذا التوجه في منظمات غير هادفة للربح وذلك ان مثل هذه المنظمات لم يكن حظها وفيراً من المدراء الكفوئين، إلى جانب عدم الاهتمام بتقييم نتائج الأعمال، وقد لوحظ (Cyert 1975) ان المنظمات غير الهادفة للربح أخذت تميل إلى التصميم الهيكلي المركزي.

الاستراتيجية الرقابية Control Strategy

ان الغرض مـن رسـم وتصـميم سـتراتيج الرقابـة هـو قيـاس وتقيـيم كفـاءة وفاعليـة الستراتيجيات في المستويات الادارية العليا في التسلسل الهرمي، مع التركيز على أهداف وغايات المنظمة ومهماتها، ولكون ستراتيج الرقابة جزءاً مـتمما للتخطيط السـتراتيجي للمنظمة، فهـي تنشأ وترتبط بسـتراتيج التنظيم، فالادارة لا تـتمكن مـن ابتكـار سـتراتيج رقـابي، لأنها وظيفة مستقلة، فهي جزء من عمليات متتالية ضمن التسلسل الهرمي للاستراتيجية تصمم لمعرفة مدى تقدم المنظمة باتجاه أهداف واضحة ومعلومة، تملك الادارة الخيار السـتراتيجي لتطوير سـتراتيج الرقابة لأنه عرضة لإعادة الصياغة حتى تتلاءم مـع التغـيرات والتطورات التـي تطـرأ عـلى سـير أعمال المنظمة (MeNichols 1983).

يوضح النقاش السابق لنا ضرورة مراعاة عـاملين مهمـين عنـد صياغة سـتراتيج الرقابة، وهـما:

أ- أن تكون الاستراتيجية نابعة ومستمدة من ستراتيج المنظمة وأن تكون متوجهة نحـو تحقيق الأهداف المنظمية الموضوعة ضمن ستراتيج الوظيفة.

ب- أن تكون الاستراتيجية قابلة للتعديل والتطوير والتغيـير وفق التغـيرات الحاصلـة في الأهداف المنظمية.

وهنا يظهر التأكيد على أن سـتراتيج الرقابة تـرتبط ارتباطاً وثيقاً باستراتيجيات الإدارة العليا وكما هو موضح في الشكل رقم (3-4)، كما ان لهذه الاستراتيجية خاصية ديناميكية تمكنها من التوافق والتجانس مع جميع أنواع الستراتيجيات.

ويلعب ستراتيج الرقابة أدواراً ثلاثة تجاه نشاط المنظمة وعملياتها حتى يمكنها من بلوغ قناعة مناسبة مفادها ان ما تم بناؤه من ستراتيجيات هي التي تـم تنفيـذها وهـي التـي كان مقصود تنفيذها (McNichols 1983)، وهذه الأدوار هي:

1- دور ما قبل الرقابة: تبدأ هذه المرحلة مع نشـوء الحـذر السـتراتيجي وتمتـد لتشـمل صياغة وتنفيذ الاستراتيجية وحتى ما قبل الرقابة النهائية، بمعنى ان هذا الدور ينشط لتحديد

ابعاد المهام والحالات التي تخضع لقابليات وامكانات المنظمة والضغوط التي تتعرض لها، واختيار الأهداف الممكن تحقيقها ضمن مجال وشمولية المهمة او رسالة المنظمة.

2- **الدور المستمر للرقابة:** يرتبط هذا الدور بتنفيذ الاستراتيجية المنظمي التي تنطوي على تحديد الواجبات وتخويل الصلاحيات وفق البنية الهيكلية للمنظمة وبالشكل الذي يضمن تناسق تنفيذ الأعمال لغرض تحقيق الأهداف المنظمية.

3- **الدور النهائي للرقابة:** يتضمن النشاط الخاص بهذا الدور فحص وقياس وتقييم النتائج المتمخضة عن أعمال تنفيذ الستراتيجيات، كما يتضمن هذا الدور دراسة صحة تصميم الستراتيجيات بشكل يساعد المدراء فعلاً على تحديد أوقات تأديتهم للأعمال وخروجهم بنتائج ايجابية سعت اليها المنظمة ومتطابقة مع ما يخطط لها، ويشمل هذا الدول أعمال تقييم جميع أنواع الستراتيجيات بدءاً بالجذر الستراتيجي وحتى الاستراتيجية البرامجي، وبالتالي فان هذا الدور يربط أجزاء الهرم التنظيمي مع الهرم الستراتيجي، وكذلك مع الوظائف الرئيسة للمدير وصولاً إلى كفاءة وفاعلية المنظمة.

وختاماً فإن الفكرة وراء الشكل (3-4) هي ان هذا الهرم يتكون من ستة مستويات رئيسة، وهذه المستويات تمثل سلسلة من الوسائل والغايات تتمثل بالستراتيجيات المرسومة، حيث تكون الستراتيجيات في المستوى الأدنى وسائل لتحقيق غايات الستراتيجيات العليا، الا انه يقع على عاتق ادارة المنظمة مسؤولية الابقاء على هذا التوجه حتى لا تصبح الستراتيجيات في المستوى الأدنى غايات في حد ذاتها، وينعكس هذا التوجه على أهداف المنظمة، وعليه فان العمل الاداري الجيد والمنسق والمرتب بشكله المترابط السليم يسهل عندما يعي جميع القائمين على مصالح المنظمة طبيعة وخصوصية الوظائف الرئيسة للستراتيجيات ودورها في تحقيق غاياتها الحفاظ على وجودها وهي تبحر مع المنظمات الأخرى إلى المستقبل المنشود بسلام كلما أمكن ذلك.

الفصل الرابع

مفهوم
إدارة الاستراتيجية

الفصل الرابع

مفهوم إدارة الاستراتيجية

The Concept of Strategic Management

إن الفرضية الأساسية التي تعتمدها مضامين هذا المؤلف هي أن إدارة الاستراتيجية عملية مهمة وحيوية تنسجم وتطلعات معظم فعاليات المنظمة، أما تطبيقات هذا الافتراض فإنها تختلف باختلاف رسالة المنظمة، فمثلاً المنظمة غير الهادفة للربح (المستشفى أو الجامع...) تقدم خدمات أساسية من خلال تكنولوجيا معقدة ضمن بيئة سريعة التغيير وبالتالي فإنها تتطلب نوع معين من إدارة الاستراتيجية يتناسب ووضعها ومكانتها، في حين تكون مهمة المنظمة التجارية (منظمة تهدف للربحية) توفير بضائع وخدمات ومن خلال تكنولوجيا أقل تعقيداً وفي بيئة يعمها الثبات والاستقرار بالكم الذي يدعو إلى نوع آخر من الإدارة الاستراتيجية.

تعد تطبيقات إدارة الاستراتيجية نماذج فكرية (Conceptual Models) كونها تمثل جزءاً من الحالات الواقعية في أزمنة وأماكن معينة وتحت ظروف مختلفة، وبسبب وجود أعداد غير محدودة من المتغيرات (Variables) في إدارة المنظمات، ولأن هذه المتغيرات على درجات متفاوتة من التعقيد، فمن الصعب استيعاب مداها الكامل لتكوين ظاهرة واضحة في مواقع وحالات يمكن اعتمادها لإدارة الاستراتيجية، لهذا يصبح لزاماً على الدارس والاختصاصي في إدارة الاستراتيجية أن يطور ويحسن نموذجاً فكرياً يمتاز بأقل عدد ممكن من المتغيرات العرضية (Casual) ذات الدلالة. وإذا كانت المتغيرات غير كافية أو غير صحيحة فان النموذج المختار قد لا يؤدي الغرض منه كما تؤديها الحالة الواقعية، وان كثرة اختيار المتغيرات حتى وان كانت صحيحة، فان مثل هذا النموذج قد يصبح على درجة من التعقيد بحيث يؤدي إلى عرقلة الفهم وصعوبة الإدراك لما هو جاري، وبالتالي فان النموذج الفكري لإدارة الاستراتيجية يجب أن يحتوي على عدد معين من المتغيرات التي يمكن التعامل معها،

والتي تعطي للإدارة تفسيرات مبسطة عن حالة واقعية تساعد في تحقيق أهداف وغايات منشودة.

لقد قام كل من (Rice & Bishoprick 1971) بتحديد معنى النموذج الفكري بطريقة تتناسب ومنطلقات هذا الكتاب. حيث قالا أن النماذج الفكرية قد تكون إما حسابية (Mathematical) أو اجتماعية (Social) أو فلسفية (Philosophical)، وقد تشمل ظواهر طبيعية او عاطفية، وبالتالي فقد تم تطوير نماذج عديدة لتوضيح ظاهرة واحدة أو ظواهر متشابهة. أن كل ما يوضع من قواعد نظرية لتفسير حدث معين يجب أن تشتمل على ما يطور نموذجها لتفسير هذه الظاهرة، وبالتالي فان ظاهرة الحالة الواقعية تتطلب من الإدارة الاستراتيجية الاهتمام بأعمال صياغة وتنفيذ الستراتيجيات المناسبة للمنظمات، لذا فان بناء نموذج فكري شامل يجب أن يتطور لوضع التطبيقات المختلفة للإدارة الاستراتيجية وفي أنواع متعددة من المنظمات، إن اعتماد هذا النموذج او ذاك يتحدد بتوجهات رسالة المنظمة وتكنولوجيتها وبيئتها.

في ضوء ما تقدم فان القسم الأول من هذا الفصل يقدم عرض موسع للعديد من النماذج الفكرية لإدارة الاستراتيجية التي جاءت في أدبيات الادارة، إلى جانب وضع تعريفات للجوانب العامة لهذه النماذج مع الأخذ بنظر الاعتبار تطوير نموذج العملية الفكرية لإدارة الاستراتيجية (Developing the Conceptual Process Medel).

ويقدم القسم الثاني نموذجاً فكرياً لتوجيه النقاش والشرح للأجزاء المتبقية من مادة الكتاب هذا، انظر الشكل (4-1). أما القسم الثالث من هذا الفصل فيركز على جوانب الترابط والتداخل في النموذج الفكري لإدارة الاستراتيجية باعتبار أن هذا الترابط يؤشر الموصلات الرئيسة او المساعدة في النموذج، كما يتضمن الفصل شرحاً للجوانب الديناميكية للبيئة الخارجية والداخلية للنموذج.

نماذج إدارة الاستراتيجية الفكرية

Conceptual Models of Strategic Management

لقد ازدهرت وكثرت الكتابات والمنشورات عن إدارة الاستراتيجية وبسرعة ملحوظة، ثم ان اكثر ادبيات ادارة الاعمال ركزت على انواع النماذج الفكرية، لذا لجأنا إلى عرض بعض المتغيرات التي ترد في النماذج كمحاولة أولية لتفسير أعمال صياغة ستراتيج الحالة الواقعية التي يمكن تطبيقها في منظماتنا، وقد تم اختيار بعض من هذه المفاهيم من خلال عمليات المنظمة الاعتيادية، ان القصد من هذا العرض لهذه النماذج هو الوصول إلى وضع اسس وقواعد تساعد على تطوير العملية الفكرية ذات العلاقة بمضامين هذا الكتاب، الا ان هناك بعض الملاحظات التي يجب اخذها بنظر الاعتبار بشأن النماذج التي جاءت بها أدبيات الادارة:

1- ان النماذج المشار اليها جاءت بصيغ عامة إلى حد ما، مما أدى إلى اشتراك النماذج بنفس المكونات.

2- وقد تم تبسيط النماذج قدر المستطاع حيث سيلاحظ ان هذا التبسيط قد لا يتناسب وتحديد النوعيات والفروقات او الاختلافات التي يتسم بها كل نموذج، اضافة إلى ان مثل هذا التبسيط لا يتفق مع أعمال قياس الكفاءة ودرجة التطوير والتحسين في المنظمة.

3- لم يتم عرض البعض من النماذج الخاصة بإدارة الاستراتيجية، اذ يمكن الرجوع اليها في ادبيات الادارة والاكتفاء بأفضل هذه النماذج.

جاءت أولى هذه النماذج بدراسة (Andrews 1980) حيث يوضع هذا النموذج عملية صياغة الاستراتيجية او البت بما سيتم تطبيقه من قبل الإدارة الاستراتيجية وبما يساعد على صياغات أخرى وكما يلي:

أ- تحديد الفرص وتحديد المخاطر.

ب- تحديد موارد المنظمة.

جـ- تشخيص القيم الشخصية عند الأفراد وتحديد طموحات المدراء.

د- تأشير أبعاد ومسؤولية المنظمة الاجتماعية.

تتلخص وجهة نظر (Andrews) بأن تنفيذ الاستراتيجية ينبغي ان يتم وفق نسق تنظيمي يعمل جنباً إلى جنب مع أعمال قيادة المنظمة، اما (Wheelen & Hunger 1983) فقد قسما مفهوم عمليــة إدارة الاســتراتيجية إلى أعــمال صــياغة وتنفيــذ، وحســب رأي الكــاتبين فــان صــياغة الاستراتيجية تعد عملاً أساسياً لتطوير خطط بعيدة المدة للمنظمة لتتعامل بجدارة مـن خلالهـا مع الفـرص البيئيـة ويكـون بمقـدورها منافسـة المـنظمات الأخـرى وفي ضـوء مسـتويات القـوة والضعف المشتركة بينهم (Wheelen & Hunger 1983). اما تنفيذ الاستراتيجية فهي عمليـة ترجمـة الستراتيجيات والسياسات إلى واقع عملي من خـلال تطـوير بـرامج ومشـاريع وميزانيـات لازمـة لأغـراض التنفيـذ (Wheelen & Hunger 1983). ذلـك ان تنفيـذ الاسـتراتيجية يهـتم بشـكل اسـاس بتحديد مصادر وموارد المنظمة ومعرفة مواقعها.

يعتبر بعض كتاب الادارة ان التخطيط الستراتيجي يشابه أعمال إدارة الاستراتيجية، فمثلاً افترض (Reinharth) نموذج العملية الفكرية الذي يبدأ بوضع أهداف طويلة المدى والذي يعتمد عليه في أعمال تقييم الأداء لمعرفة مستوى تحقيق هذه الأهداف من خـلال خطـة الاسـتراتيجية (Reinharth et. al. 1981) كما شبه كاتب آخر إدارة الاسـتراتيجية بـالتخطيط السـتراتيجي (Steiner 1979). حيث يقول ان مفهوم التخطيط الستراتيجي هو تخطيط نظمي تضعه المنظمـة لتعيـين أهداف وغايات وستراتيجيات وسياسات بقصد تطوير بـرامج انجـاز الأعـمال ومـن ثـم تحقيـق أهداف وأغراض المنظمة الأساسية.

ان الرغبة في مجانسة التخطيط الستراتيجي مع الإدارة الاستراتيجية من الأمـور الشـائعة (Kotler 1980)، الا ان التخطـيط وكـما هـو واضـع عمـل مـن أعـمال الادارة، وان التخطـيط الستراتيجي هـو فرع من ادارة استراتيج التي هي عملية تتداخل فيها المتغيرات لتحقيـق نتـائج واضحة ومرغوبة فيها (جواد والمؤمن 1990). وان عمليـة إدارة الاسـتراتيجية لهـا الاسـتمراريـة ابتـداءً من تحديـد واعـادة تحديد الغايات من خـلال اسـترجاع المعلومـات (Feedback) وانتهـاءً بأعمال الرقابة والسيطرة على المخرجات (نتائج الأعمال)، لذا فـان اعـمال الاسـتراتيجية تشـتمل على أعمال التخطيط الستراتيجي التي يمكن تجميعها في ثلاث عمليات وعلى النحو الآتي (Cohen & Cyert 1973):

صياغة × تنفيذ × رقابة

ثم جاء كاتب آخر بنموذج فكري جديد (Higgins 1983)، يوضح فكرة إدارة الاستراتيجية مبتدءاً بعملية صياغة الاستراتيجية اعتماداً على رسالة المنظمة ومنتهياً بالتقييم وأسلوب الرقابة لضمان تحقيق غايات المنظمة المناطة بالستراتيج، ويشتمل النموذج على الأهداف بعيدة الامد والقرارات والتعليمات الخاصة لوضع صيغ وتطبيقات خطة إدارة الاستراتيجية ضمن المنظمة باعتبارها المصدر الأساسي والأولي للمعلومات (Bates & Eldredge 1984). وعلى الرغم من كون بعض عمليات إدارة الاستراتيجية من السعة والشمول بحيث تمتد لتغطي عدد كبير من المتغيرات والعوامل الثانوية (Harvery 1982)، الا انه لوحظ ان البعض الآخر من النماذج يميل إلى تقليل المتغيرات وتحجيمها إلى اقل قدر ممكن وبهذا يتحدد انتشار المتغيرات الثانوية (Burgelman 1983).

ولما كان الكتاب قد أوضح ان إدارة الاستراتيجية هي جزء من مجموعات قرارات (Mintzberg 1977)، فقد جاء آخرون ليطوروا نموذجاً فكرياً ذا أبعاد اجتماعية لإدارة الاستراتيجية (Ginter & White 1982) منطلقين من أبعاد تنظيمية سلوكية بهذا الخصوص. في حين نجد ان دراسة أخرى (Bourgeois 1980) تفضل التكامل لمفهوم إدارة الاستراتيجية مع كتل البيئة المحيطة باعتبارها مجال تطبيقات هذه الادارة، وان هذا التكامل يتحقق من خلال الدمج السليم لكلتا الحالتين (الادارة، والبيئة).

ولا يزال البعض الآخر من كتاب الادارة يدركون ان إدارة الاستراتيجية تنبثق من مساهمة كل مستوى من مستويات ادارة المنظمة في تحقيق الاهداف الاساسية الخاصة بها (Van Cauwenbergh & Cool 1982). وإلى جانب ذلك فان عدداً من الكتاب ما زال يعتقد ان إدارة الاستراتيجية هي مفهوم او فكرة نظرية ليس الا، بل هي بعيدة كل البعد عن الحالة الواقعية لما هو قائم في المنظمة (Gleuck et. al. 1982).

وبغض النظر عن عدد الوسائل التي تستخدم من قبل الكتاب والدارسين في الوصول إلى مفهوم سليم بشأن إدارة الاستراتيجية، فان حقيقة هذا المفهوم تبقى هي المحور القوي لهذه الادارة في كل المنظمات الخاصة والعامة وان تعددت مخرجاتها، وتستحق منا كل اهتمام ودراسة وتمحيص.

الجوانب العامة لإدارة الاستراتيجية

Generic Aspects of Strategic Management

بسبب تعدد النماذج الفكرية لإدارة الاستراتيجية وتعدد المتغيرات التي تعمل في هذه الادارة، لا بـد لنـا مـن ان نفـترض عـدداً مـن المتغـيرات التـي تسـاعد عـلى صـياغة وتنفيذ الستراتيجيات الأساسية في المنظمات، ومع ان المحتوى العام والترتيب المـوقعي ومواطن التركيـز تختلف في المتغيرات التي تشكل النماذج الفكرية، الا ان الحقيقـة الثابتـة هـي امكانية تقليص عدد المتغيرات إلى الكم المناسب الذي يتصف بالثبات.

وقد قمنا بتمحيص محتوى عـدد مـن الدراسـات التـي عنيت بالجوانب المختلفـة للاستراتيجية واخترنا منها ما تردد في النماذج الفكرية، ثم اسـتقر الـرأي عـلى اختيار عـدد مـن المتغيرات التي ومما لا شك فيه، تدفع الضرورة إلى احتوائها في النماذج مقايسة مع دورها ضمن اطار البيئة الخارجية، ذلك ان اهمية البيئة الخارجية للمنظمة في اعمال صياغة وتنفيذ استراتيج اداري تتوضح في النموذج الفكري الذي يتبناه هذا المصنف.

وحتى يكون نموذجاً متجانساً مـع النـماذج الأخـرى ومتـداخل معهـا فقـد لـوحظ أن مصطلح رسالة أو أهـداف المنظمـة الأساسـية (Mission & Objectives) يـرد ويتكرر في عموم النماذج المطروحة، سواء كان ذلك عـلى مسـتوى الإدارة العليـا أم الاشرافية، حيـث ان أهـداف وغايات المنظمة هي التي تقرر الجوانب العامـة والابعـاد الاساسـية لإدارة الاستراتيجية، ومن جانب آخر فقد أكدت أدبيات الادارة على موضوع اختيار الاستراتيجية، تلك المرحلـة التـي يـتم فيها انتقاء الاستراتيجية المناسبة التي يمكن تنفيذها وتطبيقها بعـد عمليـة اقرارهـا، ثـم تسـتند عملية الاستمرار بتنفيذها على المعلومات المرتدة -التغذية العكسية- (Feed-Back) لغرض تقييم وتحديد شكل الاستراتيجية، وتحتل الحاجة لمثل هذه المعلومات موقع الصدارة، حتى انها وردت في غالبية المصادر المنوه عنها، تستفيد المنظمة من هذه المعلومات في تحديـد الفرص المناسبة، لذا فان قابلية المنظمة على استثمار الفرص ومواجهة التهديدات والمخاطر الناتجـة عـن تفاعـل كتل البيئة تعد من الجوانب الأساسية لمفهوم إدارة الاستراتيجية. ومن

خلال الدراسة والتحليل يمكن الحكم بأن المتغيرات الأساسية والعامة الواجب مراعاتها في أعمال إدارة الاستراتيجية هي الآتي:

1- البيئة الخارجية.

2- رسالة المنظمة.

3- الأهداف المنظمية.

4- قدرة وقابلية المنظمة.

5- اختيار الاستراتيجية.

6- تنفيذ الاستراتيجية.

7- التغذية العكسية.

8- تقييم الاستراتيجية.

قد تبدو هذه الفقرات الثمانية التي تمثل المتغيرات الأساسية لإدارة الاستراتيجية، واضحة ومفهومة، الا ان المتغيرات والعوامل الواردة والمتفاعلية مع كل متغير قد يكتنفها الغموض واللبس، لذا فقد اكتفينا بالاشارة إلى سبعة من المتغيرات عندما ترد مناقشة الفقرات المذكورة آنفاً. وهذه المتغيرات السبعة هي:

أ- القيم الادارية.

ب- السياسة التنظيمية.

جـ- التخطيط الستراتيجي.

د- الهيكل والعمليات التنظيمية.

هـ- المسؤولية الاجتماعية.

و- القيادة.

ز- أداء المنظمة.

إدارة الاستراتيجية - المنظور والعملية

Strategic Management-Perspective & Process

ان النموذج الفكري لإدارة الاستراتيجية في المنظمات عموماً يظهر واضحاً عنـد مناقشـة موضوع العمليات والفعاليات التي تؤديها المنظمة، ويمكن تعريف العملية على أنها سلسلة من الأنشطة والفعاليات والأعـمال التـي تـؤدي بمجموعهـا إلى تحقيـق غايـة معينـة ولهـا صفة الاستمرارية عموماً (Pearce 1981)، وكلمة عملية (Process) في إطار منظمة الأعمال لها معاني واستعمالات كثيرة، فقد يتكلم المدراء عن عمليات التخطيط او عمليات اتخاذ القرار او عمليات الرقابة والسيطرة على النوعية...الخ، الا ان كلمة عملية لها تعريفات أخرى، فهـي تعنـي توافد المعلومات خـلال مراحـل التحليـل المتواصلة لبلـوغ غايـة او هـدف معينـين، وفي عملية إدارة الاستراتيجية فان توافد المعلومات أمر متعلق بالبيانات التاريخية والحالية وحتى التي تتنبـأ بهـا المنظمة، كذلك تعني العمليات (Operations) ما يدور في البيئة موضوع البحـث في ضوء القيم والأولويات من وجهة نظر أعضاء المنظمة او المالكين.

ان هدف عملية إدارة الاستراتيجية يتعلق بصياغة وتنفيذ الاستراتيجية ليصبح بالامكـان وعلى الأمد البعيد تحقيق رسالة المنظمة وتحقيق هدفها ومسعاها (Pearce 1981) ضمن الآمـاد الأخرى. وبتعبير أدق فان الغاية من عملية الإدارة الاستراتيجية هـي وضع المنظمـة في الاتجاه العقلاني والانتقائي والعـام في مواجهة مسارات المنظمات الأخرى المماثلة (Tregoe & Zimmerman 1980) وعندما نقول ان الاستراتيجية يضع المنظمة في الاتجاه العقلاني (Rational) فإننا نعني بـأن الاستراتيجية يسير بالمنظمة وبخطوات متتابعة منتظمة وموجهة بقوة نحو إنجاز المهام الملقاة على عاتقها وهي تمخر عباب البحور مع المنظمات الأخرى المنافسة. وعنـدما نقـول ان العمليـة هي انتقائية (Electic) فهذا يعنـي ان المنظمـة تمتلـك القـدرة عـلى تفريـق وتحييـد المعلومـات الواردة اليها من خلال ستراتيجياتها وفي كـل خطـوة مـن خطـوات العمليـة برمتها وبالمسـاءلـة والتمحيص. وأن نقول ان العملية هي عامة (Universal) فان ذلك يعني ان الاستراتيجية وسيلة لتنظيم البيانات والمعلومات بشمولية وبأنها تبقى ثابتة حتى لو اختلـف فحواهـا، فالعمليـة في الواقع لها استقلاليتها عن المجال الذي

تنفذ فيه. والعبارة التالية توضح لنا باختصار أهمية استخدام نموذج عملي لإدارة الاستراتيجية لمنظماتنا:

قد لا تستطيع المنظمة المضي نحو تحقيق نتائج واضحة، الا اذا قامت بتنظيم أعمال إدارة الاستراتيجية، وقد لا يكون نجاح هذه العملية مؤكداً. الا ان مثل هذه الأعمال تجعل ادارة المنظمة قادرة على إعادة تكوين منطق معين للاستنتاجات التي يتم التوصل اليها، فإذا كانت الجهود ناجحة فسوف يتكرر النجاح في المرات القادمة. وإذا كانت الاستراتيجية الموضوعة من قبل المنظمة غير ناجحة. فسيكون بمقدور المنظمة ان تعين السبب. واذا اضطرت المنظمة وبسبب وصول معلومات جديدة إلى اعادة تقييم الاستراتيجية فانها تستطيع اعتماد هذه المعلومات لعمل وإجراء أي تعديلات تراها ضرورية وبدون تردد (Tregoe & Zimmerman 1980).

عملية إدارة الاستراتيجية **The Process of Strategic Management**

يعرض الشكل رقم (4-1) نموذجاً لعملية إدارة الاستراتيجية يتضمن الجوانب الأساسية والعامة لهذه الادارة والتي تبناها كتابنا هذا، كما ويحتوي الشكل المذكور على المتغيرات المختارة لتوضيح أسلوب ومنهج اختيار وصياغة وتنفيذ الاستراتيجية، وكما في إدارة الأعمال فان النموذج المذكور يعكس الحالة العقلانية الانتقائية العامة، ان مفهوم إدارة الاستراتيجية جزء من تاريخ علم الادارة (George 1972)، وخلال العشرين سنة الماضية عموماً والعشر سنوات الأخيرة على وجه التحديد تطور مفهوم إدارة الاستراتيجية بسبب تعقيدات الكتل البيئية وتطور الكتلة التكنولوجية وتأثيرهما المستمر على المنظمات جميعاً بكل ما فيها من زخم وقوة.

ان كلمة انتقائي (اختياري Selective) تعني اختيار الأفضل من بين الوسائل والطرق والمبادئ، وبعابرة أخرى فان الاستراتيجية يجب ان يشتمل على عناصر منتقاة من مصادر مختلفة (Ginter & White 1982)، وبهذا فهي تصف باختصار الخصائص العديدة لمفهوم إدارة الاستراتيجية وتنعكس هذه الطبيعة الانتقائية في النظم المساعدة على تطور مفهوم إدارة الاستراتيجية (Ginter & White 1982). ان الانتقائية تتشعب إلى:

1- المعرفة المستوحاة من نظم اعتمدت نماذج عديدة لإدارة الاستراتيجية.

2- المعرفة اللازمة والمتأصلة في العملية.

وإن هذين النوعين من المعرفة بدعم بعضهما الآخر بحيث ان كل واحدة تعـزز وجود ومغزى الأخرى. ناهيك عن أن الجوانب التطبيقية لإدارة الاستراتيجية قد أثبتت هذا التدعيم.

وأنه لمن نافلة القول ان نشير إلى ان إدارة الاستراتيجية هي جزء من الحقل الواسع لعلم الإدارة. ولهذا يجب ان ينظر إلى هـذه الادارة مـن خـلال نمـوذج عمـلي فكـري يكـون متطوراً وانتقائياً. ذلك ان عمومية مفهوم إدارة الاستراتيجية وكما هو الحال بالنسبة لعمل الادارة، امر يساعد على تطبيقه ودفعه إلى المنظمات على اختلاف انواعها رغم تفاوت التركيز والتأكيد. وقد أشار كونتز (Koontz 1969) في معرض حديثة عن نظام الادارة إلى انها نظـام عـام ومنـه نشـتق نظماً أخرى. فإدارة الاستراتيجية هي إحدى النظم الفرعية الجزئية من نظام الادارة، ليس المهـم ما تديره في المنظمة فقد تدير عملاً خاصاً او عاماً، وقد تدير عملاً حكوميـاً أو تجاريـاً، خيريـاً أو دينياً وحتى تعليمياً، الا انه في كل الأحوال يبقى عملنا كمدراء وعلى أي مستوى مـن مسـتويات المنظمة هو تحقيـق الأهـداف إلى جانـب الاسـتخدام الأفضل للمـواد والمـوارد الماديـة والماليـة والبشرية.

الشكل (4-1)
نموذج عملية إدارة الاستراتيجية

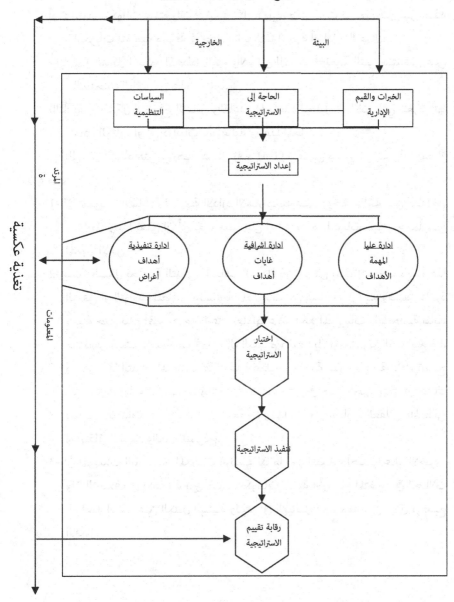

إن نموذج عملية إدارة الاستراتيجية الموضح في الشكل رقم (4-1) يمكن توظيفه على النحو التالي:

أولاً: اظهار المكونات والمتغيرات الرئيسة لكل عملية، وقد تمت تسمية كل من هذه المكونات بتسمية مألوفة في حقل إدارة الاستراتيجية أو ادارة الأعمال.

ثانياً: يبرز الشكل المذكور المخطط العام والأساس للمادة العلمية التي ستناقش على الصفحات التالية من هذا الكتاب.

ثالثاً: يقدم الشكل النموذج الأساس والقاعدة المساعدة لتحليل الحالات التي تتعرض لها مادة الكتاب او أي دراسات مستقبلية في هذا المجال.

وبالتالي فان الفكرة التي يبرزها الشكل رقم (4-1) تتضمن معاني مهمة وذات مغازٍ عديدة منها:

1- ان المكونات الأساسية لعملية الإدارة الاستراتيجية على درجة عالية من التداخل والترابط، وهذا يعني ان أي تغيير يطرأ على احدى هذه المكونات سيؤثر حتماً على المكون الآخر.

2- يتميز الشكل بخاصية التدفق المتعاقب (Flow) بين وضمن المكونات، حيث يبدأ هذا التدفق او التوافد المتعاقب بانسيابية المعلومات من البيئة الخارجية وضمن دائرة معينة حتى تبلغ أقصى درجاتها عند تعاملها عكسياً مع المعلومات المستحصلة سابقاً من نفس البيئة لاعتمادها في أعمال التقييم والتعديل المستمرين لستراتيج ما، وضمن هذا التدفق المتعاقب هناك عدة عمليات ثانوية غير محكمة الأداء تصبح جزءاً من العملية الرئيسة لإدارة الاستراتيجية، وحتى في هذا الجزء نرى ان هناك تسلسلاً للأحداث يقع ضمن تسلسل معين، وهذا ما يعزز الجانب العقلاني والمنطقي والانتقائي الشامل والعام للنموذج.

3- إن الموصلات البارزة بين المكونات الرئيسة لها ما يبرر أفضلية أحدها على الأخرى، وان الاختلاف في الأهمية بين هذه المكونات سببه الأوضاع المتغيرة في الحالات الواقعية الناشة عن الكتل البيئية وليس في الهياكل المرسومة من أجل توضيح الأفكار.

4- التغذية العكسية (المعلومات المرتدة) حالة ضرورية ومهمة جداً لبيان نتائج العملية الادارية للاستراتيجية. الواقع ان التفاعل الحاصل بين المعلومات الواردة عن طريق التغذية العكسية وبين أعمال الإدارة الاستراتيجية هو الذي يعطي النموذج المنوه عنه خاصية الديناميكية والحركية.

وخلاصة القول فان نموذج عملية إدارة الاستراتيجية الموضح في الشكل (4-1) يتألف من مجموعة مكونات أساسية دون ان نلحظ بأن الواحدة تسبق الأخرى ولكنها ترتبط جميعاً بحلقات متتابعة شكلاً وتعتمد في حركيتها على المعلومات المنسابة عن طريق التغذية العكسية لتجعل النموذج في حالة متوازنة مع كتل البيئة الخارجية. ويبدو واضحاً هنا ان هذا النموذج يتشابه مع نموذج نظام الإدارة في المنظمة (Management System).

نظرة على إدارة الاستراتيجية Perspective on Strategic Management

ان مفهوم النموذج النظمي هو أحد المفاهيم الحديثة في ادارة الأعمال، فهو أولاً مفهوم كلي (Holistic) باعتبار ان المنظمة تمارس مجموع عملياتها ووظائفها وبشكل مترابط وشمولي، وثانياً انه نموذج عالمي (Global) باعتبار ان المنظمة تعمل في عالم بيئي واسع. وثالثاً انه مفهوم تداؤبي (Synergistic) بافتراض ان مكونات المنظمة تعمل بشكل متجانس ومتناسق دونما تقاطع او تضارب وانسيابية بحيث تحقق مخرجاتها أفضل صور النظام.

ان فكرة النموذج النظمي للادارة (System Model of Management)، تنطلق من ان وظائف المدير تتكون من مجموعة فعاليات مترابطة ومكملة بعضها البعض بحيث يؤدي ناتجها إلى ضمان تحقيق الأهداف وكذلك تحقيق رسالة المنظمة. ويمكن تعريف نظام الادارة على انه نظام ثانوي تتضمن مكوناته مجموعة من الأفراد يستلمون الأوامر والتعليمات (مدخلات Inputs)، وتوظف بعدها القابليات والامكانات والطرق والوسائل وحسب القوانين المرعية (عمليات Operations)، لينتج عن ذلك جهد ما (مخرجات Outputs)، وهي نهايات النظام تعمل على احداث زيادة في الفعاليات والأنشطة إلى الكمال قدر الامكان بعد مرورها بعمليات النظام (Young 1960).

ان أي نظام اداري، او أي نموذج لعملية إدارة الاستراتيجية كالنموذج الموضح في الشكل رقم (4-1) هو نموذج او نظام مفتوح (Open System) انظر شكل رقم(4-2)، ذلك ان النظام المفتوح يدعم نفسه بتحويل المدخلات الحيوية (Energic Inputs) إلى مخرجات ذات نفع، وتعمل التغذية العكسية على تعزيز المدخلات والمخرجات ووضعها في حالة توازن مع ما تطلبه الكتل البيئية، إن الشكل رقم (4-2) صورة مبسطة للنظام المفتوح الذي يتفاعل دوماً مع الكتل البيئية. ومع كوننا لا نؤمن بوجود نظام مغلق، فان للنظام المفتوح خصائص بارزة يسهل علينا فهمها وتحليلها وبشكل معشق مع نموذج عملية إدارة الاستراتيجية المثبتة في الشكل رقم (4-1)، وإليك أيها الدارس المجتهد شرحاً لعمليات وأنشطة النظام المفتوح وكما هي ظاهرة ومنسابة في الشكل رقم (4-2):

1- **استيراد الطاقة** (Importation of Energy) يحصل النظام المفتوح على بعض أشكال الطاقة المحركة والمشغلة له من البيئة الخارجية، وهذه الطاقة المستوردة هي المولد الأساس لحركة وديناميكية النظام، وتكون على أشكال وأنواع متعددة.

2- **المعالجات من خلال عمليات النظام** (Processing & Operations) يقوم النظام المفتوح بتحويل ما يتوفر له من طاقة ويعالج بها المدخلات حتى يحصل على المخرج المتوقع بعد مروره بعمليات النظام.

3- **المخرجات** (Outputs) تصدر الأنظمة المفتوحة إنتاجها إلى البيئة الخارجية لضمان بقاء واستمرارية وديمومة النظام على قيد الحياة. ويصدر النظام هذه المخرجات إلى الأفراد والمنظمات القائمة في هذه البيئة تجانساً مع احتياجاتهم وتطلعاتهم.

4- **دورات الأحداث** (Cycles of Events) ان اسلوب تغير الطاقة في النظام المفتوح ذو خاصية دائرية. فالمخرج الذي يصدر إلى البيئة يعطى قوة ودفعاً إلى الشروع أو اعادة الشروع لاحداث دورة الأنشطة والفعاليات في النظام وفي ضوء ردود الفعل المناسبة الصادرة عن البيئة الخارجية، وبدون هذه الاستمرارية يتوقف النظام عن العمل.

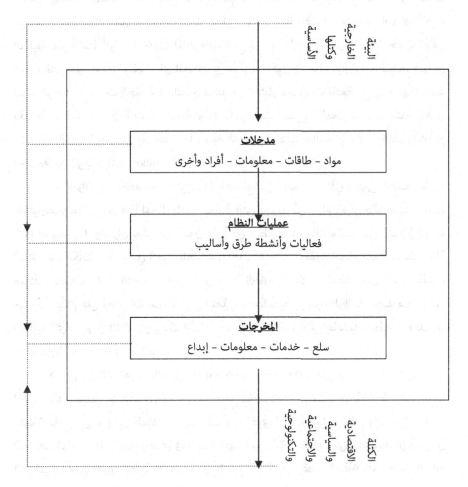

شكل (2-4)

مخطط للنظام المفتوح ومكوناته

	مدخلات		
	مواد – طاقات – معلومات – أفراد وأخرى		

عمليات النظام	
فعاليات وأنشطة طرق وأساليب	

المخرجات	
سلع – خدمات – معلومات – إبداع	

5- قياس الطاقة السلبية (Negative Entropy) نعني بقياس الطاقة السلبية مدى استفادة المنظمة من الطاقة المستوردة. ان استلام المنظمة للطاقة (مدخلات) من البيئة الخارجية بحجم وكم أكبر مما تحتاج اليه يحتم عليها استخدام نظام قادر على خـزن هـذه الطاقات الفائضـة عديمة المردود حالياً وإحداث التوازن المطلوب اذ ان التغاضي عن هذا الأمر يؤدي بصحة النظام إلى التدهور.

6- المعلومـات والتغذيـة العكسـية السـلبية والعمليـة القانونيـة (Information Input, Negative Feedback, Coding Process) كلهـا تلعـب دور مـدخلات معلوماتيـة إضـافة إلى الطاقـة المستوردة من البيئة الخارجية في عمليـات النظـام المفتـوح، الانتقـادات والمعلومـات الانتقاديـة السلبية هي أبسط أنواع المدخلات المعلوماتية التي ترد إلى المنظمة، مثل هذه المدخلات تجعل النظام قادر على تعديل وتقويم أي انحراف في مسيرته ليكون في حالة توازن مع البيئـة. كـما ان نمطية توحيد العمليات الجارية في النظام تمكنه من اختيار معلومات نافعة ومفيـدة لهـا علاقـة بكل ما ينساب من معلومات من البيئة. وإذا مـا توقفـت انسـيابية المعلومـات إلى النظـام فـان حالة الاستقرار والثبات ستزول وقد تبدأ حدود النظام بالاختفـاء والـتلاشي وقـد يختفـي النظـام بأجمعه عن الوجود (Miller 1955).

7- الاتزان (Homeostatic) اشتق هذا المصطلح من مصطلح يوناني ويعني الحالـة الثابتـة والمتوازنة، ونعني به في هذا المجال تلك العمليـة التي يجريها أي نظام لإقرار حالة ثابتـة (Scott & Mitchel 1972). والاتزان يجب ان يكـون غايـة أي منظمـة. وهنـاك أمثلـة عـن التـوازن تشـبه الحالة عند الكائنات الحية في الحياة العملية (Penrose 1952)، اذ يقوم النظام بالحفاظ على حالة مستقرة للمنظمة تجاه التغييرات الجارية في البيئة الخارجية. ولاحداث ذلك فان الامـر يتطلـب حصول النظام على معلومات عـن طريـق التغذيـة العكسـية وإجـراء الرقابـة للحـد مـن الآثـار السلبية لأي تغيير في النظام، والهدف الأساس هنا هو المحافظة عـلى خاصـية النظـام وجعلـه في حالة توازن مع ما يجري في الخارج.

8- التوازن الديناميكي (الحركي) (Dynamic Equilibrium) ونعني بالتوازن الديناميكي هـو ايجاد حالة التوافق بين القـوى المسـتوردة وتلـك الموجـودة في النظـام، ان المحافظـة عـلى هـذا التوازن يؤدي إلى نوع من المعادلة الديناميكية بين القوى المكونة لبيئة النظام وبما يسـاعد عـلى التكييف لمواجهة كل تغيـير يجـري في البيئـة وبهـذا يحـافظ النظـام عـلى خاصـيته. ان التـوازن الديناميكي يعني قدرة المنظمة (النظام) على التغيير والتكييف بقصد الحفاظ على هيكل النظام الداخلي والعلاقات القائمة فيه رغم التغيير والتطور الجاري في البيئة.

9- **التفريق والتمايز (Differentiation)**، تميل الانظمة المفتوحة نحو التوسع وتصعيد حالة التفريق والتمايز بعد ان حلت الوظائف والأعمال المتخصصة محل الوظائف العامة غير المتخصصة حيث أعطتها الأولى ميزة التقدم والتطور ورفع مستوى الانتاجية.

10- **تعادل الحصيلة النهائية (Equifinality)**، للأنظمة المفتوحة خواص متعددة ومنها خاصية تعادل الحصيلة النهائية مع ما تتوقعه البيئة المحيطة، وهذا يؤشر إلى انه بامكان النظام الوصول إلى الحالة المنشودة بمختلف الوسائل والطرق وفي حالات مختلفة، ومع ان مثل هذا التعادل أخذ بالتناقص بسبب زيادة الرقابة الدقيقة والآلية على العمليات (Katz & Kahn 1978)، وبالرغم من كثرة المتداخلات والتعقيدات، فان النظام المفتوح يبقى بناءً نافعاً ومفيداً لتطوير صياغة واختيار وتنفيذ الاستراتيجية في منظمات الأعمال.

إدارة الاستراتيجية: المكونات الأساسية

Strategic Management: Pricipal Components

تضمن الشكل رقم (4-1) نموذج عملية إدارة الاستراتيجية بمكوناتها الأساسية، ولغرض تكامل العرض فإننا نتعرض هنا لتعريفات هذه المكونات لبناء الفكرة الأولى عن الاختلافات الرئيسة في عدد منها وإبراز الجوانب الحيوية للعدد الآخر، وسيكون هناك عرض مسهب لها في الفصول اللاحقة.

أ- **البيئة الخارجية (External Environment):**

المنظمة هي نظام ثانوي لنظام أكبر ألا وهو النظام البيئي، تنشأ كل منظمة في بيئة ولا يمكن ان نتصور قيام منظمة بشكل منفصل او بمعزل عن البيئة، ان لكل منظمة أهداف وغايات، كما تتحمل مسؤوليات ذات العلاقة مع ما يماثلها في البيئة. ولا يقدم هذا النظام (المنظمة) مخرجاته إلى البيئة الخارجية فحسب، بل عليه ان يراعي ويهتم بأهداف وغايات المنظمات الأخرى ويرسم في ضوء ذلك أهدافه الخاصة ويضع الخطط ويقود عملياتها (Cleland & King 1972).

ويصف بعض الكتاب (Keast & Rosenzweig 1974) معنى مفهوم بيئة النظام على النحو الذي يعتبر المنظمات هي أنظمة ثانوية (Sub-Systems) لنظام أعلى وأرقى

(Superasystem) الا وهـو الكـون الكـلي للبيئـة (المجتمـع). وللمـنظمات (الأنظمـة) حـدودها المعروفة التي تفصلها عن المنظمات الأخرى القائمة في البيئة. فالمنظمات تسـتلم مـدخلاتها عـبر هذه الحدود، ثم يتم تحويلها وإعادة تشكيلها على نحو نسميها مخرجات. ولأن المجتمع يـزداد تعقيداً يوماً بعد يوم فان على المنظمات توجيه اهتماماتها المتزايدة لقوى المكونة للبيئة. ورسـم صور التعامل معها.

وكما لوحظ سابقاً فان كل نموذج لإدارة الاسـتراتيجية يجـب ان يغطـي وبأوسـع أبعـاده البيئة الخارجية لأنها احدى المكونـات لهـذه الادارة. وكـل شيء في النمـوذج بمـا في ذلـك شرعيـة المنظمة ينبثق عن البيئة. لذلك تحتاج البيئـة إلى دراسـة فاحصـة وقـد خصـص الفصـل القـادم للتعامل مع الجوانب المختلفة للبيئة وتحديد تأثيراتها على شـكل وعمليـات إدارة الاسـتراتيجية. وهنا يجب التأكيد عـلى ان الحاجـة للاسـتراتيجية تتقـرر وتتحـدد في ضـوء قاعـدة المعلومـات المطلوبـة لها (Strategy-based Information)، كما يتحدد قبـول ونجـاح الاسـتراتيجية عـلى طبيعـة ونوعية المعلومات المتراكمة عن طريق التغذيـة العكسـية او أي قنـوات اخـرى شريطـة ان تـرد هذه المعلومات في الوقت المناسب.

ب- الحاجة للاستراتيجية (Need for Strategy):

إن الحاجـة للاسـتراتيجية هـي إحـدى المتغـيرات التـي تتوسـط نمـوذج عمليـة إدارة الاستراتيجية الموضحة في الشكل (4-1) حيث يتم تحديد مستوى الحاجة في ضوء المقارنات التي يجب ان تجري وباستمرار بين الفرص المتاحة والمخاطر والتهديدات الناشئة عن البيئة الخارجية وتحديد درجة علاقاتهـا بقابليـة المنظمـة عـلى اسـتثمار هـذه الفـرص، وتشـخيص امكاناتهـا في التعامل مع تلك التهديدات والمخاطر، واذا ما تبين للمنظمة ومن خلال نتائج التحليل ان هنـاك مترتبات معينة فان الحاجة تنشأ لتطوير الخطة الستراتيجية وتطوير الخطط الأخرى وكـما هـي موضحة في الشكل (4-3). الحاجة للاستراتيجية هي المحور لأي تغيير او تعـديل في الاسـتراتيجية المعمول به ولأي مستوى كان كنتيجة للمعلومات الواردة في البيئة الخارجية عن طريق التغذية العكسية.

ان الحاجـة للاستراتيجية وكمـا هـي واضحة في الشـكل رقـم (4-1) تعـد نقـط البدايـة والارتكاز، بمعنى آخر انها المحور الوسط بين الطلبات والمتطلبات الناشئة عـن البيئـة الخارجيـة وبين رغبة وقابلية وقدرة المنظمة على مواجهة المتطلبات وتوفير الطلبات، وينبغـي عـلى ادارة المنظمة ان تعي وتدرك أهمية دور الاستراتيجية لتأثيره المباشر على قرارات المنظمة لكي تـتمكن من تحديد النهج الذي يمكن ان تنهجه لانجاز وتحقيق رسالتها بما يتفق وأهدافها، علماً ان هـذا الوعي والادراك يتأثر بالقيم والخبرات الادارية.

جـ- القيم والخبرات الادارية (Managerial Values & Experience):

الخبرة الادارية حصيلة التجارب والممارسات التي يمر بها القائـد الاداري والتـي تتطلـب منه الادراك والفهم الواسع لما يدور حوله ومعالجته بـالطرق المناسـبة، في حـين نجد ان القيم الادارية هي صورة لتآلف القيم الانسانية الأساسية مع القيـم الاداريـة النظاميـة التـي يـدمجها الفرد عند ممارسة دوره الاداري، وهي مجموعـة الأفكـار والاتجاهـات التـي تتبلـور لـدى ذلـك الفرد. ومن الصعوبة اغفال اهمية نظام القيم في عملية الإدارة الاستراتيجية. فالمـدراء يواجهون عدة فرص ناشئة في البيئة الخارجية وتتطلب منهم اتخاذ قرارات قيمـة والأخـذ بنظر الاعتبـار قابليات المنظمة على الاستفادة منها، ان فحص القيم الاداريـة أمـر لا بـد منـه لتقدير الحالـة لستراتيج جديد، أو لتغيـير سـتراتيج قـائم ومـن البـديهي ان تتأثر هـذه الاحكام بقيم المدير الانسانية الاساسية في المنظمة. وبالتالي فان التساؤلات مثل (ماذا، مقارنة بماذا، يمكن ان يكون، ماذا يجب ان يكون، ومتى يكون ومن الذي سيقوم بـ). ان مثل هـذه التسـاؤلات تتطلـب مـن المدير القدير مراعاة القيم والخبرات الادارية وتطبيقها عند صياغة واختيـار وتنفيـذ سـتراتيج معين، حتى لا تتأثر قرارات هذا المدير بالقيم الانسانية اكثر من القيم الادارية.

من الضروري استيعات وفهم وتقييم ميول واهتمامات وقيم الأفراد والجماعـات داخـل المنظمة بكل وضوح. كما ان نظم القيم للادارة العليا هـي ركائز وأسـس منطقيـة لأي سـتراتيج جديد. ومهما كانت قيم الادارة (مكتوبة وغير مكتوبة) فانه لا يمكن اثبات صحتها ومصداقيتها سواء كان ذلك على أساس عددها او منطقيتها، ومع ذلك فهي تحدد اتجاه المنظمة عموماً عـلى الأمد البعيد (Steiner et. al 1982). قد لا يكترث المدراء

المسؤولين بمصير ومستقبل المنظمة وقدرتها على ما تستطيع عمله، وما لا تستطيع عمله، او قد يكون اهتمامهم بهذا الجانب ثانوياً، الا ان أداءهم يتأثر بما توجيه إليهم أنفسهم (Christensen 1973). ومن هنا ينبغي على المدراء ادراك وفهم حجم تأثير القيم التي يحملوها على أعمالهم وعلى عملية الإدارة الاستراتيجية (McCarthy 1975)، وأنه لمن المؤكد ان تنعكس آثار الخبرة والقيم الادارية على درجة تفهم مستوى الحاجة للاستراتيجية ضمن معايير سياسة المنظمة وتوجهها.

د- السياسات التنظيمية (Organizational Policies):

تدفع الضرورة إلى اعتماد ستراتيج خاص يقرر اطار السياسات التنظيمية الواجب اعتمادها، حيث ان تأثيرها بين على عملية الادارة، ففي الشكل (4-1) يلاحظ ان السياسة التنظيمية تعمل كمؤشر لتحديد ستراتيج الادارة والتي تساعد على اقرار اختيارات الادارة تجاه الفرص والمخاطر والتهديدات الخارجية التي قد تؤثر على قدرات المنظمة ودرجة استجابتها لمثل هذه الفرص والتهديدات وبقدر ملحوظ، ان الحاجة لاعتماد ستراتيج خاص او نوع من الستراتيجيات تؤكد ضرورة وجود سياسات تنظيمية، وإلى الحد الذي يظهر انعكاس هذه السياسات على مهام المنظمة الأساسية حتى تتمكن الادارة من ان تعمل بتوافق وانتظام، وعندما تكون السياسات على مهام المنظمة الأساسية حتى تتمكن الادارة من ان تعمل بتوافق وانتظام، وعندما تكون السياسات مرآة عاكسة لمهام المنظمة فهذا يعني ان أعمال تنفيذ الاستراتيجية ستخدم أهداف وغايات هذه المنظمة، وعلى الرغم من حقيقة تأثير السياسات التنظيمية على توجيه وضبط السلوك الاداري بتقريرها ستراتيج جديد، فهناك حقيقة ثابتة وهي ان السياسات القائمة يجب ان تتضمن القدرة على التكييف، لتعكس التغييرات الجديدة التي يمكن حدوثها في البيئة الخارجية. وكما ذكرنا سابقاً، فالسياسة والاستراتيجية يظهران سوياً في علاقة ترافدية ترابطية، فكما تميل الاستراتيجية إلى الديناميكية، تكون السياسة عرضة للتغيرات المستمرة التي قد تطرأ على أعمال ومهام المنظمة وتكنولوجيتها.

هـ- التنظيم للاستراتيجية (Organization for Strategy):

تأخذ عملية إدارة الاستراتيجية شكلاً تنظيمياً يتطابق مع الحالة الهرمية للأهداف والغايات الخاصة بالمنظمة، وبتطابق هرمية الأهداف والاستراتيجيات تحصل على تسلسل هرمي للخطط المستمدة من قبل هذه المنظمة. وقد صور الشكل (4-1) ترتيب ذلك على انه جزء متمم لمفهوم عملية إدارة الاستراتيجية، تبرز أهمية وجود حالة تنظيمية للاستراتيجية عندما تظهر بوادر اهتمامات الادارة العليا للمنظمة بالأسس الستراتيجية أثناء استلام المعلومات الستراتيجية والقيام بتفسيرها وتحليلها اعتماداً على الفرص والتهديدات الصادرة عن البيئة الخارجية ومعرفة درجة علاقتها بمصادر القوة والضعف في المنظمة. وهذا هو جانب من جوانب ما هو مطروح عن الإدارة الاستراتيجية والذي يركز على تساؤلين:

الأول: في أي موقع او مستوى من المنظمة يتم انشاء الاستراتيجية؟

والثاني: ومن هو المسؤول عن أعمال اختيار الاستراتيجية وتنفيذها؟

وبامكان القارئ المجتهد الحصول على الاجابات المناسبة حال الانتهاء من قراءة هذا المؤلف بعون الله تعالى.

و- هرمية الإدارة The Hierarchy of Management:

أبرز الشكل (4-1) المستويات الادارية الثلاثة بدءاً بالادارة العليا، ثم الادارة الاشرافية (الوسطى) وانتهاءً بالادارة التنفيذية (الخط الأول)، وقد أشار الدارسون عموماً إلى ان تنظيم مستويات الاستراتيجية لا بد له وان يقترن بهذا التسلسل الاداري حتى يسهل تنفيذ الأعمال وتضمن تحقيق صياغة فعالة لستراتيج قادرة على تغطية الانشطة والفعاليات الجارية في كل مستوى من المستويات المشار اليها.

ومن الأمور الأساسية لأعمال توزيع المهام التنظيمية وتقسيم الأعمال عدم تخويل صلاحيات ذات علاقة باستراتيج المستوى الأول وحصر نشاط انجازها ولأسباب قانونية وعرفية في الادارة العليا. وبالمقابل يقوم مساعدو المدير بتخويل رؤساء الأقسام الصلاحيات المناسبة لتنفيذ بعض جوانب الاستراتيجية باشتراك العاملين في المستويات الادارية الأخرى، والابقاء على الصلاحيات التي تتطلب وجودها لدى المدير الأعلى

حصراً (Branch 1963). ان أعمال تنظيم الاستراتيجية يشمل الاختيار المناسب لأولئك المدراء والأعضاء الذين يمتلكون المعارف الأساسية للأداء الفاعل في عملية الإدارة الاستراتيجية، ذلك ان خطط الاستراتيجية تشبه إلى حد ما خطط الأهداف من حيث حاجتها لمشاركة كل المستويات الادارية وبمساعدة الأكفاء والمتخصصين لغرض صياغة وتنفيذ الاستراتيجية واستخلاص نتائج طيبة. والشيء المهم هنا هو قيام المدراء جميعاً ولحد معين بالاشتراك في أعمال صياغة الاستراتيجية، وتبدأ المشاركة من الادارة العليا منحدرة إلى المستويات الدنيا من هرم الادارة، وحالما تنجز الاستراتيجية ضمن التسلسل الهرمي للادارة تبدأ الخطوة الثانية وهي عملية اختيار الاستراتيجية من بين الآراء المنتقاة وتطويرها في ضوء المعلومات المنسابة إلى نظام المنظمة من الكتل المتفاعلة في البيئة الخارجية.

ز- اختيار الاستراتيجية Selecting Strategy:

اختيار الاستراتيجية هو الجانب الآخر لإدارة الاستراتيجية والذي يتضمن قرار الادارة العليا في انتقاء الجذر من بين الستراتيجيات المطروحة حتى يمكن نشر أبعاد هذا المختار بتسلسل هرمي يتناسب وهرم ادارة المنظمة. والمتفحص للستراتيجيات المعمول بها في المنظمة الواحدة يجدها في بعض الحالات متداخلة في حلقة الوسائل والغايات (الأساسية والفرعية) التي تغطي مستويات الادارة جميعاً. وتلعب المعلومات السترانيجية دوراً ملحوظاً في تطوير البدائل الستراتيجية، ويتبلور هذا الدور كلما تعمقت ادارة المنظمة في بحث الفرص والمخاطر الجارية في البيئة الخارجية وكذلك في تعزيز القدرة على المجابهة من داخل المنظمة. ونؤكد هنا على ضرورة وضع واختيار ستراتيجيات تعكس الجوانب التداؤبية الايجابية، ذلك ان مثل هذه الستراتيجيات تؤلف بدائل قيمة للأعمال، كما نؤكد على ضرورة التفريق بين القرار الذي يتخذ لاختيار الاستراتيجية وبين القرار المتخذ لتنفيذ وتطبيق الاستراتيجية (Implementation) بعد اختيارها.

تؤكد أغلب الدراسات على ضرورة الانتباه إلى فرص انتقاء الاستراتيجية بعد اختيارها، فمثلاً القرارات الستراتيجية التي تعنى أساساً بأعمال وضع المنظمة العام وعلى

الأمد البعيد، هي قرارات ناشئة عن خطة الاستراتيجية وتهتم بالمشاكل والحالات الجارية في البيئة الخارجية وبأمور المنظمة الداخلية (Ansoff 1965, Chandler 1966).

ان مصطلح اختيار الاستراتيجية يشير إلى ان أعمال الانتقاء تجري دوماً وفي أي وقت وخلال أي مرحلة من مراحل التطور المتتابع المشار اليه في النموذج الفكري للإدارة الاستراتيجية الموضح في الشكل (4-1)، ولنا في هذا الموضوع كلام متمم في فصول الكتاب.

ح- تنفيذ الاستراتيجية Implementing Strategy:

تأتي بعد أعمال الاختيار والانتقاء أعمال اعتماد وتنفيذ الاستراتيجية وكما هو موضح في النموذج المشار اليه آنفاً لعملية الإدارة الاستراتيجية، ان تنفيذ الاستراتيجية يتطلب تأمين الموارد وتهيأتها وتوجيهها واستخدامها لصالح المنظمة. وقد تختلف عملية التنفيذ عن عملية الصياغة للاستراتيجية التي تعنى بتحديد الأهداف المراد تحقيقها وتعنى كذلك بادارة الخطط والبرامج التي تسخر من خلالها موارد المنظمة (McCarthy et. al 1975).

ان تنفيذ الاستراتيجية يعد أهم جزء في نموذج عملية الإدارة الاستراتيجية وبغض النظر عن مدى جودة صياغة الاستراتيجية او كيفية اختياره فان معرفة ملاءمتها او عدم ملاءمتها تبرز في وقت التنفيذ، حيث يترجم ذلك إلى حالة واقعية، وتتحول المصادر والموارد إلى مجموعة متفاعلة (بشر، مال، موارد، معدات...الخ) وذات علاقة بالستراتيج، واذا ما تم تنفيذ الاستراتيجية المختار بأسلوب يساعد على تحقيق الأهداف المنشودة وبما يتلاءم ورسالة المنظمة حينئذ يمكننا القول بأن مثل هذه الاستراتيجية ناجحة وجيدة وفق معطيات الحالة القائمة.

وتتمحور أعمال تنفيذ الاستراتيجية حول أمرين مهمين هما:

الأول: ويتعلق بالجانب التنظيمي الذي يؤكد على تحديد وتجميع الأنشطة الأساسية الواجب تأديتها لتنفيذ الاستراتيجية.

الثاني: ويتعلق بالجانب الشخصي الذي يؤكد على العمل القيادي والذي لا بـد وان يمتـد للافادة من انشطة وفعاليات أعضاء المنظمة كافة وتوجيهها نحو القيـام بـأعمال مطلوبة وذات علاقة بتنفيذ الاستراتيجية.

وانه لمن البديهي ان يتحقق نجاح تنفيذ الاستراتيجية كلـما كان بمقـدور ادارة المنظمـة تسخير النهج العلمي والتقني لضمان كفاءة ادارة الأعمال والتأكد من ان الادارة قد نفذت ما تم وضعه وفي ضوء المعلومات المتدفقة إلى المنظمة من بيئتيها الداخلية والخارجية.

ط- تقييم ورقابة الاستراتيجية Evaluating & Controlling Strategy:

بعد عملية تنفيذ الاستراتيجية وظهور نتائجها لا بد وان تشرع المنظمة باستلام معلومات تمثل آراء ووجهات نظر الأطراف ذات العلاقة والتي ساهمت او تأثرت بالستراتيج قيد التنفيذ، تنساب هذه المعلومات (معلومات مرتدة) عن طريق التغذية العكسية، وهي تعكس لنا وتصور آراء ووجهات نظر عناصر البيئة الخارجية منها والداخلية لتعبر في النهاية عن مستوى تحقيق الأهداف وبلوغ رسالة المنظمة التي تنهض بالستراتيج، وبكلمات أخرى فان المنظمة تحتاج إلى اثبات يوضح ويؤكد على ان النتائج الفعلية مطابقة للنتائج التي كان مخططاً لها. وفي هذا المجال يمكن اعتماد الاهداف كمقاييس تحدد بموجبها النتائج. ان التقييم المستمر للمعلومات المستقاة من البيئة الخارجية يأخذ مجاله في المساحات الوظيفية داخل المنظمة وينعكس في تقارير دورية. وتبرز اهمية القرار التصحيحي الذي تتخذه ادارة المنظمة في حالة تأشير القياسات لأي انحراف في النتائج الفعلية عن تلك المخطط لها.

ترتبط عملية التقييم والرقابة علـى الاستراتيجية بموضوع تحقيـق الأهـداف المرسومة، فتقييم الاستراتيجية والرقابة عليه هـو احـدى مراحل الإدارة الاستراتيجية يحـاول مـن خلالها القادة الاداريون (Top Managers) التأكد من ان استراتيجيات المنظمة المختارة قد تـم تنفيذها وبشكل صحيح وانها أدت إلى تحقيق الأهداف المنشودة وانها تساهم في تحقق رسـالة المنظمـة (Glueck & Jauch 1984).

ك- التغذية العكسية Feed-Back:

تنطوي عملية التغذية العكسية على تدفق المعلومات من البيئتين الخارجية والداخلية للمنظمة والتي في ضوئها يتم ادراك مدى تطابق النتائج مع ما هو مخطط مسبقاً، وكما في الشكلين (4-1) و(4-2) فان المعلـومات المرتدة تعين ادارة المنظمة على التحقق من وجود التجانس والتطابق والتقارب او وجود الاختلاف بين النتائج الفعلية والمرسومة، وفي الوقت نفسه فان المعلومات توضح او تؤشر ما يجب ان تقوم به المنظمة تجاه شكلية الاستراتيجية المعمول به، ولا بد لنا من القول بأن التغذية العكسية تضفي الخصائص الديناميكية على نموذج عملية الإدارة الاستراتيجية والذي سنأتي على شرحه لاحقاً.

إدارة الاستراتيجية: أبعاد العلاقات المتداخلة

Strategic Management: Dimensions of Interrelatedness

ان مكونات عملية الإدارة الاستراتيجية التي ورد ذكرها في الشكل رقم (4-1) مترابطة مع بعضها البعض، وكلما أمعنا النظر في إدارة الاستراتيجية باعتبارها جزءاً من كل توضح لنا الترابط والتداخل بين المكونات المشار اليها في الشكل المذكور آنفاً، وتقع جميع أجزاء هذا الشكل بطريقة وهيئة بحيث تعود كلها إلى حالة نظمية كلية وكما عبر عنها أحد الكتاب (Rice & Bishoprick 1971) عند التعرض لهذه العلاقات والأبعاد بقوله:

أولاً: يقتضي الأمر، ولديمومة النظام وجود علاقات مدروسة سواء كانت علاقات مستقرة ثابتة او حركية ديناميكية ومع كل ذلك فان الأجزاء المكونة للنظام تبقى متصلة ومرتبطة مع الأجزاء الأخرى في المنظمة الواحدة.

ثانياً: تعمل مكونات واجزاء النظام في حدود علاقاتها وارتباطاتها مع بعضها وهي بهذا الشكل تعتمد على المكونات والأجزاء الاخرى لاستقبال مخرجات الاجزاء كمدخلات حتى تكون قادرة (منفردة كانت او مجتمعة) على انجاز أعمال المنظمة الواحدة.

تبدأ عملية إدارة الاستراتيجية باستلام المعلومات من البيئة الخارجية كون ان هذه البداية هي احدى الضرورات الأساسية لهذه الادارة ويطلق على مثل هذه المعلومات،

المعلومات الأساسية لبناء قاعدة المعلومات الستراتيجية (Strategy-based Information). وتقوم ادارة المنظمة والجهات ذات العلاقة بدراسة وتحليل وتقييم هذه المعلومات للتحقق من الفرص والمخاطر او التهديدات القائمة في البيئة الخارجية، ويتركز اهتمام ادارة المنظمة في هذا المجال على تخمين قابليات المنظمة في استثمار الفرص وتجنب المخاطر، ومن خلال عملية التقييم تبرز ايجابيات الدروس المستقاة وكيفية الافادة منها في اختيار العمل الأفضل الذي يتجانس مع الواقع الحالي المعبر عن نظام القيم الادارية السائدة في المنظمة، وكما أشرنا سابقاً فان القيم الادارية هي تشكيلة تركيبية من القيم الانسانية وقيم المنظمة المستحدثة، ان احكام القيم السائدة في المنظمة التي تتضمن قرار الادارة عن حاجتها للاستراتيجية تصدر ضمن حدود ومؤشرات سياسية مقصودة تعمل على ضمان ديمومة واستقرار وثبات الأهداف الأساسية الخاصة بالمنظمة.

وعند الحديث عن أبعاد الاستراتيجية يكون من المفيد ان نؤكد هنا على ان تنظيم الاستراتيجية ونشرها يبدأ من قيمة الهرم التنظيمي ثم تبدأ الانحدار ابتداءً من الاستراتيجية الجذر في قمة الهرم وإلى المستويات الادارية الأخرى ضمن التسلسل الموضع في الشكل رقم (3-4) بحيث يكون هذا الانحدار متتابعاً وشاملاً دون تخطي او تجاهل مستوى من مستويات الهرم التنظيمي، ذلك ان أي اخفاقة تحدث في هذا المجال قد تؤدي إلى حدوث عواقب وخيمة وذات نتائج عكسية على المنظمة. ان الاستراتيجية الجذر توضع وتصاغ قبل صياغة ووضع ستراتيجية التنفيذ التي بدورها تأتي قبل ستراتيجية التنظيم، ولا بد من المحافظة على هذا التتابع والتكامل للمكونات الرئيسة لعملية إدارة الاستراتيجية، وأنه لأمر طبيعي ان يتم وضع الاستراتيجية أولاً وبناء الصياغات الأخرى في ضوئه.

اما درجة التعقيد الناتجة عن زيادة التداخل في العملية فتبلغ ذروتها عند القيام بتنظيم الاستراتيجية ضمن اشكال هرمية ستراتيجية وادارية متساوية الامتداد زماناً ومكاناً، ان اختيار الاستراتيجية نتيجة منطقية صياغتها من قبل المستويات الادارية العاملة خلال التسلسل الهرمي للاستراتيجية. وتجري في هذا الجزء من عملية الاستراتيجية سلسلة من الاختيارات المعدة كبدائل تعقبها عملية ثانوية أخرى لصياغة ستراتيج لمستويات المنظمة المختلفة. ان التداخل بين عناصر إدارة الاستراتيجية عند عملية الاختيار تبدو واضحة، وهذا

التداخل ناتج عن تتابع الاعمال والوظائف، وكما أشرنا إلى ذلك فان مرحلة اختيار الاستراتيجية تستند إلى الحالة الهرمية للهيكل التنظيمي القائم، وتتم في ضوء تجارب وخبرات القيادة الادارية في تنفيذ وتحقيق الاستراتيجية. وكذلك هو الحال في مرحلة التقييم والرقابة على الاستراتيجية التي تلي منطقياً مرحلة تنفيذه، وخلال مرحلة التنفيذ فان الإدارة الاستراتيجية تسخر المعلومات المرتدة بقصد تنفيذ الاستراتيجية ولضمان مخرجات فعلية ومطابقة جداً للنتائج المرسومة والمخططة.

بدون عملية تنظيم للاستراتيجية يتعذر ايجاد ستراتيجيات بديلة لاختيار بعضها للأعمال، وبدون قاعدة المعلومات المستحصلة من البيئة الخارجية لا يمكن وضع أسس لصياغة ستراتيج في المستويات المختلفة للادارة، وبدون التفاعل المستمر مع البيئة الخارجية لا يمكن الحصول على المعلومات المطلوبة لاعمال الصياغة او اعادة الصياغة لان الاطار العملي مهم لتوحيد العناصر الرئيسة لإدارة الاستراتيجية ونحن نعتقد الشكل (4-1) قد أظهر ذلك.

إدارة الاستراتيجية: ديناميكية العملية

Strategic Management: Dynamics of the Process

فضلاً عن كون إدارة الاستراتيجية عملية تهدف إلى توحيد ودمج العناصر والمكونات الرئيسة المعتمدة عليها، فهي من جانب آخر عملية ديناميكية متطورة متفاعلة ونامية، كما ان عملية إدارة الاستراتيجية ليس وحدة منفصلة عن الأعمال الأخرى دائماً هي جزء مكمل لوحدة كبيرة مكونة من عدة أعمال مرتبطة الواحدة بالأخرى لتشكل الكل الأكبر وان مخرجات هذا الكل تختلف عن مخرج كل جزء، وبالتالي فان النظر إلى عملية الإدارة الاستراتيجية في ضوء هذه الفكرة تتضح لنا خاصيتها الديناميكية (Wadia 1966).

ان تأثير ديناميكية عملية إدارة الاستراتيجية ناتج عن دمج وتوحيد الأجزاء والعناصر الرئيسة التي اذا ما تم عزلها او فصلها عن الكل (العملية) فان ذلك يتسبب في حصول اداء دون المستوى المطلوب، وكما لاحظنا في الفصل الأول فان مفهوم التداوٴب يمكن تطبيقه

على عملية إدارة الاستراتيجية لضمان أداء بمستوى أعلى وأكثر فاعلية ويحصل العكس مـن ذلـك اذا تم العمل بدون مراعاة التداؤبية.

يبرز التداؤب في الأعمال القوية والفعالة، بحيث يسهم كل نشاط وفعل جـزئي او فرعـي في ايجاد حالة ايجابية للعملية ككل ولا يمكن الحصـول علـى مثل ذلك بزيادة عـدد الأنشطة والأعمال، ان مظلة التداؤب تنشرها إدارة الاستراتيجية باعتبارها احدى الجوانب الإيجابية التـي تنتج عن ديناميكية أعمال هذه الادارة.

ومن جانب آخر فان انسيابية المعلومات بقنوات التغذيـة العكسـية تعكس الجوانب الديناميكية للبيئة تجاه مخرجات المنظمة، حيث ان المعلومات المرتدة من البيئة قد تكشف لنا عـدم مطابقة مخرجـات الاستراتيجية المعتمدة للنتائج التي خطط لحصولها، وبالتالي فان انسيابية المعلومات تدفع بالادارة إلى تغيير شكل الاستراتيجية المعتمدة او استبدالها بأخرى، ثم ان الاستراتيجية البديلة تتطلب هي الاخرى جهوداً مكثفة من قبل المسؤولين في المنظمة، ومرة ثانية تستفاد ادارة المنظمة من قنوات التغذية العكسية التي يجب ان تبقى مفتوحة لتنقل ما تحمله من معلومات بشأن التخمينات الأولية والتمهيدية لاجراء التعـديلات المناسبة وتطوير الاستراتيجية وبما يتلاءم ومتطلبات وتطلعات البيئة. في واقع الحال ان عمل الإدارة الاستراتيجية يبدأ بتخمين الفرص الجيدة والتحوط للمخاطر البيئية في ضوء علاقاتها بقدرات المنظمة. وتظهر أسس اختيار وصياغة وتنفيذ ستراتيج معين في نتائج التخمينـات هـذه، ان هـذه الاستراتيجية المنفذة هي حجر الزاوية للأعمال المؤدية إلى بلوغ النتائج المقصودة التي يتم التعرف عليها من خلال اعمال التقييم والرقابة ومقارنة اهداف وغايـات الاستراتيجية المرسومة. وهنا يجب الا ننسى ان أي تعديل او تغيير في شكل الاستراتيجية من شـأنه ان يـؤدي إلى اعـادة النظر بعمليـة الاستراتيجية.

ولضمان النجاح في اعمال الاستراتيجية فان الامر يتطلب وضـع شـرحاً ووصفاً لأعمال إدارة الاستراتيجية وبشكل موسع في ضـوء العمليـات الثانوية الجارية بين المكونات الرئيسـة الموضحة بالشكل (4-1). وتبرز ضرورة اعادة النظر بالعمليـات كنتيجـة لافرازات التغذية العكسية، عندها يتضح لادارة المنظمة وجود انحراف او عدم تطابق النتائج الفعلية والنتـائج المخطط لها. ويقع على ادارة المنظمة هنا اعادة رسم العمليات وجدولة الأعمال

بشكل يسهم في وضع المنظمة باتجاه غايات الاستراتيجية المعتمدة وتشمل التعديلات على واحد او اكثر من الأمور التالية:

أ- تعديل تتابع العمليات (Resequencing Operations)

ب- تعديل انسيابية الأعمال (Rescheduling Work Flow)

جـ- إعادة النظر بالتكليفات الإدارية (Reassigning Personnel)

د- اجراء التوافق والانسجام بين الفقرات السابقة (Some Combination of these measures)

وإذا لم تجدي هذه التعديلات نفعاً في إعطاء ناتج أفضل يصبح من الضروري على ادارة المنظمة الاتجاه إلى عملية اعادة النظر بالستراتيج الموضوعة وعلى النحو التالي:

1- اعادة تجديد الضغوط والضوابط (Redefining Constraints)

2- اعادة وصف ورصف الالتزامات (Realigning Commitment)

3- اعادة توزيع الموارد جميعاً (Reallocating Resources)

4- اعادة توزيع المسؤوليات (Reassigning Responsibilities)

أما إذا أخفقت الجهود بتحقيق النتائج المنشودة من خلال الاستراتيجية المنقحة فعلى القائمين على إدارة الاستراتيجية ان يقوموا بمراجعة وتنقيح شاملين على كل فقرة من فقرات استراتيج، والتساؤل الممكن هو فيما اذا كان الاستراتيجية المعمول بها هو على مستوى عال من الطموح، ام انها أقل من ذلك، او انها تتطلب جهوداً استثنائية إلى جانب تحمل ادارة المنظمة كلف اضافية وعليها تحمل تضحيات أخرى، وعندما تكون الاستراتيجية واضحة وسهلة التنفيذ وتكشفت أسرارها اما المنفذين عندئذ يجب الارتقاء بهذه الاستراتيجية وبما يسمح من توسيع وتعظيم قدرات المنظمة.

وجملة القول ان عملية إدارة الاستراتيجية المبينة في الشكل (4-1) على قدر كبير من الديناميكية والترابطية والتداخلية، اما فيما يتعلق بالعناصر البشرية فان الامر يختلف، ذلك ان لكل عنصر بشري خصائصه ومميزاته الفريدة وكل عنصر بعد عالماً صغيراً خاصاً ويبقى العالم الكبير (إدارة الاستراتيجية) عالماً شائكاً وصعباً حيث تعمل جميع العناصر المكونة له بطريقة التأثر والتأثير وما يتطلبه الأمر من التداوبية لأغراض التنفيذ، وبسبب الحالة الديناميكية

القائمة في العلاقات المتداخلة بين جميع تلك العناصر، فان انجاز الأعمال يجب ان يكون بشكل متسلسل وموحد، دون ان ننسى ما تتطلبه الأحوال من إعادة نظر وإجراء تعديلات وتنقيحات خلال عمليات التنفيذ لضمان إعطاء الاستراتيجية الإيجابي.

الفصل الخامس

البيئـــــة
وإدارة الاستراتيجيـــة

الفصل الخامس

البيئة وإدارة الاستراتيجية

The Environment of Strategic Management

إن البيئة الخارجية التي تحيط بالمنظمة وتتكيف لها حتى تتمكن من الاستمرار والبقاء تعد من المتغيرات المهمة لإدارة الاستراتيجية. والتخمين والتنبؤ المستمرين لهذه البيئة هما الأساس لعملة إدارة الاستراتيجية، سواء كان ذلك لبداياتها أم للدورات والعمليات اللاحقة. ويهتم مدراء المنظمات بدراسة البيئة الخارجية لسببين هما (Glueck 1980):

الأول: وينشد تحديد العوامل البيئية التي تهدد سياسة المنظمة وتعيق وصولها الى الاهداف المنشودة.

الثاني: وينشد تحديد العوامل البيئية التي توفر فرصا مساندة لتحقيق اهداف المنظمة عن طريق اجراء التعديلات اللازمة على الاستراتيجية.

وأنه لمن الثابت أن لكل منظمة فرصا يمكن أن تستفيد منها، وتواجه كذلك مخاطر وتهديدات تنشأ جميعها من البيئة وكتلها الأساسية، سواء كانت هذه الفرص أو المخاطر ناشئة عن ظروف سياسية أو حكومية أو ناشئة عن الجمهور العام أو الخاص للمنظمة. وقد أتفق الكثير من دراسي هذا الموضوع على أن كتل البيئة الخارجية لها أثر ملحوظ على أعمال اختيار وبناء الاستراتيجية (King & Cleland 1978) . ومن جانب آخر فان درجة تعقيد واضطراب البيئة هي الاخرى تتطلب من ادارة المنظمة طاقات وكفاءات بشرية مناسبة وتركيبات هيكلية تنظيمية متجانسة بمواجهة هذه التعقيدات والاضطرابات.

وكلما تقدمنا في المجال الزمني نجد أن البيئة في يومنا تزداد تعقيدا واضطرابا وتتشابك عناصرها بشكل سريع واسع، بسبب التغيرات المفاجئة (Steiner et.al 1982). لذا نرى أنه على المنظمات جميعا. صغيرة كانت أم كبيرة، وضع البيئة بالاعتبار عند اختيار وصياغة وتنفيذ ستراتيج ما. حيث تتصاعد الحاجة الى الانسجام والملائمة بين الاستراتيجية،

والبيئة الخارجية بمتغيراتها. أن انسجام وملاءمة الاستراتيجية مع البيئة ومتغيراتها يعد مؤشرا اختباريا لجدارة الاستراتيجية.وهنا لا بد من القول بأن انسجام الاستراتيجية وعمليات المنظمة يجب أن يتحقق مع البيئة الخارجية، وله في هذه الحال وجهان: الأول انسجام ثابت ليعبر عن مدى فاعلية وقوة تأثير الاستراتيجية المطبق من قبل المنظمة على البيئة الخارجية. والثاني انسجام ديناميكي حركي ليعبر عن قدرة وقابلية الاستراتيجية على التنبؤ بالمتغيرات التي قد تطرأ في البيئة الخارجية. ان الهدف المنشود من وراء بناء ستراتيج صحيح وفعال هو تأمين نجاح المنظمة في الامد البعيد. ولما كانت البيئة في حالة تغير وتطور ملحوظ فإن الادارة الحصيفة تتحمل مسؤولية تخمن وتقدر نسبة انسجام الاستراتيجية مع البيئة الخارجية في حالة آنية معينة والتنبؤ بما سيكون عليه وضع المنظمة مستقبلاً (Tilles 1963).

ونظراً لما للبيئة الخارجية من أهمية وحيوية على أعماله صياغة الاستراتيجية وادارته، وما تفرضه الأوضاع المتباينة من لزوم الاهتمام بتأمين انتظام الاستراتيجية وتوجيهاته مع الأوضاع القائمة في البيئة، يتوجب على ادارة المنظمة القيام بفحص ودراسة بيئتها الخارجية لتعميق فهم أسس بناء الاستراتيجية على وفق الأبعاد السبعة التالية.

مفهوم البيئة The Concept of Environment

البيئة الخارجية تعني جميع الحالات والظروف والمؤشرات التي تجري وتدور في فلك المنظمة ولها تأثير على مستويات نموها وتطورها وكذلك على انظمتها وانشطتها الداخلية بما فيها عملية الإدارة الاستراتيجية. كما وتحتوي البيئة قوى متنوعة ذات تعقيد وتركيب يتغير بمعدلات متفاوتة وفي أوقات مختلفة وتحت ظروف عدة.

البيئة كما وصفها (برنارد) (Barnard 1938) تتكون من جزئيات او اجزاء وعناصر وكتل مختلفة، وكل هذه المكونات هي في حالة حياتية متحركة بما في ذلك الأفراد وعواطفهم والقوانين الطبيعية والاجتماعية والأفكار والآراء والاتجاهات السائدة والمعايير والقوى، ومقاومتها. كما أن هناك في البيئة اعداد من العناصر لا تعد ولا تحصى. تتواجد دوما وتتطور وتتغير باستمرار.

إن طبيعة القوى والعناصر والكتل البيئية تشاطر ادارة المنظمة الحاجة لصنع القرارات في ظروف غير واضحة، وفي حالة من عدم التأكد، ويصعب تحديد وفهم الطبيعة الديناميكية والحركية لهذه المتغيرات أحياناً. وهي بذلك تحد من سيطرة ادارة المنظمة على نتائج الأحداث المرتبطة بها. إلا أن عدم السيطرة لا يعني اهمال ادارة المنظمة او تجاهلها للبيئة ومكوناتها، بل على العكس اذ يتوجب الامر مراقبتها وملاحظتها بحساسية مناسبة ليكون بامكانها الاستجابة والتكيف لكل حالة تطور او تغير بيئي خارجي. ويصور (سايمون) (Simon 1960) ضرورة المراقبة المستمرة للبيئة بقوله "يقضي- المدراء التنفيذيون معظم أوقاتهم بدراسة البيئة الاقتصادية والسياسية والاجتماعية والتكنولوجية لمعرفة الحالات التي تتطلب صناعة واتخاذ إجراءات جديدة".

ولغرض توضيح مفهوم البيئة لمنظمة ما، فإنه من المفيد ان نؤمن ان النظام البيئي الذي تعمل فيه هو نظام كلي أكبر من نظام هذه المنظمة. وأن هذه المنظمة أو غيرها هي نظاماً ثانوياً مكملاً للنظام البيئي. ولما كان لكل منظمة شكلها وطابعها ضمن البيئة فلا يمكن لها أن تعمل بمعزل عنها، وبالتالي فهي تنطلق من أهدافها ومسئوليتها في البيئة وتجاهها. ومثل هذا الوضع يجبر المنظمة على الا تتعامل مع بيئتها بشأن ادارة او قيادة شؤونها اليومية فحسب، بل يجب عليها كذلك الاهتمام بأهداف المنظمات الاخرى مقايسة باهتمامها بتحدي أهدافها المقبلة وادارة دفة اعمالها الجارية (Cleland & King 1972). ومن هنا تتطابق فكرة ومفهوم النظام البيئي مع مفهوم المنظمة شكلاً. ذلك ان المنظمة عبارة عن مجموعة وحدات وأقسام تعتمد الواحدة على الاخرى وبمجموعها يتشكل النظام الكل، وهذا الكل يعتمد بالمقابل على البيئة باعتبارها النظام الأكبر (Thompson 1967). وأن هذه البيئة هي الأخرى تتكون من وحدات تعتمد الواحدة على الاخرى. الا ان المنظمة تعد العنصر الجوهري في هذه الكتلة الكبيرة التي هي النظام البيئي الكلي، والمنظمة تحصل على احتياجاتها المتنوعة من البيئة (مدخلات) وتعالج المنظمة هذه المدخلات وتحولها عن طريق عملياتها (عمليات النظام) الى منتجات سلعية او خدمية (مخرجات) واعتمادا على معطيات التغذية العكسية يتم الحكم على مدى صلاحية تلك المخرجات ومدى قبول البيئة بها أو رفضها (Harrison 1981). ومن خلال هذا التعليل يبرز أمامنا التفاعل الحاصل والمستمر

بين كل من المنظمة وعناصر الكتل البيئية مجتمعة او منفصلة، فضلاً عن التأثير الواضح للبيئة على عملية الإدارة الاستراتيجية.

التفاعل بين البيئة والمنظمة

(Organization - Environmental Interaction)

صورت العديد من النظريات حالات التفاعل الجاري بين البيئة والمنظمة مؤكدة على استمرارية هذه الحالات. كما أن الدراسات قد سارعت الى اثبات هذا التفاعل من خلال حالات الربط والاعتمادية الناشئة بين كل من البيئة والمنظمة، واليكم ما قدمته بعض هذه الدراسات.

التراكيب النظرية (Theoretical Constructs):

عبر (تومسون) (Baker 1973) عن التفاعل الجاري بين البيئة والمنظمة على انه مجموعة ردود الفعل الحاصلة تجاه الأعمال أو الصفقات (المخرجات) التي تصدر عن المنظمة عبر أدوارها الوظيفية وحسبما ارتأته العقلية التنظيمية (Thompson 1967). وهو بهذا التعبير يشير الى الدور الذي يمكن أن تلعبه الجسور (الموصلات) بين مخرجات المنظمة وبيئتها الخارجية، تستلم المنظمات مدخلاتها من البيئة الخارجية وتعيدها على شكل مخرجات من خلال وظائفها وأنشطتها الفاعلة بهدف بلوغ الغايات. إن دور ووظيفة مخرجات (منتجات) المنظمة يفرض على ادارتها العمل على توزيع ذلك المخرج او تقديم خدمات ما بعد البيع والبحث عن وكلاء توزيع. لذلك نجد ان كل هذه الأنشطة ستعمل على فتح منافذ العلاقة بين المنظمة وبيئتها (Boundary Spanning) لتمتد عبرها أواصر الروابط بينهما وبين أعضائها وبين عناصر البيئة الخارجية، وأن دور المخرجات لفتح الحدود يبدأ في هياكل المنظمة، وأن هذا الدور يعد من المصادر المعتبرة التي تساعد ادارة المنظمة على استيعاب التأثيرات الخارجية والتكيف ازائها حتى تتمكن من صيانة بقائها وديمومتها (Baker 1973).

نعود ثانية إلى ما طرحه (تومسون) (Thompson 1967) وبطالعه نجد انه أكد في معرض حديثه عن المنظمة والبيئة على موضوع الرشد التنظيمي او العقلانية الادارية (Organizational Rationality) الذي يجب ان ينتشر في ثلاث فعاليات أساسية هي:

أ- الفعاليات المدخلة (Input Activities)

ب- الفعاليات التكنولوجية (Technological Activities)

جـ- الفعاليات المخرجة (Output Activities)

ويشير (تومسون) (Thompson 1967) أيضا الى ان لهذه الفعاليات الأساسية حالة ترابطية واعتمادية وان كل مجموعة منها تعتمد وتمد الاخرى بالقوى المحركة، وأن استمرارية الفعاليات الثلاثة آنفة الذكر تعتمد على عناصر ومكونات البيئة الخارجية. لذا يمكننا القول بـأن الرشد أو العقلانية التنظيمية تدعو الى الايمان بمنطق النظام المفتوح. وعنـدما نقول ان المنظمـة نظام مفتوح فإن بعضا من المؤثرات البيئية التي يصعب التعامل معهـا تصبح عوامـل ضـاغطة او ضابطة. وبالتالي لا يمكن ان تعد مثل هذه المؤثرات من بين المتغيرات المتفاعلة مع المنظمة. بـل انها متغيرات ثابتة ينبغي للمنظمة أن تتكيف لها. أما المتغيرات الاخرى فهـي تلعب دورهـا بالمصادفة او تظهر كأحداث طارئة، قد تتغير أو لا تتغير الا أنها لا تكون عرضة للرقابة الصـارمة من قبل ادارة المنظمة (Thompson 1967). ومن النادر جدا، او على الأصح لا توجد منظمة قادرة على تأدية أعمالها برشد وعقلانية تنظيمية مثالية، لأن ذلك يتطلب مـن المنظمـة الإلمام التـام بالمتغيرات والمؤثرات البيئة والعناصر السابحة فيها، وعليها كذلك أن تنشر حالـة رقابيـة واسـعة وتثبت سيطرة محكمة على هذه المتغيرات. ولهذا وجب على ادارة المنظمة مراعاة الأتي:-

أ- أن العمل يجري في ظل ظروف متغيرة ولفترات متنوعة، فهيا مجموعة من الضغوط أو المؤثرات.

ب- ضرورة التهيؤ لأي ظرف، اذ أن عدم التهيؤ قد يفسح المجال أمـام عنـاصر الظروف لأن تصبح ضغطاً يؤثر على سير أعمال المنظمة.

جـ- أن تسعى المنظمة الى توسيع مديات استيعابها للمتغيرات البيئية لتمكن نفسها مـن أحكام الرقابة والسيطرة علها وعلى الضغوط الناشئة عنها.

وحسب رأي (تومسون) فان بداية الموصلات الأساسية بين المنظمـة وبيئتهـا متمركزة في الأشخاص الذين يؤدون الادوار لبلوغ المخرجات المرغوبة. وعندما معرفتنا لما تؤديه عملية فتح حدود المنظمة، ومعرفتنا لمنطق ومبدأ النظام المفتوح الذي يشمل المنظمة

بأسرها، علينا أن نفكر في كيفية الحصول على أو الوصول الى الكيفية التي تجعل عقلية ادارة المنظمة تنظيمية رشيدة وعلى وجه الخصوص عقلية العاملين في المستويات العليا في المنظمة. أن الفكرة الخاصة بدور المخرجات في فتح الحدود التنظيمية تدور حول كيفية الوصول الى مستوى أفضل من الرشد التنظيمي يتجانس مع مفهوم النظام الثانوي التكيفي المقدم من قبل (كاتز وكان) (Katz&Kahn 1978) اذ أنهما يعتقدان بأن المنظمة كنظام كلي تضم خمسة نظم فرعية أساسية هي:-

1- النظام الفرعي الانتاجي (Productive Subsystem) ويتعلق بـاعمال بالجانـب العملياتي الانجازي.

2- النظام الفرعي المساعد (Supportive Subsystem) ويتعلق بأعمال الشراء والبيـع والعلاقات الرسمية داخل المنظمة.

3- نظام الادامة الفرعي (Supportive Subsystem) ويتعلق بإدامة الاستخدام الأفضل للطاقات البشرية.

4- النظام الفرعي الاداري (Managerial Subsystem) ويتعلق بأعمال التخطيط والتنظيم والرقابة للجهود المطلوب تسخيرها لتحقيق الهدف المنشود.

5- النظام الفرعي التكيفي (Adaptive Subsystem) ويتعلق بكيفية أحداث الاستجابات المناسبة للمتغيرات البيئية.

إن طبيعة عمل النظم الفرعية المشار اليها آنفاً تهدف من بين ما تهدف الى تمكين المنظمة من رسم صور التفاعل المطلوبة والممكنة مع البيئة المحيطة وحسب الظروف والأوقات والوسائل المتاحة لها، لضمان ديمومة عملها في هذا العالم. ذلك أن النظم الفرعية آنفة الذكر (الانتاجي، المساعد، ادامة) لا تنطوي على ما يكفي لضمان بقاء وديمومة المنظمة في بيئة متغيرة ومتقلبة باستمرار، حيث ان التغير قد يكون في وجهات نظر المستفيد من نشاط المنظمة او قد يكون في بعض القيم الحضارية السائدة، وبالتالي يصبح لزاما على المنظمة القيام بالمعالجات واتخاذ الاجراءات اللازمة لاعادة النظر بالتركيبة الداخلية تجانسا مع التغيرات والتطورات الحاصلة في البيئة الخارجية. وفي معظم المنظمات تلجأ اداراتها الى انشاء تكوينات وهياكل يكون واجبها تحسس ما يجري في العالم الخارجي والعمل على تفسيره من اجل

التحوط له، وهذه التكوينات والهياكل هي ما أطلقنا عليها النظم الفرعية التكيفية. قد تظهر مثل هذه النظم تحت أسماء كثيرة مثل بحوث الانتاج، بحوث التسويق، التخطيط بعيد الأمـد، البحث والتطوير، والى ما يشابه ذلك وكلها تنشد المساهمة في ديمومة وبقاء التخطيط وتعزيـز قدرتها في التصدي للأزمات (Katz & Kahn 1978).

الدراسات التجريبية (Empirical Studies):

إن تعزيز واثبات جدارة التراكيب النظرية للتفاعل التنظيمـي البيئـي يتطلـب البحـث والاختبار بالتجربة في واقع المنظمة. وعلى الرغم من قلة الدراسات الخاصة بالبيئات التنظيمية، الا ان عدداً قليلاً منها يميل الى اثبات هذا التأثير البيئي على المنظمة، وما يهمنا في هـذا الصـدد هو التعرض للتأثير البيئي على عملية الإدارة الاستراتيجية بأسرها. إن الدراسات التي اجراها كـل من (برنز وستوكر) (Burns & Stalker 1961) على مجموعـة مـن المـنظمات الصـناعية أكـدت عـلى وجود علاقة بينة بين المنظمة وبيئتها الخارجية، وقد أبـرزت فكـرة هـذين الباحثين أنه عنـدما يكون التمايز والحداثة (Novelty) والغرابة (Unfamiliarity) هـما الشكلان المقبـولان في كـل مـن وضع الأسواق الخاصة بالمنظمة والمعلومـات الغنيـة المتاحة لهـا، ليصبح لزامـا عـلى ادارة ايـة منظمة اعتماد نظام اداري مناسب يختلف عن النظام المعتمد في بيئة تجارية وفنية ومستقرة. مثل هذا النظام يساعد في الحفاظ على بقائها ونموها.

ولغرض بيان شكلية العلاقة الرابطة بين نمط الممارسة الإدارية بمظاهر معينـة جاريـة في البيئة، فقد أوضح كل من (برنز وستوكر) مـن أن هنالـك وكنتيجـة للدارسـات التـي قامـا بهـا، نوعين من الأنظمة الأساسية (جواد والمؤمن 1990).

1- النظام الميكانيكي (Mechanistic System) وهو الذي يفرض حدوداً وقيـوداً عاليـة عـلى أداء وتنفيذ العمليات في المنظمة كونه يرتبط ببيئة مستقرة ثابتـة نسـبياً، وأن تعـرض المنظمة للتغيرات الكبيرة أمر قليل الاحتمال.

2- النظام العضوي (Organic System) وهو الـذي يـترك البـاب مفتوحـا بوجه العناصر البشرية والتنظيمية لتأخذ دورها بحرية داخل المنظمة وتحديد أطر عملها وتنفيذ

أنشطتها في مواجهة المتغيرات التي تفرضها البيئة لكونها حالة نامية متطورة ومتغيرة وبالتالي فهي بيئة غير ثابتة او مستقرة.

والمنظمات كحالة ميكانيكية تشبه الالة في عملها وتمسكها بنوعية مدخلاتها. اما كونها حالة عضوية فهي أشبه بالانسان من حيث تفاعلها وعلاقاتها مع البيئة التي تستمد منها طاقاتها.

ان القيمة الاساسية للأفكار آنفة الـذكر هـي ان النظام الاداري في المنظمـة ومن خـلال نظامية الفرعيين يتفاعل مع عناصر البيئة المحيطة، الا ان أكثر المتغيرات البيئيـة أهميـة في واقع الحال هي معدلات التغير الحاصلة في مستويات وعناصر التكنولوجيا والأسواق. وعليه نلاحـظ أن النتائج التجريبية قد أثبتت صحة ما ذهب اليه كل مـن (برنـز وسـتوكر) (Burns & Stalker 1961) ولبلوغ نتائج على درجة قيمة الموضوعية فزن الأمر يتطلب الاجابة على سؤالين متداخلين:

الأول: ان الاعتماد على دراسات (برنز وستوكر) يتطلب تحليل العلاقـة بـين عنصرـ عـدم التأكد (Uncertainty) القائم في البيئة الخارجيـة والهيكل التنظيمـي (Structrue) للمنظمة. تقول فرضيتها انه كلـما ازدادت مساحة التأكـد لـدى المخططين عـن البيئة فإن ذلك يضفي على الهيكل التنظيمي للمنظمة الحالة الرسمية المقبولة.

الثاني: ينطوي على ان للباحثين تكهنها الذي يشير الى ان الاختلاف في البيئـات الفرعيـة للمنظمة يتسبب في نشوء اختلاف في النظم الفرعية المكونة للمنظمة.

وقد اكتشـف كل من (لورانس ولورش) (Lawrence & Lorsch) أن الـنظم الفرعيـة في كـل منظمة تهدف الى تطوير درجة رسمية الهيكل الذي يرتبط بعنصر ـ التأكد (Certainty). وبتعبير آخر فان النظم الفرعية تسعى الى تطوير كل ما له علاقـة بمتطلبـات البيئـات الفرعية العائـدة للمنظمة. ان مثل هذه النتائج عززت من الفرضيات والنتائج التي توصل اليها (برنز وستوكر). حيث خبرتنا بعض الدراسات (Lawrence & Lorsch 1967) بأن الهياكل التنظيميـة الفعالـة العاملـة في بيئة ثابتة ومستقرة تكون أقوى وامتن من الهياكل التنظيميـة العاملـة في مناطق بيئيـة اكـثر حركية وديناميكية. ومثل هذه الحالة تعكس لنا

حالة التفاعل للهيكل التنظيمي مع الكتل البيئية، كما ان البيئة تمارس تأثيرا كبيرا على المنظمة. وبهذا ثبتت صحة الفكرة القائلة بأن المنظمة باعتبارها نظاما مفتوحا تتفاعل دوما مـع النظـام البيئي الأكبر (Environmental Superasystem).

الحدود التنظيمية (Organizational Boundaries)

يحصل التفاعل بين المنظمة والبيئة الخارجيـة عـبر الحـدود التنظيميـة، ويعتـبر مفهـوم الحدود جزءا مكملا لفكرة النظام البيئي، الذي تعد المنظمة فيه نظاما فرعيا مفتوحا قائما بحـد ذاته. يقول (شاين) (Schein 1970) ان تحديد معنى الحدود التنظيميـة أمـر صـعب، الا انه غـير مستحيل، وتبرز الصعوبة وراء ذلك من الحالات الآتية:

أولاً: الصعوبة في تعيين الحدود المناسبة لأي منظمـة وكـذلك الصـعوبة في تقـدير حجـم البيئة الخارجية تجاهها.

ثانيا: تعدد اهداف المنظمات وتعدد انشطتها واعمالها.

ثالثا: التداخل بين مكونات البيئة الداخلية للمنظمة وبين مكونات البيئة الخارجية.

رابعا: سرعة التطور والتغيير الجاري في البيئة الخارجية.

يمكن لمثل هذه الحالات من اثارة مجموعة من التساؤلات التي تتطلب أحيانـاً إجابـات وافية وشافية، ومن بين هذه التساؤلات ما يأتي:

1- ما هي نهايات المنظمة ومن اين تبدأ البيئة.

2- ما هو الجزء المتعلق بالبيئة التنظيمية وبيئة المنظمة الخارجية.

3- ما هي المتغيرات والكتل والعناصر الداخلة في الأعمال والتي يمكـن ان تتعامـل معهـا المنظمة كاستجابة لمتطلبات البيئة الخارجية.

4- عندما يحصل التفاعل المتداخل بين المنظمة والبيئة فأي نوع من التضارب في المصالح يظهر عند ذاك وما هذه النتائج العكسية الناتجة عن هذا التضارب.

5- بما ان الديناميكية هي طبيعة أغلب البيئات فكيف يمكن للمنظمة ان تقوم بترتيـب نفسها وتهيئة حالتها للاستجابة لهذه الطبيعة الديناميكية والحركية.

في واقع الحال قد يصعب علينا ايجاد اجابة بسيطة وسريعة على الأسئلة المذكورة آنفاً، الا اننا نجد غالبية المنظمات تلجأ الى تعيين اختصاصيين للعمل في المواقع الحدودية للمنظمة، تلك المراكز التي تقع على الحدود الفاصلة بين المنظمة وبيئتها الخارجية، وهي في نفس الوقت تعد منافذاً تشع من خلالها أشعة الكتل البيئية على ما يدخل المنظمة، وفي رأي احد الكتاب (Baker 1973) أن مثل هؤلاء الأشخاص يلعبون أدواراً مختلفة، منها دور المخرجات. ومنهم من يقول (Katz & Kahn 1978) أن مثل هؤلاء الأشخاص هم أجزاء من النظام الفرعي التكييفي، فهم من ناحية أشخاص متخصصون ببيئة المنظمة ومن ناحية اخرى ينتمون الى البيئة الأكبر (البيئة الأم) والتي منها تنشأ البيئة الفرعية في المنظمة. ولتوضيح الدور التفاعلي لأفراد الحدود فإن هناك من يؤكد (Haas & Drabek 1973) على ان الكثير من التفاعل الحاصل بين البيئة والمنظمة ينشأ بعد تعيين أفراد بمناصب رسمية في المنظمة، فقد يتم التفاعل بين المدير التنفيذي ووكيل الشراء في ضوء المعلومات العامة الجارية في البيئة عبر الأسلاك الهاتفية، وكذلك الحال مع رجل المبيعات ورجل الاعلان ورجل شحن البضائع والرجل المعني بالتعاقدات ورجل الاستعلامات.

وعلى الرغم من ان الموظف الحدودي يهتم بمد الوصلات ويساعد على تقوية العلاقات بين المنظمة وبيئتها، الا ان مسألة تعريف الحدود التنظيمية يبقى أمرا ملحا. وان عدم وضوح التعريفات القائمة وعدم ميل الدراسات لهذا الأمر لا يمنع من قيامنا برسم ابعاد الحدود والسبر في غورها فقد نتوصل الى صيغة مفيدة، نخضعها بعد ذلك للاختبار والتصحيح. وقد أشارت الدراسات (Petit 1967) الى ان النموذج الذي وضعه (بتيت) للمنظمة باعتبارها نظام مركب من أوسع وأشمل النماذج الفكرية الخاصة بالحدود التنظيمية. فقد صور (بتيت) المنظمة بنموذجه هذا على انها تكوين مركب من ثلاث مستويات تنظيمية مجتمعة بدائرتين متجاورتين ذات مركز تقني (Technical) في الوسط يحيط بها مستوى تأسيس (Institutional). وكل مستوى من المستويات التنظيمية له هيكل اداري (Administrative Organization). وبهذا الشكل فإن ما يظهره النموذج يعكس حالة الاستقلالية والفصل بين الدائرة الخارجية عن الدائرة الداخلية. ولكل دائرة حدود خاصة بها كما هي الحال لمستويات المنظمة الهرمية الاخرى. الا انه لكل حدود (مستويات ادارية او

دوائر عمل) قابلية نفاذ (Termeability) تساعد على التفاعل مع المستويات الاخرى ومع البيئة الخارجية.

وتتفاوت قابلية النفاذ (المرورية) بين كل مستوى من مستويات المنظمة، فمثلا نجد ومع كون درجة الأحكام عالية للمستوى التقني (التنفيذي) بحيث تعزله عن المستوى الأعلى (التنظيمي الاشرافي) الا أن هذه العزلة ليست كاملة، ويختلف الامر وتقل حدة العزل للمستوى التنظيمي (الاشرافي) ونجد ان حدوده قابلة للاختراق ويكون عرضة لغزو الكتل والعناصر الخارجية من المستويات الاخرى. اما المستوى التأسيس فإن حدوده هشة وقابلة للاختراق بسرعة ولهذا فإن هذا المستوى يتأثر بقوة بالكتل البيئية التي لا يمكن السيطرة عليها والعناصر المكونة لها لا يمكن التنبؤ بها بدقة (Petit 1967).

ان النموذج الذي وضعه (بتيت) يشبه الى حد ما النموذج الذي سبق وضعه من قبل (بارسون) والذي يصور أيضا احتواء المنظمة على المستويات التقنية والتنظيمية والتأسيسية (Parsons 1960). فقد ذكر (بارسون) بأن من مهمات وواجبات وتوجهات المستوى التأسيسي ـ للمنظمة معالجة اهتمامها بعلاقاتها بالبيئة والتعامل مع كتلها وعناصرها بشكل يساعد في المحافظة على علاقات جيدة مع الجمهور والمنظمات الاخرى، والحكومة والاتحادات والنقابات، والمجتمع عموما، ومع اية جهة او منظمة اخرى تسهم من قريب او بعيد في ديمومة واستمرارية حياة المنظمة (Parsons 1960).

وبالفحص المقارن لمكونات نموذج (بتيت) ونموذج (بارسون) نلاحظ ان اهم المواقع الوظيفية في المستوى التأسيسي يشغلها أفراد الحدود الذين يقومون بتشكيل الأبعاد المشتركة بين المنظمة وبيئتها. الا ان فكرة (بتيت) بشأن النفاذية الحدودية تجاه البيئة والتي من خلالها يجري التفاعل التنظيمي البيئي، لهي بالغة الأهمية في دراستنا هذه. وقد أشار أحدهم (Brown 1973) الى اهمية النفاذية بقوله: ان حجم التأثير المار عبر نفاذية الحدود التنظيمية بين المنظمات باعتبارها وحدات انسانية (Human) وبين البيئة من الأمور الحيوية الواجب اخذها بالاعتبار بسبب العلاقة التوافدية بين الجمهور الخارجي والجمهور الداخلي للمنظمة عبر الحدود التي تعتمد على درجة ونوع النفاذية اللذين يؤثران على مستويات وحالات تكييف المنظمة مع محيطها.

ان درجة النفاذية او كما تسمى احيانا، درجة الاختراق تعكس اهمية ونوعية ومستوى علاقة المنظمة مع بيئتها، لان حدودها التنظيمية تسمح بحالات الاختراق، ان اهمية هذه النوافذ أعمق من كونها منافذ تطل من خلالها البيئة الداخلية للمنظمة على البيئة الخارجية، ذلك ان المستوى التأسيسي هو الذي يتفاعل بانتظام مع البيئة، وان درجة الاختراق تبلغ أقصاها عند المستوى التأسيسي- وتبدأ بالتناقص نزولا الى المستوى التنظيمي حتى تصل ادناها في المستوى الفني التقني للمنظمة الذي يتصف نوعا ما بالاستقرارية لأن حالة النفاذية لا تؤثر عليه بسرعة. وعليه فإن النفاذية تلعب دورها الأساس في المستوى التأسيسي- وكلما ازدادت درجة النفاذ والاختراق في حدود المستويات التنظيمية كافة ازدادت درجة انفتاح المنظمة على البيئة، مما يؤدي الى زيادة مستوى التفاعل التنظيمي البيئي، ولما كانت درجة النفاذية والاختراق من مميزات التفاعل البيئي التنظيمي فإن ذلك يقودنا الى ضرورة التمييز بين مستويات المنظمة كافة ومستوى المنظمة الكلي، باعتبارها نظام اكبر يضم أنظمة فرعية، لها هي الاخرى حدودها وأبعادها.

الهيمنة البيئية (Environmental Domain)

تسعى المنظمات عموما وبغض النظر عن نوعيات واعداد منتوجاتها ودرجة التنافس بينها الى فرض هيمنتها على البيئة التي توجد فيها، وهذا هو ديدن المنظمة الواحدة، فالمعاملات والصفقات والتفاعل كلها تتم عبر الحدود التنظيمية وبالقدر الذي تسيطر فيه المنظمة الواحدة على بيئتها قياسا بالمدخلات التي تستوردها هذه المنظمة من البيئة عبر هذه الحدود (Thompson 1967). وقد يفهم من الهيمنة للوهلة الاولى احتواء المنظمة الواحدة على اكثر من اتحاد او ائتلاف في او مع منظمات اخرى (Wieland & Ulbrich 1967) الا ان ذلك قد لا يفي لتفسير المعنى فقد تمتد الهيمنة التنظيمية الى مجموعة افكار قياسية ومعيارية توضح:

أولا: الأعمال والفعاليات التي تقوم بها المنظمة.

ثانيا: الأشخاص او الجهات التي يجب ان يتم التفاعل معها.

وبشكل مركز يمكننا القول أن الهيمنة تعني السقف الذي تنضوي تحته اكثر النظريات المعيارية والقياسية (Normative Notions) (Haas & Darbek 1973) والتي تعكس التبرير المنطقي للاتفاقيات السياسية والأدوار الإضافية التي تلعبها المنظمة وبما ينتج عنها انماطا قياسية للتفاعل مع الكتل البيئية المختلفة (Haas & Darbek 1973). فمثلا يعتمد التفاعل الحاصل بين الجامعة وبيئتها على درجة هيمنتها من خلال الدور الذي تطالب بتأديته. وأن هذا الدور هو الوحيد والذي يغطي نوع الطلبة الذين تخدمهم الجامعة والمناهج التي تكلف بنشرها وتطويرها، وأنواع الخدمات التي تمنحها للمجتمع والرقعة الجغرافية التي تسيطر عليها. ومن جانب آخر فإن الهيمنة تتطلب معرفة المنظمة بدورها وخدماتها بالمقابل مع ما تقوم به المنظمات الأخرى القائمة في نفس البيئة (Baldridge 1971) ويشير أحد الدارسين (Thompson 1967) إلى أن للجامعات المختلفة أدوارا في المجتمع وأن هيمنة كل واحدة منها تتباين نسبياً مع الأخرى. وبعض الجامعات تدرس علم الفلك بينما لا تدرس هذه المادة في جامعات أخرى، وبعضها يخدم السكان المحليين فقط، بينما تخدم الجامعات الأخرى الطلبة الوافدين من أنحاء العالم كافة، ولا زلنا نرى بعض الجامعات توفر السكن والدراسات العليا بينما لا تتمكن جامعات أخرى من توفير ذلك.

وأن صح هذا الكلام على الجامعات العلمية فأن للمؤسسات الصحية أدوارا وعلاقات واضحة في كل مجتمع وأن درجة الهيمنة على العلاقات الجارية بين هذه المؤسسات وافراد المجتمع، ثم أن نشر هيمنتها يرتبط بقدرتها على معاجلة الأمراض الناشئة في المجتمع قياسا بعدد السكان المشمولين بالخدمة العلاجية الى جانب انفراد هذه المؤسسات في تقديم الخدمة الصحية ونوعيتها (Levine &White 1961).

وتقودنا الأمثلة الى ابراز الهيمنة التي تتمتع بها المنظمات الصناعية. ففي صناعة البترول قد لا تجد هناك تشابه في هيمنة شركتين. اذ أن هناك شركات لتصفية البترول ومن ثم تسويقه، وهناك شركات تقوم بشراء وبيع أنواع الوقود بعد تصفيته، وقد تقتصر أعمال قسم منها على المنطقة الموجودة فيها، في حين نرى أخرى تنشر عملياتها على رقع جغرافية مختلفة وفي القطر الواحد، بل حتى في أقطار اخرى. وفي أيامنا هذه نلاحظ أن بعضا من

شركات بيع البترول تتعامل بالنسيئة (Credit) وقليل منها يتعامل مع الجمهور على أساس النقدي.

نخلص من ذلك الى أن مسألة الهيمنة ترتبط بانتشار الخدمات المتعددة والتي تمتلك القدرة على أن تستحوذ على جوانب أساسية من مجالات تفكير الجمهور بحيث تجعلهم (الهيمنة) يندفعون ويتابعون ما يصدر عن منظمة دون أخرى. مثل هذه الهيمنة تدعى الهيمنة البيئية التي تنشأ في العادة بعد حصول هيمنة الآراء (Domain Consensus) . وأن هيمنة الآراء تعني مجموعة ما يتوقعه أو يأمله أعضاء المنظمة أو جمهورها بالاضافة الى توقعات وآمال الآخرين الذي تتفاعل معهم المنظمة حول ما ستقوم به وما قد لا تقوم به من أعمال. والهيمنة تعطي صورة - رغم عدم وضوحها أحيانا - عن دور المنظمة في نظام أكبر. كما تؤدي الهيمنة الى قيام المنظمة بترتيب الأعمال باتجاهات معينة دون غيرها (Thompson 1967).

تبرز حالة هيمنة الآراء حينما تتم المصادقة وبالاجماع على شرعية وقانونية المعاملات والصفقات التجارية مع المنظمة، سواء تم ذلك من قبل منظمات أخرى أو جماعات وفئات من الجمهور أو أشخاص يؤلفون بمجموعهم هيمنة تلك المنظمة على ما يجب القيام به من أعمال (parsons 1956). وبتعبير آخر، اذا حصلت موافقة الاراء الخارجية المعنية بقبول المنظمة، فمعنى ذلك حصول المنظمة على هيمنة الاراء. ويستفاد من هيمنة الاراء في تحديد معايير تساعد في الحكم على مدى انتشار سمعة المنظمة من خلال خدماتها التي استحوذت اهتمامات المعنيين. لذلك يمكن الاستفادة من مستوى هيمنة منظمة ما في التخطيط لأعمال المنافسة والرقابة على مستويات المنافسة باللجوء الى اتفاقات موثقة أو غير موثقة من شأنها زيادة مستويات التفاهم بين القائمين على المنظمة تجاه المنظمات الاخرى (Wieland & Ulbrich 1976) . وسواء كانت الهيمنة في الاراء أو الهيمنة عموما. فان ذلك في الواقع يساعد المنظمة ويعزز قدراتها على تخفيض الضغوط التي يسببها عنصر عدم التأكد (Uncertainty) الناشئ في البيئة.

وخلاصة القول فأن مفهومي الهيمنة البيئية والحدود يسيران نحو توضيح مديات تفاعل المنظمة مع بيئتها في مجال النظام البيئي. وهـذان المفهومـات يسـاهمان في القـاء الضـوء عـلى جوانب هامة من البيئة، ويعملان على تطوير التفاعل البيئي التنظيمي.

التركيب النسيجي للبيئة (**Environmental Texture**)

إن التصانيف الموضوعية للبيئة المنظمية ما هي الا وسائل لتقليل درجة التعقيـد للكثـير من تداخلات وعلاقات التفاعل التنظيمي البيئي، وذلك بتعـين أهـم مميـزات أو خصـائص هـذا التفاعل. وقد لوحظ أن هناك تزايد ملموس في الحاجة الى تصانيف للبيئة أو مـا تسـمى أحيانـا بدراسة نوعيات (Typology) البيئات المنظمية.

أن مدخل دراسة النوعيات البيئية يساعد على فهم موضوع البيئـات بسـهولة. لان مثـل هذه الدراسة ستكون الاداة التحليليـة التـي يمكـن اعتمادهـا لتحفيـز وتنشـيط التفكـير صـوب اتجاهات بديلة يتمكن من خلالها صـانعوا القـرار مـن تسـيير دفـة مـنظماتهم. واننـا في اعـمال الدراسة هذه يجب الا نتجنب او نبتعد عن اية حـال يـزداد فيهـا احـتمال وجـود علاقـات بـين الظاهر والافكار. ذلك أن مثل هذا التجنب قـد يبقـى لنـا القضـية المركزيـة المقصـودة غامضـة بسبب التفاصيل الكثيرة (Jurkovich 1974) . لـذا يصبـح لزامـا علينـا بعـد ذلـك تطـوير وبلـورة قدرات تنبؤية أو تكهنية (Predictive) اعتمادا على التجارب والخبرات المتراكمة، والتي من شـأنها جعل دراسة البيئات حالة ممكنة.

ان اعـمال تصـنيف ودراسـة نوعيـة البيئـات المنظميـة تسـاعد ادارة المنظمـة في تركيـز اهتماماتها بشأن القوى الخارجية المهمة ذات العلاقـة بالمنظمـة قبـل الشرـوع بصـياغة وتنفيـذ الاستراتيجية، وبعكسه فقد تنهج المنظمة نهجا لا يلاقي الرضا والاستحسان في بيئتها. وقد صـنف احـد الدارسـين (Thompson 1976) البيئـات المنظميـة إلى نـوعين، **النـوع** الاول ويضـم البيئـات المنظمية المتجانسة والهجينة (مختلفة الخواص) (Homogeneous-Heterogeneous). **والنوع الثـاني** يضم البيئات الثابتة والمتحولة (متغيرة) (Stable-Shifting . فالنوع الاول هو البيئـات التـي تـزداد فيها الضغوط والقيود على المنظمات في الحالة الهيجنة. كما تـزداد المفاجئـات اذا كانـت البيئـة متحركة فيها الضغوط والقيود على

المنظمة في الحالة الهجينة. كما تزداد المفاجئات اذا كانت البيئة متحركة (Dynamic) وذات قدرة تحولية (Thompson 1967). والمنظمة في مثل هذه البيئات تتعرض الى عدة ضغوط وقيود تفرض امام ادارة المنظمة ضرورات توفير سبل حمايتها من المفاجئات والاحداث غير المتوقعة. الا ان الامر يختلف تجاه منظمة متواجدة في بيئة متجانسة وثابتة، حيث لا تواجه مثل هذه الضغوط، ولا تبرز امامها المفاجئات دائما.

وتعمد المنظمة إلى استخدام أسلوب الكم النوعي والحركي (Continua of diversity & dynamism) عند تحليل البيئة، فقد تتميز بيئة احدى المنظمات باحدى هاتين الخاصيتين او بهما معاً، او قد لا تتميز بأي خاصية، واحيانا تجمع البيئة الواحدة غالبية المفارقات والاختلافات في آن واحد. والمتفحص لهذه الدراسة يجدها تتشابه مع دراسة (Thompson 1976).

إن اغلب اتجاهات الدراسات التي اهتمت بتصنيف البيئات المنظمية ترتكز أساساً على خاصتين وهما التعقيد ومعد ل التغير. ويعني التعقيد بالنسبة لبعض من هذه الدراسات التجانس والاختلاف (Thompson 1967). وبالنسبة لدراسات اخرى (Lawrence & Lorsch 1967) يعني التنويع (Diversity). أما التغير فإنه يدرس ويقاس في ضوء حالة انتقال المنظمة من بيئة ثابتة ومستقرة الى متغيرة، أو من الحالة الحركية (Dynamic) الى الجمود (Undynamic). وعليه فإنه بالامكان وصف وتصنيف بيئة معظم المنظمات حسب درجة التعقيد او التغير. ومع ذلك فإن مثل هذه التعابير قد لا تعطي وصفاً دقيقاً وواضحاً لبيئة المنظمة. اذ ان هناك خصائص اخرى مثل التكنولوجيا (Technology) والحجم (Size) والتي يتطلب الأمر الاتفاق على معانيها من قبل المعنيين. وكلما هيمنت خاصية على بيئة منظمة ما تعذر تحديد مستويات الخصائص البيئية الاخرى. ومع استمرار مراجعاتنا للبحوث المتعلقة بالبيئات المنظمية يتضح لنا ان خاصية التعقيد وخاصية التغير تعتبران مقياسين مناسبين وملائمين للقيام بدراسات تحليلية اخرى لبيئات المنظمة عموماً.

تنوعت واختلفت التفسيرات والشروحات حول ماهية بيئة المنظمة. ويرجع سبب تعقيد البيئة الى اختلاف خواصها وتباين معدل نشاطها والفعاليات الجارية فيها ذات العلاقة بعمليات المنظمة (Child 1972) وبتعبير آخر نقول أنه كلما ازداد تنوع النشاطات ذات

العلاقة بالمنظمـة وكلمـا كثـرت الفعاليـات ازدادت درجـة التعقيـد (Jurkovich 1974) تتوضح درجة التغيير في بيئة المنظمـة في ضـوء حالـة الثبـات (Stability) والتصـعيد والتطـاير (Volatility) والحركية (Dynamic). إن البيئة الثابتة والمستقرة هي التي يكـون التغيـير فيهـا ضـئيلا، أو يظهـر بكميات قليلة، وبالحد الأدنى من التأثير على هيكل وعمليات ومخرجات المنظمة. وعندما نقـول ان البيئة تصعيدية تطايرية فإننا نعني بأنها مضطربة وذات تغيرات حادة قياسا بالبيئة الثابتـة. كذلك يكـون التغير سريعـا وعشوائياً ويصعب التنبؤ به (Tosi & Carroll 1976).

ان تصنيف البيئة المنظمية وكما جاءت في احدى الدراسـات (Emery & Trist 1971) يحتـل موقعا مفضلا في ادبيات الادارة وبين الدراسات الخاصة بنوعية البيئـة (Typology) الاخـرى، وقـد تم تصنيف الخصائص البيئية المنظمية بشكل يجعل التفريق والتمييز بين البيئات الاخـرى أمـرا ممكنـا. وقـد أشـارت احـدى هـذه الدراسـات (Emery & Trist 1971) الى ان المشـكلة الرئيسـة في دراسة درجات ومستويات التغيير تبرز من أن البيئة التـي توجـد فيهـا المـنظمات عـلى اخـتلاف أنواعها هي نفسها متغيرة وبنسب متزايدة. وأن مثل هذا التغيير يتجه نحـو تعقيـد كبـير. مثـل هذا الرأي يهدف الى المصادقة على ما تم اثباته من ان التعقيد ودرجة التغيير من اهـم خـواص ومميزات البيئات المنظمية.

لقد قسم (أمري وترست) (Emery & Trist 1971) البيئات المنظمية الى أربعة انواع تتميـز كل واحدة منها بدرجة من التعقيد والترابطية تجاه المنظمات ومجالات هيمنتها وتجاه الحالات المكونة لهذه الهيمنة. كما تتميز كل بيئة بدرجة من التغير والاختلاف في الحركية. ان مثـل هـذا التغيـير والاخـتلاف يتواجـد في بيئـات ذات تراكيـب نسـيجية سـببية وليسـت عفويـة (Causal Textures). وقد بني تقسيم البيئات التالية استنادا الى الاعتقاد القائل بأن المنظمات تحرز تقـدماً واضحا في البيئة الثابتة والقليلة التعقيد أكثر مـما تحققـه المـنظمات العاملـة في البيئـات كثـيرة التعقيد وغير الثابتة. واليك ايها القارئ المجتهد أنواع هذه البيئات:

أ- البيئة الهادئة العشوائية (Placid Randomizes Envir.)

هي ابسط انواع التراكيب النسيجية السببية للبيئة، وهي تماثل النموذج الكلاسيكي للمنافسة العقلانية، حيث يشير هدوء البيئة تجاه المنظمة الى ان التغيرات تحصل ببطء، وان عنصر التقلب او عدم الاستقرار يبدو ضئيلا. أما الطبيعة العشوائية للبيئة فإنها تمنع المنظمة من استخدام استراتيجيتها للتفاعل مع القوى الخارجية. وعليه، يجب أن تعمل المنظمة بأعلى مستوى من البراعة المستندة على أساس المحاولة والخطأ، وذلك بزيادة العمل والتكييف للحالات الناشئة في البيئة.

ان مفتاح بقاء وديمومة المنظمة هو قدرتها ورغبتها على التكييف مع المتغيرات الخارجية المفاجئة. ان المنظمات الصغيرة تعمل وتنجح أكثر في مثل هذه البيئة. ان التركيب النسيجي البيئي ما بين العشوائية والهدوء يبدو قليل التغير وغير معقد. الا ان حجم عنصر عدم التأكد يزداد هنا بسبب الوضع العشوائي للكتل والعناصر البيئية المحيطة (Exogenous Aggregates).

ب- البيئة الهادئة التجميعية (Placid, Clustered Evir.):

يظهر التغير في مثل هذه البيئات بطيئا الا انه اكثر تعقيدا بسبب تجمع القوى والعناصر والكتل الخارجية على شكل مجاميع عنقودية، تفعل فعلها تجاه المنظمة بدون انتشار وتوزيع عشوائي. ان هذه التراكيب النسيجية السببية يشابه في جوانب منه البيئة الاقتصادية التي ينقصها التنافس بسبب وجود عيوب وانحرافات في آلية الأسواق. انه من الممكن في مثل هذه البيئة تقدير وتخمين العلاقة بين أسباب وتأثيرات الأحداث على الرغم من درجة التعقيد الكائنة فيها، وهذه البيئة على عكس النسيج التركيبي للبيئة الاولى، حيث يرتبط بقاء المنظمة في هذه البيئة بقدراتها على جمع المعلومات و البيانات عنها. ولأجل أن تجمع المنظمة المعلومات عن بيئتها للتكيف لها، فلا بد لها من تطوير خطط ادارية تساعد المنظمة على ضمان توفر مصادرها ومواردها في المواقع المناسبة وتتمكن من تسخيرها واستخدامها على الوجه الأفضل. تتجه المنظمات في مثل هذا النوع من البيئة نحو السعة في حجمها والابقاء على ميولها حيال الرقابة والتنسيق المركزيين.

جـ- البيئة القلقة المتفاعلة (.Disturbed Reactive Envir):

ان الفرق الرئيس بين التركيب النسيجي السببي لهذه البيئة والذي سبقه هو ظهور عدد من المنظمات المتشابهة في البيئة الواحدة. ويمكننا مقارنة هذه البيئة بالمفهوم الاقتصادي المعروف باحتكار القلة (Oligopoly) ففي هذه البيئة تتنافس المنظمات على نفس الأسواق وتنشأ الضرورة هنا لاهتمام المنظمة بالإدارة الاستراتيجية، لأن المتنافسين في مثل هذه السوق عليهم أن يفكروا مليا قبل الاقدام على أي عمل او اتخاذ أي خطوة لما تتميز به هذه البيئة من عدم التأكد الذي يبرز بسبب التغيير السريع في ظل التأثيرات والتفاعلات الحاصلة مع المنظمات الاخرى، كما يزداد التعقيد بسبب زيادة التفاعل بين المنظمة اعتماد المرونة والتكييف وبدرجات عالية اذا ما أرادت اللامركزية في التنظيم.

د- البيئة المضطربة (.Turbulent Envir):

تتميز هذه البيئة بنسيج تركيبي سببي لعناصر ذات درجات عالية من التغيير والتعقيد، حيث ينشأ الاضطراب عن مضاعفات التداخل والترابط بين المنظمة والكتل والعناصر السابحة في البيئة، وكذلك مضاعفات الكتل فيما بينها. ويتبلور الحقل المضرب هذا كنتيجة لثلاث نزعات مترابطة (Terreberry 1968):

النزعة الأولى: اندفاع المنظمة للتكييف تجاه مطالب هذه البيئة القلقة والمتفاعلة، وهي ساعية في الوقت نفسه باتجاه النمو والكبر، لذا يزداد ارتباط مثل هذه المنظمة بالبيئة وتسعى بجهد معين الى تغير وتعديل طبيعتها.

النزعة الثانية: يتزايد عمق الروابط بين كتل وعناصر البيئة الخارجية (السياسية، والاقتصادية، والاجتماعية، والتكنولوجية ...) وبين عناصر بيئة المنظمة الداخلية.

النزعة الثالثة: يتميز التركيب النسيجي السببي للبيئة بدرجات عالية نسبيا من عدم التأكد، مما يدفع بالمنظمة الى المزيد من الدراسات والبحوث لمواجهة الحالات التنافسية الناشئة، وتندفع في الوقت نفسه الى التفكير لايجاد الية معينة تعينها على مواجهة التغيرات الجارية في البيئة.

الضغوط البيئية (**Environmental constrains**)

يمكن النظر الى بيئة المنظمة ومن زوايا عدة، لتبين تلك القوى والضغوط والتي تحد من حرية ادارتها على مواصلة الأعمال، حيث تضغط العناصر والكتل البيئية على مديات حرية ادارة المنظمة تجاه الأعمال المطلوب القيام بها لتحقيق الأهداف المنشودة. وتعكس مثل هذه الضغوط المفاهيم والاختلافات البيئية أكثر مما تعطي تصانيف وأنواع تلك البيئات. وحتى تبرز الصورة واضحة فإن المناقشة ستركز على مستويات التعقيد والتغير وآثارهما على أنواع منتقاة من الأعمال الادارية وبالتالي كشف انعكاسات تلك الضغوط على اعمال الإدارة الاستراتيجية.

أ- الضغوط على الأهداف الإدارية: (Constraints on Managerial Objectives)

إن الاعتقاد السائد بين المعنيين هو أن البيئة تمارس ضربا من الرقابة على عملية تحديد الأهداف المنظمية للإدارة، الا ان حالة التفاعل المستمرة بين المنظمة والبيئة هي التي تولد عنصر الرقابة البيئية في داخل المنظمة، ولما كان الباعث والحافز عند الأفراد المعنيين بتحديد الأهداف هو الربحية، النفوذ، كسب القبول العام، انقاذ الأرواح ... فإن الحال تقضي- ان تثمر جهودهم بشيء نافع او مقبول ولو لجزء بسيط من البيئة (Maurer 1971) لكي تضمن المنطقة ويحظى المعنيون فيها بالمساعدة المستمرة من البيئة. صحيح أن البيئة الاجتماعية والحضارية تسبب ضغوطاً على المنظمات لكي تضمن تحقيق أغراضها الاجتماعية، الا ان ذلك يتطلب من المنظمة وضع الأهداف التنفيذية والعلماتية المناسبة (Operational Goals) ضمن الاطار العملي استجابة لهذه الضغوط (Kast & Rosenzweig 1974).

هنالك عدة مسالك تستطيع المنظمة من خلالها انجاز وتحقيق أهداف مقبولة تجاه البيئة الخارجية كجزء من عملية الإدارة الاستراتيجية ومن هذه المسالك الآتي:

1- المنافسة (Competition): وتشمل التنافس على الموارد والمصادر والزبائن أو التنافس بقصد الحصول على افراد موالين ومخلصين للمنظمة. وفي مثل هذه الحالات التنافسية فإن البيئة لا تتحكم في اختيارات المنظمة لأهدافها الا بجزء بسيط. وتبقى المنافسة هي المحدد الأساس والضاغط الأول الذي يعمل على ازاحة المنظمات الخاملة وغير الكفوءة

من البيئة، الا ان المنظمات التي تقدم خدمات مناسبة او تنتج سلعا مقبولة تضمن لنفسها الاولوية في المنافسة وهي التي تحافظ على بقائها في البيئة.

2- المساومة لعقد الصفقات (Bargaining): وهي جانب من عملية التفاوض (Negotiation) تجري بين الأطراف بقصد الوصول الى اتفاق تعاقدي بين منظمتين أو أكثر (جواد وابو التمن 1991) لغرض تبادل السلع والخدمات. بينما تنطوي المساومة على حالات التفاعل المباشر مع البيئة، ان حالة المنافسة تمنح البيئة فرصة لممارسة تأثيرها على أعمال تحديد الأهداف المنظمية للإدارة ضمن المسحات التي تغطي الغايات المتفاوض بشأنها.

3- اختيار الزملاء (Co-optation): وهي عملية استقطاب زملاء أو أعضاء جدد للقيادة الادارية في المنظمة من صناع السياسة (Policy – Making) حتى يساعد هذا الاختيار على تجنب المنظمة للمخاطر التي تهدد وجودها واستقرارها. صحيح ان اختيار الزملاء القياديين الجدد يساهم في تجميع المنظمة وبوتقة عناصر البيئة الخارجية وكتلها المختلفة الخواص، الا انه في الوقت نفسه يبعد المنظمة عن تحديد أهدافها بالشكل الاعتباطي ولكن من جانب واحد فقط.

4- الاندماج والتحالف (Coalition): وهي حالة اتحاد او دمج عام لمنظمتين او أكثر تقصده احداهما وهذا الاتحاد يتطلب التحديد المشترك لأهداف الشكل التنظيمي الجديد، وعلى الرغم من ان استقرارية الاندماج قد لا تكون ثابتة، الا ان نشوءه يدفع المنظمتين للعمل كمنظمة واحدة فيما يتعلق بأعمال تحديد الأهداف في الأقل. حيث أن من مزايا الاندماج مساعدة هذا التشكيل الجديد في اعمال التفاوض على الأهداف مع القوى الخارجية كما ويفرض اشد الضغوط على عملية اختيار الأهداف الفردية بعيدا عن حالة الاندماج القائمة (Maurer 1971).

ولما كانت المنظمة نظاما مفتوحا يتفاعل مع النظام البيذي الكبير، فإن ذلك يجعلها تتأثر بضغوط عند قيامها بأعمال تحديد أهدافها. إن مثل هذه الضغوط لا تشكل حجر عثرة أو عقبة امام المنظمة عند تحديد أهدافها فحسب، بل تمد هذه الضغوط آثارها الى ابعد من محيط تحديد أهداف المنظمة ليصل الى اعمال المدير اليومية.

ب- ضغوط على إدارة الاستراتيجية: (Constrains on Managerial Strategy)

تمارس البيئة ضغوطا وتضع ضوابط على عملية وضع تحديد الأهداف المنظمية للادارة، وتمتد اثار هذه الضغوط الى الاستراتيجية الذي تم اختياره ليساعد على تحقيق الأهداف. الا انه بالامكان تحجيم وقهر مثل هذه الضغوط (Vancil 1976) من خلال ايجاد التوافق الصحيح بين الفرص البيئية وموارد المنظمة. كما ان مثل هذا التوافق يعد من افضل المحصنات التي تؤدي الى تقوية مركز ومكانة المنظمة، ويفسح المجال امامها للتقدم نحو تحقيق الأهداف المنظمية للادارة. حيث أن من بين توجهات الاستراتيجية بعد اختياره هو البحث عن الفرص المناسبة المساعدة على تحقيق الأهداف المنشودة من قبل ادارة المنظمة (Mason et al 1971). ان وجود الاستراتيجية هو البحث والتقصي البيئي، وانه لمن المعلوم ان البحث والتقصي عملية ديناميكية تساعد على مواكبة التطورات والتغيرات التي تدفع المنظمة باتجاه انتقاء احدث الاهداف بالاساليب العصرية الحديثة.

ورغم ان الاستراتيجية هو الوسيلة المناسبة لتحقيق الأهداف الا اننا نجد خلال عملية البحث عن طرق تحقيقها، ان الفرص الجيدة تفرض على المنظمة ضرورة اعادة النظر بصياغة الأهداف او التخلي عنها كاستجابة للتطورات والتغيرات الحاصلة في الكتل والعناصر البيئية المختلفة. وفي هذا المجال يؤكد احدى الدارسين (Steiner 1969)، على ضرورة توافق وانسجام توجهات الاستراتيجية مع بيئة المنظمة، إن الاستراتيجية العاجز عن تحقيق مثل هذا الانسجام لا يقدر له النجاح، وان الاستراتيجية الذي يتقاطع او يتعارض او يتحدى القوانين والمصالح والاتحادات سواء كانت حكومية او غير حكومية يصبح استراتيجياً عديم النفع وغير منسجم مع البيئة مما يحتم الامر على ادارة المنظمة البحث عن بدائل اخرى.

ان المنظمات القادرة على تمييز وتشخيص تأثير بيئتها على أهدافها واستراتيجياتها تكون حدودها في العادة ذات نفاذية كبيرة، او ان تكون بيئتها على درجة من الانفتاح والتقبل الكبيرين. وتوجد مثل هذه الحالة لدى المنظمات المؤمنة بأنها نظام فرعي مفتوح يعمل ضمن نظام بيئي اكبر، لقد اثبتت الدراسات التجريبية (Wadia 1968) بأن الانفتاح على البيئة يساعد على تطوير وتنفيذ الاستراتيجية المختار بحيث يسهم في نمو وتقدم المنظمة.

وتلعب البيئة المتغيرة دورا واضحا في نمو المنظمة، فهي توفر الفرص الممكن استثمارها من قبل المنظمة، كما تبرز في البيئة المتغيرة التهديدات والمخاطر التي قد تتسبب في انهيار المنظمة التي لا تعير الاهتمام الكافي لأسلوب العيش في العالم المتغير. ويندر نمو المنظمة بعيداً عن التأثيرات الايجابية للتغييرات البيئية، ان الرغبة في نمو المنظمة نمواً متوافقاً مع تطلعات البيئة تتحقق عن طريق الاهتمام بأمور أساسية تعد خطوات مساعدة على تحقيق هذه الرغبة، وهي:

أولا: التوقيت الصحيح لأداء الاعمال.

ثانيا: توفر الاستراتيجية الفعال بعيد المدى.

ثالثا: الاندفاع والرغبة باقتناص الفرص المناسبة.

وخلاصة القول هنا ان الضغوط البيئية تجاه الأهداف المنظمية للادارة غايات، وللإدارة الاستراتيجية غايات ايضا، وكلاهما ينعكسان على خطط المنظمة وتوجهاتها وهي تمخر عباب هذه البيئة، لذلك وجب تحديد مكان وزمان واسلوب العمل وكيفيته، الى جانب معرفة القائم بالعمل وذلك لتخفيف الضغوط والحد من تأثيرها.

جـ- ضغوط على التخطيط الاداري (Constraints on Managerial Planning)

تضع البيئة قيودا وتنشئ ضغوطا على أعمال التخطيط الاداري، ومرد ذلك الى اسباب عدة:

1- ان البيئة هي المصدر الرئيس للتغير، لهذا كانت الغاية الرئيسة من التخطيط هي التنبؤ بوضع المنظمة المستقبلي وبالشكل الذي يجعلها قادرة على توقع التغيرات والتهيؤ لها والتعامل معها بفاعلية عند حدوثها.

2- يحتل التخطيط وتحديد الأهداف موقع المواجهة مع البيئة ومتطلباتها باعتبارهما المعملان الرئيسان للمدير، فهما يتعاملان مع القدر الكبير من المعلومات المستخدمة والداخلة في صلب العملية التخطيطية التي تتوافد أساساً من مصادر خارجية لتعود ثانية الى البيئة بشكل آخر يساعدها على تلبية تلك المتطلبات.

3- ويظهر الأمر كحالة منطقية يؤكد على ضرورة مواكبة مخرجات التخطيط للبيئة وعناصرها اكثر من أي مخرجات تصدر عن الوظائف الادارية الاخرى للمدير وللاسباب التالية:

* اعتماد التخطيط كليا على البيئة في تعيين الضروريات وتطوير الاوليات.
* تجسيد التخطيط لأهداف وستراتيجيات المنظمة.
* التوجه المستقبلي للتخطيط (زمن) يظلل جوانب وأجزاء المنظمة جميعها.
* تعتمد مصداقية التخطيط أساساً على ردود فعل البيئة عن طريق التغذية العكسية لضمان قدرة القرارات المتخذة ضمن الخطط على تحقيق الأهداف وتلبية متطلبات البيئة.

ولا بد من الاشارة هنا الى ان اثار البيئة تنتشر على مساحة المستويات الادارية كافة، الا ان زخمها ووقعها يختلفان من مستوى لآخر، وان اختلاف وتباين آثار البيئة يتزامن مع اختلاف الابعاد الزمنية للتخطيط وللاستراتيجية المقر والمعتمد. فمثلا نجد ان مستقبلية الادارة العليا هي بعيدة المدى، وترتبط هذه النظرة ارتباطا وثيقا بالبيئة عند المستوى التأسيسي للمنظمة، حيث تكون آثار البيئة على أشدها عند هذا المستوى، في حين نجد ان هذا التأثير يكون اخف وطأة عند المستوى الاشرافي، ذلك ان توجهات الاعمال في هذا المستوى تذهب الى المدى المتوسط، وقد تنحسر آثار البيئة الى الحد الادنى على المستوى الاداري التنفيذي (الخط الأول) ذلك ان هذه الادارة توجه اهتماماتها الى المدى الزمني القصير بحكم عملياتها واعتماديتها.

ومن جانب اخر فان علاقة التخطيط الاداري بالبيئة تنطلق من كون المنظمة نظاما تفاعلياً يستجيب طوعا وتلقائيا للضغوط والمؤثرات البيئية دون استبعاد مسألة امتلاك المنظمة او بعض المنظمات لقوة معينة تكييفها لممارسة تأثيراً حقيقياً وملموساً على عناصر بيئتها. ان قوة وفاعلية المنظمة تمكنها من اختيار اهداف نفعية (Opportunistic Objectives) تسعى لتحقيقها وهذا يتطلب بالضرورة وضع استراتيج مناسب لانه امر واقع (Faits Accompli) فمن خلال عملية التخطيط، باعتبارها جانبا أساسيا من جوانب الإدارة الاستراتيجية، تتمكن ادارة المنظمة من تشخيص وتحديد المخاطر والتهديدات، وبالتالي تركن الى استخدام

قوتها وطاقاتها لحماية نفسها والمحافظة على موقعها ومكانتها في البيئة. ومن هذا المنظور قد لا تضطر منظمة ما لأن تكون ايجابية مع بيئتها حيث يصعب وجود منظمة قائمة ذات ادارة جيدة وايجابية تجاه بيئتها. ولكن في نطاق الإدارة الاستراتيجية واذا ما انجزت عمليات التخطيط الاداري وبشكل جيد فان المنظمة تصبح في موقع متقدم بين عموم المنظمات المتماثلة وهي قادرة على مجاراة بيئتها التي تتيح لها فرص التأثير على نتائج الأحداث التي تواجهها.

د- ضغوط على اعمال صناعة واتخاذ القرار الاداري

(Constraints on Managerial Decision – Making)

تنشأ الضغوط والمحددات البيئية على اعمال صناعة واتخاذ القرار الاداري من معدل التغيير والتعقيد اللذين يتصف بهما التفاعل البيئي - التنظيمي. ان حالة الاستقرار او عدم الاستقرار في البيئة المنظمية تخلق شعورا نسبيا بالتأكد او عدم التأكد من تفكير ادارة المنظمة، وبالتالي في الأعمال وتأثير القرارات التي تصنعها. ومثل هذا الشعور يخلق على الأرجح عدم التأكد جراء حتمية التغيير والتطور الجاري في البيئة. ان نسبة عدم التأكد تغدو حقيقة ملازمة لنسبة التغير البيئي، فكلما زادت نسبة التغيير البيئي زادت نسبة عدم التأكد في أعمال صناعة القرار الاداري. وتتلخص العلاقة بين نسبة التغيير ودرجة عدم التأكد في البيئة المنظمية على النحو التالي:

1- إن قلة الوعي بشؤون الاوضاع المستقبلية أمراً ملازماً لحالة عدم التأكد بشأن احتمالية التغيير نحو هذه الأوضاع.

2- ان قوة التغيير الى أوضاع جديدة تكمن الى حد ما في نوعية ومستوى ديناميكية البيئات الخاصة بالمنظمات.

3- يعد عدم التأكد والى حد ما صفة مميزة لأغلب البيئات التنظيمية.

4- ينشأ عدم التأكد من معدل التغيير الحاصل في البيئة وفي حجم التعقيد لهذه البيئة.

ويستنتج مما تقدم ان عدم التأكد او ما يسمى احيانا قلة الوعي تجاه الأوضاع المستقبلية يعني فقدان حقيقة، قلة معرفة، قلة ثقة، الجهل بالشيء، عدم الاقتناع بنتيجة او قضية معينة (Mack 1971). ومثل هذا الايضاح يجسم الفكرة القائلة بأن عدم التأكد حالة

نسبية، وعند قولنا ان عدم التأكد حالة كلية فإن ذلك يعني فقدان المعرفة او الجهل تماما بالموضوع المعني، وعكس هذه الحال هي الحقيقة الكاملة التي تعني المعرفة التامة بكل جانب من جوانب الموضوع المعني. وفي عملية صنع القرار فان المعرفة تكون غير تامة لكنها ليست غائبة. ونتيجة لهذا الحال فان القرارات تصنع تحت ظروف من المعرفة غير التامة او بنسب مختلفة من عدم التأكد هو الشيء المتمم والمكمل للمعرفة، فهو الفجوة بين ما هو معروف وبين ما هو مجهول (عدم التأكد) وبين ما يجب معرفته وتوفيره لأعمال صنع قرارات سليمة (Mack 1971).

يحاول صانعو القرار بجهودهم الحثيثة هذه تقليص الفجوة من خلال الحصول على معلومات اضافية حتى يكون بالامكان توثيق العلاقة بين متغيرات صنع القرار. ومع ذلك فانه لا يمكن الغاء حالة عدم التأكد نهائيا لان صانع القرار قد لا يستطيع الحصول على كافة المعلومات المناسبة لقراره. وان أي معلومة يحصل عليها من البيئة يجب ان تخضع لعملية فحص مصداقيتها وصحتها.

وكما هو ملاحظ فان درجتا التعقيد والتغير هما من اهم المعايير المميزة للبيئة التنظيمية. وقد دلت البحوث والقراءات التي تدارست تأثير البيئة على صناعة القرارات، بان كل من معدل التغيير، او الاستقرار يعد عاملا مهيمنا على عملية صناعة القرار بسبب عنصر عدم التأكد. اما التعقيد فان هيمنته تبرز عندما ترافقه حالات التغيير وبالتالي يصبح عاملا مؤثرا في حالة عدم التأمد التي تسري في البيئة (Emery & Trist 1971) في ثلاثة مصانع وثلاثة منظمات بحثية بنتائجها التي تشير الى ان الذين يعيشون اعمال صناعة واتخاذ القرار وبترسيم للبيئات الحركية - المعقدة، فانهم يختبرون ويدرسون اكبر قدر من المستقبل لتخفيف حالة عدم التأكد في صنع القرار. وتشير النتائج المستخلصة الى ان البعد الثابت الحركي للبيئة يعد عاملا مساهما في ابراز حالة عدم التأكد خلال صناعة واتخاذ القرارات وبغض النظر عن كون بيئتهم بسيطة او معقدة. ويصور لنا الجدول (5-1) مثل هذه العلاقات وهو يعكس لنا ايضا جانبا اخر من البيئات المختلفة (Emery & Trist 1971). حيث يبدو عدم التأكد بأعلى درجاته في البيئة الهادئة العشوائية بسبب الوضع الاعتباطي لعناصر الكتل الخارجية، وبالتالي فان نتائج القرار في مثل هذه البيئة لا يمكن تحديدها بنوع من الدقة حتى ضمن

الاطار الاحتمالي للعمل. عليه فان صناعة القرارات يجب ان تتم مع معرفة بسيطة عن النتائج المتوقعة، وان افضل ستراتيج هو الذي يعمل بأسلوب المحاولة والخطأ. ونتيجة لذلك فان صنع واتخاذ القرار في هذه البيئة يكون حالة تكتيكية (Tactic) او تكييفية (Adaptive) اكثر من كونه حالة ستراتيجية.

جدول رقم (1-5)

مقطع جانبي لصنع القرار وفق التركيبة البيئية

البيئة الهادئة العشوائية	البيئة الهادئة المتجمعة	البيئة القلقة المتفاعلة	البيئة المضطربة
+ البيئة مستقرة وغير معقدة x درجة عدم التأكد عالية بسبب الوضع العشوائي للكتل البيئية * صنع القرار تكتيكي او تكيفي	+ البيئة مستقرة وغير معقدة نسبيا x درجة عدم التأكد اقل لان الكتل الخارجية تتفق في امكانية الحصول على نتائج مستقبلية جيدة * صنع القرار ستراتيجي او تكتيكي	+ بيئة حركية وأكثر تعقيدا x عدم التأكد منخفض بسبب العلاقات الجيدة بين الكتل البيئية * صنع القرار ستراتيجي في العادة وأحيانا تكتيكي	+ البيئة تصعيدية ودائمة الحركة x عدم الاستقرار سببه التعقيد الكبير في العلاقات المترابطة بين الكتل البيئية المقرونة بالاضطراب والتقلب في البيئة ينتج عنه درجة عالية من عدم التأكد * صنع القرار ستراتيجي (او) و تكتيكي معا

Harrison (1981)

اما في البيئة الهادئة المتجمعة فتكون نسبة عدم التأكد قليلة، لان الكتل الخارجية تتفق جميعا على ان الحصول على نتائج جيدة مستقبلا امر لا ريب فيه، ومع هذا فان صنع القرار في هذه البيئة لا يخلو من المجازفة والمخاطرة، الا انه وبسبب المعرفة البسيطة التي يمتاز بها صانعو القرار في تحيد بدائل لكل نتيجة، فانهم يعتمدون ستراتيجيات متعددة اضافة الى اعتمادهم خطط تكتيكية بغية تحقيق الأهداف المنشودة.

والبيئة القلقة المتفاعلة هي بيئة حركية ذات كتل متجمعة واضحة، وان نسبة عدم التأكد في هذه البيئة ضئيلة بسبب الترابط المتين بين الكتل البيئية، مما يسمح لصانعي القرار

تطوير وبلورة صياغات احتمالية (Probabilistic Statements) بشأن النتائج المتوقعة، ومع هذا يبقى صنع القرار خاضعا لنوع من المجازفة لان المعلومات المتوفرة لدى صانع القرار قليلة وناقصة وغير تامة ويسعى المستعين بها على ايجاد واختيار افضل البدائل. لذا فان صنع القرار في مثل هذه البيئة ينحو منحا ستراتيجيا اكثر منه منحا تكتيكيا.

اما البيئة المضطربة فهي بيئة تصعيدية (Volatile) وان عناصر وكتل هذه البيئة في حركة تفاعلية مستمرة، ينشأ الاضطراب هنا جراء التعقيد في العلاقات المترابطة المتداخلة بين الكتل البيئية، فالمنظمات مهما كانت كبيرة لا تقدر على التكيف وبنجاح بسبب التفاعل المباشر مع البيئة، ومن الصعوبة صياغة ستراتيج يعتمد ويعول عليها لقرارات لاحقة، اذ يصعب على ادارة المنظمة ومراكز القرار فيها أن تنحو منحا ستراتيجيا في اعمال صناعة القرار واتخاذه. ذلك ان التصعيد في البيئة لا يسمح لادارة المنظمة بتخمين نتائج ذلك القرار، وان البدائل التي تسعى المنظمة اليها قد لا تكون في المثال القريب، بسبب شدة الاضطراب، اذن على صانعي القرار ومتخذيه في هذه البيئة المضربة التعامل مع درجة عالية من عدم التأكد، وان تسبغ على القرار تركيبة ستراتيجية وتكتيكية، كما ان ضرورة التغيير تتحدد حسب توجه كل حالة في المنظمة (Maurer 1981).

ان الضغوط البيئية على صانعي القرار في المنظمات هي ليست نفس الضغوط التي تضمها البيئة على جميع أنواع القرارات، حيث تختلف هذه الضغوط باختلاف مستوى الادارة. ومن المفيد التعريف والتفريق بين فئتين أساسيتين من القرارات:

الفئة الأولى: قرارات اقل تعرضا للمؤثرات البيئية بسبب طبيعتها التكرارية الروتينية، تصنع القرارات من قبل الادارة التنفيذية في النظام الفني، ومن قبل الادارة الاشرافية للعمليات الادارية الاعتيادية للمنظمة، ولان هذه القرارات تتميز بانعدام او قلة التأكد من ناحية النتائج فان وقع اثار الضغوط البيئية عليها يكون محدوداً.

الفئة الثانية: قرارات تصنعها الادارة العليا، وبسبب طبيعتها الابتكارية وأسلوبها الغريب وغير الاعتيادي فهي اكثر تعرضا للمؤثرات البيئية. وهذه القرارات تضع صانعيها موضع المواجهة مع مجموعة من العلاقات السببية غير المعروفة والغامضة نوعا ما، فضلا عن اصطاد صانع القرار بشبكة المعلومات الاولية (الخام) غير المعالجة، وتواجه مثل هذه القرارات

نسبة عالية من عد التأكد بخصوص النتائج المحتملة عنها، كما تجعلها عرضة للضغوط البيئية القاسية.

وهنا لا بد من الاشارة الى ان تركيز اهتمام ادارة المنظمة يجب ان يتوجه نحو قرارات الفئة الثانية لتحديد الضغوط ولمعرفة المؤثرات البيئية عند اختيار البدائل. كما انه من الضروري ان تندفع ادارة المنظمة الى التمييز بين انواع القرارات لتتجنب ضياع الوقت والجهد في عملية اختيار القرار المقبول في بيئة المنظمة. ويمكن تلخيص الضغوط والمؤثرات البيئية على اعمال صنع واتخاذ القرارات في المنظمة (Bridged et al 1971) بالآتي:

1- المؤثر البيئي الرئيس على صنع القرار هو درجة عدم التأكد الموافقة لنسبة التغيير في البيئة.

2- ثم ان درجة ديناميكية وحركية البيئة تعد المؤثر الثاني حيث تزيد الأوضاع البيئية تعقيد عملية صنع واتخاذ القرارات: فمثلا تتأثر بنية صنع القرار سلبا بالأوضاع الديناميكية، حيث ان زيادة الحركية يحد من الفوائد المتوخاه من استخدام الأساليب العلمية لتقيم ومقارنة البدائل.

3- تعمل البيئة على الحد من قدرات المنظمة في السيطرة والرقابة على نتائج قراراتها اذ كلما ازداد التركيب البيئي تعقيدا وحركية تضاءلت قدرة المنظمة على احتواء التجمعات البيئية.

4- في اغلب حالات صنع القرار يندر الحصول على المعلومات المناسبة من البيئة وتتعزز هذه الندرة بالأوضاع المتغيرة في البيئة وتؤدي الى ضعف مصداقية وصحة المعلومات المتوفرة.

الكتل البيئية (Environmental Aggregates):

تتألف البيئة الخارجية لاية منظمة من اعداد غير محدودة من المتغيرات، وبرغم كون دراسة نوعية (Typology) البيئة تعمل على خفض التعقيد فانها تتيح لادارة هذه او تلك المنظمة التركيز على القوى الخارجية الاساسية. ومن خلال هذا الجزء من كتابنا نستعرض اربعة كتل اساسية تؤلف بمجموعها المحاور الأساسية للبيئة الخارجية، وان ما يهمنا في هذا المجال هو آثار هذه الكتل البيئية على اعمال إدارة الاستراتيجية، وهذه الكتل هي:

1- نظام الكتل الاقتصادية   Economic Aggregate System

2- نظام الكتلة الاجتماعية   Social Aggregate System

3- نظام الكتلة السياسية   Political Aggregate System

4- نظام الكتلة التكنولوجية   Technological Aggregate System

وابتداء نقول ان تأثير أي كتلة من الكتل المذكورة آنفا يختلف باختلاف طبيعة وأنواع المنظمات القائمة في البيئة. ومع ذلك فان اغلب المنظمات تتعرض لتأثير كل كتلة. فمثلا تتفاعل المنظمة التجارية بشدة وبقوة مع الكتلة الاقتصادية اكثر من المنظمة الحكومية، الا ان هذا لا يعني عدم تأثير الكتلة الاقتصادية على المنظمة الأخيرة. ثم ان المنظمة الحكومية تتفاعل تفاعلا مباشرا وواضحا مع الكتلة السياسية باعتبارها جزءا اساسيا من النظام السياسي. وفي الوقت نفسه تتأثر المنظمة التجارية بالكتلة السياسية ايضا وبدرجات متفاوتة، ونستعرض فيما يلي تأثير وتفاعل كل من الكتل المنوه عنها مع المنظمات العاملة في البيئة:

1- الكتلة الاقتصادية: وتغطي هذه الكتلة من وجهة نظر أي منظمة العناصر البشرية العاملة (Employees) والزبائن (Customers) والمتنافسين (Competitors) والصناعات المماثلة والاخرى (Other Industries) العاملة في البيئة اضافة الى القوانين الحكومية الخاصة بالنشاط التجاري والخاصة بحماية المصالح العامة، فمثلا تتدارس المنظمة المعنية السياسة النقدية القائمة للإفادة منها ومعرفة تأثيرها على توفر السيولة النقدية وكلفة رأس المال (Cost of Capital) ويمكن اعتبار الكتلة الاقتصادية على انها الأسواق بمحتواها (Market Place) حيث يتفاعل الباعة والمشترون لوضع وتحديد اسعار العديد من السلع

والخدمات. وبالنظر لضخامة حجم الكتلة الاقتصادية في عموم البلدان، فاننا نرى انه من المفيد تصنيف الأسواق حسب الدور الذي تقوم به وهي تتعامل مع عناصر وكتل النظام الكلي للبيئة.

* **سوق المستهلك** (Consumer Market): يغطي هذا السوق نفقات استهلاك الفرد في البلد المعني، ان أي تغيير في هذه السوق يؤثر بوضوح على المنظمات المنتجة للسلع والخدمات الاستهلاكية. ان نفقات استهلاك الفرد هي القوة الدافعة لتنشيط اقتصاد ذلك البلد. وان الصراع الشديد بين المنظمات المتنافسة وباقي الصناعات القائمة حول اقتطاع حصص مجزية من مجموع انفاق المستهلك، يضفي على السوق ديناميكية عالية. وبالتالي فان ذلك بمجمله يعد مصدرا مهما من مصادر عدم التأكد لهذه المنظمات التي يجب ان تتفاعل معه وبانتظام.

* **السوق الصناعي** (Industrial Market): يتألف هذا السوق من المنظمات المنتجة للسلع والخدمات لسوق المستهلك. وهذا السوق اقل حجما واقل تصعيدا وتقلبا من سوق المستهلك. وان السوق الصناعي لا يتأثر بالتقلبات الديناميكية المستمرة والمفاجئة في سوق المستهلك. الا ان المنظمات المتفاعلة في السوق الصنعي تصطدم بعدم التأكد بسبب التغيير والتطور السريع في العلم والتكنولوجيا اضافة الى التغيير المستمر في قنوات التوزيع.

* **السوق الحكومية** (Government Market): في عموم بلدان العالم اخذت الأسواق بكافة انواعها بالتنوع والنمو كالأسواق الائتلافية وسوق المنظمة والمدينة والسوق المحلية. فعلى مستوى السوق الائتلافية تصاحب عدم التأكد الحرب الباردة والجهود التي تبذلها دولة معينة لتضمن مزايا ستراتيجية لمواجهة الجهود التي تبذلها دولة معينة لتضمن مزايا ستراتيجية لمواجهة الجهود التسويقية لدول اخرى (امريكا، روسيا، الصين، اليابان) تدفع هذه السوق الى حالة المغامرة (المجازفة) القوية (High Risk Situation) بين المنظمات العاملة في هذه السوق. ورغم صدور القرارات الدولية الخاصة بالحد من صناعة الأسلحة، الا انها عملت على تضخيم ومضاعفة عدم التأكد في السياسات الدولية والاستراتيجيات العالمية، أما على صعيد سوق المدينة او المنطقة او المستوى المحلي فان الارتفاع الحاد في

الانفاق يبدو أكيدا الى حد ما (Less Uncertain) كما يمكن التنبؤ به والتخطيط لـه. ونتيجـة لهـذا فان المنظمات العاملة في هذه السوق تواجه بيئة مستقرة نسبيا وقليلة التعقيد.

* **الأسواق العالمية** (International Market): بما ان غالبية المنظمات آخـذة بمبـدأ توسـيع عملياتها التجارية ومدها الى خارج البلاد، بمعنى انهـا سـتدخل اسـواقا جديـدة، فانهـا تصـبح في حالة صراع مع تزايد عنصر عدم التأكد في معاملتها وصفقاتها لا تجارية. هذه الأسواق تميل نحو الديناميكية المتزايدة والتعقيد في المستقبل القريب، وتـزداد المنافسـة في هـذه الأسـواق بشـكل واضح بسبب رغبة الدول الصناعية في خوض التحدي حول الزعامة التجارية. ان التفاعل البيئـي - التنظيمي الايجابي في هذه الأسواق يعد من الأسباب الرئيسة للنجاح والبقاء.

* **سوق العمالة** (Labor Market): وهذه هي سوق الموارد البشرية للمنظمة، وتعمل فيـه قوتان بيئيتان: الأولى قوة المنظمة الاتحادية للعمال، فمنذ عهد ليس بالبعيد ظهرت الكثير مـن الآراء السياسية وتم تشريع الكثير من القوانين مما أدى الى تحديد دور الاتحادات العماليـة، امـا اليوم فهي تشكل نفوذا واسعا وموازيا للقوى الادارية في منظمة الأعمال، اما القوة الثانية، فهي قوة مناقلة العمالة، اذ يلاحـظ ان هنـاك حركـة مناقلـة متزايـدة في قـوة العمـل. ان مثـل هـذا التحريك يتزامن مع ارتفاع مستوى التعليم والثقافة مـن جانـب قـوة العمـل، الا ان المـنظمات عموما تصر على عدم البحث في مجالات جديدة لقوة العمل او اثبات اجـراءات فعالـة لتطـوير العمالة المالية، ان عرض العمالة في سوق العمل من اكثر المتغـيرات تقلبـا في الكتلـة الاقتصـادية وعلى ادارة المنظمة ان تأخذ بعين الاعتبار هذا التقلب عند توظيف الكوادر فيها.

* **الظـروف الاقتصـادية** (Economic Conditions): عـلى المـنظمات أن تحتـاط للظـروف التجارية العامة الجارية في الكتلة الاقتصادية. فمثلا أن احتمال دخول الاقتصاد في حالة الكسـاد من شأنه أن يؤثر على قرار استثمار وتشغيل رأسمال المنظمة، وعكس ذلك فان احتمال استمرار الرضا، يمهد الطريـق لاقتنـاص الفـرص لطـرح سـلع جديـدة او ايجـاد اسـواق جديـدة، كـما ان توقعات المدراء تساعدهم على خلق المناخ الاقتصادي الملائم لمنظماتهم. ان الازدهار او الكسـاد الاقتصادي هما من جانب معين نتيجة لتراكم أخطاء بعض المدراء

التجاريين في بلد ما عند بناء توقعهم تجاه مستقبل البيئة الاقتصادية، ومن جانب آخر، يعدان نتيجة للقرارات الجديدة التي يتخذونها عند اكتشافهم خطأ توقعاتهم (Jones 1962). ومن جانب ثالث فان النظام الاقتصادي يمارس تأثيراً طاغياً عـلى المـدراء في أغلـب المـنظمات وبشكل هـذا النظام السياسي متغيرا خارجيا مؤثرا ومكثفا على عملية الإدارة الاستراتيجية.

2- الكتلة السياسية (Political Aggregate): الكتلة الخارجية الثانية التي تؤثر على اعمال المدير هي الكتلة السياسية، وهي اكثر حدة وطغيانا مـن الكتلـة الاقتصادية. يبنى الجانـب السياسي للكتلة على مفهوم الدولة الذي يعتمد على ممارسة السلطة والسيطرة والرقابـة فضـلا عن حق الدولة في الادارة والتوجيه (Jones 1962). تعتمد الحكومة أساليب عدة في توجيه الكتـل التي تحتضن في نفس الوقت المواطنين ومنظماتهم. وتتلمس المنظمات تأثير الحكومة من خـلال الأنظمة والقوانين الخاصة بشرعية وجودها وقيادتها وعملياتها اليومية. والحكومـة باعتبارهـا الهيئة الرئيسة للنظام السياسي فهي تعبر عن رغبات وتطلعـات شعبها وتابعيهـا، وحكمـا ازداد التعقيد في عمليات المنظمات ازداد اندفاع الحكومة لقوة أكبر لحماية المصلحة العامة، واليـوم يواجه مدراء المنظمات تحديات مستمرة من الحكومة. وكل القرارات التي تصنعها وتتخـذها المنظمات تتأثر وتؤثر بشكل او آخر بتوجيهات الحكومة سواء كان ذلك على المستوى المحلي او الوطني وحتى الاقليمي والقومي (Hodge & Johnson 1970).

لا يزال المدراء يتعرفون على كيفية التعامل مع التأثير المتعدد الأوجه للكتلـة السياسـية فالمنظمات بكافة انواعها أصبحت تستعين بمستشار اداري وقانوني ومالي واي مساعدين آخرين، هذا فضلا عن استعانتها بالمجلس التشريعية والشعبية أحيانا مما ادى الى تزايـد حجـم التعقيـد في المنظمة وما يتبعه من زيادة في كلف العمليات. هذا وتفيد الادلـة بـأن هنـاك الكثير مـن الأعمال التي يجب القيام بها لمواجهة ضغوط هذه القوة البيئية. فالمنظمات تشعر دومـا بأنها في حالة دفاع عن تعاملا مع مصالح الجماعات. وهذه المنظمات تستلم الـردود مـن خـلال وسـائل الاتصال المتنوعة لتسمع المـنظمات اصواتا كثيرة حـول نقـاط الضعف في قراراتهـا وفي اعمـال صانعي القرارات (Hodge & Johnson 1970). وهناك في اجهزة الحكومة من يسعى بشكل او بآخر (ايجابيا او سلبيا) الى التعامل مع مصالح المنظمات التي تتقاطع تنافسيا

مع مصالح هذه الأجهزة. لذا اصبح من الضروري ان يكون المدراء في المنظمات عموما على درجة عالية من الفهم والادراك للآراء السياسية، وان تتوفر لديهم المقدرة على تحسين جوهر التشريعات والقوانين والقرارات الصادرة عن الحكومة ورسم خطط التعامل معها حق تسهم في تحقيق ما تصبو اليه. وانه لمن الضروري ايضا ان يتقبل المدراء مراقبة الحكومة لأعمال منظماتهم ويتعلموا كذلك كيفية العمل مع الأجهزة العامة، وتعكس لنا هذه الصورة السريعة اثار الكتلة السياسية وكيف ان قوة فعالة تدخل في تشكيل حالة التفاعل التنظيمي - البيئي ودوره في صياغة والإدارة الاستراتيجية.

3- الكتلة الاجتماعية (Social Aggregate): من الكتل البيئية الاخرى التي لها تأثيرا واضحا على المنظمات وفعاليات وأنشطة الانسان، الى جانب القيم والعادات والتقاليد والحضارة والتراث والتي تشكل بمجموعها السلوك الاجتماعي للانسان. حيث يقوم هذا النظام على أساس الأدوار التي يؤديها الفرد الواحد او مجموعة الأفراد. وبالتالي فهو نظام اعمال متنوعة يتم ترتيبها في نظام أدوار (Constellations of roles).

ان السمة الأساسية للأعمال السارية في الكتلة الاجتماعية هي التمايز والاختلاف بين بعضها البعض، لذا يتطلب الأمر توحيد ودمج الأعمال ذات الصفات المتشابهة كليا او جزئيا .. وان من شروط استمرارية وجود مثل هذا النظام هو ضرورة وجود حالة تنسيقية للأدوار. إما سلبا بهدف التداخل التعطيلي (Disruptive interference) فيما بينها، او ايجابيا بهدف تحقيق غايات وأهداف مشتركة واتيان اعمال تعاونية بهذا الشأن (Parsons & Shils 1951).

وانه لمن الضروري ان يعي المدراء للقوى البيئية ويستجيبوا لحالات الكتلة الاجتماعية. ان التوزيع غير المتكافئ للموارد في مختلف القطاعات يؤدي الى خلق الصراع والتضاد بين المنظمة والأفراد والجماعات المكونة للمجتمع. فمثلا يسعى ذوي الدخول العالية الى الاستفادة من الموفور الاقتصادي بأكثر من حاجاتهم الأساسية. في حين نجد ان سعي ذوي الدخل المحدود يتجه نحو اشباع حاجاتهم الأساسية والقيام بالتزاماتهم الاجتماعية وهم تحت ضغوط بيئته لا تعد ولا تحصى.

ويمكن تلخيص اثار الضغط الناشئ عن الكتلة الاجتماعية على المنظمات المختلفة بالكلمات التالية: فنقول: تتأثر القرارات الادارية بشكل واضح بالمشاكل الاجتماعية القائمة والموجودة والمتوقعة الحدوث (Suspected). وكما هي سائدة في المنطقة الجغرافية المعينة. ان صانع او متخذ القرار يتأثر هو الاخر تأثرا كبيرا بالقضايا والحالات الاجتماعية الاخرى مثل الفساد الاداري ومستويات تدني الدخول في مناطق اخرى والتلوث البيئي والبطالة وازدحام المرور وازمة السكن وجنوح الاحداث والنقص او العجز في التعليم. وهذه المشاكل هي ظواهر غير مستهجنة اكثر من كونها مشاكل اجتماعية. وبصرف النظر عن حالة القرار الا ان المشاكل الاجتماعية تزيد من مستوى عدم التأكد ونشوء حالة المجازفة في عملية صنع واتخاذ القرار (Bridges et. al. 1971).

4- الكتلة التكنولوجية (Technology Aggregate): التكنولوجيا هي اكثر الكتل البيئية حركة ديناميكية وتتفاعل مع المنظمات جميعا وباستمرار. لذلك يتوجب على ادارة المنظمة الانتباه الدائم لكل جديد يطرأ على العلوم وتحديد مديات وامكانيات تطبيق هذا الجديد او الاستفادة منه في مخرجات المنظمة وحتى على الأعمال قيد التطوير.

والمتفحص لوضع التكنولوجيا يلاحظ ضخامة الاتصالات بين المنظمة والمجتمع في كل مرحلة من مراحل عملية الابداع، مع الحفاظ على تعادل العوامل الاخرى، لذا اصبح من البديهي ان تسعى المنظمة لزيادة قوتها وكفاءتها من خلال عمليات الخلق والتطوير، واعتماد تكنولوجية جديدة لتحقيق التواصل مع المجتمع (Utterback 1971). ذلك ان الحالة التكنولوجية هي اكثر الكتل البيئية تسربا عبر نفاذية حدود المنظمة، واكثرها تأثيرا على النظام الفني فيها، انه لمن المعلوم بأن التغيير والتطوير في التكنولوجيا قد يأخذ حالتين: الحالة الأولى هي الحالة المفاجئة فقد تبرز امام المنظمة حالة اكتشافية جديدة ودون سابق انذار، او قد يظهر تدريجيا وهذه الحالة الثانية. ان فكرة الابداع الواحدة تنساب الى المنظمة لتجعل من الطريقة الانتاجية الحالية شيئا باليا وقديما. لذلك يجب على المنظمات التي تتصف تكنولوجيتها بالتغيير والتطور السريع والكثير، مثل تكنولوجيا الفضاء، والالكترون، والكمبيوتر، وصناعة اجهزة الاتصالات التحوط مع فتح نوافذ حدودها لاستقبال كل

المعلومات وان تبقى على اتصال وثيق مع تطورات التكنولوجية وطبيعة حركية هذه الكتلة وذلك من خلال اعمال البحوث والتطوير وأن تسعى بجد لمسايرتها.

وفي واقع الحال فان المنظمات ذات التكنولوجيا العالية لها اسهامات بحثية وتطويرية واسعة ضمن مجال تخصصها، رغم ان ذلك يعتمد على حجم المنظمة وقابليتها المالية. ثم ان المنظمات وخاصة تلك التي تعتمد على أساليب علمية وفنية عالية في عملياتها، تواجه عددا من المعوقات والمشاكل (Bridges et. al 1971) عندما تحاول تحديد ومعرفة تأثير التغيرات التكنولوجية. ونجمل في الادنى عددا من المعوقات:

1- مستوى ذكاء الأفراد ومقدرتهم على التحسس في المنظمات ذات التكنولوجيا العالية، وأسلوب عملهم في ترجمة ونقل معنى التغيير التكنولوجي الى النظام الفني في منظماتهم والقبول بأفكار العلماء الجديدة تعد من العوامل المحددة.

2- قدرة المنظمة على استقبال التكنولوجيا الجديدة القادمة اليها، التي ستدفع بشكل او بآخر الى تغيير عملية الادارة، مثل زيادة استخدام الكمبيوتر في معالجة المعلومات وحل المشكلات.

3- وبسبب الطبيعة الديناميكية للتكنولوجيا، يصبح من العسير على الادارة والعلماء العاملين في المنظمة منهم واستيعاب معنى الانتشار العلمي (Scientific Break through) وتحديد اتجاهاته وتحركاته.

4- انه لمن المؤكد ان التكنولوجيا في عالم الغد تختلف تمام الاختلاف عن تكنولوجيا اليوم، وبالتالي فان هذه الظاهرة تضع ادارة المنظمة وجماعة العلماء فيها في مواجهة مشكلة المجهول. بمعنى مواجهة حالات قد تكون ابعد من مدى الخبرة والفهم والادراك البشري.

وبمقارنة اثار التكنولوجيا مع اثار الكتلة الاقتصادية او الكتلة السياسية، او الكتلة الاجتماعية يظهر لنا ان التكنولوجيا تفرض نفسها على المنظمة وبطرق عديدة. واذا ارادت المنظمة السير نحو تحقيق الغايات والأهداف، عليها ان تتفاعل وبقوة مع القوى والكتل البيئية مهما كانت ملاءمة الاستراتيجية لتركيبة النسيج البيئي وللأوضاع عموما. لهذا السبب اعتبر البيئة الخارجية مقياسا ومحددا لنجاح الإدارة الاستراتيجية.

الفصل السادس

صياغـــة
الاستراتيجيـــة الإداريـــة

رسوم للألعاب الأطفال

تأليف

شفيق مهدي نجيب الكربلائي

الفصل السادس
صياغة الاستراتيجية الإدارية
Formulating Managerial Strategy

إن صياغة الاستراتيجية هـو الجانـب الآخـر المهـم مـن النمـوذج الفكـري لعمليـة إدارة الاستراتيجية الموضح في الشكل (4-1). والصياغة تبدأ أول ما تبدأ بعـد أن تحـدد إدارة المنظمـة الحاجة لسـتراتيج مـا مـن خـلال الدراسـة المقارنـة بـين الفـرص والتهديـدات الناشئة في البيئـة الخارجيـة والمقايسـة مـع قدرات وإمكانـات المنظمـة عـلى اسـتثمار الفـرص او التعامـل مـع التهديدات. وسيكون التنبؤ بالفرص والتهديدات وتقييمها عـن طريـق المعلومـات الـواردة مـن البيئة الخارجية هو موضوعنا للقسم الأول من هذا الفصل. باعتبار أن البيئة هي المصدر الأكبر لمعلومات الاستراتيجية، طالما اتفقنا على أن المنظمة هي نظام مفتوح في تفاعلها المتواصل مـع النظام البيئي الأكبر (Supra-System). إن المعلومـات الاستراتيجية تتيح لإدارة المنظمـة الرؤيـة المناسبة للقيام بمقارنة وتقييم الفرص المتاحة في البيئة الخارجية. ومن الأمثلة عـلى ذلك ظهـور مجالات لتقديم سلع أو خدمات جديدة، وتوفر طرق مناسبة لتوزيع هـذه السـلع والخـدمات، ويجب أن لا يغرب عن البال أن الفرص التي تتطابق وتتماشى مـع توجهـات وأهـداف ورسالة المنظمة عمومـاً وقدراتها محدودة نوعـاً مـا، وعندما يتقرر البحـث عـن فرصة معينـة، عـلى الإدارة احتساب كلفة الفرص المضاعة.

وتختلف المخاطر التي تواجه المنظمة من حيث الحجم والشكل، فالمنافسة في الأسواق هي الأكثر شيوعـاً، كما أن العقبات والضغوط التكنولوجية والقانونية هي مخاطر أخرى يجب أن تؤخذ بنظر الاعتبار، لذا وجب على إدارة المنظمة أن تسعى جاهدة وبشكل دائم ومستمر للحصول على المعلومات الأساسية لبناء قاعدة معلومات ستراتيجية تكون قادرة على حماية المنظمة من التهديدات ودفعها بعيداً عنها. وعندما يتم تحديد وتقييم الفرص والمخاطر، تأتي الخطوة الأخرى في تقييم البيئة وهي إظهار وتحديد أبعاد الهيمنة البيئية

للمنظمة، حيث تعكس الهيمنة البيئية الفرص التي ينبغي على إدارة المنظمة استثمارها في ضوء المخاطر التي تتقبلها هذه الإدارة وبرحابة صدر إذا ما تمكنت من تقييم وتثمين قدرة المنظمة على تحقيق نتائج إيجابية.

إن تقييم وتثمين قدرات المنظمة هو موضوع القسم الثاني من هذا الفصل. ويركز الفصل قياساً بالشكل (4-1) على طبيعة وأهمية القيم الإدارية وخبراتها في ديناميكية صياغة وإعادة صياغة الاستراتيجية، ومن الأوجه الأخرى للتقييم والتثمين التنظيمي الذي سيناقش في هذا الفصل هي السياسات التنظيمية كإطار لتحديد الاستراتيجية وإبراز العلاقة بين السياسة باعتبارها مقياساً وبين الاستراتيجية باعتبارها منهج عمل، والتكنولوجيا باعتبارها من المتغيرات في التقييم والتثمين التنظيمي، وتحليل موارد المنظمة البشرية والمالية والطبيعية.

ويقوم القسم الثالث من هذا الفصل بالربط بين التقييم البيئي المذكور والمشار إليه في القسم الأول وبين التقييم والتثمين التنظيمي المشار إليه في القسم الثاني، وسوف نلجأ إلى توظيف التقييم البيئي (Assessment) وتحليل الثغرات (Gap Analysis)، بهدف الوصول إلى تقييمات دقيقة قدر الإمكان ضمن المتغيرات الوسيطة (Mediating Variables) للقيم والخبرات الإدارية والسياسات التنظيمية، أما القسم الرابع من هذا الفصل فسوف يعالج موضوع التنظيم للاستراتيجية ويؤكد على إعطاء الاستراتيجية شكلها الرسمي. أما القسم الأخير من هذا الفصل فانه يوضح كيف تتم صياغة الاستراتيجية في ثلاث مستويات ضمن التسلسل الهرمي للإدارة وليس في مستوى واحد.

تقييم البيئة Environmental Assessment:

يؤشر لنا الشكل (4-1) أن البيئة بداية ونهاية عملية إدارة الاستراتيجية، فالمعلومات الواردة من البيئة والتي تدخل في عملية صياغة وإعادة صياغة الاستراتيجية تغذي الحاجة لإعداد الاستراتيجية بشكل متواصل، وكذلك لاستمراريتها، حيث أن المعلومات المرتدة من البيئة عبر عملية التغذية العكسية تعمل على تشكيل او إعادة تشكيل الاستراتيجية النافذة حالياً بقصد المحافظة على وضع المنظمة في حالة ديناميكية ومتوازنة مع القوى والكتل الخارجية التي تسعى باستمرار على أن تؤثر في نتائج العمل الاستراتيجية. ولإدراك الصورة لا

بد لنا من العودة إلى ما قيل عن مفهوم المنظمة كنظام مفتوح يتفاعل وباستمرار مع النظام البيئي الأكل.

إن المكونات الرئيسية للتقييم والتثمين هي:

أ- أنواع المعلومات المطلوبة لصياغة وإعادة صياغة الاستراتيجية.

ب- تحديد وتشخيص الفرص والمخاطر المحتملة في البيئة من قبل المنظمة.

جـ- الضرورة التنظيمية لضمان واكتساب الأولوية في الهيمنة البيئية.

معلومات الاستراتيجية Information for Strategy:

المعلومات التي تحتاجها عملية إدارة الاستراتيجية قد انعكست في معطيات الشكل (1-4)، حيث أطلق عليها معلومات الجذر الاستراتيجية (Strategy-Based Information). هذه المعلومات الاستراتيجية التي استخدمتها او تستخدمها او ستستخدم في أعمال الإدارة الاستراتيجية، سوف تعتمد أيضاً في أعمال إعادة صياغة الاستراتيجية في الوقت الذي يكون فيه التغيير ضرورياً للحفاظ على حالة التوازن مع البيئة، أن الإيمان بأن مجمل نموذج عملية الإدارة الاستراتيجية ما هو إلا نظاماً مفتوحاً، فان ذلك يعني اعتماد صياغة/ تنفيذ/ أو تقييم الاستراتيجية على التبادل المستمر للمعلومات وبشكل منتظم مع البيئة، ولأن المنظمة هي جزء من النظام البيئي الأكبر، فان عملية إدارة الاستراتيجية تتطلب حالة ثابتة في التنظيم الذاتي والذي يمكن تحقيقه عن طريق التفاعل الديناميكي مع البيئة، إن ظهور الحاجة للاستراتيجية يتحدد من خلال المعلومات التي تتوفر من المصادر الخارجية أولاً، ومن مصادر داخل المنظمة ثانياً. ذلك أن تدفق وتوارد المعلومات يتيح للإدارة تقييم وتخمين قدرات المنظمة فيما يتعلق بالفرص والمخاطر المعروفة في البيئة الخارجية.

إن المعلومات الاستراتيجية الواردة من البيئة والتي تتفاعل مع القيم والخبرات الإدارية والسياسات التنظيمية هي التي تحدد الحاجة للاستراتيجية، حيث أن المنظمة تعمل من خلال وفي ضوء ما تقدمه المصادر الخارجية من معلومات والتي تخص معالم وعوامل الكتل الاقتصادية والاجتماعية والسياسية والتكنولوجية، فمثلاً تعتبر المعلومات الخاصة عن المتنافسين وسياساتهم وستراتيجياتهم من المعلومات الهامة التي لا تتوفر إلا عن طريق البيئة

الخارجية، إلا أن ذلك لا يقلل من أهمية المعلومات الداخلية المتعلقة بمقتضيات ضعف وقوة المنظمة في مواجهة فرص وتهديدات البيئة الخارجية عن غيرها من المعلومات، إن توافقية المعلومات البيئية العامة مع المعلومات الداخلية يشكلان مجموع معلومات الاستراتيجية الجذر.

وعلى الرغم من غزارة ووفرة المعلومات البيئية العامة لدى الكثير من المنظمات، إلا أن ما يهم ويتعلق بأعمال الاستراتيجية هو جزء يسير منها، والمنظمة تجري تعديلاتها وتحريراتها على ستراتيجياتها في ضوء التغير والتطور البيئي الجاري في البيئة الخارجية التي تزحف وباستمرار باتجاهات متنوعة. والمشكلة التي تبرز على هذا المستوى هي مشكلة تحديد علاقة واضحة بين نموذج المدخلات التي تستلمها إدارة المنظمات والأعمال المعتمدة لتحقيق الاستراتيجية. وبتعبير آخر، يتطلب من المنظمة إدارة مدخلات مناسبة من البيئة الخارجية لصياغة وتنفيذ الاستراتيجية، فضلاً عن توفر تغذية عكسية قوية ومستمرة من البيئة في وقت مناسب لضمان استجاباتها للاستراتيجية، لمعرفة الحاجة لإجراء تحويرات او تعديلات على شكل الاستراتيجية، إن إدارة المنظمة تحتاج إلى نظام خاص لفحص البيئة الخارجية لتتمكن من تطوير جسور حيوية بين المعلومات الاستراتيجية والتغذية العكسية وبما يمكنها من اتخاذ الخطوات المناسبة لمستقبل الأعمال (Aquilar 1967). كما أشار الكتاب (Mailick & Van Ness 1962) إلى أنه على إدارة المنظمة مراعاة ما يلي:

أ- إن المنظمة تتعرض إلى معلومات ستراتيجية متنوعة وبمديات المختلفة.

ب- إن المنظمة مستعدة لاستلام وغربلة وحفظ المعلومات الخارجية وهي قادرة على اختيار ما يناسبها وإهمال الباقي مرحلياً.

جـ- إن المنظمة قادرة على تطوير عملية فحص أصولية ووضع إجراءات دقيقة لتقليص كمية المعلومات الاستراتيجية الواردة إليها إلى الحد الأدنى.

د- إن المنظمة تقسم المعلومات الاستراتيجية إلى مجاميع وفئات للاستفادة منها واستخدامها بشكل مؤشر في الوقت المناسب سواء كان ذلك لاستثمار الفرص او في التعامل مع التهديدات.

أنواع المعلومات:

هناك عدة تصنيفات وتبويبات للمعلومات الاستراتيجية (King&Cleland 1978). والتي لها في نفس الوقت أقسام ثانوية ذات صفات ومميزات خاصة، ومن هذه التصنيفات ما يأتي:

1- معلومات تصورية Image Information:

حيث يمكن بواسطتها تخمين صورة المنظمة في مساحتين عامتين، الأولى هي المساحة الإنتاجية او الخدمية والتي تركز على الأسعار والنوعية والجودة وغير ذلك من الأمور التي تخص المخرجات، والثانية هي الصورة التنظيمية التي تعنى بنوعية الأفراد ومدى استجاباتهم وتكاتفهم في العمل.

2- معلومات الزبائن والمتعاملين Customer or Client Information:

هناك نوعان من معلومات الزبائن والمتعاملين تفيد الاستراتيجية هما معلومات تتعلق بالصفات السلوكية والأوضاع الاقتصادية لجماعات الزبائن والمتعاملين المتشابهين، والمعلومات والتي تساعد على تحليل السلوك السابق من اجل بناء صورة السلوك المستقبلي ضمن حدود احتمالية للزبائن والمتعاملين كأفراد او جماعات.

3- معلومات تنافسية Competitive Information:

وهي المعلومات التي تخص سياسات وستراتيجيات المتنافسين عموماً، او المتنافسين الأقوياء وفي ضوء الهيمنة الاقتصادية للمنظمة.

4- معلومات نظامية Regulatory Information:

وتشتمل هذه المعلومات على ما هو موجود في البيئة الخارجية من مؤسسات وجهات تكون مهامها وضع ضوابط وقيود على ستراتيجيات المنظمة مثل بعض المؤسسات الحكومية كدوائر ضريبة الدخل او الاستيراد والتصدير او التحويل الخارجي.

5- معلومات بيئية عامة General Environmental Information:

وتشمل هذه المعلومات على ما هو سائد الآن في البيئة أو ما سيكون عليه، وضمن الاتجاهات الاقتصادية والتطورات السياسية والأوضاع الاجتماعية والتغييرات التكنولوجية.

6- معلومات الإدارة Management Information

وتخص هذه المعلومات العملياتية الداخلية والأنشطة والفعاليات الإدارية الخاصة بتحقيق الأهداف والغايات المنشودة. وهي في الغالب معلومات رقابية تسعى إليها المنظمة للتأكد من أدائها وقدراتها في تقييم وتعديل شكل الاستراتيجية القائم.

وإننا هنا لا نقلل من أهمية المعلومات النابعة من داخل المنظمة لحيويتها وفائدتها الكبيرتين لعملية الإدارة الاستراتيجية، ثم إن المعلومات الخاصة بأهداف وستراتيجيات المنظمات المتنافسة هي مجموعة ثانوية من المعلومات الخارجية التي يمكن الحصول عليها من خلال تأسيس قنوات معينة مع المتنافسين او بوسائل سرية خاصة (Cassady 1964). وتعد هذه المعلومات وفي أي من الحالتين جزءاً مكملاً لمجموع المعلومات الرائدة إلى المنظمة البيئية الخارجية.

وكون مثل هذه المعلومات تخص إدارة الاستراتيجية فهي تهدف إلى تحديد وتعريف وتوضيح درجة قوة المنظمة او ضعفها، وإذا قارنا بين المعلومات الداخلية وبين المعلومات الخاصة بالبيئة العامة، نجد أن الأولى تساعد مبدئياً إدارة المنظمة على صياغة وإقرار وتنفيذ ستراتيجياتها، وتعينها كذلك على تقييم وتعديل الاستراتيجييات القائمة، وعلى الرغم من أن اغلب المعلومات المستخدمة في عملية الإدارة الاستراتيجية ترد من خارج المنظمة أصلاً، إلا أن كمية مماثلة من المعلومات تأخذ طريقها إلى عملية تقييم قوة وضعف المنظمة وعملياتها تنبع من داخلها، حتى يصبح الاستراتيجية القائم والنافذ مقبول ومتجانس مع توجهات ومصالح المنظمات العاملة في البيئة الخارجية والتي لها مصالح مع المنظمة المعنية، وبالتأكيد فان المعلومات الاستراتيجية في هذا الشأن هي الجسر الموصل لجميع الأجزاء الأساسية المكونة والواردة في الشكل (4-1).

ومع خصوصية وأهمية وعلاقة كل نوع من أنواع المعلومات المنوع عنها (داخلية، خارجية) ودور كل نوع في صياغة وإقرار الاستراتيجية المختار، تظهر هناك اختلافات جلية بين المعلومات الاستراتيجية النابعة من مصدر خارجي وتلك التي تستقى من مصادر المنظمة الداخلة (معلومات تقييمية) (Daniel 1961). فالأولى مثلاً تعكس ردود فعل وتصورات كتل البيئة الخارجية والثانية تعكس نتائج أعمال المنظمة كما هي في سجلاتها، هذا فضلاً عن الاختلافات والتباينات الآتية:

(1) التغطية (Coverage): تركز المعلومات الاستراتيجية الخارجية على كل جوانب المنظمة بينما تعمل المعلومات التقييمية الداخلية ضمن حدود الوظيفة والبرامج الإدارية.

(2) المساحة الزمنية (Time-Span): تخص المعلومات الاستراتيجية الخارجية فترات زمنية طويلة نسبياً (سنة في الأقل)، أما المعلومات الداخلية التقييمية فمساحتها في العادة قصيرة ولا تتجاوز السنة حيث تخص أساساً بالأعمال والحوادث الجارية.

(3) التفصيلية (Detail): إن الإفراط في الإسهاب والتفصيل قد يعمل على إفشال عملية إدارة الاستراتيجية، في حين أن الرقابة اليومية على العمليات تتطلب الدقة والتفصيل لأصغر الأشياء، ومع أن الإيضاح التفصيلي يعد من العوامل المهمة لنجاح عملية الرقابة، إلا أن التفصيل الممل قد يبعد العمل عن مساره الصحيح، ومهما كان مصدر المعلومات الاستراتيجية فهي تركز على الخطوط العامة الواسعة والمتوخاة من نتائج تنفيذ الاستراتيجية.

(4) التوجه (Orientation): يكون ميل وتوجه المعلومات الاستراتيجية الخارجية نحو المستقبل، أما المعلومات الداخلية المستخدمة لتقييم الاستراتيجية القائم فتركز على النتائج الآنية والأسباب التي أدنت بها إلى هذا الوضع.

ومع تأكيدنا واهتمامنا بالمعلومات ومن مصادرها المختلفة إلا أن المدراء يتعرضون إلى كم هائل منها، ومثل هذا الكم الهائل من المعلومات يتطلب وقفة ومراجعة ليتبين المدير كيفية الحصول عليها بكمية ونوعية معقولة ومفيدة وفق تدابير تتخذها إدارة المنظمة، حيث أن كلفة العمل بالمعلومات قد تكون اكثر من الكلف العملياتية الجارية في المنظمة (Harrison 1981).

ومن جانب آخر فان الضغوط والقيود المفروضة على المديرين لا تتيح لهم العمل إلا من خلال معلومات محدودة وقليلة (Simon 1957) سيما وأن زخم العمل والقرارات المطلوبة منهم قد لا تسمح لهم بالسباحة الطويلة وارتطامهم بالأمواج العاتية، لذلك يقع على المديرين اعتماد المعايير والمؤشرات الآتية تجاه المعلومات الواردة إلى منظماتهم، وعندما تتقرر الحاجة إلى ستراتيج معين:

1- الاعتمادية (Reliability) او التعويل: ومعطيات هذا المؤشر تكمن في نوعية الإجابة على السؤال الذي يدور حول مدى اعتمادية المعلومات، وهل يعول عليها لاعطاء نفس النتائج التي أعطتها للتجربة السابقة.

2- المصداقية (Validity) او الشرعية: حيث يتحتم على إدارة المنظمة أن تتأكد من أن المعلومات المتجمعة صادقة وشرعية وصحيحة وتتطابق مع معطيات الواقع شكلاً ومضموناً وتوجهاً.

ويتم اختيار صحة المعلومات وقياس مصداقيتها وشرعيتها وفق التوجهات التالية:

* الانسجام المنطقي Logical Consistency.

* توقعات ناجحة Successful Predictions.

* تطابق مع الواقع العملي او من مصادر مستقلة
Congruence with Established Knowledge or Independent Sources.

3- الوضوح (Clarity): وهنا يتم التأكيد على أن تكون المعلومات واضحة وسهلة الفهم ولا تحتاج إلى تفسيرات حتى يمكن استيعابها وبسهولة والتصرف إزائها دون الحاجة إلى مرشد.

4- التوقيت المناسب (Timeliness): ينصب التأكيد هنا على ضرورة وصول المعلومات والبيانات إلى مستخدميها وفي الوقت المطلوب، لا قبل ذلك ولا بعده حتى يمكن الاعتماد على معطياتها في إقرار الحاجة.

5- الأعمال العاجلة (Urgency): يكمن هذا المعنى في الإجابة على الرأي القائل بأن طبيعة المعلومات التي تتطلبها الأعمال عاجلة، وإن الحاجة إليها الآن قائمة فعلاً وبشدة.

6- **الحراجة والانتقادية (Criticality):** من البديهي ونحن نبحث عن المعلومات ونجمعها، نتوخى أن لا تضع هذه المعلومات المنظمة في مواقف حرجة او انتقادية او في موقف شديد الحساسية، ذلك أن نتائج فشل استخدام المعلومات قد يصيب المنظمة بانتكاسة ويبعدها عن مسارها الشرعي.

7- **طوعيتها للاستخدام (Usability):** هل يمكن اعتماد المعلومات بالشكل الذي هي عليه الآن أم أن الأمر يتطلب تطويعها ومعالجتها لجعلها قابلة للاستخدام وبما يحقق النتائج المرجوة؟

8- **السرية والكتمان (Confidentiality):** وهنا نتساءل عن عمق مبدأ إشاعة المعلومات وهل ينحصر تطبيقه على جهة معينة، ثم هل تتخذ المنظمة الحيطة والحذر للحفاظ على السرية والكتمان؟

9- **الفاعلية الكلفوية (Cost-Effectiveness):** تبحث المنظمة دوماً عن المردود وتبعد عن نفسها مخاطر الكلفة العالية، فهل يكون بمقدورها ومن خلال استخدام المعلومات أن تعادل العبء الكلفوي للمعلومات وبين المردود المتوقع والمتحقق جراء استخدامها بالشكل الذي يعطيها ميزة مالية، بمعنى أن المعلومات ستعود على المنظمة بإيجابيات اكبر من كلفة الحصول عليها.

10- **وثوق الصلة (Relevance):** على إدارة المنظمة أن تختار تلك المعلومات التي ترتبط بالاستراتيجية ارتباطاً وثيقاً، حالياً او في المستقبل، وبعكسه تكون مصدراً للإرباك والتشويش.

وبقدر تعلق الأمر باتباع هذه المعايير وتطبيقها على جميع أشكال المعلومات التي تحتاجها وتجمعها إدارة المنظمة لاعمال الاستراتيجية، فان لب وجوهر الحاجة للاستراتيجية يتحدد من قبل الإدارة وفي ضوئها، هذا فضلاً عن أن استمرارية تدفق المعلومات بالوقت المناسب وتشغيلها يقلل احتمال تعرض المنظمة للمفاجئات والأحداث الغربية، كالتغيرات المفاجئة والطارئة والغريبة من وجهة نظر المنظمة والتي تهدد بنتائج وخيمة وبانعكاسات ملحوظة او أن تفقدها الفرصة السانحة (Thorelli 1977).

إن قدرة المنظمة على تشغيل المعلومات لصالحها يمكنها من تجنب المفاجئات وتقلل من تعرضها لأحداث غريبة، إن تجنب المفاجئات معناه غلق فجوتين مهمتين قد تتعرض لها المنظمة (Thorelli 1977) وهما:

** **الفجوة المستجيبة** (**Responsiveness**): وهي الفجوة التي تستطيع المنظمة بإمكاناتها وقدراتها وبحجم المعلومات المتوفرة لديها تضييقها وغلقها، وذلك لكونها فجوة مستجيبة وطيعة، ذلك أن المعلومات التي توفرت للمنظمة تمكنها من التعامل مع هذه الفجوة، من ناحية، وكون الفجوة ذاتها تستجيب لأي أسلوب يصدر عن المنظمة (إدارة الاستراتيجية).

** **الفجوة الحاسمة** (**Decisiveness**): وهي فجوة الفصل والحسم والبت التي تجر زمام الأمور خارج نطاق دائرة أعمال المنظمة بسبب عدم استخدام المعلومات بالشكل السليم والمناسب من قبلها.

إن الفجوة المستجيبة تعكس التفاوت والتباين بين تنفيذ الاستراتيجية القائم، وبين الحاجة إلى إيجاد ستراتيج جديد يتناسب ويستجيب للتغير الممكن في البيئة المفاجئة، حيث يتوجب على إدارة المنظمة في هذا المجال استخدام المعلومات الصحيحة والمتجانسة والصالحة زمنياً لتضييق هذه الفجوة وللحد الأدنى.

أما الفجوة الحاسمة فتنتج عن فشل الإدارة في استخدام المعلومات المتوفرة لصنع القرار المناسب ضمن الاستراتيجية القائم، إن القرارات التي لا تعكس التغير البيئي ولا تنسجم معه، تنتج في العادة عن استخدام الموارد بشكل لا يتلاءم وتحقيق الأهداف الإدارية، كما أن حيرة الإدارة والتردد يعملان أيضاً ضد مصلحة المنظمة، فقد تصل إدارة المنظمة إلى حالة الحيرة عندما تكون مقتنعة بأن المعلومات المتوفرة حالياً غير صالحة ولا يمكن أن يعول عليها، او غير مقنعة لإحداث التغير في الاستراتيجية القائمة، وهي غير قادرة على جمع معلومات جديدة.

وقديماً كان المدير يعتمد أسلوب الانتظار باعتباره السلوك الأفضل للتعامل مع التغير، وفي حالة توفر المعلومات المفيدة ذات النوعية الجيدة وإن الوقت لصالح المنظمة، يكون بمقدورها إحداث الاستجابة المناسبة، فقد تصل المنظمة في مثل هذا الموقف إلى مستويات

عالية من النجاح، أما إذا لم تتوفر المعلومات او تأخر وصولها، فان المنظمة ستواجه وبدون شك أزمات وصعوبات متنوعة (Thorelli 1977).

وعلى الرغم من ظهور مشاكل جراء استخدام المعلومات الاستراتيجية، إلا أنها تبقى أساسية وجوهرية بالنسبة للإدارة تساعدها في تقرير حاجتها لستراتيج جديد او لتغيير شكل الاستراتيجية القائم لتعكس التفكك ووجود الثغرات في البيئة، ذلك أن الفشل في جراء التعديلات على الاستراتيجية الموحد قد يعمل ضد تحقيق الأهداف الإدارية او ينتج عن تحقيقها تكاليف عالية.

لقد ركزت عدة دراسات تجريبية (Keegan 1967) على تجميع واستخدام المعلومات لغرض تحديد الحاجة للاستراتيجية.ـ وقد أشارت هذه الدراسات إلى نوع المعلومات التي تجمعها المنظمة لتطوير ستراتيج حي، قوي وفعال، كما كشفت الدراسات (Keegan 1967) التي أجريت على خمسين مدير لعدة شركات صناعية، عن نتيجتين مهمتين هما:

1- إن أهم مصدر للمعلومات هم الناس سواء كان ذلك من خلال كتاباتهم او تقاريرهم او من خلال ملاحظاتهم المقدمة بشكل مباشر.

2- مدى التفاعل مع الشخص صاحب المعلومات، ومدى تصديق هذا المصدر، كأن تكون المعلومات مسجلة على أشرطة تسجيل او من خلال تدوينها وكتابتها.

وقد أشارت عدة دراسات (Collings 1968) إلى أهمية الناس كمصدر للمعلومات الاستراتيجية، حتى أنها اعتبرت المصادر الشخصية مصدراً رئيساً للمعلومات الخارجية (Aquilar 1967). في حين تعد السجلات والمراسلات وكل ما هو موثق مصدراً رسمياً للمعلومات يكشف عن حالة الوضع الداخلي للمنظمة (Stevenson 1976). ومما يثير الدهشة أن هذه الدراسات أشارت إلى أن الحاسب الإلكتروني لا يخدم كثيراً في الحصول على المعلومات الاستراتيجية وتحليلها (Hofer 1967)، وبناء على هذا فان الأمر يقضى وجود مجال واسع لتحسين تخطيط ورسم التصنيفات الثانوية للمعلومات الاستراتيجية وتقييمها في ضوء المعايير التي تم التطرق إليها آنفاً، إن استخدام التصنيفات النظمية الثانوية

للمعلومات الاستراتيجية يؤدي حتماً إلى تحقيق تخمينات وتقييمات صحيحة عن القدرات الداخلية للمنظمة فيما يتعلق بالفرص والمخاطر الموجودة في البيئة الخارجية.

تحديد هوية الفرص المتاحة Identifying Opportunities:

إن السبب الرئيس وراء تجميع المعلومات الاستراتيجية من البيئة الخارجية هو مساعدة إدارة المنظمة في التعرف على الفرص البيئية المناسبة وتحديد هويتها ذلك أن الفرص هي مجموعة العوامل والأوضاع الخارجية التي تساعد المنظمة على تحقيق رسالتها والوصول بها إلى غاياتها المنشودة (Higgins 1983)، ورغم أن أحد الكتاب (Andrews 1980) أكد على ضرورة عدم اقتصار دراسة وتحليل البيئة على معاينة المخاطر التي قد تواجه المنظمة فحسب، بل يشمل عملية جمع للمعلومات على الدوام وباستمرار لتلبية احتياجات الأهداف والغايات، إن الاستثمار المبرمج للفرص المتاحة مستمد من سلسلة توقعات وتنبؤات تضاعف التعرف والاطلاع على المناطق الواقعة تحت تأثير قدرات المنظمة، ذلك أن الفرصة عامل أساس لاقرار وتنفيذ الاستراتيجية (Thompson & Strickland 1983)، إن البحث عن الفرص الجديدة من قبل المنظمة يؤدي إلى تطوير الإبداع ونضح الأفكار الحديثة ابتداءً من تحديد الوضع الحقيقي لها، ذلك أن الجوانب الأساسية في عملية البحث هذه تساعد في توسيع آفاق التفكير والدراسة والاهتمام، وهي خطوة على طريق تخطي حدود الأشياء المعروفة لغرض البحث في كل جديد (حالات، إحداث) يمكن تفسيره وترجمته لمعالجة أوضاع القرار الاستراتيجية موضوع البحث (Radford 1980).

الفرصة هي الحدث او المجال الذي يمكّن المنظمة من تحديد هوية بضائعها وخدماتها ومن ثم تسويقها، او بما يؤمل قيامها به مستقلاً، وعندما تتمكن المنظمة من تحديد الفرص والمجالات المناسبة لها عليها أن تأخذ بنظر الاعتبار موضوع المنافسين من المنظمات الأخرى باستثناء حالة الاحتكار (Monopoly)، ويفترض بالمنظمة قدرتها على استثمار الفرص وإدارة دفة العمل من خلالها، وامتلاكها للموارد بما يمكنها على ذلك في ضوء حالة ملاءمة تكنولوجيتها للتعامل مع الفرص، وقدرتها على خلق الرغبة لتقبل أي مغامرة قد تصاحب عملية اقتناص الفرص.

وبما أن لإدارة المنظمة دور أساس وتكويني في المنظمات التجارية، فان لها نزعة واضحة وصريحة في البحث عن الفرص الاقتصادية إلى حد كبير (Hofer 1976a)، وقد يصح هذا الأمر إلا أنه ليس شرطاً للمنظمات غير الهادفة للربح، حيث أن الهدف الأساس في المنظمات غير الهادفة للربح هو تقديم الخدمة الضرورية التي تنطوي على بعض الجوانب الاجتماعية، ويقع على مثل هذه المنظمات أيضاً البحث عن الفرص الملائمة لقدراتها مقايسة بالحاجات البيئية (Hatten 1982).

ومن المفيد هنا أن نذكر بأن العمليات الثانوية في صياغة الاستراتيجية تتضمن توافق الفرص والضغوط الخارجية مع القيم والقدرات الداخلية للمنظمة مع نسبة مقبولة من المغامرة الاقتصادية والفردية (Shirley et.al. 1981)، وبمعنى آخر إن محاولة المنظمة للربط بين ستراتيجياتها والفرص المتاحة في البيئة يعني تخمين المؤثرات والاتجاهات السارية في البيئة والتي قد تسبب الحيرة في اختيار ما ستقوم او ما لا تقوم به المنظمة، إن تخمين او تقدير البيئة الخارجية (Thompson & Strickland 1983) يتطلب من بين ما يتطلب:

* تحليلها Analyzing it.
* التنبؤ بها Predicting it.
* محاولة تغيرها Attempting to change it.
* اتخاذ القرار لأفضل طريقة للتكييف للبيئة Deciding how best to adapt to it.
* اختيار الولوج في، أو الخروج من بعض أجزائها

Electing to get into and out of some parts of it.

إلا أنه يبقى علينا القول أنه لمن المهم في عملية تحديد هوية الفرص المتاحة التفريق بين البيئة العامة والفرص البيئية الخاصة (Kotler 1980).

تنشأ عدة فرص في البيئة الخارجية نتيجة للحاجة الناشئة والمطلوب إشباعها باتجاه الرضا والاقتناع، وعلى الرغم من كثرة الحاجات إلا أن هناك حاجات أساسية وفسيولوجية وأخرى تتعلق بتحقيق الذات (جواد 1992)، ويتدرج الأفراد في إشباعها وهي أصلاً ذات هرمية معنية، فهناك الحاجة للطاقة، الغذاء، السكن (فسيولوجية)، وهناك حاجة الأمان والسلامة والتعلم والتعليم وحاجات تحقيق الذات، وإذا ما عكسنا ذلك على منتجات أي

منظمة كانت فهي أما أن تكون على شكل سلع او خدمات لتصل إلى مستوى من الإشباع والرضا والاقتناع، وبالتالي على إدارة المنظمة معرفة سلم الحاجات للمجتمع ككل لتشخيص وتحديد الفرص التي لها علاقة بأهداف وغايات المنظمة فهناك الفرص التي تقع ضمن رسالة وقدرات المنظمة، وإن السعي وراء مثل هذه الفرص وتحقيقها يجب أن يؤثر تأثيراً إيجابياً على نجاحها. وكقاعدة عامة، فان الفرص التي تستحق الاهتمام والبحث من قبل إدارة المنظمة هي تلك الفرص التي تتوفر فيها الخصائص التالية:

1- إن تقع الفرص ضمن مجال رسالة وأهداف المنظمة الأساسية.

2- إن تتناسب الفرص والأهداف البعيدة او أن يمكن اعتبارها أحد الأهداف المنشودة.

3- إن تناسب الفرص القدرات الحالية للمنظمة او قدراتها الكامنة والمستقبلية.

4- أن تكون كلفة الفرص مناسبة لإمكانات المنظمة مقايسة مع فرص أخرى.

5- أن تعكس الفرص مؤشرات نجاح مقنعة لإدارة المنظمة بالمقايسة مع فرص أخرى.

6- إن النجاح المتحقق عن الفرص المستغلة والمستثمرة يعود بالفوائد عليها، مثل تحسين موقعها التنافسي او في الأقل تعود بفائدة على المجتمع او إحدى شرائحه.

التحقق من المخاطر Ascertaining Threats:

تساعد المعلومات الاستراتيجية التي تحصل عليها المنظمة من البيئة الخارجية في التحقق من التهديدات والمخاطر التي قد تواجهها، فالمخاطر هي إحدى القوى الخارجية التي تعرقل مسيرة المنظمة باتجاه تحقيق أهدافها، وبالتالي تعرقل أعمال تحقيق الاستراتيجية، والمخاطر التي تواجه المنظمات عموماً ترتبط بأعمال المنافسين لها وقد تقلل من الفرص المتاحة، وتؤثر عكسياً على وضع الأسواق والأرباح والمزايا الأخرى، كما أن المخاطر تشمل جميع القوى الخارجية التي تتغلغل في المنظمة وعلى الأصعدة المختلفة وعلى جميع المستويات التي تمتلكها هذه المنظمة، ومن المخاطر المحتملة التي تواجه المنظمات عموماً، ما يأتي:

* المنافسة	Competition
* الضغوط	Constraints
* الرقابة	Control
* الصراع	Conflict
* التوصل إلى تفاهم	Compromise

حيث تعمل هذه المخاطر بشكل او آخر بما يؤثر على رسالة وخطط المنظمة وأهدافها وستراتيجيتها.

ثم أن بعض الكتل البيئية تشكل في الغالب تهديداً تجاه انتعاش المنظمة الاستراتيجية (Thompson & Strickland 1983)، مثل هذا التهديد قد يدفع بالمنظمة إلى التعامل مع مواقف مختلفة وبشيء من الحذر او المجازفة، ومن هذه المواقف ما يأتي:

1- الاختراعات والتطورات التكنولوجية.

2- ظهور سلع او خدمات منافسة.

3- أحداث واتجاهات اقتصادية معاكسة.

4- صدور قوانين وأنظمة حكومية جديدة.

5- تغير ملحوظ في النمط الاستهلاكي للفرد.

6- نضوب بعض الموارد الطبيعية.

7- النزوح السكاني والهجرة.

8- أي عوامل تنافسية أخرى تنشأ عنها مخاطر تجاه المنظمة.

ويمكن تبويب التهديدات إلى نوعين أساسيين، هما:

الأول: تهديدات بيئية عامة (General Environmental Threats).

الثاني: تهديدات تنظيمية خاصة (Specific Organizational Threats).

وعلى سبيل المثال يشكل النزح السكاني تهديداً بيئياً عاماً على الأعمال التجارية (البيع والشراء) سواء كان ذلك على المستوى المحلي او الوطني وحتى القومي، بينما يشكل اقتحام منظمة مشابهة إلى داخل منطقة تجارية تهديداً بيئياً خاصاً على الموقف التنافسي، وهنا يتوجب على المنظمات ذات العلاقة التحوط تجاه هذين من التهديدات.

التهديدات البيئية العام لها مساحات كبيرة ويمكن إبعادها عن المنظمة، إذ أن الوقت يتسع لكي تدافع المنظمة عن نفسها لدرء الخطر بالقدر المعتمد على إمكاناتها وقدراتها، أما التهديدات البيئية الخاصة فإنها تعمل بشكل منفرد وتندفع بقوة تجاه المنظمة، وتكون وثيقة الصلة بعمل المنظمة وعليه فقد لا يتسع الوقت لدى إدارة المنظمة لتتهيأ لصد هذه التهديدات والتعامل معها، إن خير وسيلة أمام المنظمة للدفاع عن نفسها تجاه كلا النوعين من التهديدات هو تطوير ستراتيج بعيدة الأمد مستمدة من رسالة وأهداف المنظمة مع ملاحظة درجة تقبلها للتعديلات والتحسينات الممكن إجراءها عليها سنوياً.

إن طبيعة تركيب البيئة عامل مهم جداً في كيفية التحقق من حجم ونوعية التهديدات الخارجية وفي اختيار المنظمات للوسائل المناسبة للدفاع عن نفسها، فإذا كانت البيئة عموماً معقدة وسريعة التغيير يصبح من الصعب على إدارة المنظمة رؤية التهديدات وتفريقها حسب أنواعها المذكورة آنفاً، ففي البيئة المضطربة (Turbulent Field) مثلاً تواجه المنظمة تغيراً تكنولوجياً سريعاً حيث أن انتشار إحدى التكنولوجيات يدفعها إلى اتخاذ إجراءات سريعة ومتشددة من اجل الحفاظ على بقائها، ويختلف الأمر في البيئة الهادفة او العشوائية التجمعية وغيرها، فان المنظمات هنا تمتلك الوقت الأوسع لإدراك ومعرفة أي تهديد خارجي والعمل على تجنبه.

تحديد الهيمنة Determining Domain:

لقد تم التطرق لمفهوم الهيمنة البيئية في الفصل السابق، حيث أن جوهر مفهوم الهيمنة لدى منظمة ما هو ما تطالب به وتريد السيطرة عليه بشدة والاحتفاظ لنفسها بحصص السوق، ومن الطبيعي أن تعتبر بعض المنظمات الهيمنة على أنها الموضع اللائق (Niche) لكسب البيئة كلها والسيطرة عليها من خلاله (Thorelli 1977).

كما أن الهيمنة البيئية تعني ذلك الجزء من البيئة الذي ترغب المنظمة بتركيز جهودها الاستراتيجية فيه وعليه (Paine & Anderson 1983)، وبتعبير آخر فان الهيمنة تنطوي على قدرة المنظمة في تحجيم التهديدات الناشئة في البيئة وحيثما تكون الفرص المتوفرة للمنظمة اكبر من التهديدات الكامنة تجاه المنظمة.

المعلومات الناقصة وغير الصحيحة تمنع إدارة المنظمة من تحديد ومعرفة الهيمنة ولو نظرياً (كياناً ووجوداً)، ويكفي أن نقول بأن الهيمنة العملية (Operating) هي الجزء البيئي الذي تختاره المنظمة لتركيز كل اهتمامها عليه بهدف تحقيق النتائج التي تنشدها الاستراتيجية موضع التنفيذ، ومن البديهي أن تسبب الفرص زيادة في تهديدات الهيمنة العملية هذه، ولا توجد شروط ومتطلبات نظرية لمعرفة واثبات حجم الاختلاف.

ثم إن مستوى ديناميكية الهيمنة تعكس تركيبة البيئة، ففي البيئة المضطربة، او البيئة المتفاعلة، حيث تكون نسبة التغير مرتفعة نوعاً ما بحيث تعدل وتقوم الهيمنة (Alter) وبشكل مفاجئ، ومثير عن طريق الانتشار العلمي او النقلات غير المتوقعة في مواقع المتنافسين، أما في البيئات الأخرى حيث يجري التغير فيها بطيئاً ومتوقعاً، نلاحظ جلياً متانة وقوة الهيمنة، وينتج عن الهيمنة البيئة، هيمنة الآراء التي بموجبها تتخذ السلع والخدمات التي تقدمها المنظمة الصفة القانونية والشرعية، ويتحقق نتيجة لهذا، قبول الجمهور لها الذي يشكل ويكون البيئة الخارجية (Thompson 1967)، إلا أنه قد تصادفنا الكثير من الحالات حيث يصعب او يستحيل بلوغ اتفاق الآراء هذا، ومع هذا نرى من الأفضل أن تستمر المنظمة في فرض الهيمنة، إن هيمنة الآراء أمر مرغوب فيه وضروري إذا كانت أسعار السلع والخدمات مناسبة.

التقييم التنظيمي **Organizational Assessment**:

تضمنت إحدى التعريفات الخاصة بالإدارة الاستراتيجية بأن هذه العملية هي فعالية مستمرة تسعى لربط أهداف وموارد المنظمة بالفرص والتهديدات الناشئة عن البيئة (Schellenberger & Boseman 1982)، وبالرجوع إلى الشكل (4-1) يتضح أنه من بين التقييمات التي تجريها المنظمة هناك تقييم وتثمين (Appraisal) للقيم (Values) والخبرة (Experience) الإدارية، مع مراجعة للسياسات التنظيمية التي تشكل بمجموعها دليلاً لإدخال التكنولوجيا واشراك الموارد الأخرى في الاستراتيجية القائم، وبعد إنجاز التقييمات للجوانب التنظيمية والجوانب البيئية باعتبارهما كيانين منفصلين تبرز مرحلة تقييم الحساسية بين البيئة والمنظمة باتجاه صياغة الاستراتيجية الإداري المناسب.

الإدارة Management:

إدارة المنظمة هي القوة الأساسية لتسيير وتقدم المنظمة، وهي العامل الأساس في تحقيق الأداء التنظيمي الناجح، وعموماً لا بد من وجود إدارة مؤثرة وقوية لبلوغ نتائج مرجوة، ويعلل فشل بعض المنظمات إلى عدم وجود مثل هذه الإدارة، ثم إن القيم والخبرات الإدارية والتي تعتبر متغيرات ذات روابط خطيرة وحساسة ما هي إلا أدوات وسيطة تظهر انعكاساتها عند تطبيق الأحكام الإدارية (Critical Mediating Variables)، حيث أن الحكم الإداري الجيد (Managerial Judgment) ضروري للاستراتيجية الإداري الفاعلة، ذلك أن إدارة المنظمة تستفيد من دروس الماضي لتحديد ما هو مهم حاضراً حتى يتحقق نجاح المنظمة مستقبلاً.

تعكس الخبرة الادارية الانطباعات والأفكار السابقة، بينما تعكس القيم الادارية السلوك الأفضل والأهم في الوقت الحاضر، وهذان المتغيران (الخبرة والقيم) يعملان على التحكم في، والتأثير على، وتوجيه الحكم الاداري في صنع القرار الاستراتيجية، وتظهر اهمية وحتمية القيم الادارية في صياغة الاستراتيجية (Andrews 1980)، وعلى المنظمة أن تأخذ بنظر الاعتبار ما يفضله الرئيس الاداري، عند اختيارها ودراستها للبدائل المتاحة، وعليها أيضاً الاهتمام بقيم المدراء ذوي التأثير الملحوظ (Key Managers) والذين يساهمون في صياغة واختيار الاستراتيجية او يصادقون عليه، هذا إذا اردنا للمنظمة استراتيج قوية وفاعلة، وفي هذه الحال ينشأ أمام المنظمة التزام يتطلب منها اجراء تسوية مناسبة وعلى النحو التالي:

أولاً: تسوية الفرق بين ما يفضله الرئيس الأعلى وبين الاختيار الاستراتيجي والذي يمكن الدفاع عنه بالقوة والحجة الموضوعية اقتصادياً.

ثانياً: معالجة التضارب والتعارض بين مجموعات عديدة من القيم الادارية السائدة في المنظمة والتي يجيء تسويتها، سواء كانت التسوية اقتصادية مع الاستراتيجية او مع القيم والخبرات الادارية، او بين القيم الادارية ذاتها، إذ يصعب عملياً نكران اهمية القيم والخبرات الادارية في صياغة الاستراتيجية الاداري.

السياسات التنظيمية Organizational Policies:

تعمل السياسات التنظيمية جنباً إلى جنب مع القيم والخبرات الادارية على تشكيل الاطار العملي لتحديد الحاجة للاستراتيجية، إذ يصبح من السهل التعرف على الخيارات الممنوحة ضمن حدود سياسة قائمة، عند تفاعل السياسة التنظيمية مع القيم والخبرات الادارية، وفي ضوء ذلك تتوضح الخاصية التبادلية (Reciprocity) للاستراتيجية والسياسة، حيث تعبر بدائل الاختيار الاستراتيجية عن مناهج العمل البديلة المتاحة للإدارة، وتعبر السياسة السائدة عن امكانية مواصلة تنفيذ المناهج تحت اشراف وارشاد الإدارة العليا في المنظمة، وعند صياغة الاستراتيجية يصبح من المفيد أن ننظر إلى السياسة التنظيمية كحالة حركية، تساعد الإدارة العليا ومجلس الإدارة في المنظمة على اجراء التحويرات والتعديلات على الاستراتيجية بعد استبيان الدوافع لصياغتها.

إن توفر الارشادات البناءة والمضيئة في السياسة التنظيمية يتيح للقائم على تنفيذ الاستراتيجية سبل التحقيـق المنشودة، ولاستيعاب ذلك بشكل أوسع فان العودة إلى الشكل (4-1) والشكل (3-3) يمكن من ايجاد الرابطة والصلة بين السياسات التنظيمية وإدارة الاستراتيجية كما هي في الشكلين، ففي نطاق صياغة الاستراتيجية نشير هنا إلى أن السياسة الرئيسية (Major Policy) المعتمدة من قبل المنظمة تضع الضوابط والقيود على القرارات المتعلقة برسالتها، وتوجهات قيادتها الادارية، فضلاً عن كونها اداة توجيه الأعمال نحو تحقيق رسالة المنظمة، لسياسة الرئيسة تأثير على نموذج عملية الإدارة الاستراتيجية بعد تحديد الجذر الاستراتيجية وخلال صياغة او اعادة صياغة الاستراتيجيةات الفرعية الأخرى. كما وينبغي للاستراتيجيةات الفرعية التي يجري تنفيذها في المستويات الدنيا أن تتناغم مع السياسات المنفذة في نفس المستوى، وبالتالي فان الاخيرة تنشط في المراحل المتأخرة من نموذج العملية الادارية للاستراتيجية (انظر الشكل 4-1)، فمثلاً يكون للسياسة الثانوية دور مهم في عملية اختيار الاستراتيجية، وتعد السياسة الثانوية والاجراءات التنفيذية النمطية عاملين مهمين عند اقرار وتنفيذ الاستراتيجية حال اختيارها، يمكن بكل تأكيد مزاوجة التسلسل الهرمي للاستراتيجية بنوع من الترادف التبادلي (Reciprocal Tandem) في كل مرحلة من مراحل عملية الإدارة الاستراتيجية.

وقد أكد الدارسون (Higgins 1983) على اهمية ومركزية السياسة في صياغة الاستراتيجية، إذ يستمد كل من الاستراتيجية الأم والجذر من رسالة المنظمة التي ترشد وتوجه اعمال صياغة ذلك الاستراتيجية، وهذا السياق يطلق عليه هنا السياسات الاستراتيجية (Strategic Policies) إن درجة مرونة هذه السياسات عامل ضروري لضمان نجاح وتقدم المنظمة، ذلك أن السياسات خطط متوفرة وعلى جميع المستويات الادارية للمنظمة، ففي المستوى الاداري العالي نجد أن السياسات الاستراتيجية توجه اهداف صياغة استراتيج، وهي توجه أيضاً الاستراتيجية الأم وتنسجم معها، أما سياسات المستوى الأدنى فيجب أن تخضع لسياسات الإدارة العليا التي تتناغم مع عملية صياغة الاستراتيجية، وفي ضوء ما تقدم يتضح لنا أن السياسات التنظيمية تشكل الدعامة الأساسية والجوهرية لاعمال التقييم التنظيمي.

التكنولوجيا Technology:

إن تقييم قدرات أي منظمة يجب أن يحوي عرضاً لتكنولوجيتها، وماذا تعني كلمة تكنولوجيا في هذا المجال، لقد وردت عدة تعريفات بهذا الشأن، فقد انطوت احدى هذه التعريفات (Galbraith 1967) على أن التكنولوجيا هي التطبيق النظمي للعلوم والمعارف الأخرى على الوظائف والأنشطة الفعلية والعملية، وهي تعني أيضاً (Schon 1967) الإدارة او الأسلوب العملي [سواء كان ذلك على شكل سلعة، او عملية، او معدات، او طريقة عمل او صنع] لزيادة قدرة وقابليات الطاقات البشرية في المنظمة، وتعد التكنولوجيا من جانب آخر (Luthans 1973) الأساليب العلمية والمعرفية التي يستخدمها الإنسان لتحقيق الأهداف التنظيمية، ومن جانب رابع (Taylor 1971) تعد التكنولوجيا مجموعة من المبادئ والأساليب التي تسخر لتوجيه التغير نحو الغايات المنشودة، وفي تعريف خامس (Wortman 1982) نجد أن التكنولوجيا تعني علم كيفية انجاز الأشياء وكيفية تحقيق غايات الفرد.

وبغض النظر عما احتوته التعريفات المذكورة آنفاً، فان اهمية التكنولوجيا واضحة وجلية لأعمال التقييم التنظيمي في أعمال إدارة الاستراتيجية، ذلك أن التكنولوجيا وبسبب طبيعتها المتميزة تقتضي التغير، وإن التغير التكنولوجي هو ما يهم إدارة المنظمة عند اختيار

وتحديد الاستراتيجية، كما أن التغير التكنولوجي قد يقدم الفرص او ينشئ التهديدات في البيئة تجاه المنظمة، فإذا كانت تكنولوجية احدى المنظمات متقدمة على تكنولوجية منافسيها، فان ذلك يعني أن الأولى قد منحت فرصة استثمار هذا التقدم لحين انتقاء الحاجة اليه، وعلى العكس من ذلك فالمنظمات ذات التكنولوجية القديمة ستواجه تهديدات وضغوط عدة تؤثر على موقعها في السوق.

كما أن حجم التهديد والركود يختلف باختلاف نوع وطبيعة السلع والخدمات التي تقدمها المنظمة، فمثلاً نرى او نلاحظ زيادة معدلات التغير في مجال صناعات الفضاء والحاسبات الالكترونية والاتصالات حتى انها تشكل تهديداً متواصلاً في البيئة التنافسية على سوق معين. ويحدث التغيير بشكل تدريجي وبسرعة معقولة في مجالات المنتجات والخدمات المختلفة الأخرى، إلا أن الخطورة تكمن في التغيير المفاجئ الحاصل مصادفة او نتيجة التطور العلمي المبرمج، لذا وجب أخذ التكنولوجية ومستوياتها بنظر الاعتبار وبالرعاية عند صياغة الاستراتيجية الاداري، فالتكنولوجيا تمنح فرصاً جيدة لانشاء منظمات جديدة او لسيادة منظمات أخرى في عالم الاقتصاد.

التكنولوجيا او التغير التكنولوجي سيف ذو حدين بالنسبة للاختيار الاستراتيجية، فإذا كان الاستراتيجية المعتمد من قبل إدارة المنظمة يضعها موضع الريادة والقيادة علمياً وعملياً وتكنولوجياً من خلال تكريس جهودها في أعمال البحوث والتطوير، فان التغير التكنولوجي في هذه الحالة يوفر للمنظمة فرصاً جديدة من خلال عمليات الابداع والاكتشافات والاختراعات وبما يعزز اهداف وغايات المنظمة، ومن جانب آخر فإذا ما اعتمدت المنظمة الاستراتيجية المعروف بـ:**"انتظروا وشاهد بنفسك"** (Wait and see strategy)، فان ذلك يعني أن المنظمة قد وضعت تكنولوجيتها في المؤخرة، وبالتالي فان التغير التكنولوجي يسبب تهديداً متواصلاً وينشئ مخاطر تجاه مسيرة المنظمة.

في ضوء ذلك يتوجب على إدارة المنظمة القيام بمسح المجالات البيئية المختلفة وبما يسمح لها بجني فوائد علمية وتكنولوجية، وهنا يتوجب الحذر واليقظة تجاه مسألة التقادم التكنولوجي (Obsolescence). إن حالة الانتباه والحذر هذه تتطلب فتح قنوات تدفق المعلومات الاستراتيجية وانسيابها لتتمكن إدارة المنظمة من خلالها من التنبؤ بقدر من الدقة

حول امكانية حدوث أي تغير تكنولوجي، ويشير احد الدارسين (Higgins 1983) إلى اهمية التكنولوجيا في عملية إدارة الاستراتيجية حيث قال إن معظم اعمال الصناعة التجارية تعتمد على نوع من أنواع التكنولوجيا لتحقق مردود وموقع تنافسي متميز، ذلك أن طبيعة الحياة في مجتمعنا الحالي تقتضي الاستهلاك المتزايد لكل ما هو جديد وذو خصوصية للفرد والعائلة مما يدفع إلى المزيد من التقدم التكنولوجي، ولما كانت اعمال الصناعة التجارية تعتمد وإلى حد كبير على ما تقدمه التكنولوجيا من جديد، لذا وجب على إدارة المنظمة المعنية الانتباه دوماً إلى المفاجئات التكنولوجية التي تظهر بين المنافسين، إن المنظمة التي لا تسرع الخطى نحو التقدم تواجه الفشل، وقد يكون الحل في التقييم التكنولوجي الذي يشترط ترابط جميع النظم الداخلة ضمن النظام الاقتصادي الكلي مع الانتباه إلى أن ما يؤثر على احدى النظم يؤثر كذلك على النظم الأخرى، ويشترط في التقييم التكنولوجي اجراء مسوحات بيئية وباستمرار لرسم الخطة التكنولوجية.

الموارد Resources:

يكتمل التقييم التنظيمي عند اتخاذ الاجراءات اللازمة بصدد الموارد المتاحة والمتوفرة في البيئة، فإذا كان الإدارة المنظمة هي القوة الدافعة للمنظمة والسياسات التنظيمية عاملة على توفير السياقات الضرورية للارشاد الاستراتيجية باعتمادها على العلوم والتكنولوجيا، فان العنصر الآخر الذي يخضع للتقييم هو الموارد التي تستخدمها إدارة المنظمة وهي في سعيها نحو صياغة الاستراتيجية والذي من خلاله تتحقق الأهداف.

وقد اتفق الكتاب (Harrison 1978) على أن الموارد التي تسعى المنظمة إلى تهيئتها وتوفيرها تندرج تحت ثلاثة فصول هي:

أولاً: الموارد المالية (Fiscal) هي كل ما له علاقة بالمال (نقد - قروض - أوراق مالية).

ثانياً: الموارد المادية (Physical) هي كل, ما يغطي, توفر المواد الأولية والتجهيزات والخدمات وكل التسهيلات التي تتوفر للمنظمة في البيئة الخارجية.

ثالثاً: الموارد البشرية (Human) وهي الموارد الحياتية الحيوية التي تشتمل على الطاقات المستوردة من البيئة على هيئة الإنسان بعقله وقدراته وتوفرها بالكم والنوع.

إن الخطوة الأولى عند صياغة الاستراتيجية الاداري هي تحديد كمية ونوعية كل مورد من الموارد التي تقع ضمن خيارات الاستراتيجية، والخطوة الثانية هي تحديد مكان وزمان وكيفية ظهور وامتلاك الموارد مقايسة بأعمال صياغة الاستراتيجية، فضلاً عن تحديد نسب لمخاطر والكفة والفرصة المتاحة، أما الخطوة الثالثة فتنطوي على تعيين موقع هذه الموارد في الوحدات والبرامج الأساسية لتحقيق الاستراتيجية المطلوب.

تقييم البيئة التنظيمية Environmental Organizational Assessment:

إن اكثر الاستراتيجيةات الادارية فاعلية وقوة، تلك التي تكون ثمرة اعتمادها توليفة من الطاقات والقوى الرئيسة في المنظمة لزيادة مواردها الحاضرة، او لمعالجة الحالات وتقوية الضعيفة منها او لغرض تحقيق مردود أكبر مستقبلاً، إن المسيرة السليمة للمنظمة بهذا الاتجاه تتطلب تحليلاً نظمياً (Systematical analysis) لقـدرات المنظمة الاستثنائية والعامة بخصوص استثمار الفرص ومقاومة التهديدات في آن واحد، ويمكن القول أن هناك عدة طرق تساعد إدارة المنظمة على تحديد قوة المنظمة ونقاط ضعفها وهي:

أ- تحليل أوجه القدرة Capability Profiles:

إن تطوير أوجه القدرة في صياغة الاستراتيجية يتطلب من إدارة المنظمة معرفة وتحديد خصائصها ومميزاتها لتتمكن من رسم معالم نجاح عملية الإدارة الاستراتيجية، ومن المفروض قيام إدارة المنظمة برقابة وفحص جوانب القوة والضعف الخاصة بالمنظمة، وتتم عملية الفحص هذه من خلال عملية التدقيق والرقابة لمعرفة المجالات عالية الكفاءة، ومواقع نقاط القوة التنظيمية والمزايا التنافسية، وهناك في الأقل (Leontiades 1982) ثلاثة أسباب مهمة لإجراء المسوحات على قوة وضعف المنظمة عند صياغة الاستراتيجية:

أولاً: إن الاستفادة من ضعف الطرف التنافسي الآخر واستثمار ذلك لهو دليل على القوة والفاعلية الداخلية للمنظمة.

ثانياً: إن حماية المنظمة من النشاط التنافسي للطرف الآخر يتطلب معرفة جوانب الضعف الناشئ عن البيئة الداخلية فضلاً عن معرفة جوانب القوة التي يتمتع بها الطرف المتنافس حتى يصبح بالامكان اتخاذ الاجراء المناسب والدفاع باتجاه المحافظة على البقاء والديمومة.

ثالثاً: تفوق بعض المنظمات على منظمات أخرى وعلى غالبية الصعد: المالية والانتاجية والتسويقية ...الخ.

ولإحداث المساواة في توجهات الاستراتيجية بين الهجوم والدفاع ينبغي ايجاد موازنة تعتمد على الانتباه إلى الأوضاع الخارجية وعلى التسخير الأفضل للموارد الداخلية (Leontiades 1982)، ذلك أن الهدف الرئيس من تحليل البيئة الداخلية في صياغة الاستراتيجية هو رسم المنظور الجانبي لشكلية المنظمة ومواردها وقدراتها بحيث يصور هذا الشكل جوانب القوة والضعف داخل المنظمة (McCarthy et.al 1975).

إن المحور المهم في موضوع تحليل أوجه القدرة هو التحقق من الأسباب التي تؤثر في قابلية المنظمة واستجابتها للفرص والتهديدات البيئية، وما يميز الموارد البشرية عن غيرها من المتغيرات الاستراتيجية في هذا المجال هو أن هذه الموارد تمتلك طاقات كامنة للعمل (Action Potential)، إن الموارد مجتمعة تمثل قابلية المنظمة على الاستجابة للتهديدات والفرص البيئية. والموارد بما تحتويه من طاقات كامنة (Tilles 1963) تنطوي على نوعي من المخاطر:

1- كون الموارد عامل محدد باتجاه تحقيق أهداف المنظمة.

2- كون الموارد هي الجوانب الأساسية لصياغة الاستراتيجية.

أشار أحد الدارسين (Buchele 1962) إلى أن الموارد الحساسة والخطيرة (Critical Resources) والجديرة بالاهتمام عند القيام بتقييم قوة وضعف المنظمة تتواجد في المساحات التالية:

* الإدارة   * المالية   * الأفراد

* الإنتاج   * التسويق

لذا ينبغي التركيز هنا على القدرات والكفاءات التي تشتمل عليها كل من هذه المساحات، وبالتالي فان العاملين بعددهم وعدتهم طرقهم وأساليبهم يشكلون جانب القدرة

للمنظمة، حيث أن الهدف المنشود هنا هو كيف تتمكن هذه الموارد من صياغة ستراتيج يحفظ التوازن بالتداؤب الايجابي ويتعامل بفاعلية مع الفرص والتهديدات الخارجية. إن التقييم التمهيدي للموارد الحساسة والخطيرة يساعد في اكتشاف الفجوة (الإيجابية والسببية) مقايسة مع مطامح إدارة المنظمة وقدراتها وبما يؤدي إلى التحكم فيها لصياغة الاستراتيجية الذي يحفظ التداؤب الإيجابي (Positive Synergy).

إن المعايير الدقيقة لتقييم الموارد الحساسة والخطيرة تختلف من منظمة بأخرى، وتتحكم بها عدة عوامل مثل رسالة المنظمة، تكنولوجيتها، وتركيبة هيمنتها البيئية..الخ. ولم تجر غير دراسات قليلة حول هذا الجانب، إلا أن هناك دراسة ميدانية واحدة ركزت على تقييم القوة والضعف للمنظمة ضمن نطاق إدارة الاستراتيجية (Stevenson 1976)، ومع أن الدراسة قد شملت منظمات تجارية إلا أن نتائجها يمكن تطبيقها على المنظمات الأخرى، فقد ركزت هذه الدراسة التي مسحت آراء خمسين مديراً ومن مختلف المستويات التنظيمية، على خمسة خواص وسمات لعملية تحديد مجالات ضعف وقوة الجوانب التنظيمية وهي:

1- الصفات التنظيمية التي اعتمدها المديرون لوصف الضعف والقوة.
2- المجال التنظيمي للضعف والقوة.
3- المحددات والضوابط المعتمدة لتوضيح أبعاد عملية التحديد.
4- المعيار المعتمد لتحديد الميزة (ضعف او قوة).
5- مصادر المعلومات المعتمدة في عملية التقييم.

وفي ضوء هذا المسح جاءت الدراسة المذكورة بنتائج مهمة نوجزها كما يلي (Hofer 1976):

أولاً: إن المدراء يستهدفون قدرات منظماتهم وفقاً لأبعاد تتمركز في وظائف الإدارة، الأفراد، التسويق، العمليات الانتاجية والتمويل.

ثانياً: لم تعكس النتاج أهمية مميزة للأبعاد الواردة في (أولاً) إلا أن الخاصية المالية اعتبرت إلى حد ما عنصراً هاماً في تحديد جوانب الضعف والقوة.

ثالثاً: عند تفاعل الخواص الادارية والمالية سوية يزداد تأثيرها، سواء في ابراز قوة او ضعف المنظمة تجاه العمليات الانتاجية او التسويقية.

رابعاً: كشفت الصفات التاريخية عن نواحي الضعف والقوة أكثر مما كشفته المؤشرات المعيارية الأخرى.

خامساً: عكست الصفات التاريخية للمنظمة خواص شؤون الأفراد والشؤون الإدارية أكثر من عكسها لخواص المساحات الأخرى.

سادساً: عكست المؤشرات التنافسية مسببات قوة وضعف المنظمة في عمليات التسويق والبحث والتطوير.

سابعاً: لعبت المصادر الرسمية للمعلومات دوراً مؤثراً في تقييم القدرات الداخلية للمنظمة في حين كان دور المصادر غير الرسمية مؤثراً في كشف وتقييم البيئة الخارجية للمنظمة.

وفي ضوء ما ورد آنفاً فان الدراسة المنوه عنها تعد دراسة تطويرية تعليمية تثقيفية ذلك أنها:

(أولاً) ساعدت في تحديد الموارد التي تسبب وتشكل مصدر قلق للمنظمة.

(ثانياً) أكدت الدراسة على أن شمولية الخواص تختلف بحسب مصادر الأهمية من وجهة نظر المنظمة.

(ثالثاً) كشفت الدراسة عن ضرورة الدراسة عن ضرورة اعتماد معايير متباينة في أعمال التقييم سواء كانت هذه المعايير تاريخية او رسمية او تنافسية وحتى المعايير الوصفية.

ب- تحليل الفجوة Gap Analysis:

وفرت لنا أدبيـات إدارة الاستراتيجية (Ansoff 1965) شروحـات وافية لمفهوم تحليل الفجوة حيث أشارت إلى أن عمليات التخطيط الاستراتيجية تبدأ بتقييم الاتجاهات البيئية، وإن تحليها، ضعف وقوة المنظمة هو همزة الوصل بين موقع المنظمة الحالي واشتقاق موقعها المستقبلي المنشود، إن مجرد المقارنة بين هذين الموقعين المتباعدين نسبياً يحدد لنا ما يعرف بالفجوة الاستراتيجية (Cannon 1976) كما يتم تحليل الفجوة على أي مستوى من

مستويات الإدارة، وفي أي من المساحات الوظيفية للمنظمة، وقد يكون التحليل تفصيلياً ونظمياً، وكما ترغب الإدارة مقيداً بالوقت المتاح والمال المتوفر.

إن الاجراءات المتخذة لتحليل الفجوة تتشابه جميعها بغض النظر عن المستويات التنظيمية التي يجري فيها التحليل، إن انجاز العمل المخطط للمنظمة يقارن بالأعمال الرسمية، والفجوة بين الاستراتيجية المحددة بالمستوى التنظيمي، وبين المنجزات المؤمل تحقيقها، إن شعور إدارة المنظمة بوجود فجوة يجب أن يحفزها للبحث عن ستراتيجات جديدة تساعدها على تحقيق الغايات المنشودة، ولغرض تقليص الفجوة فان عمليات البحث عن العوامل المساعدة. تتوجه إلى تحليل البيئة الداخلية للمنظمة فحسب، بل تتوجه إلى البيئة الخارجية أيضاً (Cohen & Cyert 1973)، وهنا يبرز المغزى من امتلاك المنظمة للقدرات والامكانات وقدرتها في هذه الحالة على استثمار الفرص لمواجهة التهديدات الخارجية، إن أي نقص في القدرات يؤدي إلى ظهور فجوة أخرى عكسية (Negative Gap)، وفي هذه الحال يجب أن تتولى إدارة المنظمة اعمال توحيد ودمج الأنشطة والفعاليات وبما يؤدي إلى تخفيف طموحات المنظمة إلى مستوى تتعادل فيه مع قدراتها الحقيقية - أولا، وثانياً - محاولة دعم وإسناد قدرات المنظمة لتتساوى مع طموحاتها، وثالثا- محاولة تجميع شتات الهيمنة التي كانت تتمتع بها المنظمة وفقاً للمحاور التي شكلتها الكتل البيئية الخارجية، والتي ستكون سبباً في تحقيق طموحاتها وبما يتوفر لديها من طاقات.

ومن جانب آخر فإن امتلاك المنظمة للقدرات والامكانات المتميزة يمكنها من الاستفادة من الفرص، مما يـؤدي بالتالي إلى ظهـور فجوة إيجابية (Positive Gap) بين المنظمة والبيئة (Ansoff 1965). وفي هذه الحالة يصبح عمل إدارة المنظمة متركزاً حول اختيار واحدة او مجموعة من التوجهات التالية:

1- زيادة طموح المنظمة بما يساوي قدراتها.

2- امكانية التريث في زج كل الطاقات لتحقيق الطموح.

3- السعي لتوسع هيمنتها البيئية وبوسائل عدة.

ومن الوسائل المعتمدة لتحديد ظهور الفجوة الايجابية أو السلبية، اسلوب تدقيق وفحص الموقف (Steiner & Miner 1977)، او اسلوب تطوير اوجه القدرة (Ansoff

1965) في المنظمة للكشف عن مناطق التداؤب الايجابي والسلبي لديها، وكما ذكرنا في الفصل الثاني فان المؤثرات التداؤبية تشكل جزءاً متمماً للاستراتيجية، وكما رأينا حينها أن التداؤب يعني الدمج الأفضل لكل ما هو مجزأ بشكل يجعله كل موحد، وهنا يصبح التداؤب مقياساً للمؤثرات المشتركة يعتمد لإحداث الموازنة بين ما هو إيجابي او سلبي، إذ كلما كانت الاستراتيجية ايجابية التداؤب وقادرة على إحداث حالات التوحيد لكافة الأعمال في المنظمة، والتي تجري في العادة على مستوى الإدارة العليا، تمكنت المنظمة من تحقيق الميزات التالية:

أ- زيادة كفاءة العمليات المختلفة.

ب- الاستخدام الأفضل للموارد المتاحة.

جـ- الاستفادة القصوى من الفرص الخارجية.

د- التأثير في القوى والكتل الخارجية.

أما التداؤب السلبي فتتمخض عنه حالات تعاكس الحالات المذكورة في كل فقرة من الفقرات السابقة، والجدير الملاحظة أن التداؤب أمر نسبي، وإن أي ستراتيج قد يعكس مجموعة مؤثرات تنشأ في ميزان التداؤب الإيجابي والسلبي، كما أن التداؤب جزء متمم لتحليل الفجوة، ويمكن تطبيقه على أي مستوى وفي أي وظيفة من وظائف المنظمة (King & Cleland 1978)، إلا أن التركيز هنا ينصب على عملية إدارة الاستراتيجية، حيث يتم توجيه أعمال تحليل الفجوة نحو بناء ستراتيجات وبموازنة تداؤبية ايجابية مع الاستراتيجية والأعمال الجارية في المنظمة.

كما ويهدف فحص وتدقيق الموقف والكشف على أوجه القدرة إلى ابراز مثل هذا التداؤب، وكما هو معلوم فان التداؤب قوة كامنة عظيمة، لا تنشأ اعتباطاً، بل يجب التخطيط لها وإيجاد المسببات لحدوثها (King & Cleland 1978).

جـ- تدقيق وفحص الموقف Situation Audits:

كما أوضحنا سابقاً، فان تحديد أوجه القدرة يساعد إدارة المنظمة على معرفة الخواص الأساسية لانجاز الاستراتيجية وتنفيذه، وتكشف تحاليل الفجوة التجاوز بين موقع المنظمة الحالي وموقعها الاستراتيجية المنشود، ويستفاد من هذين الأسلوبين في التحليل لأعمال صياغة الاستراتيجية الجديد، إلا أن الأسلوب العلمي الأهم والأشمل لصياغة الاستراتيجية هو فحص وتدقيق الموقف والذي يشتمل على تحليل معلومات الماضي والحاضر وما قد يكون مستقبلاً والتي تشكل ركيزة أساسية للاستراتيجية (Steiner 1979).

وفي مجال عرض معنى تدقيق الموقف نجد أن الدراسات المختلفة قد وفرت لنا شروحاً لهذا المعنى، وقد نصت احدى التعريفات (Wheelen & Hunger 1983) على أن تدقيق وفحص الموقف يعني القيام بالأنشطة والفعاليات التقييمية التي من شأنها التأكد مما تم او سيتم تحديده ولكافة جوانب صياغة وإعادة صياغة الاستراتيجية، ومن جانب آخر يعتبر تدقيق الموقف (Prager & Shea 1983) احد الأساليب العلمية التقييمية للتأكد من عمليات الاستراتيجية الحالية، ونحن نقول أن فحص وتدقيق الموقف هو إطار عملي واسع للتقييم على مستوى البيئة الخارجية والبيئة الداخلية والذي تتمكن الإدارة من خلاله من تقليص الفجوة الاستراتيجية التي تنشأ بين القدرات التنظيمية وبين الفرص والتهديدات البيئية، ويذكر لنا أحد الكتاب (Steiner 1979) مزايا تدقيق وفحص الموقف الأساسية وهي:

1- يساعد في معرفة وتحليل الاتجاهات الرئيسية، الكتل البيئية والفئات التي تمارس تأثيراً قوياً على صياغة وتنفيذ الاستراتيجية.

2- يساعد في إبراز المؤثرات البيئية على أعمال التقييم التنظيمي.

3- يمهد الطريق لعقد الندوات واللقاءات لمناقشة وجهات النظر المتباينة بشأن التغيرات البيئية.

4- يوفر معلومات كافية وذات علاقة بالواقع زماناً ومكاناً لإكمال كافة جوانب عملية الإدارة الاستراتيجية.

التنظيم للاستراتيجية **Organizing for Strategy**:

إن التنظيم للاستراتيجية من العناصر الرئيسية في نموذج عملية إدارة الاستراتيجية، وتتمركز عملية التنظيم حول السؤال التالي بشطريه، وكما يلي:

"في أي موقع في المنظمة يتم إنشاء وبناء الاستراتيجية"

ومن هو المسؤول عن أعمال اختيار الاستراتيجية وتنفيذه؟

ترسيم الاستراتيجية Formalization of Strategy:

يوفر الهرم التنظيمي للمنظمة القاعدة والركيزة الأولى للتسلسل الهرمي للاستراتيجية والذي يتم ترسيمه من قبل الإدارة العليا منحدراً إلى المستويات الإدارية الدنيا، وعلى الرغم من أن صياغة الاستراتيجية تستلزم انسياب المعلومات وباتجاهين او بعدة اتجاهات، إلا انه من الضروري أن تنبع وتبدأ هذه العملية من الإدارة العليا التي تعمل على تأسيس وبناء الجذر الاستراتيجية للمنظمة، ومن الجذر الاستراتيجية تنشأ الاستراتيجيةات الأخرى منحدرة إلى المستويات الاستراتيجية الثانوية وصولاً إلى الاستراتيجية الرقابي، وعليه فان الرئيس الأعلى للمنظمة هو الرئيس الاستراتيجية فيها (Osmond 1973)، ولكن في واقع الحال تسهم جميع مستويات الإدارة وإلى حد ما في صياغة الاستراتيجية او على الأقل في تنفيذها (Bower 1974).

وبحثاً عن حالة ترسيم الاستراتيجية، ولخلق هذا النشاط على مستوى المنظمة، أشارت أدبيات إدارة الأعمال الخاصة بإدارة الاستراتيجية (Child & Francis 1977) إلى وجود خمسة اشكال تركيبية تقع عليها مسؤولية ترسيم الاستراتيجية، والتي تأخذ على عاتقها تحديد أبعاد نشاط الإدارة الاستراتيجية وهي:

1- في المنظمات الصغيرة، التي تتميز في الغالب بقلة الإداريين او عدم وجود إدارة مستقلة ومتخصصة للاستراتيجية، يقع على عاتق كل مدير فيها مسؤولية وواجب إعداد الاستراتيجية الخاص بها.

2- وعلى مستوى قسم متخصص حيث يقتصر عمل إدارة الاستراتيجية على مساحة وظيفية معينة فانه يتحمل هو، أو، أحد الأقسام مسؤولية إعداد الاستراتيجية (كقسم التسويق، قسم الإنتاج.. الخ).

3- وعند انشغال الإدارة العليا وابتعادها عن أعمال إعداد وإدارة الاستراتيجية، تجد الإدارات التنفيذية نفسها مضطرة للقيام بتلك الأعمال بعيداً عن الإدارة العليا.

4- وعندما يعم التوجه المركزي نشاط المنظمة، ينحصر عمل إعداد وإدارة الاستراتيجية ضمن نشاط الإدارة العليا في المنظمة، دون السماح للإدارات الأخرى بممارسة هذا النشاط.

5- التوجه التكاملي، عندها تكون المنظمة مؤمنة بضرورة قيام جميع الإدارات وتحت إشراف الإدارة العليا فيها بترسيم أبعاد شكل الاستراتيجية المنوي تنفيذها من قبل الأقسام الأخرى.

ويلاحظ أن المنظمات الصغيرة والتي تدار من قبل شخص واحد أو أشخاص محدودين لا تقوم بترسيم شكل وتركيبة الإدارة الاستراتيجية فيها، بل تقع مسؤولية هذا العمل على المدراء جميعاً، وكما هي حال المنظمة التي تنشد رسالة محدودة، لذا نجدها توقع مسؤولية إدارة استراتيجياتها في أقسام محدودة أو مساحات وظيفية لتحقق رسالتها من خلال ذلك القسم او الوظيفية، أما المنظمات التي تميل إلى اللامركزية فإنها تترك موضوع ترسيم إدارة الاستراتيجية للأقسام التنفيذية، وفي المنظمات المركزية حيث تصنع أهم القرارات من قبل المستويات العليا للإدارة، فإنها تقصر أعمال إدارة الاستراتيجية على صانعي القرار بالدرجة الأولى، أما المنظمات الكبيرة والتي تعتمد أقسامها وشعبها الواحدة على الأخرى، فانها تقوم بترسيم إدارة الاستراتيجية في قمة المنظمة وفي كل قسم من الأقسام التنفيذية، وتعمل بشكل حثيث على زيادة التعاون بين الأقسام للحفاظ على نسبة عالية من وحدتها وتماسكها، وأن نموذج عملية إدارة الاستراتيجية (شكل 4-1) يحسم هذا النوع من المنظمات، إلا أن هيكل العملية يلائم بشكل أو بآخر معظم أنواع المنظمات.

مسؤولية الاستراتيجية Responsibility for Strategy:

إن الموقع المضيء والصحيح لإدارة الاستراتيجية ضمن هرم الإدارة يقرره ويحدده مبدئياً المسؤول عن هذه العملية، وعلى الرغم من أن الإدارة العليا هي الجهة النهائية المقررة عن كل ما يحدث داخل المنظمة، إلا أن هذه المسؤولية لا تسبب تناقضاً تجاه رسالة المنظمة، تكنولوجيتها، وبيئتها، ومن المفيد هنا مناقشة مكمن المسؤولية وموقع إدارة الاستراتيجية في المنظمة وبقدر تعلقها بالمدراء التنفيذيين ومدراء الأقسام الآخرين، إن المدير التنفيذي هو المسؤول عن تصميم وتطوير وانتاج وتسويق السلع او الخدمات الأساسية التي توفرها المنظمة لزبائنها، ففي المنظمات الصناعية مثلاً يتواجد المدراء التنفيذيون في المساحات العملياتية (Manufacturing) والمبيعات (Sales). أما في المنظمات التعليمية كالجامعات فان المدراء التنفيذيين او ما يطلق عليهم بالاداريين (Administrators) يترأسون الوحدات الأكاديمية كالأقسام العلمية وما يماثلها في المنظمات الحكومية حيث يأخذ المدراء التنفيذيون مسؤولية أعمال ونشاطات الدوائر والأقسام والشعب ويسهمون بشكل أو بآخر في انتاج السلع او توفير الخدمات، فان مسؤولية إدارة الاستراتيجية تقع على عاتق المدراء التنفيذيين في المنظمة (Branch 1963)، وبسبب إلمام ودراية مدراء الأقسام بالمساحات الدقيقة التخصص، فانهم يستطيعون تقديم العون الضروري للمدراء التنفيذيين والمساهمة في عملية إدارة الاستراتيجية ومن الجوانب الكامنة وراء مثل هذه الأسباب في تحميل المسؤولية يعود إلى عدة امور (Hofer 1976) نذكر منها الآتي:

1- إن مدراء الأقسام وأعضاء المنظمة الآخرين غالباً ما يساعدون الإدارة العليا في تحديد التهديدات والفرص البيئية، وكذلك في تخمين قدرات المنظمة على استثمار هذه الفرص وتفادي التهديدات.

2- إن مدراء الأقسام وأعضاء المنظمة الآخرين غالباً ما يعملون على ايجاد حالة التنسيق بين الاعمال المؤدية إلى صياغة واختيار وتنفيذ الاستراتيجية، إلى جانب ما يتطلبه التنسيق أحياناً من معلومات ستراتيجية وتقديم المساعدات لغرض الكشف عن مصادر هذه المعلومات وتفسيرها.

3- إن مدراء الأقسام وأعضاء المنظمة الآخرين قد يقدمون توجيهات معينة للمدراء التنفيذيين لضمان الانتظام والمقايسة في استخدام المعلومات الاستراتيجية.

4- يسهم مدراء الأقسام وأعضاء المنظمة الآخرين في مراجعة وتقييم استراتيج التي سبق للمدراء التنفيذيين تطويرها، إذ أن دور أعضاء المنظمة الآخرين لا يقتصر على المصادقة على الاستراتيجية فقط وانما البحث أيضاً عن المشاكل الرئيسة، مثل (الفجوات، التضارب، وعدم الانسجام).

5- غالباً ما يجري مدراء الأقسام وأعضاء المنظمة الآخرين دراسات خاصة وتقييم للمساحات التي تقع ضمن اختصاص واهتمام المدراء التنفيذيين وبالقدر الذي يخص أعمال التخطيط وإعداد وصياغة الاستراتيجية.

إن عملية إدارة الاستراتيجية جزء مكمل لممارسة العملية الادارية في المنظمة، وضمن هذه العملية تصاغ الخطة الاستراتيجية وتنفذ من قبل الإدارة التنفيذية، حيث يعتمد المدراء التنفيذيون الاستراتيجية كقاعدة وأساس لصنع واتخاذ القرارات المناسبة لضمان نجاح رسالة المنظمة وتحقيق أهدافها، وهذا المبدأ يطبق على الإدارات التنفيذية الأخرى، إن معرفة المدراء التنفيذيين بتوجهات المنظمة مسبقاً يقلل من المساءلة والمجادلة القانونية بين الأعضاء القائمين على الإدارة (Management)، وحين حصول التفاهم والانسجام بين المدراء التنفيذيين وأعضاء المنظمة يحصل عندئذ التحام للجهود وصهر للمعارف واندفاع لتحمل المسؤولية في انجاز متطلبات إدارة الاستراتيجية.

إن من المبادئ الرئيسة في تنظيم الاستراتيجية مبدأ عدم تخويل أداء بعض الأعمال، او تلك التي يفضل تأديتها مركزياً، بمعنى وجوب انجازها في قمة المنظمة، ورغم هذا فالأمر يتطلب تخويل الصلاحيات اللازمة لرؤساء الأقسام الذين يتحملون مسؤولية تنفيذ أي ستراتيج، وتحميل المدراء التنفيذيين الصلاحيات والمسؤوليات التي يتطلب وجودها لديهم حصراً (Branch 1963)، كما أن التنظيم للاستراتيجية يتطلب اختيار الأفراد الذين يتميزون بالقابلية والمعرفة والدراية، إذ أن ذلك يخفف عن كاهل المدراء التنفيذيين الدخول بتفاصيل الاستراتيجية المملة على الرغم من أن مسؤولية صياغة وتنفيذ الاستراتيجية لا تقع ضمن مسؤولياتهم الأولية، والشيء المهم هنا هو أن جميع الاداريين يشتركون، وفي حدود

مختلفة، بصنع الاستراتيجية، فالعملية تبدأ في قمة المنظمة وتظهر بنسب متفاوتة في المستويات الدنيا للإدارة، إن إدارة الاستراتيجية من الوظائف الملازمة لأعمال المدراء التنفيذيين، وأن ظهور أي عدد من الدوائر والوحدات المسؤولة عن إدارة الاستراتيجية لا يعني انتقال المسؤولية إليها.

المستويات الإدارية للاستراتيجية **Managerial Levels of Strategy:**

بعد أن تمت مناقشة صياغة وإعادة صياغة الاستراتيجية في الفصلين الثاني والثالث عبر المستويات الرئيسة للإدارة الاستراتيجية الموضحة في الشكل (4-1)، حيث تبدأ الخطوة الأولى لأعمال الاستراتيجية في الإدارة العليا للمنظمة، واستناداً إلى ما جاء في الشكل(3-4) الذي يوضح التسلسل الهرمي للاستراتيجية، فان الإدارة العليا تقوم كذلك بصياغة الاستراتيجية الجذر، هذه الاستراتيجية التي تركز على رسالة المنظمة ودرجة هيمنتها في البيئة، ذلك أن الإدارة العليا هي المسؤول الأول عن هذا العمل، وتنحصر هذه المسؤولية في مدى تلبية رغبات وتحقيق طموحات أصحاب المنظمة، وزبائنها والمجتمع عموماً كمسؤولية عامة. عليه، فان صياغة استراتيج الجذر والاستراتيجية التنفيذي والاستراتيجية التنظيمي هي من مسؤولية الرئيس الأعلى والرؤساء الآخرين في المنظمة.

أما الإدارة الاشرافية والتي تمثل الأقسام والدوائر والشعب الأخرى فان مسؤوليتها تنصب على تحقيق نتائج المدى القصير والتي تنعكس في تحقيق أهداف وغايات المساحات الواقعة ضمن مسؤولياتهم، ويقدم القائمون على هذه الادارات العون للإدارة العليا عند صياغة الاستراتيجية، إلا أن تركيزهم الأكبر ينصب على صياغة الاستراتيجيةات الوظيفية لمستوى الأقسام، وصياغة ستراتيجات البرامجية لمستوى الانتاج والخدمات باعتبار أن هذه الاستراتيجيةات هي خطط لتحقيق غايات الاستراتيجيةات المصاغة من قبل المستوى الأول.

ويبقى أن نقول أن الإدارة التنفيذية وهي المستوى الثالث من ادارات المنظمة، تكون معنية بالأهداف والأعمال التي تكون الاستراتيجية الرقابي في المنظمة، إن تنفيذ الاستراتيجية الرقابي يتم من خلال المحددات والضوابط والمعايير لتقييم الأعمال وإقرار ما إذا كانت الجهود المبذولة تجاه الاستراتيجية الجذر والاستراتيجية التنفيذي والاستراتيجية التنظيمي قد حققت

ومن خلال الاستراتيجية الرقابي النتائج المرجوة، ومن خلال المتابعة واعتماد الطرق والوسائل العلمية تتمكن إدارة المنظمة من التأكد من أن ما كان مخططاً له هو ما تم بالفعل تنفيذه من قبل الإدارة التنفيذية، إن الاطار الزمني الذي تنشغل به هذه الإدارة هو الاطار الزمني قصير المدى وتحقيق الأهداف اليومية والأسبوعية والشهرية من خلال المساحات التنظيمية للمنظمة.

الفصل السابع

اختيـــار الاستراتيجيـة الإداريـــة

الفصل السابع

اختيار الاستراتيجية الإدارية

Selecting Managerial Strategy

يقتصر هذا الفصل على الأمور المتعلقة بأعمال اختيار الاستراتيجية، ذلك أن اختيار الاستراتيجية هو أحد مراحل اختيار مراحل اختيار منهج العمل النموذجي للمنظمة، تتضمن هذه المرحلة إصدار الأحكام تجاه محاولتها اختيار منهج عمل يعتمده العقل والمنطق لاتخاذ القرارات العملية والحكيمة للمنظمة، وتهتم أعمال الخيار الاستراتيجي بالجوانب الأساسية لعملية صنع القرار الاداري بأوسع درجاته، وبما يكشف عن وعي وتقدم الأفراد بالقدر الذي تغطي فيه عملية الاختيار الظواهر والوقائع الفردية والاجتماعية، وتعتمد على الفرضيات والبديهيات القيمية باعتبار ان الاختيار فعل سلوكي معين من بين عدة أفعال، فضلاً عما يجب ان يتحلى به المعنى من العزم والتوجيه للأمور باتجاه الحالة المرغوبة (Shull et.al. 1970).

كما ويهدف هذا الفصل إلى معالجة مصطلح الاختيار الاستراتيجي من خلال عرض الجوانب المهمة لعملية الاختيار هذه كونها جزء من عملية الإدارة الاستراتيجية (Glueck & Jauch 1984)، ذلك ان الخيار الاستراتيجي هو إقرار اختيار ستراتيج من بين استراتيجيات البديلة والتي تعتقد الإدارة بأنها الأفضل ملائمة لأهداف المنظمة، ومثل هذا القرار يتطلب النظر إلى البدائل من نواحي عدة هي:

(1) عوامل الاختيار — Selection Factors

(2) تقييم البدائل وفق معايير محددة — Evaluating Altematives

(3) التصريح بالاختيار — Evoking the Choice

إن عملية الخيار الاستراتيجي يجب ان تنحو منحاً هيكلياً نظمياً دون ترك الموضوع للصدفة، وبعكسه تقع المنظمة تحت طائل من التكاليف التي تسببها اخطاء الاغفال والاهمال.

وقد أكدت بعض الدراسات (King & David 1973) على ضرورة ان يأخذ قرار الاختيار منحاً ذاتياً وطوعياً، خصوصاً في مساحات الخيار الاستراتيجي، ذلك ان مثل هذه القرارات تشتمل على مجموعة من العناصر المتنوعة والتي لا يمكن تحديد درجة موضوعية بعض منها، ومع ذلك فهناك امكانية تعديل وتوجيه هذا القرار الذاتي بما يؤدي إلى تعزيز الخيارات الاستراتيجية الأخرى.

القسم الأول من هذا الفصل يعرض أطراً متعددة لاختيار الاستراتيجية الإداري ويحتوي على:

1- المدخل العمليات Process Approach

2- صيغ الخيار الاستراتيجي Modes for Strategic Choice

3- دراسة الرموز Typology

اما القسم الثاني فيصور لنا الخيار الاستراتيجي ومن جوانب عدة، مثل الجوانب العامة والانتقائية والنشوئية والتداؤبية (Generic, Elective, Evolutionary, Synergistic). أما القسم الثالث فيركز على العقلانية والرشد في الخيار الاستراتيجي مع التأكيد على توجيه الأهداف لجمع شمل المنظمة المنطوي على اهمية الاقتناع بالخيار الاستراتيجي، اما القسم الرابع فيعالج الجوانب السلوكية للخيار الاستراتيجي مع شرح ابعاد الجوانب النفسية وبضمنها مفهوم التوتر الحسي- (Cognitive Strain) وقبول او تجنب المخاطرة، كما يتطرق إلى مظهر الجماعة بما في ذلك قبولها للتغيرات الخطيرة، وطريقة تفكيرها. أما القسم الأخير فيشرح معايير الخيار الاستراتيجي التي تؤثر على العملية وتؤدي إلى انتقاء استراتيجية معينة.

أطر اختيار الاستراتيجية **Frameworks for Selecting Strategy:**

ان اختيار الاستراتيجية الاداري هو أحد المكونات الرئيسة في نموذج عملية إدارة الاستراتيجية الموضحة في الشكل (4-1)، ان مفهوم الخيار الاستراتيجي عمل مميز قائم بحد ذاته ويمكن فحصه واختباره ضمن أطر معنوية عديدة.

عملية اختيار الاستراتيجية The Process of Selecting Strategy:

هناك عدة طرق لتصوير مفهوم عملية الاختيار الاستراتيجية، وبدءاً فان عملية اختيار الاستراتيجية تتطلب عملية صنع قرار مع التأكيد على النتائج والمخرجات الاستراتيجية المفيدة، حيث يشير (Andrews 1980) بهذا الصدد إلى ان تقليص معدل البدائل عن طريق المعرفة التصويرية للاحتمالات الجديدة اصبحت وسيلة شائعة لأنها تقارن بين الفرصة والكفاءة، فمتى ما عرفت الفرصة والكفاءة وتم عمل التقديرات المستقبلية، أمكن التخطيط في ضوء هذا التوافق لتقليل ضعف المنظمة إلى الحد الادنى وزيادة قوتها إلى الحد الاقصى، وعندما تفوق الفرصة كل الكفاءات والقابليات في المنظمة، فان رغبة المنظمة بالمغامرة باعتبارها قادرة على الرقي إلى المستوى المنشود يبدو أمراً بديهياً ولا بد منه بالنسبة لستراتيج مرسوم لنشاط المنظمة وأفرادها.

وبما ان الخيار الاستراتيجي عملية قائمة بحد ذاتها، فانها تتطلب اختيار بديل واحد او تشكيلة من الاختيارات الواعدة بتحقيق ستراتيج الادارة، ويقول (Higgins 1980) بأن عملية صنع القرار تحتوي أربعة جوانب أساسية هي:

1- التميز والملاحظة (Recognition): ينشأ هذا الجانب بسبب الملاحظة لإحدى المشاكل التي تأتي نتائجها الفعلية على عكس النتائج الاستراتيجية المنشودة، أو عندما يكون الأداء الفعلي المتحقق أقل من الأداء الممكن او المحتمل وحسبما تؤكده الفرص المتوفرة.

2- التعريف (Identification): ويغطي هذا الجانب معرفة الأسباب للمشاكل الناشئة والفرص المضاعة وتحديد أبعادها وطبيعتها.

3- الحل (Solution): اما الجانب الثالث فيعتمد على اقتناء واستخدام المعلومات لتطوير منهج عمل مناسب يتعامل مع المشاكل ويعالجها، او لتقييم واختيار ستراتيجيات منقحة يمكن توظيفها تجاه الفرص المتاحة.

4- التنفيذ (Implementation): وينشد الجانب الرابع قيام ادارة المنظمة باتخاذ العمل الناسب والصحيح لغرض تنفيذ الحل او الحلول المختارة لإنهاء المشاكل والاستفادة من الفرص وتقليص الفجوة الناشئة بين قدراتها ورغباتها.

وقد جاءنا Witte (1972) بدراسته لأعمال الخيار الاستراتيجي وبين انها تسري من خلال خمسة مراحل مناسبة لهذا الخيار، وقد أوضح هذا الكاتب ان القرار الأخير للخيار يأتي بعد اختيار بديل من البدائل التي تم تقييمها، ويسبق هذا القرار جمع المعلومات الناسبة وتطوير البدائل المناسبة من خلالها ثم تقييم تلك البدائل لاختيار ما يناسب المنظمة.

هذا ويجب الا يغرب عن البال ان الاختيار الاستراتيجي يتم على وفق معايير القرار المناسب، باعتبار ان القرار وسيلة لتحقيق غاية استراتيجية، اما امكانية الخيار فتعتمد على مقارنات يجريها صانع القرار بين الأهداف الموضوعة والبدائل المتاحة، دون ان تغرب عن باله تلك القوى المؤثرة على الاحكام الصادرة عنه، ومن مثل هذه القوى قيم ووجهات نظر صانع القرار وحالات الاقدام والجرأة على تحمل المخاطر في ضوء السياسات الداخلية للمنظمة (Harvey 1982).

ويمكننا الخروج من هذه المناقشة إلى ادراج الخطوات والعمليات التي تمر بها عمليات الخيار الاستراتيجي (Albert 1983) وعلى النحو التالي:

(1) التعريف (Identification) بالفرص والتهديدات من خلال التحليل البيئي والتخمين التنظيمي.

(2) التطوير (Development) لمجموعة البدائل الاستراتيجية المشتملة على نظام فني بالخيارات الاستراتيجية.

(3) التقييم (Evaluation) للبدائل الاستراتيجية في ضوء الفرص والتهديدات السابحة في البيئة الخارجية التي تتعامل معها المنظمة.

(4) الخيار (Choice) لبديل واحد او تشكيلة من البدائل الواعدة لاستثمار الفرص او لصد التهديدات المحتملة.

(5) التنفيذ (Implementation) للبديل المناسب والذي يؤمل ان يكون افضل الخيارات الاستراتيجية باتجاه تحقيق الأهداف.

(6) المتابعة (Follow-up) للبديل الاستراتيجي المنفذ لغرض ضمان الحصول على النتائج التي كان لها ان تتحقق.

صيغ الخيار الاستراتيجي Modes of Strategic Choice:

الجانب الآخر للخيار الاستراتيجي يجري من خلال اعتماد صيغ او تصنيفات مميزة لكل خيار مقايسة بخواصه، وقد قام (Mintzberg 1973) بجهد مناسب لتصنيف اعمال الخيار الاستراتيجي إلى الصيغ التالية:

الصيغ الريادية Entrepreneurial Mode:

هذا المصطلح يعني أولئك الأشخاص أصحاب المشروعات او المقاولين أو أصحاب الآراء والأفكار الرائدة (Collins & Moore 1964). وفي موضوع الخيار الاستراتيجي فان اصحاب المشروعات او المقالين او اصحاب الآراء يندفعون للبحث عن فرص جديدة وهم بهذا يميلون إلى تخطي التهديدات الصغيرات، وسيكولوجياً فانهم يعتقدون ان الرضا بعدم التأكد يسبب عائدات كبيرة من حيث انتهاز الفرص وتحمل المخاطر، لذلك تتصف الصيغة الريادية باعتماد خطوات انتقائية سريعة وفجائية تجاه حالة عدم التأكد (Mintzberg 1973) لان النمو والتطور حالة ستراتيجية للمنظمة التي تعتمد هذه الصيغة وبالتالي فان الخيار الاستراتيجي لهذه الصيغة تمتاز بالخصائص التالية:

1- ان الخيار الاستراتيجي يتم من قبل صاحب المشروع او المفكر او الجماعة المالكة.
2- ان نتائج الخيار الاستراتيجي تنطوي على آمال وتوقعات بعيدة المدى.
3- ان الخيار الاستراتيجي يصاغ وينجز في محيط مرن جداً.
4- ان تطوير المنظمة امر جديد عليها او انه في مرحلة الأولية.
5- ان البيئة الخارجية عرضة للتغييرات المفاجئة.
6- وان الخيار الاستراتيجي مشروط بقرار او حكم ذاتي، وان النتائج المتوقعة تعتمد على الحدس والبديهة.

بقي ان نقول ان الصيغة الريادية للخيار الاستراتيجي يمكن اعتمادها في المشروعات التجارية الصغيرة ذات الأرباح المحدودة، الا ان هذه الصيغة لا تلائم المنظمات الخدمية العاملة في القطاع العام وحتى الشركات الكبيرة العاملة في القطاع الخاص.

الصيغة التكييفية The Adaptive Mode:

تعتمد هذه الصيغة في المنظمات العاملة في القطاع العام (حكومية، خدمية) اذا كانت تشترك بثلاث خصائص في الأقل:

أولاً: ان يكون المصدر التمويلي الرئيسي لهذه المنظمات هو القطاع العام.

ثانياً: ان مثل هذه المنظمات تتعرض للتأثير السياسي بشكل ملحوظ ودائمي بسبب اعتمادها على التخصيصات الحكومية بنسبة عالية (Harrison 1981).

ثالثاً: تتميز هذه المنظمة بالبيروقراطية الشديدة وبكل ما تحويه الكلمة من معاني (Harrison 1978).

ويعود الينا (Mintzberg 1973) ويذكر بان هناك اربعة خصائص يتميز بها الخيار الاستراتيجي الجاري وفق الصيغة التكييفية وهي:

1- عدم وجود اهداف واضحة.. ذلك ان الخيار الاستراتيجي الاداري يتأثر بجوانب القوة السائدة بين الأعضاء في ضوء توافقهم السياسي.

2- يجري التفاعل وفق هذه الصيغة مع المشاكل القائمة ولا يتم البحث عن فرص جديدة.

3- يتم الخيار الاستراتيجي وفق هذه الصيغة بخطوات متتابعة ومتلاحقة.

4- ثم ان عملية الخيار الاستراتيجي تميل إلى التجزئة والتفصيل بدل الدمج والاستمرارية.

لذلك تمتاز اعمال الخيار الاستراتيجي وفق الصيغة التكييفية بالصيغة السياسية المهيمنة على البيئة الخارجية والتي تتسم بالمساومات والتسويات كعملية غير محكمة البناء مما يؤدي إلى بروز نتائج عامة وفي زمن قياسي قصير، ثم ان الصيغة التكييفية للخيار الاستراتيجي هي الاسلوب والقاعدة التي يرتكز عليها القطاع العام وعلى كافة المستويات، وبالتالي يصعب علينا ان نجد ستراتيج صحيح ثابت بسبب تأثر عمليات الخيار بالكتلة السياسية أولاً إلى جانب الكتل الاجتماعية والتكنولوجية.

الصيغة التخطيطية The Planning Mode:

يميل الخيار الاستراتيجي على وفق هـذه الصيغة إلى تحقيـق الأهداف الاداريـة بشـكل نظمي (Systematic) ويشير (Ackoff 1970) في كتابه إلى الجوانـب الايجابيـة لهـذه الصيغة اذا مـا اعتمدت من قبل المنظمات المختلفة، وهذه الجوانب هي:

1- ان الخيار الاستراتيجي يسبق الشروع باي عمل، حيـث ان النتائج والمحصـلات تكـون مقدرة ومحسوبة مسبقاً كما ان العواقب تؤخذ بنظر الاعتبار قبل التنفيذ.

2- ان الخيار الاستراتيجي يشمل مجموعة من القرارات التي يتوقف تنفيذ أي منهـا علـى تنفيذ قرار آخر كعمل نظمي هادف (ترابطية).

3- ويجري الخيار الاستراتيجي نحـو تحقيـق حالـة أفضـل لانـه يعتمـد التفكـير العميـق والعمل الفعال الفوري لتجسيد الرغبة مستقبلاً.

ان الخيار الاستراتيجي ضمن الصيغة التخطيطية هو صورة مصغرة لاختيار الاستراتيجي الاداري حسبما يهدف اليها هذا الكتاب، حتى يلائم توجهات المنظمات الكبيرة، وبـاجراء بعـض التحويرات عليه يصبح ملائماً للمنظمات التي تعمل في القطاعات الاقتصادية المختلفة، الصغيرة منها والكبيرة (Hatten 1982).

ان المقومات الأساسية للخيار الاستراتيجي وفق الصيغة التخطيطية تنطوي على الآتي مـن المميزات (Harrison 1981):

1- ينجز الخيار الاستراتيجي من قبل ادارة المنظمة لتحقيق اهداف ديناميكية متأثراً بالفترة الزمنية المتاحة والضغوط والضوابط السارية.

2- تكون المعلومات والبيانات عموماً غير كاملة وغير موثقة وذات حساسية شديدة تجاه المؤثرات البيئية وتجاه المصالح المهنية.

3- يعتبر الخيار الاستراتيجي حالة اجتهادية في اصدار الاحكام تخضع لتقديرات شخصية عن نتائج اهداف بعيدة المدى ضمن ابعاد زمنية مختلفة.

ان الصيغة التخطيطية للخيار الاستراتيجي مرتبطة برسالة المنظمة، وبيئتها وتكنولوجيتها وحجمها... فقد تبدأ منظمة صغيرة حديثة التأسيس هادفة للربح وبتوظيف تكنولوجيا سريعـة التغيير واعتماد الصيغة الريادية، ثم تأخذ بالانتقال بسرعة إلى النمط او

الصيغ التخطيطية لضمان الديمومة والنمو، وعلى العكس من ذلك فقد تختار منظمة حكومية خدمية كبيرة الحجم في بيئة معقدة مضطربة، تشكيلة متوافقة من الصيغ التكييفية والتخطيطية، اما المشاريع المتوسطة الحجم العريقة والهادفة للربح فهي ذات تكنولوجيا معتدلة التغيير، وقد تمزج بين خواص صيغ وصيغ التخطيط (Mintzberg 1973)، والأمر متروك أصلاً لادارة المنظمة.

رموز الخيار الاستراتيجي Typology of Selecting Strategy:

دراسة الرموز (Typology) في الواقع نظام للتصنيف، وتهدف من بين ما تهدف إلى دراسة رموز الخيار الاستراتيجي بقصد اعانة ادارة المنظمة في توجيه كل اهتماماتها نحو الجوانب الحيوية للاستراتيجية الاداري قبل ان تقحم نفسها في عمل ما قد لا يؤدي بها إلى النتائج المنشودة، ولوصف رموز الخيار الاستراتيجي لا بد من التعرف على المميزات والخصائص والمتغيرات التي تميز عملة اختيار الاستراتيجية الاداري، وفي هذا المجال قدم كل من (Van Cauwenbergh & Cool 1982) دراسة لرموز الخيار الاستراتيجي مستمدة من احدى التصانيف التي قام بها كل من (Thompson & Strickland 1983)، حيث قاما بتقسيم الخيار الاستراتيجي في تلك الدراسة على وفق المحورين الآتيين:

أ- نسبة الموافقة بشأن الأفضلية الخاصة بالناتج (المخرج) المتوقع.

ب- نسبة عدم التأكد في العلاقة بين السبب والأثر.

وفي ضوء هذين المحورين يمكن ايجاد اربع خيارات ستراتيجية لاعتمادها ن قبل المنظمات المختلفة:

1- الاستراتيجية الحسابية Computational Strategy: حيث يجري احتساب الاستراتيجية كماً وتقدير نتائجه رقماً، وبالتالي فان العلاقة بين سبب الاستراتيجية وأثره لها وضعها الخاص، كما ان لإدارة المنظمة تفضل ملحوظ للنتائج الممكنة.

2- الاستراتيجية الحكمية Judgmental Strategy: في مثل هذه الاستراتيجية تميل ادارة المنظمة إلى الحد من تفضيل النتائج الممكنة، ولو ان العلاقة بين المسببات والمؤثرات يشوبها عدم التأكد إلى حد بعيد (Solesbury 1981).

3- استراتيجية الحل الوسط Compromise Strategy: تميل ادارة المنظمة في مثل هذا الخيار إلى التأكد من العلاقة بين المسببات والمؤثرات، الا ان تفضيلها للنتائج الممكنة يبدو ضعيفاً (Lindblom 1959).

4- الاستراتيجية الإيحائية (Inspirational Strategy): لا يمد هذا الاستراتيجية ادارة المنظمة، بالاندفاع نحو تفضيل النتائج المحتملة لوجود حالة عدم التأكد بشأن العلاقة بين السبب والنتيجة (الأثر والمؤثر) (Summers & White 1976).

الا ان (Pearce 1982) ابتكر دراسة مختلفة لرموز الخيار الاستراتيجي والتي تتلاءم تطبيقها في المشروعات التجارية بالدرجة الأولى، وأما المتغيرات التي تحكم هذه الدراسة هي، أولاً الغرض من الاستراتيجية، وثانياً المساحات التي تهتم بها الاستراتيجية، ومثل هذه المساحات اما أن تكون داخلي او خارجية، وكما هي الحالة في الدراسة السابقة فان دراسة Pearce لها هي الأخرى نظرة ثنائية الأبعاد، يمكن من خلالها تحديد اربعة أنواع من الخيار الاستراتيجي وهي:

الخيار الأول: يكون في التغلب على نقاط الضعف من خلال اعادة النظر بتوزيع وادارة موارد المنظمة.

الخيار الثاني: يكون في التغلب على نقاط الضعف من خلال دعم واسناد الهيمنة البيئية للمنظمة.

الخيار الثالث: فيكون بتعظيم وتعزيز قوة المنظمة إلى الحد الأعلى من خلال اعادة تنظيم وادارتها لمواردها.

الخيار الرابع: فيعتمد على تعظيم وتعزيز قوة المنظمة إلى الحد الأعلى من خلال دعم واسناد هيمنتها البيئية.

وقد ذكر (Pearce 1982) بأن أفضل الخيارات الاستراتيجية لأغلب المنظمات التجاري هو ذلك الخيار الذي يؤدي إلى تعظيم وتعزيز قوة المنظمة من خلال دعم واسناد هيمنتها البيئية عن طريق الدمج والتكامل (Integration) مع منظمات أخرى، أو باعتماد التنويع (Diversification) في المنتوج، او الدخول في مجال الاتحادات التجارية (Joint

Venture). وإذا كان عدم التأكد هو الحال السائد في البيئة وبشكل شديد تجاه المنظمة فان الخيار الاستراتيجي يميل إلى الاستراتيجية الحكمية (Judgmental).

وبالتالي فان تزايد عدم التأكد إلى ابتعاد الخيار الاستراتيجي عن الاستراتيجية الحسابي وحتى ستراتيج الحل الوسط، حيث ان الأول يصطدم بالمفاجئات التي تبرز في البيئة، ويتعارض الثاني مع تفضيل الحصول على أفضل النتائج، وإلى جانب ما ذكر من دراسات فان هناك دراسات أخرى (Newman 1971) اهتمت بالترميز لاستخدامه في اعمال الخيار الاستراتيجي، والدراسات هذه تشابه السابقة من حيث لجوئها إلى تصنيف الخيار الاستراتيجي اعتماداً على محورين وتقليص عدد المتغيرات الأساسية إلى متغيرين اثنين وهما:

أولاً: بعد ودرجة التغيير وتفاعلهما مع الاستراتيجية.

ثانياً: أنواع واعداد الموارد الواجب استغلالها لتحقيق التغيير المنشود في الاستراتيجية المختار.

وفي ضوء هذين المتغيرين فان الشكل الآتي (7-1) يوضح مفهوم دراسة الرموز ويعكس الاحتمالات الأربعة اللازمة لجمع وتوحيد التغييرات والموارد في الخيار الاستراتيجي وإليك الشرح الموجز لكل احتمال من الاحتمالات الأربعة:

الشكل (7-1)

رموز وتصنيفات الخيار الاستراتيجي

البعد و الدرجة		التغيير	
		نتائج سلبية	**نتائج إيجابية**
الموارد	الاستغلال السليم	1- حالة غير جذابة وشديدة المخاطرة	2- حالة جذابة وشديدة المخاطرة
	الاستغلال غير السليم	3- حالة غير جذابة وقليلة المخاطرة	4- حاله جذابه وقليلة المخاطرة

الصنف الأول: قد يؤدي الخيار الاستراتيجي إلى نتائج سلبية بالرغم من الاستغلال الجيد للموارد ويترتب على الادارة الحكيمة تجنب مثل هذا الاختيار.

الصنف الثاني: يؤمل الخيار الاستراتيجي نتائج ايجابية مع استغلال جيد للموارد والذي يواجه بحالة من المخاطرة الشديدة، ويقع على الادارة هنا تخمين الاحتمالات المقارنة للنجاح مع احتساب كلفة الفرصة عن استغلالها.

الصنف الثالث: قد يتمخض عن الخيار الاستراتيجي استغلال غير جيد للموارد مما يترتب عليها نتائج سلبية، ومع ان هذا النوع من البدائل قليل الأهمية الا انه من الضروري التمسك به لحين التأكد من عدم امكانية ابدال او تصحيح النتائج السلبية.

الصنف الرابع: وأخيراً يضع هذا الاحتمال على ادارة المنظمة خيار مواجهة نتائج ايجابية قوية تتمخض من خلال الاستغلال غير الجيد للموارد، وعلى ادارة المنظمة مقارنة هذا الخيار مع استراتيجيات اخرى حتى لا يأخذ موقع التفضيل الأولوية لديها عند الاختيار النهائي.

وخلاصة القول ومع دراسة ما ورد في الشكل (7-1) يتضح بأن ادارة المنظمة تنجذب نحو النتائج الإيجابية رغم عدم استغلالها لمواردها بشكل جيد، مما يدفعها إلى عدم تحليل نتائج الأعمال الايجابية بكل دقة، وهنا يبرز امام المنظمة مسألة الاستغلال للموارد المتاحة، ومن ناحية ثانية فان الادارة قد لا تعبر اهتماماً ملحوظاً للنتائج السلبية حتى ولو كان استغلالها للموارد بشكل غير جيد، ومن ناحية ثالثة فان ادارة المنظمة قد ترفض الخيارات الواعدة بنتائج سلبية والناتجة عن زج واستغلال الموارد المتاحة بشكل جيد كما لا تقوم بتحليل تلك النتائج بشكل سليم.

مجالات الخيار الاستراتيجي **Perspectives for Selecting Strategy**:

بعد مناقشتنا السابقة للجوانب المتعلقة بأهمية اختيار الاستراتيجية الاداري، وكون هذا الخيار جزءاً متمما لمفهوم نموذج عملية الإدارة الاستراتيجية، يصبح من الضروري أيضاً القاء نظرة فاحصة متعددة الأبعاد على المجالات الرئيسة للخيار الاستراتيجي، ولمناقشة هذا الموضوع فاننا سنعرض له ومن ابعاد متعددة.

1- الجوانب التطورية للخيار الاستراتيجي Evolutionary Aspects:

ان تاريخ الفكر الاداري يمتد إلى سنة 5000 ق.م (George 1972) ثم نشأت وتطورت الادارة خلال القرون الوسطى ثم بدأت تمارس في عصر النهضة وخلال الثورة الصناعية في القرن الثامن عشر، واستمر تطور الفكر الاداري خلال القرن التاسع عشرـ وبرزت ممارسة الادارة في بداية القرن العشرين، وقد انتشر الفكر الاداري من خلال دراسات وإعمال F.W. Taylor. فمنذ عام 1900 استمر الفكر الاداري بالتطور الحثيث واحتلت بعض الدول مجالاً ملحوظاً في التقدم الاداري (Wren 1972).

ولموضوع الإدارة الاستراتيجية أيضاً تاريخ مشهود خصوصاً في الأعمال العسكرية، ذلك ان كلمة الاستراتيجية في اليونانية القديمة تعني كل ما عمل القائد (Steiner 1969). وخلال العقود الثلاثة الأخيرة من هذا القرن تم تحويل استخدام مفهوم الاستراتيجية وادارته بمطابقته مع مفهوم الادارة في المنظمات التجاري ليشكلا نظاماً ثانوياً جديداً هو الإدارة الاستراتيجية.

يعزى بروز موضوع الإدارة الاستراتيجية والدوافع له إلى دراسة قام بها (Chandler 1966) شملت مجموعة من المنظمات مثل (DuPont, General Motors, Standard Oil...etc) ويمكن القول بان هذه الدراسة تعتبر نقطة التحول من الفكر الاداري، حيث تطور مفهوم الإدارة الاستراتيجية بشكل واسع بعد ذلك ليضم عدداً لا بأس به من النظريات والمفاهيم والمبادئ (Andrew 1980). ويحتاج المرء إلى إجراء المقارنة بين اكبر المنظمات الصناعية من حيث قوتها في بداية العشرين مع مثيلاتها بعد سنين طويلة لاكتشاف الأسباب التي ادت إلى نشوء وتطور او اختفاء مشروعات صناعية رائدة (Kaplan 1954). ذلك ان المنظمات التي أحست بالفرص واستثمرتها ازدهرت ودامت، اما تلك التي لم تعي الفرص المتوفرة لها ولم تتمكن من تطوير وتنفيذ ستراتيجية فعالة تجاه الفرص المعروفة لديها فقدت مكانتها التنافسية في السوق وخرجت عن دائرة التجارة او ابتلعتها المنظمات التي وجهت اعمالها من خلال مجموعة من استراتيجيات المناسبة، وإذا اريد لأي من المنظمات التقدم والبقاء فعليها تطوير ستراتيج مناسب يتعامل مع التغييرات الفجائية.

2- الجوانب الانتقائية للخيار الاستراتيجي Electic Aspects:

ان كلمة Electic تعني اختيار الأحسن والأفضل مـن بـين عـدد مـن المـوارد، او النظم، او الأشكال، وبمعنى آخر فان الاختيار ينطوي على التأكيد على العناصر المختارة من بـين عـدد مـن الموارد المتاحة، لذا فان الخيار يجسد الخصائص الجوهريـة للاستراتيجية المختارة، ان الطبيعـة الانتقائية للاستراتيجية تظهر في عدة نظم تـدخل في صياغتها وفي كـل أنـواع المنظمات، حيـث تشترك جوانب من النظام البيئي السائد في اعمال الإدارة الاستراتيجية بشكل عـام وفي اعمـال الخيار الاستراتيجي بشكل خاص (Ansoff 1877) وعلى النحو التالي:

أ- النظريـة الاقتصـادية الجزئيـة (Microeconomic Theory)، والبقـاء (Survival)، التمويـل الاستراتيجـي (Strategic Budgeting)، الفاعليـة الاقتصادية (Economic Effectiveness).

ب- النظم الاجتماعيـة التقنيـة (Socio-Technical Systems)، التكنولوجيا (Technology)، البراعة الحضارية (Culture Capability).

جـ- نظريـة النظم (System theory)، الاضـطراب البيئـي (Environmental Turbulence)، الانفتـاح التنظيمي (Organizational Openness)، التنوع (Variety).

د- سياسة عمليات اتخاذ القرار (Politics of Decision Processes)، ميـزان القـوى في التغير التنظيمي (Power Balance in Organization Change).

هـ- سيكولوجية سلوك الفـرد (Psychology of individual behavior)، الطمـوح (Aspiration)، نزعات وميـول المخاطرة (Risk Propensities)، الاختلافات السـيكولوجية (Differences in Psychological Profiles).

و- الناحيـة الاجتماعيـة في استجابـة المنظمة للضغـوط (Sociology of Organization al response to stress)، قلـة التبصـر (Myopia)، التعطـل والكسـل (Inertia)، الانـدفاع والتهور (Drift).

ان طبيعة الانتقائية المتزايدة للإدارة الاستراتيجية ومكوناتها الرئيسة، بما في ذلك الخيار الاستراتيجي، وما يصاحبه من عدم الانتباه إلى النظم الاقتصادية، قد يؤدي إلى تزايد حذر المنظمات وتوجيه انتباهها إلى ما يجري في الساحة، ذلك ان العملية الادارية برمتها هي نتاج الحضارة حيثما وجدت تلك المنظمات (Faucheux 1977).

ومع زيادة التعقيد الحضاري وتزايد درجات التغير التكنولوجي والاجتماعي، يتوجب على ادارة المنظمات الاستفادة من الجوانب النظمية الوثيقة الصلة بالخيار الاستراتيجي لكي تحافظ على متانتها وفاعليتها وتفي التزاماتها وتعهداتها تجاه المجتمع الذي منحها شرعيتها في الوجود، ان الطبيعة الانتقائية للإدارة الاستراتيجية ومن ثم الخيار الاستراتيجي يؤيدان كون الادارة ظاهرة كباقي الظواهر التي تنشأ عن الأعمال التي يقوم بها الانسان ولها اوجه مختلفة، لذا تبقى المشاكل الادارية دوماً محط اهتمام الباحثين في مختلف حقول المعرفة، ولا نعني طلاب التكنولوجيا، او الاجتماع، او العلوم النفسية، او الاقتصاد، او الرياضيات فحسب، وانما طلاب علم الاخلاق والفلسفة والقانون والسياسة على حد سواء (Green Wood 1965).

ان الفكرة الرئيسة وراء هذا الكتاب هي ان اساس معرفة الخيار الاستراتيجي تكمن في العلمية التي تحقق الإدارة الاستراتيجية، فالطبيعة الانتقائية للخيار الاستراتيجي تعتمد على نوعين من المعارف هما:

1- المعارف المأخوذة من النظم العديدة التي سخرت لعملية الإدارة الاستراتيجية.

2- المعرفة المتأصلة في عملية الإدارة الاستراتيجية والتي تصبح بعدئذ من صلب الخيار الاستراتيجي.

وخلاصة القول.. ان الخيار الاستراتيجي حالة انتقائية في الإدارة الاستراتيجية، وهي دائمة التطور والتغيير، وهي أيضاً فعل عام يلائم تطبيقياً المنظمات كافة مهما اختلفت خواصها وطبيعتها.

3- الجوانب العمومية للخيار الاستراتيجي Generic Aspects:

ان الجوانب العمومية لإدارة الاستراتيجية، ومن ثم الخيار الاستراتيجي، تشكل احدى اهم الدعامات التي يناقشها هذا الكتاب، ومن الشائع جداً ان تعزى إدارة الاستراتيجية، وضمناً الخيار الاستراتيجي إلى المشروعات التجارية، وأصبح من المألوف تدريس هذه المادة في معاهد وكليات ادارة الأعمال لملاءمتها للمنظمات الكبيرة، كما هي تلائم المنظمات الأخرى، ويؤكد (Koontz 1969) على ان ادارة الستراتيج حقلاً عاماً (Generic Field). اذ ليس المهم نوع المنظمة التي نديرها، فان كانت تجارية، حكومية، خيرية، او دينية، وحتى الجامعات. يبقى عملنا كاداريين وفي أي من المستويات هو تحقيق النجاح والايفاء بغايات المجتمع وبأقل قدر ممكن من النفقات والمواد والموارد البشرية، وتكمن عمومية إدارة الاستراتيجية في عملية الادارة، كون ان إدارة الاستراتيجية حالة قائمة وممكنة في كل المنظمات التجارية، الحكومية، العسكرية، العمالية، التربوية، وحتى الدينية (Albers 1974).

وإذا توسعنا في اعتبار حالة إدارة الاستراتيجية نشاطاً عاماً لتشمل المنظمات المتعددة الجنسيات المنتشرة في بعض دول العالم، والمنظمات الأحادية، فان شمولية إدارة الاستراتيجية ستتوضح في هذا المجال، والأهم من ذلك ليس من الضروري النظر إلى البلدان الأخرى لغرض تسوية وانهاء النقاشات حول عمومية إدارة الاستراتيجية، فقد كشفت مثلاً احدى الدراسات (Haire et. al 1966)، حول الاتجاهات والنزعات الادارية في أربعة عشر دولة، عن اوجه الشبه الشديدة بين الاداريين ونسبت اوجه الاختلافات بينهم إلى العوامل الحضارية، كما انتقدت دراسات أخرى (Ganzallez & McMillan 1961) عدم رغبة وقدرة بعض الاداريين في العمل خارج بلدانهم وعدم قدرتهم على التطبع والتكيف والقبول بالعادات والتقاليد للدول المضيفة، هذه الانتقادات لا تقوض الاعتقاد الجازم بعمومية عملية الإدارة الاستراتيجية، بل على العكس فهي تطرح سلوكيات مرنة يجب ان يتخذها الاداريون من جانبهم، وان النجاح الذي تحقق من خلال تطبيق الشركات المتعددة الجنسيات في أوروبا (Servan-Scbriber 1968) وباقي انحاء العالم (Branet & Muller 1974) لعملية

الإدارة الاستراتيجية اصبح حقيقة ثابتة ومن الصعب نقض الجوانب العمومية للخيار الاستراتيجي.

4- الجوانب التداؤبية للخيار الاستراتيجي Synergetic Aspects:

لقد تم بيان معنى التداؤب في الفصل الثاني وماله من فوائد ومنافع مشروعة للمنظمة تنتج عن الاستخدام المستمر والفعال للاستراتيجية، وعندما يحين وقت الخيار الاستراتيجي ضمن عملية الإدارة الاستراتيجية تبرز اهمية الأخذ بالتداؤب امام المعنيين بالأمر.

لقد عرف التداؤب بتعريفات عدة نقتبس منها أولاً ان التداؤب ينشأ عندما ينتج عن تأدية عملين معاً فوائد وعوائد عظيمة لا يمكن الحصول في حالة استقلال او فصل كل عمل عـن الآخر (Neuman 1972)، وثانياً ان التداؤب عملية توحيد العناصر بحيث يصبح الكل اعظم وأقوى من حاصل وناتج كل جزء بشكل منفرد (Chang & Campo-Flores 1980). وأخيراً فان التـداؤب مفهوم اساسي في الخيار الاستراتيجي عند قيام الادارة بموازنة الخارجية مع القدرات التي تمتلكها المنظمة.

وعند ممارسة اعمال الخيار الاستراتيجي يعكس التداؤب درجـة التكامليـة بـين المهـارات والفرص في الوقت الحاضر وبين المهارات والفرص مستقبلاً، فكلـما ظهرت درجة التكامليـة مرتفعة بين الوضع الاستراتيجي الحالي والمكانة المنشودة كلـما اصبحت الفرصـة قويـة لاحـداث التداؤب الايجابي (Shirley et. al 1981).

وعلى المنظمات بأنواعها الانتباه لفرص التداؤب الايجابي عند صياغتها للاستراتيجية، فالتداؤب هو نتيجة الخيارات الاستراتيجية العاملة على زيادة وتطوير التكاملية والتنسيقية بـين موارد وقدرات المنظمة في مواجهة الفرص والتهديدات الخارجية.

من بين مهام ادارة المنظمة رؤية آثار التداؤب الايجابي منعكسة في المنظمة بأكملها، ذلك ان التداؤب هو الحصيلة المثلى في توحيد وتنسيق الجهـود المبعـثرة (Lorsch & Lawrence 1970)، وتعد جهود ادارة المنظمة في تحقيق التوحيد افضل الانجازات المتحققة مـن قبلـها (Gediwella 1983)، لذلك يتوجب تحديد وقياس العناصر الاساسية في عملية التداؤب. وبالتالي فان تحديد مراحل الانتماء والتطوير المتوقع ووضع التكتيكات اللازمة

لذلك يصبح أمراً لازماً حيث ان قوى التداؤب تتجانس وتتكامل مع عمليات التخطيط وتحديد مسببات تحقيق الأهداف، ذلك ان التداؤب لا يحصل تلقائياً (King & Clenland 1978).

وعلى الرغم من أن التداؤب يظهر على المستوى الكلي الشمولي للمنظمة، الا ان الاجزاء المسببة للكل التداؤبي تظهر في مساحات وأجزاء مختلفة في المنظمة، فمثلاً ينشأ التداؤب التسويقي (Marketing Synergy) عن زيادة الخدمات او بترسيم بعض المنتجات تحت اسم او علامة تجارية حديثة، كما ينشأ تداؤب الكلفة (Cost Synergy) عن الاستفادة من المهارات او تحفيز الافراد، وأما التداؤب التكنولوجي (Technological Synergy) فينتج وبكل بساطة عن امكانية الاستفادة من تكنولوجيا خاصة لحقل من الحقول لتناسب في تطبيقها مجالات عديدة في المنظمة، اما التداؤب الاداري (Managerial Synergy) فيظهر بالخصوص في المستويات العليا ويظلل المنظمة بأكملها، كما ونرى ضرورة التأكيد ثانية على ما ورد في الفصل الثاني من ان عدم إدارة الاستراتيجية بشكل صحيح قد يؤدي إلى نتائج عكسية يطلق عليها التداؤب السلبي (Negative Synergy) (King & Cleland 1978).

وفي كل الأحوال فان الجوانب التداؤبية للخيار الاستراتيجي ضرورية وجوهرية لتحقيق نتائج متميزة وكما ابتغتها الادارة عند اختيارها للاستراتيجية واستغلالها للموارد المتاحة.

العقلانية في اختيار الاستراتيجية Rationality in Selecting Strategy:

ان علاقة العقلانية باختيار الاستراتيجية في نموذج عملية إدارة الاستراتيجية لا تحتاج إلى تحليل معمق ذلك ان مفهوم العقلانية يكتنفه بعض التعقيد والغموض، الا ان ضرورته لعملية إدارة الاستراتيجية قد تكون كافية لتبرير مناقشة هذه العلاقة بين هذين المضمونين.

1- السلوك العقلاني في الخيار الاستراتيجي Rational Behavior:

ان مصطلح العقلانية او الرشد ومفهومه يخضعان لتفسيرات كثيرة (Harrison 1981) حيث يخضع الحكم على عمل من الاعمال بانه رشيد وعقلاني او غير ذلك مقايسة بالنظم

القيمية (Value Systems) ولوجهات نظر المراقبين (Perspectives) وان الخيار الاستراتيجي ما هو الا قرار الشروع بعمل واظهار الدوافع والقدرات له، وفي نطاق هذا الكتاب يترجم الخيار الاستراتيجي ذلك السلوك العقلاني والشريد للمنظمة.

يقول (Simon 1957) ان العقلانية هي اختيار البدائل السلوكية الأفضل في ضوء بعض النظم القيمية، حيث بالامكان تقييم نتائج هذه السلوكيات إيجابياً، ان السلوك في المنظمات عموماً قد يأخذ أحد الأشكال التالي او قسم منها خلال مسيرتها وحسب قيم وأهداف الأفراد العاملين فيها:

"سلوك موضوعي، شخصي، تأملي، تنظيمي،

شخص عقلاني، طفولي، منظمي...الخ".

وقد يعتقد أغلب الاداريين عند وصولهم إلى مرحلة الخيار الاستراتيجي بان سلوكهم عقلاني ورشيد في تلك اللحظة، اذا كان هناك هدف وهناك عدة مناهج عملية من خلالها يتم الخيار لبلوغ الهدف، اذن فالموضوع هنا هو صنع واتخاذ قرار قادر على تحقيق هدف ما والذي يضفي على الخيار الاستراتيجي صفة العقلانية، ان ما يجعل الخيار الاستراتيجي خياراً عقلانياً هو وجود هدف، وان يتحلى الاداري بالوعي عند القيام بالخيار واختياره للبديل الواعد المحقق للهدف المنشود.

ان الخيار الاستراتيجي عند صانع القرار يستدعي حسابات وتحليلات مختلفة، وقد لا يفترض فيها العقلانية او الرشد، اذا ما تم الخيار على الارجح في ضوء معلومات ناقصة او غير صحيحة، ولا تعد هذه الحالة خياراً عقلانياً بسبب عدم صحة المعلومات واضطرار صانع القرار إلى مواجهة درجة من المخاطرة، وعلاوة على ذلك فقد توحي بعض السلوكيات او تتحفز لتصرفات عقلانية مثل الهيبة (Prestige) او المنزلة والمكانة (Status) او غرور الذات (Ego) إلى القيام بالخيار الاستراتيجي.

وقد توسع (March 1979) في توضيح فكرة العقلانية والرشد في سلوك صانع القرار من خلال تصنيفه للبدائل العقلانية والرشيدة ذات الصلة الوثيقة في مجال الخيار الاستراتيجي وعلى النحو التالي:

(1) **العقلانيـة المحدودة Limited Rationality:** تميز الصعوبات والتوقـع المسبق للبـدائل والمعلومات التي لها علاقة بالمطلوب.

(2) **العقلانية القرينيـة Contextual Rationality:** ويقـع التأكيـد هنـا عـلى المسـاحة التـي يغطيها السلوك الاختياري في خضم الدعاوى ومطاليب الأفراد والهياكل الاجتماعية الأخرى.

(3) **عقلانيــة تدبيريــة (Game Rationality):** اعطـاء التقـدير والادراك التمييـزي للرقعـة المكانية للمنظمات والمؤسسات الاجتماعية الاخـرى التـي يسـعى أفرادهـا بكـل حماسـة وذكـاء الوصل إلى اهدافهم عن طريق الحسابات والتقديرات الفردية وتأثرها بالرغبة الذاتية.

(4) **العقلانية العملياتية Process Rationality:** ويتم هذا التأكيد على المسـاحة العملياتيـة والمدى المطلوب للوصول إلى الخيارات المناسبة لتحقيق الهدف المنشود مقايسة بعمليات صـنع القرار لا بنتائجه.

(5) **العقلانيـة التكييفية Adaptive Rationality:** وتركز عـلى تعلـم الفـرد او الجماعـة عـن طريق الممارسة والخبرة وكيفية تكييفهم تجاه الحالات في ضوء ذلك.

(6) **العقلانيـة المختـارة Selected Rationality:** البقـاء والنمـو هـما دعامـة عمليـة الخيـار وهدف الأفراد والمنظمات من هذه العملية.

(7) **عقلانية لاحقة Posterior Rationality:** وهي البرهـان عـلى ان الغايـات ليسـت مجـرد حالة وانما هي تفسير وتبرير للأعمال والأفعال السابقة.

وخلاصة الموضوع ان العقلانية امر جدير بالعناية للوصول إلى الخيار الاستراتيجي الذي يتخذه صانع القرار الاداري، والخيار الاستراتيجي يسير على أساس تعظيم السلوك الإنساني النافع او السلوك الكافي المقنع لتحقيق المنشود.

2- تعظيم الميل نحو الخيار الاستراتيجي Maximizing Orientation:

تعظيم الميل السلوكي لدى الفرد له جذوره في النظرية الاقتصادية التقليدية والتي تجسـد فكرة الرجل الاقتصادي (Economic Person)، حيث يفترض في هذا الشخص معرفته بكل الجوانب ذات الصلة الوثيقة لبيئته، أي ان لم تكن معرفته كاملة او عميقة فعلى الأقل

واضحة وغزيرة، كما يفترض في هذا الشخص امتلاكه لمجموعة متسلسلة ومتوازنة من الخيارات والتفضيلات والمهارة في التخمين والتقدير، وبهذه المهارة يتمكن الرجل الاقتصادي من حساب مناهج الأعمال البديلة والتي تمكنه من بلوغ الحد الأعلى في ميزان التفضيلات الشخصية، ويفترض انسحاب اهتمام الرجل الاقتصادي تجاه التفضيلات والرغبة في اشباع حاجاته إلى الحد الأقصى اعتماداً على ما يمتلكه من رشد وعقلانية (Harrison 1981).

كما تنص النظرية الاقتصادية التقليدية على ان الاداريين في المنظمات التجارية يسعون بحماس إلى الخيارات الاستراتيجية لتحقيق الربح والنمو، وبالتالي فان كان نشاط الادارة قائماً على اسس النظرية الاقتصادية التقليدية فان الدافع لمحاولة الوصول إلى الحد الأقصى- من الخيارات الاستراتيجية في المنظمة الاقتصادية التقليدية فان الدافع لمحاولة الوصول إلى الحد الأقصى من الخيارات الاستراتيجية في المنظمة التجارية هو الربح، كما ان هذه النظرية لا تشترط الربح كهدف اساس فحسب وانما تؤكد على ان الهدف هو امكانية تحقيق الحد الأعلى من الأرباح، وان الداريين ينحون المنحى العقلاني في الاختيار.

ان فشل المنظمة التجارية في تحقيق الحد الأعلى من الأرباح يعني وجود نوع من العجز وعدم الكفاءة في احد جوانب المنظمة، وهذه هي المسألة الرئيسة لاعتبار مبدأ زيادة الأرباح إلى الحد الأعلى نحو الخيار الاستراتيجي الأمثل (Harrison 1978).

لم تنتبه النظرية الاقتصادية التقليدية إلى كون المنظمة نظاماً مفتوحاً يتفاعل مع البيئة الخارجية وكتلها المختلفة، بل تعاملت معها باعتبارها نظاماً مغلقاً في صنع الخيارات الاستراتيجية (Alexis & wilson 1967)، وبالتالي فان مثل هذا النظام (المغلق) يتكون من الأجزاء التالية التي تلعب دورها في صنع القرار:

1- هدف ثابت او قليل التغيير.

2- مجموعة من البدائل المعروفة ذات نتائج معلومة.

3- وجود مجموعة قواعد او علاقات ينتج عنها النسق المفضل من البدائل.

4- ان تعظيم النتائج المنشودة هو ما تسعى اليه المنظمة.. كالأرباح، والمردود، ومجموع السلع وكل ما يعوض عنها.

5- عدم الاكتراث عموماً بالضغوط والضوابط البيئية.

والحقيقة ان افتراض تعظيم السلوك في الخيار الاستراتيجي امر يستحيل تحقيقه، ذلك ان الأهداف لها خاصية ديناميكية وتخضع للتغيير، والبدائل المعلومة غير متكاملة على الدوام بسبب استحالة الحصول على معلومات وافية وصحيحة ودقيقة، كما ان محدودية العقل البشري تحول دون الدراسة الجادة واستيعاب البدائل المتعددة، ومن الصعب أيضاً تحديد عدد المتغيرات الواجب دراستها في أي محاولة لتحقيق تعظيم السلوك، عليه فان الدقة في التفضيل من بين البدائل المحدودة العدد قد يكون متعذراً، ناهيك عن دور الكتل البيئية ومؤثراتها والتي لا يمكن تجاهلها من نموذج عملية الإدارة الاستراتيجية باعتبارها نظاماً مفتوحاً.

وخلاصة القول فان تعظيم الميل نحو الخيار الاستراتيجي لا يخلو من بعض الهفوات، فالخيارات غير معروفة او واضحة المعالم على غرار نماذج القرار في النظام المغلق، وتظهر سلوكية ادارة المنظمة النضالية من اجل الهدف المنشود سعياً لتحقيق الخيارات الاستراتيجية ضمن هيكل تنظيم للأهداف الثانوية، وان اختيار هدف معين او هيكل من الأهداف هو بحد ذاته قرار، الا ان المعلومات غير كافية لتحديد اكبر قدر من البدائل، ناهيك عما تتمتع به البدائل من صفات التغيير والتطور وفقاً للخيارات الاستراتيجية المتعاقبة، هذا وان الشكوك قائمة دوماً حول مقدمة نموذج القرار المغلق في تحريك سلوكية اختيارية معقدة، ورغم ذلك فقد يكون القرار على وفق النظام المغلق نموذجاً لخيارات غير استراتيجية (Wilson & Alexis 1962).

3- التوجه المقنع نحو الخيار الاستراتيجي A Satisficing Orientation:

تعني كلمة مقنع قدرة المنظمة في ايجاد منهج عمل مرضي غير مثالي (Harrison 1981) دون ان تأخذ بالاعتقاد الخاطئ من ان الحلول المقنعة هي الخيار الأحسن (الثاني في التسلسل)، وفي هذا النطاق فقد عمل كل من (March & Simon 1958) على ايجاد الفروق بين خيار مثالي (وهمي Utopian) وخيار مقنع (ممكن تحقيقه Attainable)، ويكون البديل مثالياً اذا كانت لدينا مجموعة معايير يمكن المقايسة إزائها، وهذه المعايير هي المفضلة للقياس، اما البديل المرضي فيعني ان هذا البديل قد تم تقييمه تقييماً وصفياً إزاء بدائل أخرى مرضية، وأن هذا البديل هو إما متكافئ مع المعايير او أفضل منها ميزة، وان الفرق

الرئيسي بين الحالتين هو افتراض امتلاك صانع القرار في الحالة المثالية لكافة البدائل الخاضعة للمقايسة، بينما يتطلب الأمر في الحالة المقنعة او المرضية قيام صانع القرار بمقايسة أي بديل مرضي يتلاءم ويكفي لتحقيق الأهداف (Harrison 1981). وبالإمكان تطبيق الفروق الرئيسة بين هيكل نموذج القرار المغلق يعتبر حجر الزاوية في النظرية الاقتصادية التقليدية ونموذج القرار المفتوح الذي يتشابه مع مفهوم النظام المفتوح ونموذج عملية الإدارة الاستراتيجية (Wilson & Alexis 1962) وكما يلي:

(1) ففي النظام المفتوح تستبدل الأهداف الثابتة والمحددة مسبقاً بأهداف ديناميكية وبمستوى الطموح المطلوب.

(2) وعلى عكس حالة النموذج المغلق فان البدائل والأهداف لا تحدد مسبقاً ولا ترسم لها علاقات مع بدائل أخرى بشكل مقنن.

(3) وفي النظام المفتوح يعوض عن ترتيب البدائل حسب الأفضلية بدراسة عدد محدد من البدائل وذلك لقلة او عدم كمالية المعلومات، او بسبب محددات كلفوية او زمنية إلى جانب محدودية إدراك صانع القرار.

(4) تعظيم السلوك خاصية مميزة للنموذج المغلق يعوض عنها في النموذج المفتوح بدراسة البديل او مجموعة البدائل التي يمكن ان تحقق مستوى الرضا لطموح معين او لهدف منشود.

(5) يتميز النموذج المفتوح بانفتاحه نحو البيئة وكتلها المختلفة بينما يتجاهل النموذج المغلق الكتل البيئية او يفترض امكانية السيطرة عليها او الانسجام معها.

مبدئياً يمكن القول ان ما يحكم النقاش الجاري في صالح الميل او التوجه المرضي تجاه الخيار الاستراتيجي هو العقلانية المحددة (Bounded Rationality) وكما عرضها (Simon 1957) حيث بين ان طاقة العقل البشري على صياغة وحل المشاكل المعقدة محدودة جداً مقايسة مع حجم المشاكل التي يتطلب حلها بسلوكية عقلانية في عالمنا الواقعي، او بالحد المعقول من الرشد والعقلانية.

تنشأ العقلانية المحددة غالباً من ظواهر سيكولوجية تدعى التوتر الحسي- (Cognitive Strain)، حيث يعتقد صانع القرار بانهيار وفشل العمليات التي يقوم بها عندما يجد نفسه

امام كميات هائلة من المعلومات، بمعنى عندما تكون المقتضيات المعلوماتية اكثر من قدرة صانع القرار في التعامل مع هذه المعلومات (Taylor 1975)، وقد أكدت الدراسات البحثية (Katona 1963, Kates 1862) التي اجريت على عدد من المنظمات المتنوعة، على ظهور التوتر الحسي في حالات معقدة لصنع قرار.

ان العقلانية المحددة تؤثر على صانع قرار الخيار الاستراتيجي بعدة طرق، فمن حيث المصدر، فان اهم انواع القيود هي تلك التي تقحم نفسها في صنع الخيارات استراتيجية من خارج المنظمة، ويأتي هذا الاقتحام من الكتل البيئية التي تعمل على تشكيل هيمنة المنظمة، فقد احتلت البيئة موقعاً واضحاً في الشكل (4-1)، كما نوقشت ابعاد الكتل البيئية في الفصل الخامس، وإلى جانب ضغوط الكتل الخارجية، ومحدودية الإدراك وأثرهما في تحديد وتقييد سلوك الاداري المسؤول عن اختيار الاستراتيجية، هناك عوامل أخرى تفعل فعلها في التوجه المرضي نحو الخيار الاستراتيجي (Young 1866, Harrison 1981) ومنها ما يأتي:

1- **المعلومات** Information: قد لا تتوفر كامل المعلومات لصانعي الخيار الاستراتيجي العقلاني، او قد يؤدون أعمالهم في ضوء معلومات غير كاملة او غير صحيحة، وفي كلتا الحالتين يتأثر العدد المتاح من البدائل، وبالتالي فان استمرارية صنع الخيار الاستراتيجي تبدو أمراً غير محبذاً او مناسباً.

2- **الوقت وضوابط الكلفة** Time & Cost Constraints: عموماً يجب ان تتقيد المنظمات بتنفيذ البرامج الموضوعة على وفق الميزانيات المالية، وإذا تخطى صانع الخيار الاستراتيجي العقلاني الأبعاد الزمنية المحدودة له وتجاوز كلفوياً ما مسموح به، فان فاعلية قراره ستتدهور وبالتالي تتأخر مناهج العمل عن التنفيذ.

3- **انقطاع الاتصال** Communication Failur: قد تكون المعلومات المفيدة والمناسبة متوفرة فعلاً في المنظمة الا انها بعيدة عن متناول ايدي الاداريين المشاركين في صنع الخيار الاستراتيجي، فان المنظمة قد ترفض المعلومات الجديدة او قد تضيع أهميتها وهي في الطريق إلى الخزن والترميز.

4- **السوابق المماثلة Precedent:** الأفعال السابقة والسياسات الموضوعة قد يفسدا التفكير والتروي عند صانعي الخيار الاستراتيجي، اذ قد تحول الأعمال السابقة دون دراسة وتفهم البدائل المغرية.

5- **الادراك والبصر Perception:** الخيار الانتقائي المقصور من بين ما هو موجود يؤثر وبشكل ملحوظ على عملية الخيار الاستراتيجي، وفي مثل هذه الحال سيكون سلوك صانعي الخيار معتمداً على المشاهد، ولكن بالقدرة الادراكية السليمة والتبصر والحكم الموضوعي، في ضوء المحددات الداخلية والخارجية، يصل صانعي الخيار إلى مبتغاهم دون تقصير.

الأبعاد السلوكية للخيار الاستراتيجي Behavioral Dimensions:

منذ أن بدئنا الكلام في هذا الفصل ولحد الآن تم مناقشة معظم الجوانب السلوكية للخيار الاستراتيجي سواء كان ذلك بشكل مباشر او غير مباشر، اما هذا القسم فانه يؤكد على بعض المفاهيم التي تخص الطبائع السيكولوجية والاجتماعية التي تؤثر على أعمال صانعي الاستراتيجية شخصياً وعلى الجماعات المرتبطة بأعمال الخيار الاستراتيجي، وإليكم التفاصيل:

1- الجوانب السيكولوجية Psychological Aspects:

لقد أشير فيما سبق إلى الظاهرة السيكولوجية المعروفة بالتوتر الحسي والتي صورت ضعف القدرة الانسانية على الخيار الاستراتيجي امام الكميات الهائلة من المعلومات المتوفرة، ويعزو Simon (1960) وجهة نظره تجاه العقلانية المقيدة إلى التوتر الحسي والذي بدوره يستوجب حدوث توجه مرضي تجاه خيار ستراتيجي، في حين نجد Quinn (1980) يعزو الرضا والاقتناع إلى عوامل أخرى غير التوتر الحسي حيث يقول ان تحقق القناعة لدى المنظمات يشابه القناعة عند الأفراد، ذلك ان المنظمة هي وحدة اجتماعية ذات مواصفات انسانية هادفة، ثم إننا لا يمكن ان نلقي فرد واحد يتنع بهدف واحد يسعى لتحقيقه، الا أولئك الأشخاص المصابين بداء الكآبة او ذوي العقول المريضة فكل فرد في المنظمة يرجو إلى

حد ما تحقيق أهدافه المنشودة، وهو يتفاوض مع إدارتها حول منصبه وموقعه فيها، كما انه يساهم بالتناوب في صنع القرارات الادارية حسب ادراكه لأهداف المنظمة وأهدافه الخاصة.

ورغم ذلك، فالتوتر الحسي عامل مهم وبارز في العقلانية المحددة المفروضة على الخيار الاستراتيجي بسبب الضعف الخلقي للانسان. وأكدت الدراسات (Elmes 1969) على ان ذاكرة صانعي القرار قادرة على الاحتفاظ بكميات ضئيلة من لمعلومات، كما ان الذكاء يبدو عاملاً ضعيفاً في التعامل مع المعلومات وحفظها في الذاكرة وعلى الرغم من ان صانعي القرار الأذكياء قادرون على التعامل مع كميات هائلة من المعلومات (Taylor & Dunette 1974)، الا ان صانعي القرار العقائديين الذين يملكون إيماناً عميقاً بالنظم يؤكدون على كمية محدودة من المعلومات وبهذا يقللون من الاجتهاد والتوتر الحسي (Block & Peterson 1955). أما صانعوا القرار الواقعيين فهم اقل قدرة على التعامل مع المعلومات، إذ ان رغبتهم في قبول المخاطرة قد تعمل على الحد من كمية المعلومات الموصلة إلى الخيار المطلوب (Schroeder & Sudfeld 1971)، ذلك ان المعلومات التي ينشدها المخاطرون اقل من المعلومات التي يحتاجها صانعوا القرار الذين يتجنبون المخاطرة (Taylor & Dunnette 1974).

وقد أوضحت أبحاث أخرى (Siegel 1957) بأن مستوى الطموح عند صانع القرار يؤثر على كمية المعلومات الضرورية للوصول بالمنظمة إلى خيار معين. فإذا كان طموح صانع القرار عالياً فانه يندفع لتجميع معلومات كثيرة ومتنوعة، وإذا كان طموحه قليلاً فانه يقتنع بمعلومات قليلة. وهكذا يمثل مستوى الطموح نوعاً من المحددات الملموسة. وأخيراً فقد جاءت دراسات أخرى (Weir 1964) بأفكار جديدة تقول بأن صانعي القرار المتقدمين بالعمر يتحسسون ويتحفظون عند تعاملهم مع المعلومات وعن صناعة قرارهم أكثر من الشباب.

كما ان عدم التأكد (Uncertainty) يعد من العوامل الضاغطة الأساسية على اعمال الخيار الاستراتيجي، فالاستقرار او عدم الاستقرار السائد في البيئة الخارجية يخلق شعوراً من التأكد او عدم التأكد على التوالي في تفكير صانعي الخيار الاستراتيجي حول آثار هذا الخيار على البيئة، وينشأ عدم التأكد نتيجة التغيير المفاجئ في البيئة الخارجية كما تتناسب

درجة عدم التأكد طردياً مع معدل البعد البيئي ويمكن تخفيض العلاقة بين عدم التأكد والتعبير البيئي (Harrison 1978) بما يلي:

1- عدم التأكد او قلة التبصر بالشؤون والأوضاع المستقبلية يكمن في مكونات قوة المنظمة الكامنة واندفاعها نحو التغيير.

2- ان احتمال الانتقال إلى الأوضاع او الحالات الجديدة امر يعتمد على مكونات البيئات التنظيمية إلى حد ما، اعتماداً على الخصائص الديناميكية لهذه البيئات.

3- ان اصل او منشأ عدم التأكد يكمن أولاً في معدل التغيير الحاصل في الكتل البيئية الخارجية وثانياً في درجة تعقيد هذه البيئة.

4- ان نسبة معينة من عدم التأكد تنسحب على الصفات الخاصة بالبيئة التنظيمية.

وعموماً يمكن القول ان عدم التأكد هو الافتقار إلى التأكد والثقة او قلتهما وينشأ عن مجرد الاحساس بنقص هذين العاملين، يتحول إلى الجهل التام او انعدام الايمان بنتائج ومحصلات أي عمل (Mack 1971)، ويقودنا هذا التعريف إلى العلم مبدئياً بان عدم التأكد هو درجة او نسبة الجهل في موضوع معين غير معروف أصلاً بالنسبة المنظمة، وان مسألة التأكد المطلق او المعرفة التامة لكل جانب من جوانب الموضوع المعني لا وجود لهما في حياتنا الواقعية، فالتكهن بكل ما يتعلق بالخيار الاستراتيجي هو في الواقع معرفة ناقصة لا تكتمل إطلاقاً، ونتيجة لما تقدم تستكمل جوانب الخيار الاستراتيجي في ضوء معلومات ناقصة او في درجات متفاوتة من المخاطر دوماً.

الا ان عدم التأكد يبقى أمراً متمماً للتعلم والمعرفة فهو الفجوة ما بين ما هو معروف وبين ما يجب ان يعرف لتحقيق قرار صحيح (Mack 1971)، فصانعوا القرار يحاولون تقليص او سد هذه الفجوة عن طريق حصولهم على المعلومات الاضافية كلما امكن ذلك للتقليل من حجم عدم التأكد، ومع ذلك فان عنصر عدم التأكد موجود دائماً في أي خيار ستراتيجي مع اختلاف الاستعداد النفسي لدى صانعي الخيار في قبول المخاطرة والتعامل معها.

ان البعض من صانعي الخيار الاستراتيجي يبحثون فعلاً عن المخاطرة على اختلاف مستويات عند اختيارهم لستراتيج اداري، هؤلاء هم القادرون على الموازنة بين قبولهم

بالمخاطرة وبين الفوائد او المردودات المهمة، ويطلق على مثل هـؤلاء الأشـخاص اسـم البـاحثون عن المخاطرة (Risk Seekers).

ومن جهة اخرى نجد البعض من صانعي الخيار غير قادرين على مواجهة عدم التأكد في المواقف الخطرة، وهم يسعون إلى التأكد من مستقبلية الخيار وفي حقيقة الحال يميلون إلى التوقف عن النشاط خلال مسيرتهم نحو تحقيق نتائج تحفها المخاطرة، ويطلق على مثل هؤلاء الأشخـاص من الناحيـة السيكولوجية... متجنبـو المخاطـرة (Risk Avioders) (Harrison 1981)، ومن الواضح ان هناك فروقاً مهمة بين المفرط في البحث عن المخاطر وبين الفرد متجنب المخاطرة... وخلاصة القول فان الرغبة والقدرة على قبول المخاطرة في جو متوتر يفرض ضغوطاً وقيوداً نفسية على الأشخاص المرتبطين بصنع الخيارات الاستراتيجية.

2- الجوانب الاجتماعية Sociological Aspects:

ان الجوانب الاجتماعية للخيـار الاسـتراتيجي تـبرز دومـاً في حـالات صـنع واتخـاذ القـرار الجماعي (القرار بالمشاركة الجماعية)، وينصب اهتمامنا في هذا المجال على مفهومين فقـط مـن المفاهيم التي تعاملت معها الأدبيات بهذا الشأن.

المفهـوم الأول: يتضمـن معني التحـول الخطـر (Risky Shift) ويعنـي ميـل بعـض أعضـاء الجماعة لقبول حجم اكبر مـن المخـاطر عنـد تعاملهـم مـع الموضوعـات او الأمـور (Marquis 1962)، في العمل الجماعي كما يلاحظ انخفاض الشعور بالمسـؤولية الشخصـية وارتفـاع الشـعور بالمسؤولية الجمالية، مما يـدفع الأعضـاء للتفكـير والـتكهن دون تـردد متجـاهلين آراء ونصـائح الآخرين اعتماداً على قناعتهـم بانهـم اعضـاء يعملـون لصالح الجماعـة (Burnstein 1969)، وقـد أوضحت غالبية الدراسات في هذا المضمان بأن القرار الجماعي يسـير صـوب المخـاطر أكـثر مـن سيرة على طريق التحفظ (Clark 1971).

امـا المفهـوم الثاني: فيتضمـن معنى الفكر الجماعي (Group Think) الـذين يعنـي (Janis 1972) ان جو الألفة والتعاون والتفاهم والمحبة بين أعضاء المنظمة ينعكس بوضوح في تفكـيرهم المنطقي لمعالجة المشاكل وفي احكامهم حسب المعايير الجيدة للجماعة، الا ان

نتائج هذا السلوك قد تأتي مشحونة بالكوامن والمفاجئات، ويمكن تلخيص تبعات مثل هذا السلوك (Steiner & Miner 1977) على النحو التالي:

1- ان الايمان العميق بالمبادئ الأخلاقية للجماعة قد يعمي الأبصار عن النتائج المتوخاة.

2- اعتقاد الجماعة بأن التنافس والخصومة بين الأعضاء، من حالات الشر والضعف داخل الجماعة.

3- الشعور بالحصانة والقوة بين الأعضاء يشجعهم على التفاؤل والاقدام على المخاطرة.

4- الاحكام العقلانية البعيدة عن التهديدات والخالية من الادعاءات والافتراضات.

5- الضغط على الأعضاء بعدم التعبير عن آرائهم تجاه مركز الجماعة ومكانتها وذلك باتباع اسلوب التهديد والاتهام بعدم الولاء.

6- تعزيز الرقابة الذاتية إلى درجة التكتم على آراء الجماعة.

7- الاحساس بالاتفاق المتولد عن الرقابة الذاتية والسكوت يعد من الدلائل الأساسية للرضا والاقتناع.

8- قيام بعض الأفراد بحماية الجماعة من المعلومات التي قد تؤثر على تماسك الأعضاء وحالة التفكير الجماعي.

وقد أكد الكتاب (Steiner & Miner 1977) على وجود نوع من التداخل والتشابك بين كل من مفهومي التحول الخطر والتفكير الجماعي، فقد يؤثر احد هذين المفهومين على اعمال الخيار الاستراتيجي التي تقوم بها الجماعة، او ان مفهومي التحويل الخطر والتفكير الجماعي يؤثران على اعمال الخيار الاستراتيجي معاً تأثيراً سلبياً نظراً لما يكتنفهما من تشابك وتداخل.

معايير الخيار الاستراتيجي **Criteria for Strategic Choice:**

ان المسح الواسع والمراجعة الشاملة لأدبيات إدارة الاستراتيجية يكشفان لنا عن وجود معايير عدة يمكن الاستفادة منها في اعمال الخيار الاستراتيجي، ومن خلال التحليل الدقيق

لنتائج هذه الأدبيات يظهر التشابه والتماثل الكبيران بين المعايير التي أتت بها، وبالتالي فان هذا الجزء من الفصل يركز على المعايير المعتبرة والمهمة، ولا بد لنا هنا من التأكيد ثانية على ان مرحلة اختيار الاستراتيجية الاداري المناسب او كما نسميها لحظة الخيار الاستراتيجي، هي وقت القرار في عملية إدارة الاستراتيجية، وهذه المرحلة تستدعي صدور قرار الخيار الذي يتطلب اشراك الموارد المتاحة لتحقيق غايات هادفة تعود منافعها على المنظمة.

1- الاطار الفكري للعمل A conceptual Framework:

تنطوي كلمة معيار (Criterion) على معاني عدة، فقد تعني مقياس (Standard) أو اختيار (Test) او قاعدة (Rule) تعتمد عند اصدار القرارات او الاحكام التقييمية. وقد عكف (Seashore 1965) على تطوير نموذج فكري يتضمن المعايير المناسبة التي يمكن الركون اليها في اعمال الخيار الاستراتيجي وانتقاء الاستراتيجية المناسب، ثم خرج بالتبويب التالي لهذه المعايير:

أ- **الغايات ازاء الوسائل (End vs. Means).** ان بعض المعايير هي غايات وأهداف بحد ذاتها وهي لهذا تكون قريبة جداً من الأهداف المرسومة للمنظمة، بينما تنشئ معايير أخرى شروطاً يتوجب التعامل معها عن اقتناع ورضى لتحقيق أهداف المنظمة.

ب- **النطاق الزمني (Time Reference)** قد ترتبط المعايير بحالات او اوضاع زمنية مختلفة (الماضي، الحاضر، المستقبل).

جـ- **بعد المدى إزاء قصره (Long vs. Shortrun)** بعض المعايير تعبر عن مديات زمنية قصيرة، وأخرى تعبر عن مديات زمنية طويلة.

د- **الواقعية والصلابة إزاء المرونة والليونة (Hard vs. Soft)** تتصف بعض المعايير بالمرونة والليونة تجاه قابليتها على قبول السماحات الممكنة مقايسة بما هو منشود، بينما ترفض الأخرى وبسبب شدة واقعيتها وصلابتها لا تقبل الخضوع للمقاييس الكمية والرقمية.

هـ- القيم (Values) تعكس بعض القيم حالات واضحة وبينة، وان الاكثار من هذه الأنواع امر مرغوب، بينما يحيط بأنواع أخرى الغموض الذي يحتاج إلى تفسيرات عديدة، ويفضل الابتعاد وتجنب هذه الأنواع.

ان الهدف من وراء وضع معايير متنوعة هو تحديد نوع المقايسات المناسبة لمعالجة المشاكل التي تعيق أعمال التقدم المتخصصة (Steers 1975)، ان المشاكل التي تواجه اعتماد المعايير لغرض تقييم أعمال الخيار الاستراتيجي تضمن في الغالب بعضاً من الحالات التالية:

(1) الصلاحية الهيكلية Construct Validity:

قد يصعب علينا ضمان اجماع عام حول تحديد مقياس لتقييم الخيار الاستراتيجي، كما يصعب ضمان سلامة العلاقة الناشئة بين المعايير المعتمدة في أعمال الخيار الاستراتيجي، لذا ينبغي مراعاة صلاحية المعيار المختار.

(2) ثبات المعيار Criterion Stability:

لا يمكن ضمان ثبات واستقرارية معايير تقييم خيار الاستراتيجية الاداري بمرور الوقت مقارنة بتزايد او تضاءل الفرص الخارجية، ولما كانت القدرات التنظيمية تارة في نمو وتارة في اضمحلال، فان عامل التغيير يلعب دوره تجاه ثبات واستقرار نتائج الخيار الاستراتيجي.

(3) المعايير المركبة Multiple Criteria:

ان العديد من عمليات التقييم للخيار الاستراتيجي تعتمد معايير مركبة او متعددة التوجهات، والتي لا تكون مترابطة فيما بينها او متجانسة مع بعضها، بل العكس فقد تؤدي اتجاهات المختلفة إلى ظهور التناقض والتضارب في النتائج.

(4) دقة القياس Precision of Measurement:

إن قسماً من معايير الخيار الاستراتيجي يتصف بالمرونة والليونة (Soft) وبالتالي لا يمكن اعتماد مقايساتها بدقة مضمونة.

(5) مدى انسجام المقياس عملياً Practical Relevance:

ان بعض نتائج التقييم للخيار الاستراتيجي ليس لها مردود فعال تجاه اختيار الاستراتيجية الاداري المطلوب مقايسة مع ما هو جاري في الحياة العملية، لذا يتوجب الاهتمام.

2- معايير ذات اعتبار (مغزى) Significant Criteria:

يمكن القول بان المعايير التي تم استعراضها لحد الآن تمثل المقاييس التي يمكن اعتمادها لتقييم الخيار الاستراتيجي، ولها درجات واضحة من الأهمية، ويضيف (Pears 1981) معايير اخرى تعتمد في المجال التجاري لتقييم بدائل الخيار الاستراتيجي مثل درجة الميل والنزعة الاستراتيجية الموجودة لدى الاداريين نحو المخاطرة (Risk) او المرونة (Flexibility) او الثبات (Stability) او التنويع (Diversification) او النمو (Growth) او الربحية (Profitability)، وقد أضاف هذا الباحث عوامل أخرى إلى عملية صنع القرار الاستراتيجي هي التصعيد او الهياج (Volatility) الحاصلة في البنية الخارجية، ودرة الحياة (Life-Cycle). والمراحل التي تمر بها المخرجات الخاضعة للتقييم، ومستوى المنظمة الانتاجي قياساً بحجم هيكلها التنظيمي، وامكانية المنظمة في الحصول على مواردها الضرورية، ومكاسب المنظمة التنافسية التقليدية، وردود فعل الجماعات أصحاب المصالح خارج او داخل المنظمة.

ويشير كتاب آخرون (Thompson & Strickland 1981) إلى معيار الملاءمة الحاصلة بين المنظمة وبيئتها في اختيار ستراتيج اداري، ويمكن توضيح مضمون معيار الملائمة في الأسئلة التالية:

1- هل الاستراتيجية ملائم للمنظمة في هذا الوقت بالذات؟

2- هل يوفر الاستراتيجية مجالاً حيوياً ومؤثراً للملاءمة بين بيئة المنظمة الخارجية والداخلية؟

3- هل يسمح الاستراتيجية للمنظمة استثمار فرصها المغرية ويبعد عنها التهديدات الخارجية؟

4- هل ينسجم الاستراتيجية مع قوة او ضعف المنظمة؟

5- هل يعتمد الاستراتيجية أقصى الجهود والموارد الداخلية؟

ومن المتفق عليه ان الخيار الاستراتيجي يجب ان يـوفر انسجامـاً صـحيحاً بـين الفرص البيئية ومواردها المنظمة المتاحة Lopange & Vancil (1977)، ويعمل الاستراتيجية أيضاً على تيسير العملية الادارية عن طريق الارشاد العملياتي (Operational Guidance) لكل المسـتويات الاداريـة، ان البيان الاستراتيجي حالة مدونة وتعبيرية عن الوضع المطلوب، سـواء كـان إعـداده مـن قبـل مدير واحد او مجموعة من المديرين، كمـا يتضمن مثـل هـذا البيـان التوقعـات بـالتغيير، كمـا يتطلب الأمر شرح الاستراتيجية شرحاً ذاتياً، لكي يفهمه ويقبله أعضاء الإدارة وبكل مستوياتهم (Thompson & Strickland 1981).

وقد عـزز كـل مـن (Schendel & Hoffer 1979) أهميـة محتـوى ومضمـون (Content) الاستراتيجية في الخيار الاستراتيجي، حتى أنهما أدرجا ستة سبل تساعد على فحص المحتوى الاستراتيجي وضمان معانيه وهي:

أ- ضمان كماليته وانسجامه مع القدرات والامكانات التنظيمية.

ب- التأكد من انسجام ومطابقة توجهات الاستراتيجية واهداف المنظمة.

جـ- التأكد من توفر الموارد والمتطلبات التي ينشدها الاستراتيجية وقدرات المنظمـة عـلى توفيرها.

د- مقايسـة الافتراضـات الموضوعـة تجـاه الكتـل البيئيـة والتي بنيـت عـلى أساسـها الاستراتيجية ودراستها للوقوف عـلى درجـة معقوليتها وانسجامها مع التوجهـات المحددة.

هـ- ان بعض حالات التدقيق والمقايسة يجب ان تأخذ أبعادها بـين الاسـتراتيجية القائم والافتراضات (Hypothesis) والنماذج (Models) التي اعتمدت في تشكيل سـتراتيجيات مقارنة، وتحت ظروف مشابهة للتأكد من امكانية تحقيق نتائج جيدة.

و- يجب فحـص المحتـوى (Content) الاستراتيجي للتأكـد مـن انسـجامه مـع الخيـار الاستراتيجي الاداري للقيم والمخاطرة.

وقد قدم لنا باحث آخر (Quinn 1980) معايير أخرى وضعها آنذاك لتناسب المنظمات العسكرية او ذات التوجه العسكري، الا اننا نرى امكانية اعتمادها كمعايير أخرى لتقييم ستراتيجات المنظمات ذات الطبيعة والتوجه المدني، وأشار هذا الباحث إلى ضرورة ان:

(1) يبنى استراتيج على أسس واضحة وأهداف ثابتة.

(2) يحافظ الاستراتيجية على تقدميته وقدرته على قيادة العمليات التنظيمية، بمعنى ان يكون سباقاً وغير ارتكاسياً.

(3) يكثف الاستراتيجية اهتمامه ويركز توجهه نحو الجهود المطلوبة في الزمان والمكان المحددين للحسم.

(4) يوفر الاستراتيجية مجالات للتحرك في ضوء تحرك المنافسين او الخصوم.

(5) يكون الاستراتيجية مرناً ويمتلك ضمن حدوده قوة داخلية تعمل على صقل الموارد لغرض تحقيق المطلوب.

(6) يوفر الاستراتيجية القيادة الفاعلة والمنسقة ويخلق حالة التناغم في عموم المنظمة او التشكيل الاداري.

(7) يحتوي الاستراتيجية على عنصر المفاجأة ويمتلك القدرة على التعامل السريع والسري والمحاط بالأمنية الاستخباراتية اللازمة لمواجهة الخصم في أوقات غير متوقعة من قبله.

(8) يوفر الاستراتيجية الامان والقدرة على حماية الموارد والمراكز العملياتية الحيوية والهامة للمنظمة.

(9) يوفر الاستراتيجية شبكة اتصالات قوية تحتل جزءاً متكاملاً من الخطط الواسعة وغير المعقدة بحيث تتمكن هذه الشبكة من احداث التغييرات المؤثرة وتحديد زمن وقوعها من خلال المعلومات التي توفرها.

ان المعايير التي نوقشت على الصفحات السابقة قد وضعت للاعتماد والاستفادة منها في أعمال الخيار الاستراتيجي وهي تعد من الوسائل المهمة في تقييم الاستراتيجية الاداري

وادارته، ان عرضاً كهذا لآراء ومفاهيم الباحثين والكتاب حول المعايير وفر لنا تصوراً لترميز وتصنيف الخيار الاستراتيجي، يستفاد منها في اعمال بإدارة الاستراتيجية.

3- تصنيف وترميز الخيار الاستراتيجي A Typology for Strategic Choice:

يعكس الشكل التالي (7-2) تصنيف آخر يستفاد منه في اعمال اختيار الاستراتيجية، لقد ركز الشكل السابق (7-1) على الدور المهم للموارد وفيما يتعلق بالمنبهات المشجعة التي تقمها النتائج المتوقعة والناشئة عن التغيير الذي يشمل وإلى حد ما ستراتيج اداري معين بأكمله، وكلما ظهرت نتائج ايجابية تتعلق بأعمال واسهامات الموارد المعتمدة، كلما كان استراتيج المعتمد ناجحاً ومرغوباً فيه، ومن وجهة نظر ادارة المنظمة في الأقل.

ان اختلاف الشكل رقم (7-2) عن الشكل رقم (7-1) يكمن في ان الأول يتضمن متغيرات تزيد من حدة تركيز الخيار الاستراتيجي بخلاف النظرة العامة التي يرمي اليها الشكل الثاني. ذلك ان الفرص الخارجية والقدرات الداخلية للمنظمة تعطي صورة ذات بعدين للخيار الاستراتيجي، فضمن الاطار النظري الذي وضعه (Seashore 1965) تعتبر الفرص والقدرات في الخيار الاستراتيجي معايير مطلقة يتوجب اعتمادها في المدى البعيد اذا ما ارادت المنظمة الديمومة لنفسها، اما على المستوى الكلي للمنظمة فقد أكد الباحث على البعد الزمني كما هو الحال في الشكل رقم (7-2).

الشكل رقم (7-2)

تصنيف الخيار الاستراتيجي

خارجية / داخلية		القدرات	
		القوة	الضعف
الفرص	كثيرة	ستراتيج عقلاني	ستراتيج تعزيزي
	قليلة	ستراتيج تكميلي	ستراتيج تجديد

وفضلاً عن ذلك فان البعدين الواردين في الشكل (7-2) لهما درجة مناسبة من القوة والتحجيم تجاه كثرة وقلة الفرص المغرية المتوفرة في البيئة الخارجية، وكذلك حساب القوة

\والضعف تجاه القدرات المتوفرة في البيئة الداخلية بطريقة او بأخرى، فالفرص الكثيرة والقدرات القوية أفضل من القليلة، طالما ان المنفعة الناجمة عن خيار ما توفق تكاليف خيارات أخرى، ومن تحليل البعدين الواردين في الشكل (7-2) يمكن استنتاج أربعـة أنواع من الاستراتيجية وفق المتغيرات الداخلية والخارجية:

1- الاستراتيجية العقلانية Rational Strategy:

يعتمد مثل هذا الاستراتيجية عندما تكون الفرص المتاحة في البيئة الخارجية وفيرة، وتمتلك المنظمة من القدرات والامكانات ما يمنعها بقوة مناسبة وبالتالي يصبح لزاماً اعتماد ستراتيج عقلاني ورشيد ولا بد من الاشادة هنا إلى ضرورة الانتباه لجملة أمور منها (الاعتبارات المعتمدة في التخلص من المخزون، والقيم الحالية السائدة بين المديرين، وفاعلية التكاليف، وكلفة الفرص المتاحة، الأولويات التنظيمية).

2- الاستراتيجية الاستكمالية (تعويضية) Replenishment Strategy:

يمكن اعتماد مثل هذا الاستراتيجية عندما تكون القدرات والقابليات الداخلية للمنظمة اكبر من الفرص المتاحة في البيئة الخارجية، وتقوم ادارة المنظمة في مثل هذه الحال بالعمل على تحويل قلة الفرص إلى حالات تنشيطية والاستفادة منها من خلال اتباع اساليب علمية تطويرية لتعظيم تلك الفرص.

3- الاستراتيجية التعزيزية Reinforcement Strategy:

اما اذا كانت الفرص الخارجية كثيرة امام قدرات وامكانات المنظمة الضعيفة، فيعتمد الاستراتيجية التعزيزي الذي يعمل على دعم واسناد المساحات الضعيفة ويعمل على رفع قدرات المنظمة إلى المستوى الذي يتيح لها استثمار الفرص الخارجية.

4- الاستراتيجية التجديدية Renewal Strategy:

وأخيراً إذا كانت الفرص المتاحة في البيئة الخارجية قليلة ويصاحب ذلك ضعف في قدرات وامكانات المنظمة الداخلية، فعلى ادارة المنظمة السعي لاعتماد ستراتيج تجديدي الـذي قـد يتضمن اعمال اعادة التنظيم او اعادة تحديـد المساحات الانتاجيـة او الخدميـة او اعادة بناء المنظمة على أسس دستورية جديدة.

الفصل الثامن

تنفيـــذ الاستراتيجيــة الإداريـــة

الفصل الثامن
تنفيذ الاستراتيجية الإدارية
Implementing Managerial Strategy

يتعامل هذا الفصل مع موضوع تنفيذ الاستراتيجية الاداري باعتباره احد الموضوعات المكونة لنموذج عملية إدارة الاستراتيجية، ان الحكم على أفضلية وفاعلية أي ستراتيج اداري يتم من خلال وضعها موضع التنفيذ وممارستها داخل المنظمة، بمعنى آخر ينبغي اختبار الاستراتيجية في المساحات العملياتية المختلفة للمنظمة، ثم يقاس ما ينتج عن هذا الاختبار بما كان متوقعاً جراء تنفيذ الاستراتيجية.

ومع ذلك يجب ان نقبل بان تنفيذ الاستراتيجية ليس عملاً بسيطاً، بل انه عمل خطير ومعقد وذو مغزى للمنظمة، نقول هذا ونؤكد عليه، ذلك ان إنشاء وبناء أي ستراتيج اداري كدليل مرشد للمنظمة هو من الأعمال القيمة ولكنه بمفرده غير كاف لمسيرة المنظمة ككل، وحيث انه إلى جانب مسؤولية ادارة المنظمة في الحفاظ على ابقاء الاستراتيجية في حالته الصحيحة والنافعة خلال التنفيذ، فان المنظمة مسؤولة أيضاً عن ضمان تأمين أعمال ذلك الاستراتيجية على المستوى الداخلي والخارجي، ان عملية تنفيذ الاستراتيجية غير المناسبة والسليمة يفقد المنظمة الكثير من اهميتها رغم دقة الاستراتيجية وملاءمته لها، ويشترط التنفيذ مسحاً شاملاً للمهارات والقدرات التي يتمتع بها أعضاء الادارة العليا في المنظمة، فضلاً عن تحديد المهارة الذهنية للإداريين الآخرين، وتحديد مدى التعاون الموجود بين جميع أعضاء المنظمة (McCarthy et. al. 1975).

اهتم الدارسون بتحديد معنى تطبيق وتنفيذ الاستراتيجية الاداري، وبهذا الاتجاه يقول (Harvey 1982) مثلاً ان تنفيذ الاستراتيجية يتطلب القيام بلعبة الخطة الاستراتيجية (Game Plan)، ومثل هذا التنفيذ يتضمن وضع السياسات وتصميم هيكل تنظيمي ونشر خلفية تعاونية داخل المنظمة تمكن من بلوغ الأهداف التنظيمية المنشودة، وبمعنى آخر فان

التنفيـذ يتطلـب التخطيـط لترجمة الخطـة الاستراتيجيـة إلى قـرارات عملياتيـة فعلية (Schellenberger & Boseman 1982) أما (Thompson & Strickland 1983) فقد صرحا بان وضع ونقل الآراء والأفكار الاستراتيجية في خطة عمل وبناء منظمة قادرة على تنفيذ الاستراتيجية المختارة يتطلب مجموعة خيارات وفعاليات وأنشطة إدارية أخرى مثل:

1- بناء هيكلية تنظيمية لتنظيم الأعمال اليومية.

2- تحوير سياسات وإجراءات الأعمال وتوجهها نحو كيفية الحفاظ على انسيابيتها.

3- التعامل مع مجموعة منوعة من الأفراد والمواقف والقضايا.

4- التأكد من بناء جداول تتضمن مواعيد محددة للالتزام بها.

5- المبادرة بالقيام بالأعمال التصحيحية عند ملاحظة عدم توافق الأداء الفعلي مع ما هو متوقع.

ان تنفيذ الاستراتيجية والرقابة عليه عمليتان متكاملتان ضمن العملية الكلية لإدارة الاستراتيجية، ففي حالة عدم تنفيذ الاستراتيجية المطلوب لا يبقى لدينا شيء نراقبه، وعندما لا نتابع او نراقب تنفيذ الاستراتيجية يصبح امر تنفيذه متروكاً للصدفة، ومع ان موضوع تقييم ورقابة الاستراتيجية يقع ضمن اهتمامات الفصل القادم الا اننا أشرنا اليه هنا لابراز العلاقات المتداخلة بين موضوعي التنفيذ والرقابة، ثم ان اعمال تنفيذ الاستراتيجية تنطوي على ترجمة الاستراتيجية وتحويل الخطط الأخرى والسياسات إلى نتائج ملموسة، ان التنفيذ هو مجموعة الجهود البشرية المبذولة تناغماً مع الموارد الأخرى لتحقيق أهداف الاستراتيجية المنفذ، كما ان التنفيذ السليم هو نتيجة تطبيق النظم الرقابية المتكاملة، حيث تعمل هذه النظم على التأكد من تنفيذ الأعمال على وفق الاستراتيجية المرسوم (Higgins 1983).

يسير تنفيذ الاستراتيجية المختارة مـن خـلال الهيكـل التنظيمي للمنظمـة وعملياتهـا، ان اهمية الهيكـل التنظيمي تبرز مـن كونـه مؤشراً لنجـاح تنفيذ الاستراتيجية، ومـن البـديهي ان يتطلب تحقيق الغاية الاستراتيجية وجود منظمة معينة عملـت عـلى صيـاغة وتصميم هيكلها التنظيمي بشكل تتجانس فيه الأعمال والأنشطة والصلاحيات مع متطلبـات ذلك الاستراتيجية المختارة التي تستدعي النشـاط الرقابي وبعكسـه تتبعثر وتضيع الجهـود (Pearce & Robinson 1982).

ان المقررات التي أسهمت في بناء الهيكل تظهر بارزة وواضحة خلال تنفيذ الاستراتيجيـة، ورغم هـذا فالعمليـات التنظيميـة هـي الأخـرى لهـا أهميتهـا، حيـث يشـير (Andrews 1980) في هـذا المجال إلى ان التنفيـذ الجيد للاستراتيجية قد يجعل من القـرار الاسـتراتيجية السـليم قـراراً غير مؤثر، او ان يجعل من الخيار غير المتفق عليه خياراً موفقاً ان تنفيذ الاستراتيجية عبارة عـن سلسلة من الأعمال الأساسية والأعمال الثانوية، وبعد تحديد الغاية تجيش مـوارد المنظمـة مـن أجل بلوغها، وإلى جانب ملاءمة الهيكل التنظيمي لتقديم النشاط وتحقيق إنجاز كفء للأعمال فان الأمر يتطلب أيضاً تعزيز هذا الهيكل بنظم معلومات مناسبة تضمن التنسيق بـين الأعـمال المجزأة.

ان تنفيـذ الاسـتراتيجية الإداري يشـترط أكـثر مـن تجزئـة ودمـج او توحيـد للأنشـطة والفعاليات التي تنساب خلال الهيكل التنظيمـي، وقد أشار كل من (Steiner & Miner 1977) بأن تنفيذ الاستراتيجيـة يتأثـر من جانب آخر بتصميم وإدارة الـنظم (Systems Management) بقصـد تحقيق أفضل صور التكامل بين الأفراد وهياكل العلاقات الرسمية والعمليات المنظميـة والموارد الأخرى للوصول إلى غايات المنظمة.

يصمم تنفيذ الاستراتيجية بطريقة تساعد على ترجمة هذا الاستراتيجية ونقله إلى قرارات عملياتية جارية، ولبلوغ هذا المراد فان الأمر يتطلب نظام اداري قادر على خلق الحالـة التكاملية لجميع الموارد (البشرية والمالية والمادية) مع الهياكل المصممة لذلك النظام (Schellenberger & Boseman 1982) وإلى جانب توفـر الهياكل التنظيمية المناسبة والعمليات الجارية من خلالها، فان الامر يستدعي كذلك قيادة حكيمة قوية إذا أريد لتنفيذ الاستراتيجية النجاح في المرحلة العملية، في هذا الشـأن نجد ان بعض الكتاب (Andrews 1980) ينعتـون القائم على هذه القيادة الحكيمة بـ"مهنـدس الهدف" Architect of Purpose". حيث ان مثل هذا القائد يقـوم بجملة من الوظائف الرئاسية (Presidential Functiona) التي تتضمن الاشراف على عمليات تحديد الأهداف Goal-Setting، وتعيين مواقع الموارد الخاصة بالمنظمة والقيام بالخيارات الاستراتيجية، او المصادقة على خيارات معينة من بين بدائل متاحة، وتحديد وإبراز أهداف المنظمة والدفاع عنها ضـد أي تأثير خارجي او تآكـل داخلي (Anderws 1980) ذلك ان الرئيس الأعلى للمنظمة هو المحفز

الأهم والمركزي (Central Catalyst) في عملية إدارة الاستراتيجية (Pearce & Robinson 1982)، وان الحفاظ على انسياب فاعلية القيادة من اعلى التسلسل الهرمي للادارة امر اساسي لتنفيذ الاستراتيجية بشكل صحيح وفعال.

وبعد هذه المقدمة السريعة التي قصدت نشر بعض الافكار بشأن الهيكل التنظيمي، القيادة، نظم الادارة، الاتصال، تبادل المعلومات، وأعمال الرقابة... نعود لنقول ان هذا الفصل يتكون من ثلاثة اقسام، يركز القسم الأول على المحددات الهيكلية لتنفيذ الاستراتيجية، ويصف أهمية ومعنى تنظيم الفعاليات والأنشطة وفق مبادئ التنظيم، ويشرح موضوع التفريق او التجزئة التنظيمية (Organizational Differentiation) بشيء من التفصيل لما له من اهمية في تثبيت نجاح تنفيذ الاستراتيجية.. كما ويتم التطرق في هذا القسم إلى موضوع الصلاحية (Authority) وأهمية تخويلها للآخرين، ثم اختتم القسم الثاني من هذا الفصل فيركز على عمليات وأنشطة تنظيمية مختارة، والتي تعد من المحددات لتنفيذ الاستراتيجية، ومن اهم هذه الأنشطة الممارسة.. السياسات والاجراءات، وصنع واتخاذ القرار، نظم توزيع وتخصص الموارد المتاحة، ان محددات الهيكل والعمليات هي الاطار الاساس والقاعدة لمحددات القيادة التي يعول عليها في تنفيذ الاستراتيجية، ثم يأتي القسم الثالث ليعالج موضوع القيادة ضمن هذا المجال مبتدءاً بشرح لمعنى القيادة وجوهرها وأنماطها، ثم يتبع ذلك شرح للقيادة الاستراتيجية ضمن المراحل التنظيمية، ودور الرئيس الأعلى في توجيه المنظمة نحو تحقيق الغايات الاستراتيجية.

المحددات الهيكلية لتنفيذ الاستراتيجية

Structural Determination of Implementing Strategy

لقد أوضحت دراسة (Chandler 1966) التي أجراها على مجموعة من المنظمات الصناعية الكبيرة، بان الهيكل التنظيمي لتلك المنظمات يرتبط ويعتمد على الاستراتيجية المعتمدة من قبل المنظمة، ذلك ان الهيكل (Structure) هو بنيان مصمم ومنظم تتم من خلاله عمليات المنظمة المعنية، وهذا الهيكل سواء كان رسمياً او غير رسمي له وجهان:

الأول: انه يحتوي على خطوط الصلاحيات وشبكات الاتصالات بين الاقسام والوحدات المختلفة.

ثانياً: ان المعلومات والبيانات تتوافد عبر خطوط الاتصالات والصلاحيات.

وان مثل هذه الخطوط تنقل المعلومات والبيانات الضرورية لضمان التنسيق وانسيابية الاعمال لبلوغ تنفيذ فعال للخطط الموضوعة، وتحقيق تنفيذ الاستراتيجية باتجاه الاهداف المنشودة، مع الحفاظ على الاستخدام الانسب لموارد المنظمة المتاحة.

ونبقى مع وجهة نظر (Chandler 1966) وكما اشرنا إلى ذلك في الفصل الثالث من هذا الكتاب، فان الهيكل التنظيمي يبتع الاستراتيجية في أغلب الحالات التنظيمية، حيث يقول الكاتب ان اكثر أنواع الهياكل تعقيداً هي تلك التي تنشأ عن نماذج عدة ستراتيجات أساسية، كما أشير أيضاً إلى ان الاستراتيجية التنظيمي تستمد من الجذر الاستراتيجية.. وهكذا فان مصدر ستراتيجات المستويات الادارية الدنيا هو تركيبة الهيكل الاساس للمنظمة. بمعنى آخر، عندما يحتل الاستراتيجية التنظيمي بهيكله التنظيمي الموقع الصحيح يتم الشروع باشتقاق ستراتيجات المستويات الادارية الدنيا، كتلك المسؤولة عن التعامل مع المساحات الوظيفية، فضلاً عن الاستراتيجية البرامجي والرقابي، وبهذا فان الهيكل يتتابع مع الاستراتيجية بدءاً من قمة المنظمة هبوطاً إلى ادنى المستويات، ووصولاً إلى المساحات التنفيذية للمنظمة، ولنا ان نرى هذه العلاقة معكوسة وهي صحيحة.

ان وجهة نظر Chandler عن العلاقة بين الاستراتيجية والهيكل قد أخذت شكلها من خلال دراستين اجريتا على ثلاثة منظمات صناعية (Miles & Snow 1978)، حيث تمكنت من تهذيب ما تم التوصل اليه وأكدت على ان تحديد هيكل المنظمة يعني وضع الضغوط والضوابط على امكانية اجراء تغييرات رئيسة على الاستراتيجية، وقد جاء في معرض الدراستين السابقتين انه عندما تتمكن المنظمة من اعداد وتطوير الترتيبات اللازمة لبناء هيكل تنظيمي ستراتيجي، فانها ستواجه صعوبات خاصة اذا قامت بفعاليات وأنشطة خارج نطاق عملياتها المحددة في ضوء الهيكل (Miles & Snow 1978).

ثم جاءنا كل من (Galbraith & Nathanson 1978) وأثبتا ان فكرة كون الهيكل التنظيمي لم تكن أمراً بديهياً، بل أكدت دراستهما على ان تكوين الهيكل التنظيمي يتوقف

على العلاقة التتابعية بين الاستراتيجية وعناصر الهيكل التنظيمي كافة، ليس المهم ان يتسبب الهيكل في الاستراتيجية او العكس، بل المهم هو عملهما بتوافق وانسجام، ذلك ان هناك متواليات سببية عديدة تحتم تغيير الاستراتيجية قبل تغيير الهيكل، وبعكسه ينهار العمل كله بسبب التهور والتسرع في تغيير الاستراتيجية قبل تغيير الهيكل، او قد يغير الهيكل أولاً لفسح المجال لمجيء اداريين جدد يعكفون على صياغة ستراتيج جديد (Galbraith & Nathanson 1978).

ولكننا نؤيد الحقائق الثابتة بأن الاستراتيجية -وإلى حد معين- يؤثر في الهيكل التنظيمي للمنظمة، ومع ذلك فهناك حقيقة أخرى تقول ان تنظيم الفعاليات والأنشطة امر اساس لضمان مواصلة الاستراتيجية على تحقيق ما هو مطلوب وحسب المبادئ والأسس السائدة، دون ان ننكر أهمية الطرق العلمية لتطوير وتشغيل هيكل المنظمة، لذلك فان الاستراتيجية محدد رئيسي لعمل هذا الهيكل.

تنظيم الفعاليات والأنشطة **Organizing Activities**:

ان تنظيم الفعاليات والأنشطة من أساسيات نجاح تنفيذ الاستراتيجية، حيث ان الوظيفة الادارية الواحدة تضم مجموعة من الفعاليات والأنشطة التي تنفذ ضمن اطار المهام والصلاحيات (Donnelly et. al. 1981). في ضوء هذا الكلام فالتنظيم اذن جزء من الاستراتيجية الاداري، الذي يشترط وضع هيكل تنظيمي للأدوار التي يقوم بها الأفراد لتحقيق الغايات الرئيسة للمنظمة، وقد جاءتنا الدراسات (Terry & Franklin 1982) تقول بان التنظيم عملية وضع اسس العلاقات السلوكية بين الافراد لتمكنهم من العمل سوية وتحقق لهم الرضا عند قيامهم بالفعاليات والأنشطة المناطة لهم في ظل ظروف بيئية محددة، ومن أجل بلوغ المنشود من الأهداف.

ومن وجهة نظر أخرى (Hocks & Gullett 1981) يعني التنظيم:

أولاً: تحدبد او اقرار الانشطة الضرورية لتحقيق الأهداف المنشودة.

ثانياً: تجميع الأنشطة بأسلوب منطقي ووضعها في هيكل وإطار منطقيين.

ثالثاً: إناطة امر هذه الانشطة إلى أفراد مسؤولين عن مراكز ووحدات تنظيمية.

رابعاً: توفير الوسائل الكفيلة بتنسيق جهود الأفراد والجماعات.

وبعد تحديد الأهداف التنظيمية وصياغة الخطط المتضمنة للاستراتيجيات الإدارية اللازمة؟، يتعين على ادارة المنظمة معرفة الانشطة والفعاليات وتجميعها ضمن هيكل وظيفي (Task Structure)، وباختصار فان الحال تقضي تقسيم الانشطة والفعاليات بطريقة منطقية توضح المغزى منها، وبمجرد الوصول إلى اعمال التفريق والتجزئة وتحديدها فان الأمر يتطلب ايجاد الوسائل لدمجها وتوحيدها بشكل يمكن المنظمة من توجيهها لبلوغ الأهداف التنظيمية التي عالجتها خططها، وهنا لا بد من الاشارة إلى ان تجميع ودمج الانشطة يتطلب هو الآخر تحديد ملحوظ للمسؤوليات بقصد الحصول على النتائج المرجوة وبمساندة الصلاحيات المخولة والتي تمكن المدراء من صناعة واتخاذ القرارات المناسبة وفق الأعمال المرتبة في الهيكل الوظيفي وكلما دعت الحاجة إلى ذلك. نقول ذلك، لأن من أساسيات عملية تخويل الصلاحيات تحقيق التنسيق بين الأنشطة والفعاليات التي يحتويها الهيكل الوظيفي، ثم ان من بين غايات التفريق والتجزئة لتلك الأنشطة والفعاليات تحقيق ميزات اقتصادية وبلوغ مستوى مرموق من الكفاءة من خلال توحيد وتجميع وتقسيم تلك الفعاليات بقصد ضمان وحدة الهدف، ذلك ان كيان المنظمة ككل هو الحصيلة النهائية لتنظيم الفعاليات والأنشطة وتوزيع المسؤوليات (Harrison 1978).

مبادئ التنظيم Principles of Organization:

ان الغاية وراء اعتبار الهيكل التنظيمي من المحددات الأساسية لتنفيذ الاستراتيجية يمكن ان تنعكس في مجموعة المبادئ الأساسية للتنظيم وحسبما أوضحها (Fayol 1949)، ولأغراض دراستنا ندرج مجموعة من هذه المبادئ ذات العلاقة بتنفيذ الاستراتيجية (Conner 1982):

1- رسم خطوط واضحة للصلاحيات المتعاقبة والمنحدرة من أعلى الهيكل التنظيمي حتى قاعدته، حيث تشير تلك الخطوط إلى الصلاحيات التي يمارسها الرئيس الأعلى على مرؤوسيه، او ان هذه الخطوط تعبر عن سلسلة الأوامر (Chain of Commands) وبما يضمن تدرجاً تنازلياً لها تطابقاً مع التقسيم للهيكل التنظيمي.

2- وحدة الأمر وتعني ان كل فرد في المنظمة لا بد وأن يتلقى الأمر من رئيس واحد مباشر، ولا يجوز ان يكون هناك رئيسين لمرؤوس واحد.

3- تساوي واقتران المسؤولية بالصلاحية، ومع تأكيدنا على ضرورة تدوين الصلاحيات فان تناسب حجم المسؤولية مع الصلاحية (والعكس صحيح أيضاً) أمر غاية في الأهمية كي يتمكن الرئيس الإداري من صنع واتخاذ القرارات المناسبة دون تعكير، اذ ليس من المعقول تحميل الرئيس الاداري مسؤولية نتائج أي عمل دون تخويله صلاحية صنع القرار ضمن الحدود المقررة.

4- ان مسؤولية السلطة العليا في المنظمة عن أعمال المرؤوسين والتابعين هي مسؤولية مطلقة، ذلك ان الادارة العليا لا يمكنها التنصل من نتائج اعمال مرؤوسيها وما يقومون به من اعمال.

5- السعي نحو تخويل الصلاحيات إلى ابعد حد ممكن، اذ ان اتاحة الفرص للمدراء في ادنى المستويات الادارية للقيام بأعمال واتخاذ القرار يزيح عبئاً ثقيلاً عن كاهل اعضاء الادارة العليا للمنظمة ويتيح لها، بل ويمكنها من استثمار الوقت لقيادة المنظمة دون الانشغال بالتفاصيل.

6- الحفاظ على اقل عدد ممكن من المستويات الادارية، اذ كلما زاد عدد المستويات، كلما طالت سلسلة الأمر، وقد تكون النتيجة ضياع الوقت لحين وصول الايعازات والتوجهات او التعليمات إلى المستويات الدنيا، او الصعود بالمعلومات إلى قمة المنظمة.

7- اقتصار عمل كل فرد في المنظمة وبحزم على اداء وظيفة هادفة واحدة.

8- الفصل قدر الامكان بين الوظائف التنفيذية والوظائف الاستشارية.

9- تحديد عدد الوحدات او الافراد التابعين لمدير واحد.

10- تضمين التنظيم المرونة الكافية بحيث يمكن احداث التعديلات ومواجهة التغييرات الحاصلة في البيئة الخارجية.

11- الحفاظ على مستوى سليم من الوضوح في التنظيم وبالقدر الممكن.

التفريق او التجزئة التنظيمية Organizational Differentiation:

تشـير المبـادئ التنظيميـة التـي طرحـت آنفـاً إلى ضرورة مراعـاة الآتي لتحقيـق التجزئـة والتفريق التنظيمي في عموم المنظمة، ويستدعي الأمر هنا إلى الاهتمام بالجوانب الآتية:

أ- تقسيم العمل Division of Labor:

من اهم الميزات التنظيميـة لتفريق وتجزئة الحالـة التنظيميـة هـي تقسـيم العمـل ومـا يترتب عليه من أعمال، ذلك ان تحقيـق هـدف وظيفـي معـين يتوجب القيـام بكـم معـين مـن الأعمال التي يتعذر على شخص واحد القيام بها، لـذلك يندفـع المعنيون إلى تقسـيم الأعمـال وإحالة إنجازها إلى أشخاص وجماعات، ان القيـام بالأعمال حتـى نهايـة المطاف ولحـين ظهـور نتائج منطقية عنها يتيح لكل فرد تأدية عمله ضمن تخصصه، وحيث يـدفع هـذا التقسـيم كـل فرد إلى تأدية عمله الاستثنائي بشكل يتطابق مع ما يبذله الآخرون لبلوغ نتائـج تحقـق أهـداف المنظمة (Litterer 1980). ان السبب وراء تقسيم الأعمـال هـو تحسـين وتطوير الأداء وجعلـه ذا تقنية عالية وكفوءة (Scott & Mitchell 1972)، وبالتالي فان مخرجات تقسيم الأعمال (.Filley et. al 1976) تنعكس في الآتي:

1- زيادة مهارة الفرد بسبب تخصيص وحصر جهوده.

2- الإقلال من الوقت الضائع في تكرارية الانتقال من عمل لآخر.

3- التشجيع على تطوير وتحسين التخصص الهـادف لاستخدام المكننـة المـؤثرة في زيـادة الانتاج.

يتضح مما تقدم ان لتقسيم وتوزيع الأعمال اهمية ملحوظة في تحقيق فاعلية العمليات التنظيمية وصولاً إلى تحقيـق ميـزة اقتصادية متوازنة، مع مسـتوى الجهد الانسـاني، ذلـك ان التفريق التنظيمي للأعمال (Harrison 1978) ينعكس من خلال الآتي:

أ- التدرج السلمي والعمودي للصلاحيات.

ب- التفريق الأفقي والعمودي للأنشطة والفعاليات.

جـ- الشكل الهرمي لترتيب الفعاليات والأنشطة.

د- تعميم الأثر الاداري لتأمين اداء تنظيمي سليم.

وبالتالي يعد تقسيم وتوزيع الأعمال قاعدة لانطلاقة المنظمة الساعية إلى تحقيق الغايات الخاصة بها، وان الأداء التنظيمي لمثل هذا التقسيم يعد مؤشراً لكل الفعاليات الجارية داخل هذه او تلك المنظمة.

ب- التدرج والتسلسل التنظيمي Scalar Differentiation:

يتطلب ترتيب وتنظيم الفعاليات والأنشطة انشاء العلاقة النظمية بين الرؤساء والمرؤوسين من خلال الهيكل التنظيمي، ان هذه العلاقة تبنى وتتماسك في ضوء التخويل الواضح للصلاحية لكل من له القدرة على ممارستها بغض النظر عن مستواه الاداري، هذا وان مبدأ التدرج يؤكد على فكرة الحاجة إلى سلسلة من الأوامر تضم جميع أعضاء الادارة، وبالتالي فان التدرج او التسلسل التنظيمي يتميز بالخصائص التالية:

1- ان التدرج او التسلسل التنظيمي هو الممر الرسمي لأوامر وتوجيهات وتعليمات الرؤساء إلى المرؤوسين.

2- ان التدرج او التسلسل التنظيمي يعبر أيضاً عن حدود المسؤولية، فالمرؤوسين مسؤولين مسؤولية تامة امام رؤسائهم عن الأنشطة والفعاليات المنجزة من قبلهم.

3- ان التدرج والتسلسل التنظيمي يشير إلى سلسلة الأوامر المنبثقة عن هيكل الصلاحيات في عموم المنظمة، ويعكس كيفية تحمل المسؤوليات فيها.

جـ- التفريق الوظيفي Functional Differentiation:

ان تفريق وتجزئة الوظيفة واحدة من الانشطة الخاصة بالهيكل التنظيمي، اذ ان معرفة نوع العمل ومن ثم تفريقه وتجزئته احدى الاساليب المساعدة على نمو المنظمة أفقياً وعمودياً، ويعد التفريق الوظيفي عنصراً ديناميكياً في تقسيم العمل، ويتزامن عملياً مع التدرج السلمي للهيكل بما ينتج عن ذلك الهيكل التنظيمي للمنظمة.

ان الوظائف التنظيمية تنطوي على مجموعة من الأنشطة والفعاليات التي يتطلب تفريقها وتوحيدها وتجميعها لغرض الحصول على مزايا نوعية للأداء، حيث يتم تجميع الفعاليات في أقسام او وحدات هيكلية معينة، وتبرز هنا مشكلة تحديد الوظائف والأعمال الواجب تجميعها بما يتضمن الجانب المنطقي والفاعل في عملية ترتيب الوظائف، وباستطاعتنا

معرفة الأعمال الضرورية والأساسية لتحقيق الهدف العام للمنظمة من خلال تحديد هذا الهدف ورسمه، وهذه الأعمال في العادة تنضوي تحت الأنشطة الانتاجية (عملياتية) والادارية التنسيقية، والرقابية، وقد تبرز امام البعض منا مشكلة كيفية تجميع هذه الفعاليات والأعمال في وظائف فردية، ومن ثم تجميع الوظائف داخل وحدات ادارية، وبالتالي بناء الأقسام الادارية وتنظيم هذه التجمعات بشكل منظم بحيث تقوم كلها بأعمالها وبأقل الكلف (March & Simon 1967).

يبدأ التفريق الوظيفي عند المباشرة بعزل وتجزئة انشطة المنظمة خلال التجزئة لتلك الوظائف الرئيسة المحققة لأهداف المنظمة والتي يمكن ان يطلق عليها الوظائف العضوية، ذلك ان أداء مثل هذه الوظائف والقيام بها أمر جوهري وحيوي لبقاء وديمومة المنظمة، ولأن ما ينتج عنها ذو فوائد ومنافع عالية لا يمكن الاستغناء عنها (Albers 1974). تلك هي الوظائف التنفيذية التي تختلف دلالاتها ومعانيها حسب نوع المنظمة، اما الأعمال والأنشطة الأخرى فتسمى بالوظائف الاستشارية التي توفر الدعم والاسناد لسابقتها من الوظائف كتوفير المعارف والنصائح والمعلومات الخارجية للوظائف التنفيذية، وتختلف وجهات النظر حول الانشطة التي تشكل بمجموعها الوظائف الاستشارية (Harrison 1978). والفرق الرئيس بينهما هو ان الأنشطة التنفيذية تدخل بشكل مباشر في الحالات العملياتية لنتائج ومخرجات المنظمات لمجتمعاتها.

د- الهيكل التنظيمي Organizational Structure:

ان الهيكل التنظيمي هو الإطار الرسمي الذي يحدد العلاقات القائمة في المنظمة وأنشطتها عمودياً وأفقياً، باعتبار الهيكل التنظيمي الوسيلة الاساسية لتجميع الانشطة وتحديد العلاقات الوظيفية بين المستويات الادارية المختلفة ضمن المؤشرات التي تقررها الأهداف التنظيمية (Flippo & Munsinger 1978)، والهيكل التنظيمي هو الشكل المحدد للعلاقات بين مكونات وأجزاء المنظمة (Bradley & Wildie 1974)، كما انه يوضح العلاقات الادارية التنفيذية وعلاقات العمل وجماعات العمل او العلاقات الفردية، ثم ان الهيكل

التنظيمي يصمم لتكوين وتحديد المناصب او المراكز والأنشطة ذات العلاقة بصناعة واتخاذ القرار، ويعبر كذلك عن العناصر التنظيمية (Estes 1962) المسؤولة عن تحقيق الهدف.

وبصدد تحديد معنى التنظيم يتطلب الأمر ضرورة وضع خطة تضمن القيام بالأعمال والأنشطة بشكل نظامي وفي كل وظيفة من الوظائف العملياتية بحيث تحقق في النهاية هدفاً واحداً، وهذه الخطة هي الهيكل التنظيمي. عليه، فان هيكل المنظمة إطار يحدد المسؤوليات والصلاحيات وشبكة الاتصالات بين الأفراد العاملين في جميع وحدات المنظمة (رئيسة كانت ام ثانوية)، فالهيكل يحدد الوظائف وعلاقة كل جزء منها بباقي الاجزاء ومن ثم بالمنظمة كحالة كلية (Sexton 1970).

ان من أسانيد الهيكل التنظيمي تقسيم العمل، فالهيكل يعكس التدرج الهرمي لسلسلة الأمر والايعاز، ويعكس التفريق الوظيفي الناتج عن التخصص في الأعمال والمهام وعن انشاء الوحدات المستقلة والتي تؤدي فعاليات متخصصة، وباختصار فان الهيكل التنظيمي هو غاية اعمال التفريق التنظيمي، فهو يوفر القاعدة الأساسية للتكامل التنظيمي، ان المتغيرات الداخلة في الهيكل التنظيمي كثيرة ومتعددة لا نهاية لها، ورغم ذلك فان هناك ثلاثة هياكل شائعة في تنظيم أنشطة المنظمات اثناء سعيها لتنفيذ الاستراتيجية المختارة.

1- الهياكل العملياتية Process Oriented:

يتم التفريق الوظيفي في مثل هذه الهياكل على اساس قيام وحدات معينة بأداء عمليات متخصصة، والشائع من الأسماء على هذه الهياكل هي الهياكل الوظيفية (Functional) انظر الشكل (8-1)، ونرى في هذا الهيكل اربعة وظائف استشارية خدمية توفر كل منها نوعاً خاصاً من خدمات الدعم والنصح للوظائف التنفيذية الثلاثة، فالوظيفية الانتاجية مسؤولة عن الأنشطة التخطيطية والتطويرية بغض النظر عن طبيعة المخرج، والوظيفة الصناعية مسؤولة عن توفير العدد والآلات والتكنولوجيا وترتيب وتجميع المكائن لأعمال التصنيع، اما وظيفة التسويق فمسؤوليتها تقع على جميع الأنشطة البيعية والشرائية، ولكل من الوظائف التنفيذية وظائف تنفيذ ثانوية وكما موضحة في الشكل المذكور (8-1).

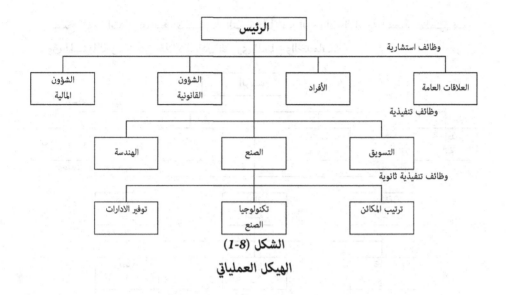

الشكل (8-1)

الهيكل العملياتي

وبمتابعة التدرج والتسلسل الهرمي نجد ان كل من التوجيهات والأوامر والإيعازات تصدر عـن رئيس المنظمـة وتخضـع لهـا الوظائف الاستشارية الخدميـة الأربعـة وكـذلك الوظـائف التنفيذية الثلاثة باعتبارها صادرة عن السلطة العليا، ووفق هـذا الهيكـل العملياتي فانـه مـن السهل تقسيم وتخويل الصلاحيات، حيث صمم هـذا الهيكـل ليتلاءم وتحقيق أفضـل النتائج انطلاقاً من مبدأ التخصص (Koontz et. al. 1984) وتخدم الهياكل العملياتية المنظمات التي تنـتج سلعة واحدة او مجموعة سلع بتكنولوجيا موحدة.

2- الهياكل الجغرافية:

والتي تنبثق من الغاية والهدف (Objective Oriented)، ويتم التفريق الـوظيفي فيـه عـلى اساس الموقع (Location) وبتركيز خاص على الأسواق والزبائن، ويطلـق عليـه الهيكـل الجغرافي (Geographical). انظر الشكل (8-2)، ويخدم مثل هذا الهيكل شركات التأمين والأسواق المركزيـة القطاعية التي تغطي مناطق واسعة وتوفر خدماتها وسلعها إلى المستهلك المعني، ويتميـز هـذا الهيكل بمجموعة وظائف استشارية مركزية مهمتها توفير الخدمات

والنصح للوحدات الجغرافية الاستشارية التي تشكل مع الوحدات الثانوية أهمية عظمى من سوق المستهلك وذلك من خلال التبادل الفوري للسلع والخدمات.

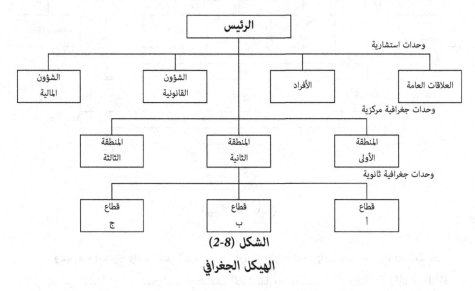

الشكل (8-2)

الهيكل الجغرافي

3- الهياكل الانتاجية:

وتبنى حسب الأهداف المنشودة، الا ان الهدف هنا هو تجميع المنتوجات (المخرجات) ذات التكنولوجيات المتفاوتة، مثل مخرجات صناعة الفضاء والطيران او الحاسبات والعدد الالكترونية، وجعلها في قسم انتاجي واحد يرأسه مساعد لرئيس المنظمة بحيث يمتلك مسؤولية تامة عن هندسة وتصنيع وتسويق السلع المعنية، بهذا يمكن التعامل مع القسم على أساس انه وحدة تجارية مربحة (Profit Center) قائمة على التكامل الذاتي. ينحصر عمل الرئيس هنا في تأدية الوظائف الاستشارية الخدمية، وقد يكون للقسم الانتاجي وظائفه الاستشارية الخاصة به أحياناً، ان هذا الهيكل من سمات المنظمات الكبيرة خاصة تلك التي تقدم خدماتها وسلعها على نطاق واسع وضمن تكنولوجيات شائعة، انظر الشكل رقم (7-3).

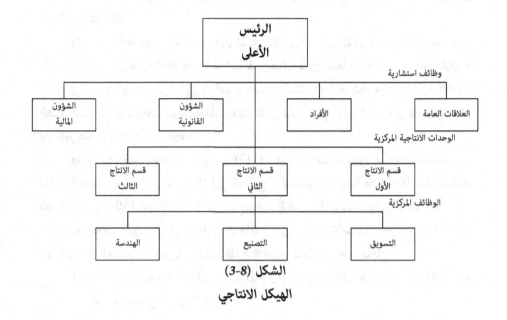

الشكل (8-3)

الهيكل الانتاجي

هـ- المدى الاداري - نطاق الاشراف Span of Management:

ان المــدى الاداري، او مــا يسـمى في الغالـب بنطـاق الاشراف والرقابـة، يعـبر عـن عـدد المرؤوسين التابعين لرئيس واحد، ففي الأشـكال الهيكليـة السـابقة (8-1، 8-2، 8-3) بلـغ المـدى الاداري للرئيس الأعلى سبعة مرؤوسين، وتمثلوا في الوظائف الاستشارية والوحدات المركزية، كما ويعكس المدى الاداري شكل الهيكل التنظيمي، فقد يكون لمنظمة ما:

(1) مدى إدارياً واسعاً وعـدداً قليلاً مـن المسـتويات الإداريـة وينتـج عـن ذلـك هيكلاً تنظيمياً مسطحاً (Flat).

(2) مدى إدارياً ضيقاً وعدداً اكثر من المسـتويات الاداريـة الموجـودة في النـوع الـوارد في الفقرة (1)، وينتج عن ذلك هيكلاً تنظيمياً طويلاً (Tall).

فكلما يتسع المدى الاداري يزداد التسطح في الهيكل التنظيمي ويتقلص التدرج السـلمي، وبالعكس فعندما يضيق المدى الاداري نحصل على هيكل تنظيمي طويل، ويطول

معه التدرج الهرمي، وفي كلتا الحالتين تتأثر سلسلة الأمر والايعاز ومسألة انحدارها من اعلى الهيكل إلى قاعدته.

وتختلف الآراء ووجهات النظر حول المدى الاداري الضيق، والمدى الاداري الواسع، ومدى تأثير كل منهما على قدرة الفرد واندفاعه لتنفيذ الأعمال. فمن المتعارف عليه ان ضعف المركزية في المدى الاداري الواسع يؤدي إلى زيادة التحفيز والتنشيط والحركة بعكس المدى الاداري الضيق الذي يتسم بالرقابة المركزية المتشددة التي قد تؤدي إلى الاقلال من فرص الابداع والتطور عند الافراد (Stieglitz 1962).

وقد كشف مسح واسع لأكثر من (115) مديراً لمنظمات متنوعة (Miner 1973)، بأن المدراء العاملين ضمن اطار المدى الاداري الواسع لا يمتلكون القناعة والرضا كأولئك المدراء العاملين ضمن اطار المدى الاداري الضيق، مع وجود التفاوت في المدى الاداري او نطاق الإشراف وتشابه واختلاف وجهات النظر والآراء حول ذلك الا ان ادبيات الأعمال (Harrison 1978) تؤكد على ان هناك اعتبارات جوهرية تتحكم بالمدى الاداري للمدير الواحد، منها:

1- التشابه في الانشطة الفعاليات. ان المهام والواجبات والأنشطة والفعاليات المتشابهة تسمح بتوسيع المدى الاداري.

2- التجاور والتقارب الجغرافي. ان تقارب الوحدات والتنظيمات جغرافيا يتيح اتساع المدى الاداري للمدير.

3- درجة تعقيد الانشطة والفعاليات. ان الاعمال والانشطة البسيطة وذات الرقابة لا تتطلب الاشراف والرقابة المتشددة وبالتالي يمكن توسيع المدى الاداري للمدير.

4- التناسق والتجانس بين الانشطة والفعاليات. كلما تجانست وتناسقت الانشطة والفعاليات، برزت الحاجة إلى وجود مدى اداري ضيق ولا يستدعي الأمر التوسع به.

5- التخطيط للأنشطة. ان تركيز وتوجيه جهود المدير نحو الاستمرار في اعمال التخطيط يتطلبان تضييق المدى الاداري لهذا المدير.

6- عوامل الكفاءة. عندما تكون قدرات المدير عالية، يمكن والحالة هـذه توسيع الرقعة الادارية وزيادة نطاق اشرافه، مع مراعاة درجة تعقيد النشاط ونوعية المرؤوسين التابعين لهذا المدير.

7- المسؤوليات الحتمية. تقع على عاتق بعض المدراء مسؤوليات حتمية جراء قيامهم بعمل ما، ففي مثل هذه الحال يصبح تضييق المدى الاداري لهم أمراً ضرورياً.

تأخذ اعمال التفريق والتجزئة أبعاداً ملحوظة بعد استيفاء متطلبات تقسيم العمل، منها القيام بالتفريق الوظيفي وتحديد ابعاد نطاق الاشراف للوحدات الادارية في عموم الهيكل التنظيمي، اما النشاط الثاني بعد ذلك فهو تحقيق التكامل التنظيمي بين مجمل الوحدات والأقسام والشعب وذلك لضمان انسيابية جميع الأنشطة والفعاليات المتنوعة وتوجهها نحو الهدف المنظمي المنشود.

التكامل التنظيمي Organizational Integration:

ينبع مفهوم التكامل التنظيمي من مبدأ التنسيق، الذي يعني الترتيب النظمي المتسلسل لجهود الجماعة لضمان تحقيق وحدة الأعمال ووحدة الغاية والهدف (Litterer 1980). فالتسويق هو الجهد الأساس لإحداث التكامل التنظيمي، باعتبار ان التنسيق يعني تلك الجهود التي تبذل لضمان التفاعل والتلاحم المتسلسل والمتدرج للوظائف والسلطات القائمة في كل جزء من الاجزاء المكونة للمنظمة، بالطريقة والشكل المساعدين على تحقيق الغايات بأقل نسبة من التوقفات وبأكبر نسبة من التأثير والفاعلية (Tead 1959).

ومما يساعد على تحقيق التنسيق بين الفعاليات والأنشطة، التحديد السليم للواجبات والمسؤوليات وتخويل الصلاحيات اللازمة عبر الهيكل التنظيمي، ذلك الهيكل الذي يكون عماده تقسيم العمل، يأخذ شكله عن طريق التفريق والتجزئة العددية والوظيفية، وتدور عجلة التنسيق ضمن مضمار المدى الاداري، الذي تجري من خلاله اولى الاتصالات الرسمية وتنساب اولى الأوامر والتوجهات والتعليمات، وتنحدر كلها من اعلى الهيكل التنظيمي، من الرؤساء إلى المرؤوسين، هذا فضلاً عن صعود التقارير ونتائج الأعمال والأشكال الأخرى

للاتصال إلى اعلى الهيكل من المرؤوسين إلى الرؤساء، وهذا الوصف للتنسيق يعتمد حصراً على التدرج الهرمي وسلسلة الأمر (Harrison 1987).

التكامل التنظيمي إذن، ينتج عن التنسيق من خلال الهيكل التنظيمي، ومن خلال الأنشطة المتنوعة لتقسيم العمل، ذلك ان الهيكل هو ركيزة المنظمة ومن خلاله يتم التكامل والتفريق، فالتفريق يوجد في تقسيم العمل، بينما يحصل التكامل من خلال ممارسة الصلاحيات، وانه لمن الطبيعي ان يجري العمل على إحداث موازنة منطقية بين هذين العنصرين (التفريق وتقسيم العمل).

مفهوم الصلاحية Concept of Authority:

تعني كلمة الصلاحية القوة التي تتمتع بها المنظمات وتمكنها هي وإدارتها من اصدار الأمر والتعليمات إلى التابعين فيها، حيث تمتلك ادارة المنظمة هذه القوة من خلال قدرتها على تحديد النتائج والمخرجات وبما يتطابق مع أهداف وستراتيجيات المنظمة.

تمكن ادارة المنظمة من فرض سلطتها من خلال:

أولاً: شرعية وجودها (Legitimacy).

ثانياً: قدرتها على التعويض والمكافأة (Reward).

ثالثاً: قدرتها على ممارسة القسر (Coercion) من اجل الحصول على افضل الأعمال.

ان الشرعية هي حق الادارة في ممارسة القوة، وهذا الحق يمكن ادارة المنظمة وبحرية مناسبة من ممارسة الحالة التحفيزية (في الثواب والعقاب)، واذا كانت القوة هي الطاقة والمقدرة على تحديد المخرجات، فان الصلاحية هي الوسيلة التي تعتمدها الادارة لتحقيق هذه المخرجات (Dubin 1951) ثم ان الصلاحية هي الآلية الرئيسة التي من خلالها يتمكن الاداري من صنع واتخاذ القرار المناسب (McFarland 1982)، كما ان الصلاحية هي الحق في إصدار الأمر بالعمل وطلب الطاعة من الآخرين (Terry & Franklin 1982).

الا ان الصلاحيات يجب ان تمارس عن طريق الاقناع والرجاء تارة وعن طريق العقوبات والقسر والتعنيف تارة أخرى، وان ممارسة الصلاحيات يتطلب دوماً ركون الادارة إلى القوة، وبغيابها تنعدم السلطة من المنظمة، ان القوة الشرعية للمنظمة تعطي المدراء ذوي المناصب الادارية العالية صلاحيات وقوى لاصدار الثواب والعقاب لتضمن لاحقاً إذعان العاملين فيها لسلطاتها التي تمارسها باسم القوة الشرعية، فالصلاحية اذن تعني مقدرة الاداريين النابعة من مواقعهم ومناصبهم في الهيكل التنظيمي وعلى صنع واتخاذ القرار المؤثر في سلوكية المرؤوسين (Longenecker & Pringle 1984).

تخويل الصلاحية Delegation of Authority:

اذا كانت صلاحية أي منصب من المناصب هي الوسيلة الرئيسة لتوحيد الأعمال والأنشطة المتنوعة في المنظمة على اساس تقسيم العمل، فان تخويل الصلاحية هي العملية الديناميكية التي من خلالها يتم التوحيد والتكامل، ذلك ان التخويل له معنى آخر غير نقل مركز القرار، فالشخص الذي يخول غيره بعمل ما فإنما يمنحه القوة والدعم لينوب عنه في ذلك العمل (Sisk 1969). لكي يتم التخويل بشكل سليم ومناسب ينبغي اتباع الخطوات التالية (Harrison 1978):

1- قيام الرئيس بتحديد مسؤوليات وأعمال المرؤوس لإكمال أي من المهام، او انجاز أي نشاط ضمن فترة زمنية محددة او مطلقة على وفق ضوابط الكلفة.

2- تزامن وتوافق تخويل الصلاحيات وبقدر كاف يكفل للمرؤوس صنع واتخاذ قار ضمن حدود اعماله.

3- التعهد والالتزام من جانب المرؤوس بانجاز المهام المكلف بها وضمن المدة الزمنية وضوابط الكلفة.

4- انجاز الأعمال المحددة من قبل المرؤوس وبالنوعية التي تدفع على تخويل صلاحيات اخرى ولعدة مرات مما يؤدي إلى خلق التزامات وتعهدات جديدة.

ولإحداث تخويل فاعل ومؤثر، ولكي يتمكن المرؤوس من ممارسة الصلاحيات المخولة لـه وبشكل سليم، ترى ضرورة ملاحظة المبادئ التالية (Harrison 1978):

أ- تحديد مديات مسؤولية المرؤوس ومديات الصلاحية المناسبة الواجب تخويلها لـه، اذ ليس من المعقول ان يتحمل المرؤوس نتائج أعمال لم تخول له صلاحيات تنفيـذها او القيام بها.

ب- يجب ان يتم تخويل الصلاحية اضافة إلى تحميل المرؤوس المسؤولية المعادلة لها، اذ ان العكس يعني الاستخدام غير المسؤول للقوة.

جـ- يجب ان يكون تخويل الصلاحية لانجاز أعمال معينة متكافئاً ومتزامناً معها، أي ان يتم التخويل في نفس وقت التكليف بالمهام، وأن لا تكون الصلاحية أقل حجماً مـن المسؤولية التي يتحملها المرؤوس في انجاز العمل المكلف به.

د- عدم تخلي الرئيس عن مسؤولية الصلاحية المخولـة إلى المـرؤوس ذلـك ان المسـؤولية تعين ولا تخول مطلقاً.

الصلاحية الوظيفية Functional Authority:

ان المدراء الاستشاريين لا يملكون صلاحيات رأسية (تنفيذية)، الا اذا كانت ضمن وحداتهم، فهم في العادة يقدمون النصح والمقترحات إلى الوحدات الادارية التنفيذية وضمن مجال تخصصها، الا ان هناك حالات نادرة عملياً يخول فيها الاستشاريون صلاحيات خاصة متشابهة للصلاحيات الممنوحة لهم لإدارة أعمالهم، وتكون عادة لفترة قصيرة وتحت ظروف خاصة، ورغم ان مثل هذه الصلاحيات قد تخول إلى الوحدات التنفيذية الا انها على الأغلب تمنح للوظائف الاستشارية وللإداريين الاستشاريين.

ان الصلاحية الوظيفية هي القوة الممنوحة للمدير لغرض الاشراف عـلى أعـمال وأنشـطة أفراد يعملون في قسم آخر وتوجيهها (Koontz et. al. 1984)، او هـي الصـلاحية المخولـة إلى احد مصادر المعلومات المعتمدين او إلى احد الاختصاصيين ليمارس قوة او حـق مـن حقـوق قسـمه من خلال اوامر وتعليمات يصدرها إلى أفراد يعملون في قسم آخر، او اقسـام المنظمـة كافة، فضلاً عن تمتع ذلك القسم بحق محاسبة تلك الجهات.

تنبثق الحاجة إلى الصلاحية الوظيفية من الافراط في التخصص وتقسيم العمل المتعارف عليها في اغلب منظماتنا الحديثة (Cleland 1972)، تعد الصلاحية الوظيفية اداة موصلة ورابطة الا انها لا تنطوي على الحق في فرض الطاعة، كما وتعد الصلاحية الوظيفية ظهيراً قوياً للصلاحية الرأسية (Litterer 1980) والقوة المخولة إلى مجموعة من الاختصاصيين دون منحهم الصلاحية التنفيذية، ذلك ان الصلاحية الوظيفية في واقع الحال هي صلاحية المعرفة (Knowledge)، وبهذا المعنى فهي مكملة للصلاحية الرأسية التنفيذية وتعمل بحدود التخصص، تنبثق اهم مزايا الصلاحية الوظيفية من كونها تهدف إلى تأمين التقييس والتنميط في ممارسة السياسات والاجراءات، كما وتضمن التماثل وتوحيد التطبيق العملي في المساحات العملياتية المتخصصة كالعلاقات العمالية، الا ان البعض ينظر إلى هذه الصلاحية بعين الحذر لأنها قد تكون من المسببات الرئيسة للخلافات والتضاربات والصراعات التي يمكن ان تقع بين المدراء التنفيذيين والاستشاريين، اذا لم يجر تحديد وتوضيح وتعريف أبعاد هذه الصلاحية (Koontz et. al. 1984).

لامركزية الصلاحية Decentralization of Authority:

عندما يجري تخويل الصلاحيات وتخويل أعمال صناعة واتخاذ القرار، فان ذلك يعني من بين ما يعني خلق مراكز قرارات في عموم المنظمة، والتي تنطوي على ممارسة الصلاحية من أقرب موقع لنشوء المشاكل (Hutchinson 1967)، واللامركزية هي توسيع حجم التخويل ومنح الصلاحية للآخرين من خلال خلق وإيجاد مراكز مسؤولية جديدة للقرار، فاللامركزية هي نتاج التخويل النظامي في عموم المنظمة، وقد يتم التخويل بدون اللامركزية، الا ان اللامركزية لا تتم او تأخذ شكلها بدون تخويل موسع (Haiman & Scott 1982)، وعموماً تزداد درجة اللامركزية كلما:

1- ازداد عدد القرارات الهامة التي يصنعها ويتخذها أفراد الإدارات الوسطى والدنيا.
2- يزداد عدد الوظائف التنظيمية الداخلة في البرنامج اللامركزي.
3- يتسع المدى الاداري او نطاق الاشراف للمدير الواحد وبما يسمح له من صنع القرار ضمن حدود عمله.

ومن الواضح ان هناك اكثر من متغير وعامل يلعب دوره في ظهور نسب مختلفة من اللامركزية، ان التفضيل في اختيار المركزية او اللامركزية يتحدد بظروف المنظمة، فعند تنفيذ ستراتيج ما، يتحتم على ادارة المنظمة اختيار موقف حيوي وقابل للتطبيق في حالتي المركزية واللامركزية، ومهما يكن من امر فان الضرورة تقضي وجود نسبة من اللامركزية في أي من المنظمات وعدم الميل كلية إلى المركزية.

ومن المفيد ان نكرر القول هنا بان من مقتضيات دمج وتوحيد الأنشطة المختلفة في عموم الهيكل التنظيمي هو تخويل صلاحية المناصب (Positional Authority) وتمكين صاحب المركز الاداري من ممارسة نشاطه بفاعلية، ان اللامركزية تعمل على نشر ـ الصلاحيات بنسب متفاوتة إلى جميع المستويات في المنظمة من خلال عملية التخويل، وبهذا فهي تفيد في تيسير الأنشطة الأساسية لتنفيذ الاستراتيجية من خلال الهيكل التنظيمي.

ونخلص إلى القول بان الميل إلى اللامركزية واعتمادها في المنظمة الواحدة لهو المفتاح الأساس والحل الأفضل في التغلب على محددات تنفيذ الاستراتيجية وتحقيق أهداف المنظمة.

المحددات العملياتية لتنفيذ الاستراتيجية

Process Determination of Implementing Strategy

بعد ان يتم اختيار الاستراتيجية الاداري من بين المتاح من البدائل، يجري نقله إلى حالة واقعية وعملية، وللقيام بذلك فان الامر يتطلب تحديد جملة عمليات وفعاليات تنظيمية أساسية، ان على العمليات والفعاليات الأساسية المطروحة في هذا الفصل ليست بالعمليات الشاملة، ولا هي مقتصرة على شخص واحد او جماعة معينة، اذ يعتبر تنفيذ الاستراتيجية من الأنشطة التي تتخلل نفحاتها المنظمة بأسرها بحيث يظهر تأثيرها على كل جزء من أجزائها، فضلاً عن التداخل الشديد بين العمليات التنظيمية الجارية التي من خلالها يتم تحويل الاستراتيجية من الحالة النظرية إلى الحالة الواقعية، ولا تجري العمليات التنظيمية بمعزل عن بعضها البعض، فأغلبها يحوي نسبة من التشابه والتداخل مع بعضها البعض، ومع ان الدراسات ركزت عليها الا ان اهتمامنا في هذا المجال ينصب على تلك العمليات التنظيمية الرئيسية التي تلعب الدور الحيوي في انجاح تنفيذ الاستراتيجية المختارة.

سياسات وإجراءات الأعمال Policies & Procedures:

تعد السياسات والاجراءات المنظمية الاطار العملياتي المساعد على تنفيذ الاستراتيجية، فالاداريون يبتدعون سياسات لإرشادهم في عمليات اتخاذ قرارات العمل، وبواسطتها يفعل الاستراتيجية فعله، وفي نفس الوقت توفر السياسات وسائل لتنفيذ القرارات الاستراتيجية، اما العناصر الحساسة التي تؤثر في الممارسة التحليلية الداخلة في صنع السياسة، تكمن في القدرة على التعامل مع الاستراتيجية الجذر إلى جانب وجود سياسات منسجمة ومتناغمة معها وليست بعيدة عنها، والعبرة ليست في اتخاذ قرار اداري يتقرر من خلاله تغيير ستراتيج ما، اذ ان ما يحدث لاحقاً لا يقل اهمية عن احداث التغيير، وعلينا ان نتساءل دوماً كيف نصل إلى هذه المرحلة؟ متى نصل اليها؟ وكم من القوة المساندة نمتلك؟ وهل للمنظمة اكتفاء معين نحوها؟ كل هذه التساؤلات يمكن ان يجيب عليها الاداريون من خلال ما يعرفونه من سياسات مهمة لتنفيذ الاستراتيجية الجذر (Glueck & Jauch 1984)، وبالاضافة إلى ذلك فان الاجراءات والسياسات تعمل على تسهيل احداث التغيير الحاصل عن طريق الاستراتيجية المختارة او عن طريق اعداد ستراتيج جديد.

ان تغيير الاستراتيجية او تعديله يملي بعض التغييرات في كيفية ادارة وقيادة الأنشطة الداخلية، ويتوضح دور السياسات الجديدة او السياسات المعدلة والمنقحة في تعزيز التحولات والتغيرات، وتقريب انشطة وسلوكية الافراد وممارساتهم الادارية إلى توجهات الاستراتيجية الجديد، ان الغاية من وراء ذلك تطوير الاجراءات التنفيذية القياسية، التي تساعد على تسهيل تنفيذ الاستراتيجية أولاً، وتنشيط التفاعل بين توجهات واتجاهات وميول اقسام المنظمة في رفضها او قبولها للاستراتيجية الجديدة المختارة ثانياً، فالتخطيط للسياسات والاجراءات في ضوء احتياجات تنفيذ الاستراتيجية دعم وإسناد لمتانة تنفيذ الاستراتيجية (Thompson & Strikland (1983.

ويبدو دور السياسات والاجراءات واضحاً في تنفيذ الاستراتيجية، ذلك انهما من الأدوات القيادية لصنع قرار أفضل، وأنهما يوضحان الاتجاه الصحيح للإدارة بالنسبة للعديد من القرارات الرتيبة والروتينية التي لها دور مهم في تنفيذ الاستراتيجية، ثم ان السياسات والاجراءات ما هي الا قرارات عامة تغطي متطلبات وغايات وتعليمات ادارة المنظمة،

وتعمل على احداث الانسجام والتناغم بين القرارات والأنشطة والفعاليات التنظيمية وبين توجهات الاستراتيجية المختارة (Hosmer 1982).

وقد بينت الدراسات المختلفة (Cassells & Randalk 1959. Bates & Eldredge 1984. Thompson & Strickland 1983. Higginson 1966. Boyton 1970) من ان السياسات والاجراءات المعتمدة من قبل ادارة المنظمة تعود عليها بالنفع خلال تنفيذها للاستراتيجية الجديد او المعدل، وتحمل في الأدنى بعضاً من منافع السياسات والاجراءات التي تعتقد بأنها تمكن وتساند ادارة المنظمة في أعمال تنفيذها للاستراتيجية وهي:

1- انها تجعل الأفراد على علم بما هو مطلوب منهم، وعلى هذا النحو تزداد القدرة في التوقع بسلوكيتهم المنشودة نحو تحقيق الغايات.

2- انها تساعد على تحقيق التناغم والانسجام في الممارسات الادارية للمنظمة لأنها تصون وحدة صنع القرار.

3- انها تغزز عملية تخويل صناعة واتخاذ القرار من قبل المستويات الادارية الأدنى ضمن التسلسل الهرمي، وبما يمكن المدير المعني من مواجهة أية مشكلة حال ظهورها.

4- انها تشجع على تنسيق وتكامل الأنشطة والخطط في المساحات الوظيفية والأقسام الادارية وغيرها.

5- انها توفر اجابات مسبقة للمشاكل الرتيبة والروتينية وتمنح المدراء وقتاً مناسباً للتعامل معها.

6- انها توفر للمدراء آلية لتحصين أنفهم ضد الطلبات الآنية والناشئة والتي تحدث تغييرات في مسارات تنفيذ الاستراتيجية.

صناعة واتخاذ القرار الاداري Managerial Decision Making:

ان تنفيذ الاستراتيجية يستدعي اصدار قرارات ادارية متنوعة مؤثرة في الموارد المنظمية (بشرية، مادية، مالية) كي تشترك جميعها في تنفيذ الاستراتيجية المختارة، وان أغلب هذه القرارات ذات طبيعة تكرارية مع درجة عالية من التأكد بشأن نتائجها (Harrison 1981) وكما أشرنا سابقاً فان هذا النوع من القرارات غالباً ما يكون له علاقة بشكل او بآخر بالسياسات والاجراءات الجارية، اما القرارات المعقدة وغير الرتيبة والمتكررة فيصاحبها نسبة لا بأس بها من عدم التأكد بشأن نتائجها المتوخاة، لذا يتوجب على ادارة المنظمة عدم الركون إلى السياسات والاجراءات الخاصة، وعليها ان تذهب إلى ابعد من ذلك في توفير مسببات المساهمة في جعل عملية تنفيذ الاستراتيجية عملية ناجعة ومثمرة، لذلك فان اغلب عمليات صنع واتخاذ القرار تهتم بعمليات الخيار الاستراتيجية وتحتل اعمال اختيار الاستراتيجية موقعها خلال عملية متكاملة من أعمال صنع واتخاذ القرار التي تشتمل على الوظائف الرئيسة التالية:

1- تحديد الأهداف المنظمية.

2- البحث عن بدائل لبلوغ الأهداف.

3- مقارنة وتقييم البدائل.

4- اختيار البديل الملائم والمنسجم مع المنشود.

5- تنفيذ البديل المختار.

6- متابعة ومراقبة نتائج القرار المعتمد.

تحتضن المناقشة الجارية في هذا الفصل وظيفة تنفيذ البديل المختار (الوظيفة الخامسة)، أي تنفيذ الخيار الاستراتيجية من خلال عملية صنع القرار، وعلى الرغم من ان الوظائف الأخرى التي تعتني بالخيار الاستراتيجية قد تكون أكثر تعقيداً، الا ان وظيفة تنفيذ الاستراتيجية اكثر الوظائف استنزافاً للوقت، وبالتالي فان ذلك يترك تأثيره على المنظمة، ومن هنا يمكن القول ان آثار الخيار الاستراتيجية تبرز عندما تأتي نتائج العمليات السابقة ويظهر فعلها خلال وضع الاستراتيجية موضع التنفيذ، ولا يصبح القرار من ضمن مهام فرد

من الأفراد الا اذا وضع ذلك القرار موضـع التنفيـذ، وتحملـت الوحـدات الاداريـة مسـؤولياته، وبعكسه، لا يتعدى كونه مجرد نية مكنونة (Drucker 1967).

ان الخيارات الاستراتيجية الناجحة هي اكثر من مجرد قرارات جيدة، ويترتـب علـى ادارة المنظمة تنفيذها حال اتخاذها كي تتقابل نتائجها مع ما ترمي اليه الأهداف التنظيمية، ان درجة جودة ونوعية مثل هذه القرارات قد تتغير او تتحور فجأة بسبب حالات الرفض التي تواجهها الخيارات، وهذا يؤدي إلى اعاقة عمليات التنفيذ (Harrison 1981)، لذلك قيل انه مـن الصـعوبة بمكان ضمان نجاح الخيارات الاستراتيجية ذلك انها من جانبها الواسـع هـي خيـارات شخصـية وذاتية، وقد قام (Trull 1966) بتطوير واحدة من أوسع النماذج لتقييم نجاح قرار ما، جـاء هـذا النموذج نتيجة لدراسة مسحية لعملية صنع واتخاذ القرار في مائة منظمة كبيرة، حيث اوضحت النتائج بان نجاح أي قرار يعتمد على متغيرين اثنين هما النوعية والتنفيذ.

ويمكن الحكم على نوعية القرار من خلال الكشف أولاً عن مدى انسـجامه وتوافقـه مـع السياسات والاجراءات الجارية، وثانياً عـن حسـن توقيتـه المناسـب، وثالثـاً عـن مدى احتوائـه وتجسيده لأعلى نسبة من كميات المعلومات، ورابعاً عن مدى ما يعكسه انطبـاع متخـذ القرار على آثاره.

اما مؤشرات التنفيذ الناجح للقرار فيمكن فحصها من خلال:

أولاً: مدى ابتعاد القرار عن تضارب المصالح والمنافع القائمة في المنظمة.

ثانياً: حجم المردودات التي يحققها القرار ودرجة المجازفة في تحقيقها.

ثالثاً: مدى فهم الأفراد المنفذين. ذلك القرار.

وعليه فقـد جاءت استنتاجات هذا الدارس (Trull 1966) لتعكس لنا اهمية عمليـة صـنع واتخاذ القرار الاداري بشأن تنفيذ الخيارات الاستراتيجية، حيث استنبطت هذه الاستنتاجات من النتائج التي تم التوصل إليها، وإليكم موجزاً عن هذه العمليات:

1- لوحظ ان معظم القـرارات المنظميـة تتخـذ في اطار السياسـات والاجراءات القائمـة، وتتماشى مع المنهج المثبت لادارة الأعمال في المنظمة المعنية.

2- تصنع وتتخذ القرارات المنظمية غالباً في مدة أطول من المدة الزمنية المعقولة لصانعة قرار ما.

3- يبذل المدراء جهوداً منظمية للوقوف على مردودات القرار المتخذ مقايسة بكلفة المعلومات المطلوبة لصنعه.

4- تتعاظم الجهود المبذولة في المنظمة لانجاح القرار المتخذ في المنظمات التي تتوسع في تخويل الصلاحيات.

5- وفي نطاق تحمل المخاطر، يبدو المدراء راغبين في تقبل مبدأ عدم التأكد، والمجازفة في تحقيق مخرجات قراراتهم دون الاكتراث الجدي لتحقيق عوائد مجزية لتلك المجازفة.

6- لم يعر المدراء الاهتمام الكافي لحالات الصراع بشأن تضارب المصالح والمنافع الناتج عن تنفيذ القرارات.

7- محدودية حرية الاتصالات ما بين المساهمين والمشاركين (الجماعات والأفراد) في أعمال تنفيذ القرار وتحقيق مستوى معقول من النجاح.

في ضوء ما تقدم فان الطريقة والأسلوب المناسبين لضمان تنفيذ فعال للخيارات الاستراتيجية والمنبثقة عن عملية صنع واتخاذ القرار الاداري، يقعان ضمن تبني سياسة قادرة على صنع واتخاذ قرارات وقائية، فالمشاكل التي لا يمكن تفاديها هي المشاكل التي تبحث عن حل، اما المشاكل الفنية الناشئة عن السياسات والاجراءات، كالتوقيت المناسب، الكلفة المعقولة، المعلومات الكافية والمؤثرة، والعائد المتوقع جراء المجازفة والمخاطرة، انما هي من الحالات التي يجدر الاهتمام بها وأخذها بالاعتبار لحيويتها، هذا إلى جانب ما تتطلبه القضايا الناشئة عن العاملين كتضارب المصالح، التفهم الواعي، والصلاحية المخولة لمتخذ القرار من فحص شامل دقيق، ان مثل هذه المشاكل الانسانية والفنية مجتمعة تحمل مفتاح التنفيذ الناجح للاستراتيجية المختارة، ان الاختبار الحقيقي للقرارات يكون من خلال معرفة قدرة ذلك القرار في تغيير سلوكيات الأفراد حين يقع تأثيره عليهم بشكل مباشر عند قيامهم بتنفيذ الاستراتيجية المختارة.

وخلاصـة القول فان مـا جـاء بدراسـة (Trull 1966) مـن تحليلات ونتائج واستنتاجات، فضلاً عما دونه من ملاحظات حول المنظمات المبحوثة، يؤكد على ضرورة قيام المـدراء بتحسـين نمط تنفيذ القرارات، وعلى وجه التحديد من حيث التوقيت المناسب والكلفة وتقبل المخاطرة (Eccles & Wood 1972)، ان تفكـير المنظمة في اختبار الاستراتيجية وبلورة الاطار العام لعملية صنع واتخاذ قرار التنفيذ في وقت مبكر يسـبق الخيـار الاستراتيجية يسـاعد في تحقيـق الأربـاح والنتائج المناسبة.

المشاركة في صناعة واتخاذ القرار Participation in Decision Making:

لقد أثبتت دراسة (Trull 1966) بان مشاركة المدراء المسؤولين عن تنفيذ أي من الخيارات الاستراتيجية في عملية صنع واتخاذ القرار، تسـهل عليـهم الفهـم والقبـول والموافقة وتسـهم في انجاح تنفيذ القرار، وتأكيداً لهذه النتائج فقد أجـرى (Stagner 1969) دراسـة عـلى (500) مـدير تنفيذي يعملون في (125) منظمة، وتبين له بان المشاركة عززت قناعة هـؤلاء المـدراء وأسـهمت في رفع مستويات الأرباح من خلال تنفيذ الاستراتيجية الذي تم اختياره بالاجماع.

لقد أكد الدارسون (McGregor 1960. Likert 1967) على ان دعم واسناد المـدراء التنفيذيين وتزايد عنايتهم واهتمامهم بخلق حالة الرضا لـدى جميع العـاملين في المنظمة يسـهم كثيراً في خلق إدارة مشاركة تعاونية ذات منهج ديمقراطي، ويعد مثل هذا التوجه من العوامل الأساسية المساندة في تعزيـز معنويات المدراء المسؤولين عن تنفيذ القرارات وبالذات تلك المتعلقة بتنفيذ الاستراتيجيـة المختارة (Stagner 1969). ان المشـاركة بـين منفـذي القـرار في أعمـال التشخيص والتحليل والبحث الاختيار تعد من المعطيات المهمة لتنفيذ الاستراتيجية المختارة، حيث تتعزز عن طريقها وتزداد الرغبة في التعلم والتكيف لمواجهة مستقبليات الاستراتيجية (Bass 1983).

تتفاوت درجات المشاركة في اعمال صنع واتخاذ القرار بـاختلاف المواقـف والحـالات، ونلخص استنتاجات أحد البحوث (Ebert & Mitchell 1975) حول ذلك التفاوت وهي:

1- يشترط في عمليات صنع واتخاذ القرار التي يمارسها المدراء توافر فرص حيوية للمشاركة خاصة عندما تكون القرارات متعلقة بتنفيذ الاستراتيجية المختارة.

2- تتضاءل فرص المساهمة في خلق قرار جيد النوعية في حالة امتلاك المشاركين بعمليات صنع واتخاذ القرار للمعلومات الضرورية.

3- تنحسر المشاركة في عمليات صنع واتخاذ القرار عندما يواجه المدراء مشاكل واضحة ومنتظمة.

4- وعندما يصبح تقبل المرؤوس للقرار موضوعاً مثيراً للجدل بسبب فاعلية تنفيذه، او عندما يكون الاحتمال لتقبل القرار ضعيفاً، فان الامر حينئذ يستدعي مشاركة جماعية بين المدراء لبلوغ حالة الرضا والقناعة.

5- قد يكون تقبل المرؤوسين للقرارات عرضة للجدل والنقاش حول فاعلية وتأثير تنفيذها وقد يكون المدير واثقاً من اهتمام مرؤوسيه بأهداف وغايات المنظمة دون مراعاة أهدافهم وغاياتهم الشخصية، او قد تنحسر حالة الصراع والتعارض بين المرؤوسين، وفي مثل هذه الحالات ينبغي توافر الفرص الكبيرة للمشاركة في عمليات صنع واتخاذ القرار.

ولقد أظهرت دراسات اخرى (Alurro & Belasco 1972) و(Vroom & Yetton 1973) ميل ونزعة المدراء نحو فسح مجالات متفاوتة لحالات المشاركة في اوقات مختلفة وفي ظروف مختلفة وحسبما يحيط الموقف بالقرار المطلوب، وانه لمن البديهي جداً ان تكون عند المدراء عموماً رغبة واضحة في مشاركة المرؤوسين بأعمال صنع واتخاذ القرار، الا اذا تعارضت الرغبات مع تحقيق هدف معين، حيث أوضحت احدى الدراسات (Heller 1971) التي شملت (260) مديراً في (15) منظمة كبيرة ان ثلث حالات صنع واتخاذ القرار عكست ميل المدراء إلى خيارات من جانب واحد، بينما أظهر الثلث الآخر ميلاً إلى ان يتم صنع واتخاذ القرار من قبل قائد المنظمة بعد اجراء نوع من الاستشارات مع تابعيه، وأوضحت هذه الدراسة بان اصوات وآراء المرؤوسين التابعين قد أثرت في (25%) من القرارات التي اتخذها الرئيس الأعلى (Heller 1971).

ونخلص مما تقدم بانه من المؤكد وجود مشاركات ومساهمات ومداخلات من جانب المرؤوسين

وبشكل واضح في الخيارات الاستراتيجية ذات التأثير المباشر على المساحات العملياتية الواقعة ضمن مسؤوليتهم.

وبعد ان استطلعنا مزايا المشاركة في أعمال صنع واتخاذ القرارات كجانب من جوانب النمط القيادي في المنظمة، من المناسب التثبيت بان نسبة المشاركة الفعلية للمرؤوسين في معظم المنظمات يبقى مرهوناً بالحالة القيادية للمنظمة المعنية، وخاصة بالنسبة للخيارات الاستراتيجية التي تسعى اليها هذه المنظمة او تلك (DIO 1983). ويبدو واضحاً ان درجة مشاركة المسؤولين في صنع واتخاذ القرار تتأثر بدرجة اعتقاد وايمان الرؤساء باهمية مثل هذه المشاركة.

وحول موضوع المشاركة اجرى (Dickson 1982) مسحاً على (84) مديراً قيادياً، ومن تحليل المعلومات والبيانات تبين له ممارسة المشاركة في واحدة او اكثر من الحالات التالية:

1- عندما يشعر القائد الاداري بضرورة قبول المرؤوسين للقرار، وبأن مشاركتهم تسهم فعلاً في صنع قرار مضمون النجاح.

2- عندما يشعر القائد الاداري بان مشاركة المرؤوسين تسهم فعلاً في تطوير وتحسين القرار قيد الدراسة.

3- عندما يشعر القائد الاداري بان المشاركة وسيلة للمحافظة على انسيابية الاتصالات وايجابية العلاقات بين الرؤساء والمرؤوسين.

وفي هذا المجال يؤكد (Dickson 1982) على اهمية آراء ووجهات نظر القادة الاداريين بشأن المشاركة في اعمال صنع واتخاذ القرار بقوله انه بأيدي مثل هؤلاء الافراد القوة الرئيسة لمنظماتهم، وان قيمهم وتوقعاتهم عن المشاركة هي التي تحدد صيغة عملية للمشاركة، وبالتالي رسم ابعاد النتائج المتوقعة عن هذه المشاركة، وبهذا المعنى فان المشاركة مرهونة وإلى حد كبير بالحالة والنمط القيادي السائد في المنظمة، وفي ضوئها تتفاوت نسبة المشاركة.

نظم توزيع وتخصيص الموارد Resource Allocation Systems:

اشرنا في الفصل السادس إلى ان من اعمال صياغة الاستراتيجية الاداري تدقيق جوانب القوة والضعف التي تتمتع بهما المنظمة، ويأتي هذا التدقيق كجهد موجه نحو كشف جوانب القوة، وبدوره يكشف عن مساحات الكفاءة المتميزة، وعن مناطق الضعف والنقص، وبالمقابل فان التدقيق يساعد على تخمين حجم الفجوة الاستراتيجية بين القوة والضعف، وبين الفرص والتهديدات الموجودة في البيئة الخارجية، وأخيراً فان التدقيق الموقعي المشتمل على كل هذه الجوانب غالباً ما يساعد على تهيئة مستلزمات أعمال اختيار الاستراتيجية الاداري، ان كل خيار ستراتيجي يتأثر بالموارد المتوفرة والقدرات المتاحة الفعلية والاحتمالية للمنظمة، وبمجرد الانتهاء من اعمال اختيار الاستراتيجية الاداري يتوجب تحديد مصادر او مواقع تلك الموارد والقدرات من خلال النظم المسيطرة على تنفيذ الاختيار.

من المفيد التأكيد هنا على ان تنفيذ الاستراتيجية لا يقتصر على استغلال موارد المنظمة فحسب، بل على حمايتها وتنظيمها وتوجيه استخدامها داخل وخارج المنظمة، وتختلف مثل هذه الانشطة عن الأنشطة الخاصة بصياغة الاستراتيجية التي بينا بأنها تتعلق بتحديد وتعيين الأهداف المراد بلوغها والخطط الواجب تنفيذها من خلال استغلال موارد المنظمة (McCarthy et. al. 1975)، ذلك ان ادارة موارد المنظمة (البشرية والمادية والمالية) تتطلب مدراء اكفاء قياديين قادرين على تحديد منابع القوى البشرية وكيفية التسهيلات والطرق والأساليب لتشغيل المعدات والآلات بقصد العمل على تنفيذ الاستراتيجية (Chang & Campo-Flires 1980).

ان تحديد وتصنيف الموارد يهدف إلى معرفة القدرة التنظيمية والممهدة للخيار الاستراتيجية، وكيفية توزيعها على الوحدات، والبرامج، والمشاريع باعتبارها نظماً جزئية تعمل على المساهمة في تنفيذ الاستراتيجية الادارية المختارة، وبما ان الموارد نادرة نسبياً يصبح من الضروري توظيف النظم بشكل ينتج عنه توزيع مناسب لها من حيث الوقت والكمية، كما يجب حسن ادارتها لكي تحقق التنفيذ الفعال لخيارات المنظمة الاستراتيجية، وبالتالي فان النقاش التالي مخصص حول التخطيط للموارد الضرورية لتنفيذ فعال للاستراتيجية، وكذلك الوسائل الأساسية التي بواسطتها يتم تحديد مصادر ومواقع هذه الموارد وأسلوب توزيعها.

التخطيط للموارد Planning for Resources:

لكي تتمكن المنظمة من التخطيط للموارد المتاحة لها، وخاصة توجيهها نحو وضع الاستراتيجية الاداري قيد التنفيذ، لا بد من تحديد انواع الموارد المستخدمة عموماً:

أولاً: الموارد المالية Fiscal: والتي تشتمل على الأموال وما يعادلها من الأرصدة الاخرى.

ثانياً: الموارد الطبيعية Physical: وتشتمل على التسهيلات المتنوعة لأغراض الاستراتيجية كالطرق والأساليب والعدد والأدوات، اضافة إلى الموارد والتجهيزات والخدمات المتنوعة.

ثالثاً: الموارد البشرية Human: وتشتمل على الأفراد واستثمارهم للوقت، وامكاناتهم وطاقاتهم وذكائهم.

يرتكز الجانب الأول من تخطيط الموارد على معرفة وتحديد كمية ونوع كل مورد تحتاج اليه المنظمة للمدة المخطط لها، والجانب الثاني هو رسم وتحديد امكانية الحصول على الموارد الاضافية عند الحاجة (كيف؟ ...ومتى؟). اما الجانب الثالث فينطوي على تحديد مصادر ومواقع الموارد المتوقع توفيرها للبرامج والوحدات التنظيمية التي قد تطلبها، كل ذلك يستدعي اعداد الموازنات التقديرية (Ackoff 1970). وعلى الرغم من ان كلمة الموازنة ترتبط دوماً بالتخطيط للموارد المالية التي يتوقع استغلالها لكل نوع من انواع الموارد، فان عمل وفوائد الموازنة لا يقتصر على الأمور المالي فقط، ثم ان الموازنة تخدم ادارة المنظمة في مجالين، الأول في كونها اداة رقابية، والثاني في كونها اداة تخطيطية يترادف دوماً كل من النشاط التخطيطي مع النشاط الرقابي، ونقول انه بدون الخطط والموازنات لا يوجد ما يراقب، وبانعدام الرقابة يكون الفشل مصير كل خطة (Harrison 1978).

ان ما يقصد بتعيين مصادر الموارد هو توزيع الموارد المالية والمادية والبشرية وفق خطط وأهداف المنظمة، وان القرارات المتعلقة بالتوزيع تعني بداية تنفيذ الاستراتيجية الخاصة بالمنظمة التي تحرك وتدفع الاستراتيجيةات الوظيفية في عموم المنظمة نحو غاياتها دون الاخلال بالتسلسل الهرمي، وان القرارات المتعلقة بتعيين مصادر الموارد لها مغزاها تجاه الخيارات

الاستراتيجية المختلفة، فمن المحتمل ان تكون خطط تعين الموارد جزءاً من الاستراتيجية الاداري القائم أيضاً، فمثلاً اذا وجد ان تحسين منتوج او خدمات معينة هـو الحل او المفتاح لستراتيج فاعل، فان الأمر يتطلب عندئذ زيادة حجم الموارد المتاحة لأعمال البحث والتطوير، مع نشوء احتمال زيادة الموارد لاقامة أبنية جديدة او شراء عدد إضافية. وإذا استدعى الاستراتيجية القائم الدخول في اسواق جديدة او توسيع الأسواق الحالية، فقد يتطلب الأمر هنا زيادة الموارد المالية والبشرية لغرض التوسع بالنشاط الاعلاني والتسويقي والقيام بفحص ودراسة تلك الأسواق، هـذا وتتوضح اهمية تعيين المصادر عندما يتوقع تخفيض حجم النفقات، ففي مثل هـذه الحالة ينبغي اخذ الحذر والتأني لحماية بـرامج ووحـدات التطوير بعيـدة المـدى، وعـدم النـزوع إلى تقليص بعض الوحدات بهدف تحقيق المساواة في تخفيض النفقات (Glueck & Jauch 1984).

ترتبط القرارات الخاصة بتعيين مصادر الموارد والمستندة على خطة مرسومة نحو أهـداف تنفيذ الاستراتيجية، فمثلاً القرارات الخاصة بسياسات الربحية في المنظمة التجارية لهـا أهميتها المرتبطة بهدف منشود ينطوي على الرغبة والانجـذاب إلى مغـامرة ماليـة جديـدة، وقـد يـرتبط القرار الذكي لاستثمار الأموال في مشروعات القضاء او السـيطرة عـلى التلـوث بمطاوعـة الانظمـة الحكومية، يجب ان يوجه تعيين مصادر المـوارد نحـو بلـوغ اهـداف تتعلـق بأحـداث منظميـة وخلق كفاءات مميزة ومنافع تنافسية. والمهم هنا، هو ان التخطيط لمصادر الموارد يتبعه اعـمال توزيع تلك الموارد وبكل انواعها عـلى المسـاحات العملياتيـة كجـزء متمم لتنفيـذ الاسـتراتيجية الاداري.

موازنة الموارد Budgeting of Resources:

مما لا شك فيه ان المالية هي العصب الرئيس لنظام تعيين مصادر الموارد، وكما اشرنا فان الموازنة هي أداة تخطيطية ورقابية في آن واحد، وما يتعلق بالجانب الرقابية فان الفصل التالي كفيل بمعالجته، وما يهمنا هنا هو الموازنة كخطة قصيرة المدة يتم من خلالها تعيين مصادر الموارد النادرة نسبياً وتوزيعها بشكل يسهم في تنفيذ ناجح للاستراتيجية الاداري.

وقد لخص احد الكتاب (Steiner et. al. 1982) دور الموازنة كآلية متممة لأعمال تنفيذ الاستراتيجية بقوله ان الموازنات ما هي الا قرارات رسمية للسياسات والخطط والغايات المحددة لانجاز الفعاليات والأنشطة ضمن حدود رسمتها الادارة العليا للمنظمة، ومثل هذه الموازنات تعتمد كأساس لإمكانية قياس الأداء، فالموازنات تعد الخطط التفصيلية المتداخلة بالكثير من الأنشطة الوظيفية بشكل يضمن الاستخدام الأمثل للموارد من اجل بلوغ الغايات المنشودة، ان الموازنات هي الأدوات المعول عليها لضمان التنسيق الصحيح بين الأنشطة وهي التي ترسم ابعاد ومواصفات الاداء وبواسطتها تتم الرقابة على الأنشطة والفعاليات عندما تقرر الادارة اختيار الانشطة، والموازنات بهذا المعنى تعد ادوات تعمل على توحيد وتكامل الأنشطة الوظيفية من اجل بلوغ الغايات المنشودة.

ان الطريقة الشائعة لنشر وتوزيع الموارد من اجل تنفيذ الاستراتيجية وادارته تنبثق من خلال الموازنة ذلك أنها تعمل على ترجمة حجم وكميات هذه الموارد (Bates & Eldredge 1984) إلى حالة نقدية واحدة، وبذلك يمكن ربط عناصر المنظمة كافة بالاستراتيجية الاداري المنفذ بشكل يسهل القيام بأعمال التقييم والرقابة، ان الأداء المتوازن لجميع الوحدات التنظيمية يعتمد في تقسيم الأداء الكلي لوحدات اكبر او لعموم المنظمة، ويمكن الرجوع إلى مصادر اخرى وصفت انواع الموازنات وحددت وظائفها بشيء من التفصيل (Reinharth et. al. 1981)، (جواد وآخرون 1988).

ونخلص مما تقدم من ان الموازنة هي محور نظام تعين مصادر الموارد المتنوعة التي تحتاجها المنظمة والتي تعينها على تنفيذ الاستراتيجية الاداري، وبمساهمة السياسات والاجراءات الموضوعة، واعتماداً على اعمال صنع واتخاذ القرار تتمكن المنظمة من رسم ابعاد النظام الذي يمكنها من تعيين مصادر الموارد باعتبارها القاعدة والركيزة الأساسية للمؤشرات القيادية لتنفيذ الاستراتيجية الادارية المختارة.

المحددات القيادية لتنفيذ الاستراتيجية

Leadership Determination of Implementing Managerial Strategy

تعد القيادة الادارية من المحددات الاخرى المؤثرة في تنفيذ الاستراتيجية الاداري، وان مـا يقـرر هيكليـاً وتنظيمياً (Structural Determinants) هو القاعدة اذ يوضح المسار الاسـاس لتنفيـذ الاستراتيجية، امـا المقـررات وثوابتهـا العملياتيـة (Process Determinants) فانهـا تـوفر الخطـوط الارشادية والقنوات والموصلات والنظم التي من خلالها يـتم تنفيـذ الاستراتيجية، وبالتـالي فـان القيادة الادارية المسؤولة عـن ادارة المنظمـة تلعب هـي الاخـرى دورهـا في نقـل الاستراتيجية المختارة إلى الواقع التنفيذي التطبيقـي مـن خـلال دور القيـادة التحفيـزي، والتوجـه الشخصي- للقيادة نحو التنفيذ وفي اطار الهيكل التنظيمي والعملياتي للمنظمة.

فمن خلال الفعل القيادي يتم تحويل الاستراتيجية من حالته النظرية إلى حالتـه الواقعيـة الفعلية والحيوية وبما يساعد على الاندفاع نحو تحقيق الأهداف الاستراتيجية للمنظمة، ذلك ان القيادة جانب حيوي وحياتي، وهي عامل من عوامل التغير الذي يحول الاهداف والغايـات مـن شكلها المخطط إلى انجازات ملموسة ومحققة على المدى البعيد.

جوهر القيادة Essence of Leadership:

ان ادبيات ادارة الاعمال غزيـرة بتعـاريف متنوعـة بشـأن مفهـوم القيـادة، وأحـد هـذه التعاريف (Terry & Franklin 1982) ينص على ان القيادة هي العلاقة التي يستطيع مـن خلالهـا الفرد الواحد (القائد) ممارسة تأثيره على الآخرين وجعلهم يؤدون أعمالهم برغبة صادقة لغـرض بلوغ الأهداف والطموحات وتحقيق الآمال التي ينشدها القائد او الجماعة، وفي أدبيات اداريـة اخرى (Hersey & Blanchard 1969) نجد ان معنى القيادة ينطوي على كونهـا عمليـة التـأثير عـلى النشاطات التي يقوم بها الفرد الواحد او الجماعة نحو تحقيق وبلوغ حالة معينة، او ان القيادة هي فرض التأثير الشخصي على حالة ما وادارتها وتوجيهها مـن خـلال عمليـة الاتصـالات بقصـد بلوغ هدف معين او مجموعة أهداف (Tannenbaum & Schmidt 1958)، وفي معرض آخر يلاحـظ ان معنى القيادة ينطوي على تكثيف التأثير

في الآخرين لاحـلال الطاعــة إلى جانـب الموجهـات الأخـرى في عمـوم المنظمـة (Katz & Kahn 1978).

ان المفتاح المؤدي لحالة القيادة هو التأثير، فالتـأثير هـو نـوع مـن التفاعـل يـتمكن مـن خلاله الفرد او الجماعة من استمالة او حث شخص او جماعة اخرى عـلى القيـام بعمـل يـتلاءم وتوقعات القائد محدث التأثير ابتداءً (Scott & Mitchell 1972)، والتـأثير في معنـاه الكـامن يعنـي امتلاك القوة والسلطة، الا انه يعني عملياً ممارسة السلطة والقوة على الآخرين، فالقوة والتـأثير عنصران يسـهمان بفاعليـة في عمليـة واحـدة (Scott & Mitchell 1972). ان القـوة هـي الطاقـة والقابلية على تحديد النتائج، اما التأثير فهو الوسيلة المعتمدة لبلوغ النتائج المنشودة.

ان فكرة القيادة تعتمد على قاعدة القوة والتأثير باعتبارهما عنصران مـتممان لبعضـهما البعض، ومن وجهة نظر القائد فان التفاعل بين القوة والتأثير يؤدي إلى احداث الطاعة، اما مـن وجهة نظر المرؤوسين فان التفاعل بين القوة والتأثير يجبرهم على القبول بما يصـدر عـن القائـد، ذلك ان الاذعان للقوة والطاعـة امر لا مفر منه، ولا بد مـن حدوثـه، كـما وان القائـد لا يعتمـد السلطة الرسمية المستمدة من مركزه وصلاحياته، بـل عـلى مميـزات وخـواص شخصـية يجعـل مرؤوسيه يقبلون عليه.

وعليه فالقيادة عملية شخصية من ناحية، ويحدث تأثيرها حالة تفاعلية اتصـالية تجعـل الآخرين ينفذون ما يصدر لهم من ناحية ثانية، ان النتيجة المثلى للطاعـة والقبـول تعتمـد عـلى مزيج متجانس من القوة والصفات الشخصية للقائد خلال عملية القيادة، وبالتـالي فـان المعـاني الواردة آنفاً تعبر عن المعنى الحقيقي والجوهري للقيادة في أية منظمة كانت.

الأنماط القيادية Leadership Styles:

يقصد بالنمط القيادي، النهج الذي ينهجه القائد خلال محاولتـه احـداث وخلـق الطاعـة لدى المرؤوسين، واعتماداً على النمط الذي ينتهجه يتمكن القائد من انتزاع قبولهم، كـما يقصـد بالنمط القيـادي النموذج القيـادي (Graen et. al. 1970) او النظريـة القيادية (House & Mitchell 1974)، او بأن القيادة هي النظـام السائـد في المنظمة (Likert

1967)، أو بأنها المخطط المعتمد من قبل القائد (Tannenbaum & Schmidt 1958)، او بأنها الشبكة الادارية (Managerial Grid) (Blake & Mouton 1964)، وعموماً يمكن توحيد هذه الآراء والمفاهيم وتصنيفها تحت ثلاثة انماط قيادية هي:

1- النمط المتسلط او المتشدد Authoritarian:

والقائد في هذا النمط يركز نشاطه على الانتاج، حيث يهتم أساساً بالانتاج والانتاجية كماً وحسبما هو مؤشر في خطط المنظمة، ان اهتمامه بضروريات ورغبات الاتباع يأتي كنتيجة طبيعية وبقدر تعلق الأمر بموضوع الانتاج وزيادته، ثم ان القوة والسلطة في هذا النمط تشكلان القاعدة التي ينطلق منها القائد في قيادة الآخرين، ويتمركز النشاط الرقابي في مثل هذا النمط عند الادارة العليا للمنظمة، اما مستويات الكفاءة في ظل القيادة التسلطية فانها تأتي نتيجة لتنظيم وترتيب معطيات وظروف العمل بشكل لا يبرز فيه دور العنصر البشري الا بنسب ضئيلة (Blake & Mouton 1964)، فالقائد المتسلط هنا يبحث عن اخضاع وطاعة التابعين من خلال السلطة التي يتمتع بها، اما قبول الاتباع لها فهو امر متروك للصدفة كما ينتج عن اهتمام القائد بشأن الانتاج ضغوطاً وتأكيدات من جانبه على العاملين حول انجاز العمل وفق ما هو مؤشر.

2- النمط الانساني السلوكي Behavioral:

يهتم القائد في هذا النمط بعلاقاته تجاه الأفراد العاملين والعمل على توطيدها، وتدور اولى اهتمامات مثل هذا القائد حول اشباع رغبات وتحقيق آمال الاتباع. وان الاتباع يتقبلون الأوامر على انها توجيهات ولا يطيعون طاعة عمياء متأثرين بحالة التسلط او التشدد كما هي الحال في النمط السابق، ذلك ان التفكير العميق باحتياجات الأفراد يمنح قيادة المنظمة الرضا ويؤدي إلى بلوغ غاياتها بتعاضد ومساندة، ويخلق في نفس الوقت جو المودة والعلاقة الانسانية السلوكية الطيبة فيها (Blake & Mouton 1964).

ان القائد الانساني السلوكي ينشد طاعة العاملين ولكن ليس على حساب القبول المطلق للأمر، ان مثل هذا القائد، مع تمتعه بالسلطة الرسمية، الا انه يكافح من اجل تحقيق القبول لدى الاتباع من خلال التفاهم الودي والصريح معهم، والقيادة الانسانية السلوكية

تأتي نتيجة اسهامات وأداء الاتباع الذين يتقبلون قائدهم على اسس من الثقة والاحترام المتبادلين، والقائد بدوره راغب بانجاز الأعمال ولكن ليس على حساب العلاقة القائمة بينه وبين الاتباع.

3- النمط الموقفي (الوضعي) Situational:

ان النمط الموقفي هو الأوسع بعداً من كلا النمطين السابقين (المتسلط والانساني)، حيث يتسم هذا النمط بصفة التخصصية في الفعل القيادي، ويعالج القائد هنا كافة الأمور من خلال معطيات ومتغيرات الموقف بأبعاده المتعددة (Rogers 1975)، ذلك ان مثل هذا النمط يتأثر بالحالة الموقفية والوضع الذي يجد القائد نفسه فيه مما يدفعه إلى البحث والتدقيق، ويمكن تلخيص اوجه هذا النمط على النحو التالي (Gibb 1954) ذلك ان الحالة القيادية قد تنتهي وتزول لأسباب ذات علاقة بمعطيات الموقف الذي يجد القائد نفسه فيه:

أ- نوع العلاقة بين اعمال ونشاط الجماعة وأهدافها.

ب- نوع العلاقة بين هيكل الجماعة وهيكل المنظمة.

جـ- نوع العلاقة بين ميول وآراء واحتياجات الاتباع وبين ميول وآراء واحتياجات قيادة المنظمة.

ومع كون النمط الموقفي متعدد الأبعاد الا ان مثل هذه الأبعاد محدودة بسبب تأثرها وتفاعلها مع عناصر مختلفة منها:

1- الصفات والمميزات الشخصية للقائد.

2- نوعية وشروط الأعمال التي يقوم بها الاتباع.

3- نوع وحجم احتياجات ورغبات وآمال الاتباع.

4- آثار البيئة التنظيمية على العملية القيادية فيها.

وقد أظهرت العديد من الدراسات والبحوث بان المتغيرات آنفة الذكر تتفاعل فيما بينها لتكون النمط الموقفي للقيادة، حيث جاءت احدى الدراسات بأدلة وبراهين تثبت ان النمط الموقفي اكثر الأنماط واقعية (Lodhal & Porter).

وبعد هذا الاستعراض السريع للأنماط القيادية نود التأكيد على ان للنمط القيادي تـأثير قوي على مدى فاعلية الاستراتيجية المختارة، فنمط القيادة السائدة في المنظمة يجب ان يـؤمن احتياجات المرؤوسين، ويتناسب مع أعمال وواجبات كل الأقسام فيها، ويكون قادراً عـلى تـأمين المتطلبات الخاصة بالاستراتيجية، وعند رسم وبناء الهيكل التنظيمي والأسلوب الاستراتيجية للمنظمة، فانه من الضروري الاخذ بنظر الاعتبار النـمط القيادي المختار للإدارة الاستراتيجية قيد التنفيذ (Pearce & Robinson 1982)، ذلك انه من الصعوبة انكار دور القيادة والنمط القيادي في اعمال تنفيذ الاستراتيجية الاداري، ان عدم فهم جـوهر ومعنى القيادة مـع اغفال توظيـف النمط القيادي الصحيح قد يؤدي إلى فشل وهدم الاستراتيجية المختارة في فترة التنفيـذ (Glueck & Jauch 1984).

القيادة الاستراتيجية Strategic Leadership:

ينطوي مفهـوم القيـادة الاسـتراتيجية عـلى دور القائـد الاداري في خلـق المنـاخ والبنيـة التنظيمية الملائمين، كي تتمكن قيادات المنظمة مـن تنفيذ الاسـتراتيجية المختارة وتأديته عـلى مستوى عال (Thompson & Strickland 1983)، ولا بد لنا هنا من التعرض وبشيء من التفصيل إلى مفهوم البنية التنظيمية ودور القائد الاداري في تكوينها، كون هذه البنية هي اولى نتائج الاعمال المحفزة والمنشطة للتنفيذ السليم للاستراتيجية المختارة.

البنية التنظيمية Organizational Culture:

تتكون البنية التنظيمية من سبعة تراكيب ومتغيرات تتناغم بشكل ما وتتجانس لتحقيـق ما تصبو اليه ادارة المنظمة (Waterman 1982)، وهذه التراكيب والمتغيرات هي:

1- الاستراتيجية المعتمد   2- الهيكل التنظيمي

3- اتجاهات الإدارة العليا   4- الأنماط القيادية وسلوك الإدارة

5- تركيبة وكفاءة العاملين   6- القيم المشتركة في المنظمة

7- المهارات والقدرات والكفاءات المتميزة.

ان الغاية من وراء تجانس وتوافق المتغيرات آنفة الذكر هي توافرها بموازنة صحيحة يؤدي إلى تسهيل اعمال ترجمة الاستراتيجية ونقله من حالة نظرية إلى حالة واقعية تطبيقية وتدفع إلى توفير مسببات نجاح التطبيق (Thompson & Strickland 1982)، ومن واجبات القائد الاداري ضمان استمرارية الصلاحية واللياقة بين البنية التنظيمية والاستراتيجية الاداري وعلى وجه الخصوص بعد اختيار الأخير وتنفيذه (Andrews1980).

دور القائد الاداري (التنفيذي) The Chief Executive Role:

من الواضح ان دور القائد التنفيذي دور رئيس ومتميز في تنفيذ الاستراتيجية الاداري، وقد أشارت بعض الدراسات (Pearce & Robinson 1982) إلى حيوية وأهمية هذا الدور وما يمكن ان يقدمه القائد الاداري باعتباره المحفز الأول في عملية تنفيذ الاستراتيجية الاداري بكاملها، وان هذا الشخص هو اللولب المعول عليه في دفع الاستراتيجية المختارة إلى منصات النجاح، ففي أغلب المنظمات يقضي- القادة الاداريون ما يقارب (80%) من وقتهم في تطوير والإدارة الاستراتيجية، ذلك ان الانشطة التي يقوم بها مثل هذا الشخص وما يقدم من اسهامات جدية ملموسة في اعمال تنفيذ الاستراتيجية المختارة لها تأثيرها في تنفيذ الاستراتيجية.

ثم ان القائد الاداري يصنع ويشكل بسلوكيته المناخ التنظيمي، وهي تؤثر على تنفيذ الاستراتيجية، كما ان رسالة المنظمة وستراتيجيتها وأهدافها الرئيسة تتشكل وتتبلور اعتماداً على نوعية الأهداف والغايات ومتانتها وكذلك تتأثر بالقيم الخاصة بالقائد الاداري، هذا إلى جانب اسلوب وطريقة القائد الاداري في استثمار الوقت المخصص مقايسة بالقيم الشخصية تجاه الاستراتيجية، وانه لمن الواضح ان يرتبط تنفيذ الاستراتيجية بالخصائص البارزة واتجاهات وأعمال القائد الاداري الشخصية (Pearce & Robinson 1982) باعتبار ان القائد الاداري هو المصدر الحيوي والمؤثر في ادارة وتوجيه اعمال تنفيذ الاستراتيجية وتعديل مساره، ولما كان القائد الاداري هو الذي يمتلك اوسع السلطات ويتمتع بالقدرة على التفهم والاستيعاب واصدار الأوامر تجاه مواقف تنفيذ الاستراتيجية، فان ذلك ينعكس

برمته على دور الاستراتيجية الاداري في تحقيق نمو وتطور المنظمة، لذلك يبقى على القائد الاداري ملاحظة شمولية الاستراتيجية تجاه مستقبلية المنظمة.

ويمكن القول بان هناك مجموعة من الأساليب والطرق التي يتمكن من خلالها القائد الاداري ممارسة تأثيره في اعمال تنفيذ الاستراتيجية، ومن اكثر هذه الأساليب شيوعاً وفائدة هي عمل القائد الاداري وبشكل مستمر على زج نفسه في جوانب أعمال تنفيذ الاستراتيجية كافة، ومشاركة الآخرين كذلك لضمان تحقيق مستويات ايجابية من النجاح، ومن الأساليب الاخرى هي انفرادية القائد الاداري بتركيز اهتمامه على تطوير وتحسين الاستراتيجية او تحليل العناصر والكتل البيئية وفهم دورها وأثرها في تنفيذ الاستراتيجية او الانغمار في تحليل عناصر البيئة الداخلية للمنظمة ومعرفة قدراتها وامكاناتها تجاه الظروف البيئية الخارجية (.McCarthy et. al (1975).

وفي كل الأحوال فانه يتوجب على القائد الاداري قيادة كل أوجه وجوانب الاستراتيجية ابتداءً من بنائه وانتهاءً بتقييمه وتنفيذه واتخاذ الحيطة والحذر والانتباه إلى الأعمال الجارية ولكل جوانب العملية الاستراتيجية بما في ذلك الفرص والتهديدات والمعوقات التي تتاح او تظهر امام المنظمة.

الفصل التاسع

تقييم ورقابة الاستراتيجيـة الإداريـة

الفصل التاسع
تقييم ورقابة الاستراتيجية الإداري
Evaluating and Controlling Managerial Strategy

ينفرد هذا الفصل كما انفردت الفصول السابقة بمعالجة احدى المكونات الأساسية في عمليات الاستراتيجية، ان الخطوة الأخرى التي تخطوها إدارة المنظمة بعد الانتهاء من اعمال صياغة واختيار وتنفيذ الاستراتيجية، هي توظيف آلية مناسبة للرقابة او لبلورة آليات جديدة لضمان نتائج ايجابية تتلاءم وطموحات الخيار الاستراتيجي، ان العلاقة بين الاستراتيجية والرقابة تشبه العلاقة بين التخطيط والرقابة، التي سبق التطرق اليها، حيث قلنا ان مع انعدام او غياب الاستراتيجية لا يبقى لدينا شيء نراقبه، وبدون التقييم والرقابة يتعذر بلوغ الاستراتيجية لغاياته المنشودة.

يشير كل من (Schendel & Hofers 1979) إلى مغزى وظيفة الرقابة ضمن عملية الإدارة الاستراتيجية بقولهما، انها الواجب الأخير في هذه العملية، وان جوهر العمل الرقابي ينطلق من سؤالين اثنين هما: هل تم التخطيط والتنفيذ للاستراتيجية، وهل ان النتائج المتمخضة عن الاستراتيجية هي النتائج المتوخاة، وتستقى الاجابة عن هذين السؤالين من اعمال تنفيذ الاستراتيجية وخطط الأعمال ومن نتائج الاداء مقايسة مع ما سبق توقعه عن الاستراتيجية، وعند ظهور أي اختلاف او انحراف فان فعل التغذية العكسية يؤشر لنا ضرورة اعادة الكرة وتجديد خط السير او تعديله لبلوغ غايات الاستراتيجية الاداري.

ان الرقابة الاستراتيجية -وكما أشرنا آنفاً- من الأعمال الضرورية في عملية الإدارة الاستراتيجية ورغم غرابة هذا القول إلى حد ما فان ما كتب عن موضوع الرقابة وكمية المعلومات الهائلة التي وردت في ادبيات ادارة الاعمال، نود خلال هذا الفصل التأكيد والتشديد على اهمية التخطيط والرقابة على الاستراتيجية، ذلك ان العديد من المدراء في الوقت الراهن يعقدون الآمال على رقابة النتائج (المخرجات) قبل التخطيط لها او حتى متابعة

السوابق لأعمال التخطيط، فقد ينتج عن الرقابة والمتابعة الدائمين نتائج لم يرسم او يخطط لها نظامياً او منظمياً. ان اعمال التخطيط لبلوغ الأهداف من خلال الاستراتيجية تفوق في أهميتها أعمال المدير الأخرى التي من ضمنها التقييم والرقابة، ان هذه الأولوية المنطقية للنشاط نابعة من الإدراك بان الأعمال الرقابية للاستراتيجية تأتي مكملة ومتممة لجملة أعمال إدارة الاستراتيجية.

في ضوء ما تقدم فقد تم تضمين هذا الفصل خمسة محاور، المحور الأول يبحث في الحاجة إلى اعمال تقييم ورقابة الاستراتيجية الاداري، ويؤكد على اهمية ضمان الحصول على مخرجات مطابقة للأهداف التي ادت إلى صياغة الاستراتيجية، ثم يأتي المحور الثاني ليعالج العلاقة بين الاستراتيجية والرقابة من خلال التعرض لطبيعة الرقابة الاستراتيجية، ورقابة الادارة. ونوضح مثل هذه العلاقة في الشكل (9-1)، اما المحور الثالث فانه يقدم لنا العناصر الأساسية للتقييم والرقابة، ويبين هذا القسم أيضاً العلاقة المترابطة لهذه العناصر وكما يوضحها الشكل (9-2) حيث تدور المناقشة حول حجم المتغير المقبول من المخرج الفعلي مقارنة مع الأداء القياسي، ويعبر عنها توضيحاً الشكل (9-3)، ثم يعرض لنا المحور الرابع ثلاثة اساليب يمكن اعتمادها للتقييم والرقابة وهي الأهداف التنظيمية، الموازنات المنظمية، والمعلومات الادارية المتراكمة، ويختتم الفصل بالمحور الخامس الذي يشرح الخصائص المميزة لنظم الرقابة والتقييم، ان الاستزادة من معاني هذه الخصائص يساعد في تطوير ورسم نظم رقابية جديدة وحتى ضمان تنفيذ النظام القائم لتأمين توافق المخرجات مع الأهداف التنظيمية المنشودة.

الحاجة إلى تقييم ورقابة الاستراتيجية

The Need for Evaluation and Control of Strategy

تبرز الحاجة إلى تقييم الاستراتيجية قيد التنفيذ تقييماً مستمراً دوماً بسبب احتمالية التغيير في هذا الكون المعقد والديناميكي، ذلك ان التغيير هو العنصر الثابت الوحيد فيه، فالبيئة الخارجية لأي منظمة تتكون من جملة كتل وقوى مسببة للتغيير، وهذه القوى تكون كامنة في الكتل الاقتصادية والسياسية والاجتماعية، وفي معدل التطور التكنولوجي، وبسبب

الجوانب الحركية والديناميكية للبيئة الخارجية، يغدو مستحيلاً على اية منظمة تنفيذ ستراتيجيتها وهي واثقة كل الثقة من ان نتائجها ستؤدي بها إلى الأهداف المنشودة، الا انه يمكن ضمان تنفيذ فعال للاستراتيجية المختار برغم التغييرات المحتملة عندما يكون المدراء وبغض النظر عن مستواهم الاداري قادرين على متابعة وتقييم ودراسة النتائج التي تتمخض عن ذلك الاستراتيجية، وإجراء التعديلات في منظومة المنظمة ونظامها وحسبما تحتمه الضرورة كما تبرز دوماً آثار القوى الكامنة في المساحات العملياتية للمنظمة، فاذا ثبت ابتعاد الاستراتيجية عن الغايات والأهداف المرسومة يصبح لدينا عندئذ دليل على ضرورة اجراء التعديلات سواء كان ذلك على الموارد المتنوعة او التكنولوجية، وحسبما تظهر حاجة ذلك في اعمال نظام تنفيذ الاستراتيجية، ومما لا شك فيه ان النواتج المركبة والمعقدة والمتباينة للتكنولوجيا قد تؤدي بالمنظمة إلى التخلي عن خيارها الاستراتيجي، الا ان ادارة المنظمة تلمس الحاجة المستمرة إلى التقييم والرقابة اعتماداً على ما يمكن إجراؤه من تحسينات على كفاءة المنظمة وقدرتها الداخلية ومحاولة الابقاء والحفاظ على الحالة الايجابية مع الكتل والقوى البيئية.

وقد عبر كل من (Chang & Campo-Flores 1980) عن الطبيعة الديناميكية للاستراتيجية الاداري بقولهما ان الاستراتيجية تعد من فنون المناظرة والمماثلة والتفكير والاختيار، وتتقرر صحة فرضيات هذه الصناعة على وفق من الاحداث المستقبلية التي تبرز امام المنظمة، لذلك فان عدم ثبات الاستراتيجية واستقراره يرجع إلى معدلات حساباته وتنبؤاته وحاجته إلى التعديل والضبط المستمرين غير متناسين بان الاستراتيجية يعبر عن الشكل الكلي المنشود لرسالة وأهداف ومناهج العمل في المنظمة، الا ان الاستراتيجية قد لا يستطيع ذلك، بل يجب ان تتم صناعته بطريقة تسمح له ادخال التغيير والتعديل عليه وبسرعة مناسبة دون انتظار التبريرات، ويأخذ التطور النشوتي للاستراتيجية مجاله بشكل تدريجي نحو المنشود من الغايات عندما تتحرك المنظمة باطراد ومثابرة، مع الهدوء والثقة مسايرة للاتجاه الذي اختارته لتحقيق غاياتها، وان استجابة الاستراتيجية لكل ما هو جديد من الاحداث والمتغيرات الحاصلة في الكتل والقوى الكامنة فيها يعد من الضروريات امام ادارة المنظمة.

يعني مفهوم التقييم والرقابة ضمناً بأن أعمال ونتائج الاستراتيجية الاداري التي تجري بشكل مستمر ومنظم لا بد وان تثير تساؤلات عدة، مثل: ما هو الانحراف؟ اين هو التطابق؟ كيف يمكن تحسين الأداء الاستراتيجي؟ وبالتالي، كيف نحسن تخطيطنا الاستراتيجي؟ لذا فان أي نظام تخطيطي لا ينطوي على ستراتيج رقابي مطور لكفاءة الجهود المبذولة تجاه التخطيط الاستراتيجية للمنظمة، قد يؤدي بالمنظمة إلى الاخفاق في تحقيق القوة، ذلك ان رقابية الخيار الاستراتيجي هي فعل مقصود للحفاظ على الاتجاه المرسوم لذلك الخيار، او للاقرار بضرورة اجراء تعديلات معينة ومهما كانت درجة وضوح الاستراتيجية (King & Cleland 1978)، حيث ان تنفيذ الخطة بالشكل الصحيح والفاعل يعتمد على التقييم والرقابة المستمرة لحين الاستقرار على حالة معينة، بمعنى ان اعمال الرقابة تساعد على الاختيار بين الاستمرار بالتنفيذ او استبدال وتعديل بعض جوانب الخطة الاستراتيجية او إلغائها.

يقاس نجاح الاستراتيجية بدرجة بلوغه الأهداف المنشودة. فمثلاً، يعد الاستراتيجية المختار ناجحاً اذا تحققت أغلب أهدافه، فالأهداف التنظيمية هي الغايات، والاستراتيجيات هي الوسائل لبلوغها، والرقابة والتقييم يساعدان على معرفة مدى تحقق تلك الأهداف المحددة في الخطة، وبالتالي فالتأكيد هنا يكون على اعتبار التخطيط والرقابة من الوظائف الأساسية المتممة لنجاحات الاستراتيجية الاداري خلال مسيرته التنفيذية.

ويتفق بعض الدارسين (Lorange 1984) على ان الكثير من المنظمات لا تعير الاهتمام الكافي لأعمال التقييم والرقابة، كاهتمامها بباقي مكونات عملية للإدارة الاستراتيجية، وتتناسى مثل هذه المنظمات من ان التقييم والرقابة هما مفتاح في تنفيذ الاستراتيجية الاداري، ذلك التأكيد على البرامج الاستراتيجية بالاضافة إلى التأكيد على أن الموازنات الاستراتيجية يوفران عنصر الواقعية لهما خاصة فيما يتعلق بتأمين موارد ستراتيجية، هذا من ناحية، ومن ناحية ثانية، فان اعمال الرقابة الباحثة عن مدى الاستفادة من الموارد المتاحة في تنفيذ الاستراتيجية تساعد على تأمين التقدم والنهوض المستمرين. ومن ناحية ثالثة، فان التركيز على التغيرات التي قد تطرأ تجاه الافتراضات التي قامت على اساسها الأهداف والبرامج الاستراتيجية الرئيسة يعد من المؤشرات المفيدة للتغيير، ذلك ان الخطط

الاستراتيجية لا يمكن اعتبارها ثابتة تماماً. وبالتالي فان اعمال الرقابة الاستراتيجية تساعد على بلورة شكل الخطط او تحديد مجالات تطويرها، وحسبما تقررها الضرورة المنبثقة عن تفاعل الكتل والقوى البيئية (Lorange 1984)، ولا ينتهي كلامنا لهذا الحد، بل سنعود إلى ابراز الحاجة إلى التقييم والرقابة على الاستراتيجية الاداري المختار عند حديثنا عن العلاقة بين الاستراتيجية والرقابة.

علاقة الاستراتيجية بالرقابة

The Relationship of Strategy to Control

وحتى تتوضح علاقة الاستراتيجية بالرقابة فمن الضروري الانتباه إلى ان التقييم والرقابة من الوظائف الادارية التي يتم تأديتها تنظيمياً في المستويات الادارية الثلاثة للمنظمة الواحدة، فالرقابة الاستراتيجية وظيفة تابعة للادارة العليا لشمولية مسؤولياتها وانبثاقها من الموقع الأعلى في الهرم التنظيمي، اما الرقابة الادارية، او الرقابة على أعمال الادارة فتنبثق من الإدارة الاشرافية (الوسطى)، في حين نجد ان الرقابة التنفيذية تهتم بجوانب النظام الفني والتقني للمنظمة، وتقع ضمن مسؤوليات الادارة التنفيذية للمنظمة.

طبيعة الرقابة الاستراتيجية The Nature of Strategic Control:

لقد تعرفنا على الرقابة الاستراتيجية خلال مناقشاتنا التي جرت في الفصل الثالث، والتي أعدت الرقابة الاستراتيجية الجزء المتمم للهيكلية الهرمية للاستراتيجية، انظر الشكل (3-4)، ونود ان ننوه القارئ هنا بأن مصطلح الاستراتيجية الرقابي مرادف من حيث المعنى لمصطلح رقابة الاستراتيجية، ويعد الاثنان معبران عن معنى واحد خلال النقاش التالي.

تعد الرقابة الاستراتيجية اداة لقياس وتقييم فاعلية وكفاءة الاستراتيجية الاداري نحو بلوغ الاهداف التنظيمية وتحقيق رسالة المنظمة، كما تعد الرقابة الاستراتيجية جزءاً متمماً لعملية الإدارة الاستراتيجية، حيث ان ادارة المنظمة لا تستطيع تدبير او استنباط نظام رقابي كوظيفة مستقلة، بل هي وظيفة متممة لأعمال التخطيط الاستراتيجي تساعد على تقييم ورقابة مسيرة المنظمة باتجاه الأهداف الواضحة والمحددة (McNichols 1983)، ويبدأ عمل

الرقابة الاستراتيجية فعلياً بمجرد الشروع بصياغة واختيار الاستراتيجية الاداري، ومن الطبيعي ان يتبلور دورها الاداري الأكبر بعد ان يتم اختيار وتنفيذ الاستراتيجية، وبهذا فان التخطيط للرقابة الاستراتيجية يتيح لإدارة المنظمة تأمين وضمان مطابقة النتائج الفعلية مع النتائج المتحققة عن الاستراتيجية المختار، ان ادارة الرقابة الاستراتيجية توفر لادارة المنظمة المعلومات المتعلقة بما يستجد من امور في المساحات العملياتية للمنظمة عموماً، والخاصة بأعمال تنفيذ الاستراتيجية المختار.

وحتى يتأكد القائد الاداري من قدرات وامكانات الإدارة الاستراتيجية تجاه اعمال تنفيذ الاستراتيجية وكما مخطط لها، فان الامر يستدعي وجود نظام معلومات قادر على ضخ المعلومات الضرورية أولاً بأول وإعلام الادارة عن كل ما يحصل، هذا النظام الاخباري المعلوماتي الذي أسميناه هنا بالرقابة الاستراتيجية يركز على القضايا الاستراتيجية الأساسية والحيوية (Rouch & Ball 1980)، ان وجود نظام المعلومات هذا يعمل على تعزيز بصيرة ادارة المنظمة ورؤيتها النافذة للتطور والتقدم الحاصلين نتيجة الأهداف الاستراتيجية البعيدة المدى، بحيث يكون نظام المعلومات قادراً على بناء نظم ادارية وتنفيذية ترتبط بأعمال تنفيذ الاستراتيجية.

ومن ناحية أخرى فان واجب نظام الرقابة الاستراتيجي ضخ وإبلاغ الادارة العليا بمعلومات صحيحة ومتزامنة مع الاحداث لصالح الأهداف المنشودة، وفي هذا الشأن يرى (Lorange 1984) ان الرقابة الاستراتيجية هي أرقى النظم الرقابة التي تسود المنظمة، وانه لمن الضروري احتواء هذا النظام لكل المؤشرات المساعدة في اعمال الرقابة المستمرة على الأهداف والبرامج والموازنات، سواء كانت ذات أبعاد ستراتيجية او تنفيذية، ولا بد لتزامن اعمال ووظائف الرقابة الاستراتيجية من ان يسمح للنظام تحقيق أربعة جوانب نشاطية مهمة هي:

أولاً: قياس مستويات الأعمال والوظائف التقليدية القريبة المدى، كالأرباح والمصروفات والمحافظة على ما تحقق منها لتؤدي دورها المرسوم.

ثانياً: الوقوف على جهود ادارة المنظمة بشأن معالجة المتغيرات الاستراتيجية وبشكل مستمر.

ثالثاً: التأكد من أن نتائج الأعمال السابقة لا تتعارض او تتقاطع مع تنفيذ أي من البرامج التطويرية او الاهداف الرئيسة.

رابعاً: تطابق المقاييس المختارة مع المقاييس المعتمدة للكشف عن التغييرات الحاصلة في أي من الأهداف الرئيسة.

ورغم اهمية المعلومات التي تتولد في المساحات العملياتية للمنظمة اضافة إلى اهمية المعلومات الادارية المنبثقة عن المساحات الوظيفية والبرامجية في التوصل إلى تكوين خلاصة عن المعلومات الرقابية الاستراتيجية، الا ان الرقابة الاستراتيجية لها خاصيتها المتميزة ودورها الاستثنائي في تقييم ورقابة الاستراتيجية الاداري، ذلك ان المعلومات الرقابية التي تنشأ من خلال النظام التنفيذي (العملياتي) للمنظمة والتي يتم جمعها وتحليلها والاخبار بها من خلال النظام الاداري، ترسل بعد تكييفها ومعالجتها إلى الادارة العليا لتقييم ورقابة الاستراتيجية وبما يتناسب مع اهداف ورسالة المنظمة، وعندما تجد ادارة المنظمة ان هناك ما يستدعي القيام بالاجراءات التصحيحية او التعديلية لكي يتواكب نشاطها مع النسب المطلوبة للانجاز، ينبغي عليها (ادارة المنظمة) تركيز وتوجيه وقتها ومهاراتها وطاقاتها للأنشطة الواعدة بتحقيق الايجابيات والتي تعود على المنظمة بأسرها بالجدوى على المدى البعيد. اما ما يقع على الادارتين الوسطى (الاشرافية) والدنيا (التنفيذية العملياتية) فيأخذ شكل دراسة البرامج والموازنات والخطط على وفق التسلسل الهرمي التنظيمي، وبهذه الجهود المكثفة تضمن المنظمة امكانية تحقيق الفائدة القصوى والفاعلة من الموارد المتاحة للمنظمة.

ونخلص مما تقدم ان الرقابة الاستراتيجية ذات اهمية ومغزى لادارة المنظمة، ونعتمد في ذلك على ما أورده احد الدارسين (Rouch & Ball 1980) بشأن هذا النظام وما يوفره للقائد الاداري:

1- يوفر هذا النظام وسائل نظمية مدروسة لتقييم الاستراتيجية المختار.
2- يعزز النظام أعمال صياغة الاستراتيجية من خلال توضيحه وتحديده للأهداف الاستراتيجية التي تنشدها المنظمة.
3- يعزز النظام الثقة بأعمال التخطيط الاستراتيجي ويضفي عليها طابع الواقعية.

4- يوفر هذا النظام القاعدة المعلوماتية الموضوعية لإبقاء ذوي العلاقة على علم واتصال دائمين بما يجري.

5- يهيئ هذا النظام مسببات وأشكال التعامل مع القضايا والحالات الناشئة عن التحول والتعبير المفاجئ في البيئتين الداخلية والخارجية للمنظمة، خاصة عندما يستدعي مثل هذا التعبير احداث تحول في السلوك الاداري للمنظمة.

6- يحدد هذا النظام الزمن المناسب لانسيابية التغذية العكسية بشأن نتائج القرارات الادارية، ويوضح مدى ملاءمة أعمال المدراء للأهداف الاستراتيجية المنشودة.

7- يمكن هذا النظام ادارة المنظمة من تبني موقف ستراتيجي قوي، ذلك ان القادة الاداريين بقدراتهم على مراقبة اعمال تنفيذ الاستراتيجية تسمح لهم بالقيام بمبادرات جسورة.

وحتى يمكن للمنظمة بلوغ غايات الرقابة الاستراتيجية فإن الأمر يتطلب إنشاء مناطق تدقيق (Checkpoints)، وهي مراكز تعتمد لتقييم وتطور المنظمة بشأن انجاز متطلبات الاستراتيجية الاداري، ان هذه المراكز او المناطق هي التي تؤشر لنا الأداء التنظيمي، كما وتؤشر لنا صحة وصلاحية ذلك الاستراتيجية (King & Cleland 1978)، الا انه يجب متابعة أعمال هذه المراكز او المناطق التفتيشية وبشكل دوري ومستمر، لأسباب عدة منها ما يأتي:

(أ) المصادقة على معقولية الخطط البديلة، الأهداف، الغايات او الاستراتيجيات الثانوية استناداً لما توفره من بيانات ومعلومات واقعية وافية وآنية.

(ب) تساعد على ابتكار ستراتيجيات وأهداف بديلة للأغراض المستقبلية.

(جـ) تساعد في متابعة آثار توزيع وتوظيف الموارد في المنظمة وتحديد دورها في الاستراتيجية المختار قيد التنفيذ.

ان اعتماد الرقابة الاستراتيجية على المعلومات الوارد من مناطق التدقيق أمر غاية في الأهمية لأن هذه المعلومات تعكس الصورة الحقيقية عما تم انجازه فعلاً بشأن الغايات الرئيسة بدءاً من قمة المنظمة ونزولاً إلى المستوى العملياتي التنفيذي، واعتماداً على النظامين الرقابي والاداري النافذين.

طبيعة الرقابة الادارية The Nature of Management Control:

تعمل نظم الرقابة الادارية ضمن أطر أوسع من اطر الرقابة الاستراتيجية، ذلك ان الرقابة الإدارية هي حلقة الوصل وتربط الرقابة الاستراتيجية في مستوى الادارة العليا برقابة التنفيذ الجارية في المساحات العملياتية للمنظمة، هذا إلى جانب تركيز الرقابة الادارية على انجاز اهداف استراتيجية ثانوية متعددة تتضمنها الخطط المساعدة (Higgins 1983) حيث توضح وتفسر هذه الخطط الأهداف التي تنشدها الوظائف والمشاريع والوحدات التنظيمية القائمة، ثم ان الرقابة الادارية تهدف إلى ضمان ظهور نتائج فعلية مطابقة للنتائج المرسومة ستراتيجياً من قبل الادارة العليا، ومن الناحية التنظيمية فان الرقابة الادارية تبدأ عملياً من المستويات الادارية التنفيذية وتمتد صعوداً من دون احتواء، وإلى قمة الهرم التنظيمي، وقد عرف احد الدارسين (Anthony 1965) الرقابة الادارية بأنها العملية التي تضمن للمدراء شكل وكيفية الحصول على الموارد المتنوعة وتوزيعها لغرض استخدامها وبما يساعد على تحقيق اهداف المنظمة، فنظام الرقابة الادارية وحسبما جاء في هذا التعريف يتم رسمه وتصميمه لضمان نجاح تنفيذ الاستراتيجية في عموم مراكز المسؤولية للمنظمة، والواقع ان هذا النظام هو نظام ثانوي مساعد لنظام الرقابة الاستراتيجية يعمل في مستويات ادارية أعلى ويعطي مجال أوسع وفي حدود أفق زمني بعيد.

ولا بد لنا من القول بأن الرقابة الادارية هي عملية يتم تنفيذها ضمن مؤشرات يحددها التخطيط الاستراتيجي، الذي يؤشر الجوانب المادية والأهداف والوسائل والطرق التي يمكن اعتمادها من قبل المنظمة، هذا إلى جانب ما يوفره هذا التخطيط من مسببات للقرارات الخاصة بالجوانب المالية للسنة التالية، لذلك نجد ان الرقابة الادارية تسعى إلى ضمان تحقيق الأهداف المرسومة وبفاعلية وقوة شديدتين ضمن المعطيات المتاحة (Anthony 1965).

وعند وصفنا للعلاقة بين الاستراتيجية والرقابة، يكون من المفيد التركيز على التسلسل المنطقي للغايات والوسائل التي تربط مستويات التقييم والرقابة كافة، فأولاً ترسم الرقابة الاستراتيجية لضمان نجاح انجاز الخيار الاستراتيجي المعتمد من قبل الادارة، وثانياً تهدف

الرقابة الادارية القائمة ومن خلال الرقابة الاستراتيجية إلى تسهيل الحصول على مخرجات الاستراتيجية الاداري المختار، وبالتالي فان الرقابة الاستراتيجية تصبح وسيلة الخيار الاستراتيجي، والرقابة الادارية تصبح وسيلة الرقابة الاستراتيجية. وأخيراً، وفي اسفل هذه السلسلة تعمل الرقابة التنفيذية (العملياتية) كوسيلة للرقابة الادارية، وهي أيضاً وسيلة للغاية المتداخلة لرقابة الاستراتيجية، وكلها تهدف إلى انجاح تنفيذ الاستراتيجية الاداري المختار.

ان اعتماد سلسلة ترابط الوسائل والغايات لتقسيم تسلسل الرقابة، والتقييم هرمياً يرمي إلى تجنب ازاحة وعزل وتحجيم الاستراتيجية الاداري، والتحجيم يظهر واضحاً في الترتيب الهرمي لأعمال التقييم والرقابة خصوصاً عندما تنقلب احدى الوسائل لتصبح غاية بحد ذاتها، ان ظاهرة التحجيم في الاستراتيجية تبدو ضئيلة او معدومة اذا امتدت اعمال الرقابة والتقييم إلى المستويات الهرمية كافة في الهيكل التنظيمي، ويمكن تجنب التحجيم وعزل الاستراتيجية الاداري عندما ندرك بان الرقابة في المستوى الإداري الأدنى ما هي الا وسيلة لانجاز أعمال الرقابة في المستوى الأعلى، وبهذا تتمكن ادارة المنظمة تركيز اهتمامها على التغيرات العادية والطبيعية في الاستراتيجية والتي تنشأ كجزء من الدورة الطبيعية لحياة أعمال المنظمة وفي دورة نموذج عملية الإدارة الاستراتيجية.

طبيعة الرقابة العملياتية The Nature of Operating Control:

ان الرقابة العملياتية (التنفيذية) تعكس وبجلاء النظام التقني (Technical) وحدود الادارة التنفيذية، توضع نظم الرقابة العملياتية لضمان سير الأعمال بشكل فاعل وكفؤ (Anthony 1965) لتضمن لإدارة المنظمة سير الأعمال اليومية وفقاً للخطط والأهداف المرسومة، كما تؤكد الرقابة العملياتية على ما يحدث في الفترة الزمنية القريبة، وهي في نفس الوقت تعكس لنا متطلبات نظام الرقابة الادارية (Higgins 1983) لأنها تحتوي على صفات ادارية تساهم وتساعد في تحديد مواصفات الأداء المطلوب في ظل نظام الرقابة الادارية، ان هذا النظام الأخير نابع من الأهداف التنظيمية التي تشكل دعامة نظام الرقابة الاستراتيجية، فمن خلال نظام الرقابة العملياتي يتم ابلاغ الادارة أولاً بأول عن نوع ومستوى الأداء في

المساحات العملياتية ومن ثم عن طريق نظام الرقابة الادارية، وأخيراً يتم ابلاغ الادارة العليا في المنظمة بالنتائج عبر نظام الرقابة الاستراتيجية.

ويمكن توضيح الفرق بين الرقابة الادارية والرقابة التنفيذية العملياتية، بالقول ان الرقابة العملياتية تهتم بالواجبات والأعمال بينما تهتم الرقابة الادارية بالأشخاص، وهذا ما يدعو إلى تحديد وتعيين مواصفات الأعمال والمدراء الذين يقعون تحت منظار الرقابة العملياتية مسبقاً حتى لا يضطر بعدئذ إلى التفكير فيما يجب عمله او ما لا يجب عمله، ان ادارة المنظمة هي التي تقرر ما يجب عمله ضمن محددات وضوابط المخططات الاستراتيجية العامة دون ان يكون للرقابة الادارية مسؤولية في تحديد مواصفات الأنشطة المرتبطة بالرقابة الادارية، وبالتالي فان التركيز من جانب الرقابة العملياتية يقع على التنفيذ، بينما يقع التركيز من جانب الرقابة الادارية على التخطيط والتنفيذ معاً (Anthony 1965).

وكما هي الحال في تفريقنا بين الرقابة الاستراتيجية والرقابة الادارية، فان هناك اختلاف وتباين بين الرقابة الادارية والرقابة العملياتية، آخذين بنظر الاعتبار ان الرقابة التنفيذية (العملياتية) تركز على السياسات والاجراءات التي تصاغ تناغماً مع نظام الرقابة الادارية، كما تركز الرقابة العملياتية على اعمال وأنشطة وفعاليات الأفراد ووظائفهم سواء كانت ذات طابع مالي او بشري او مادي، وهكذا. ولقد لخصت أدبيات ادارة الأعمال (Anthony 1965) بعض أوجه الفرق بين الرقابة الادارية والرقابة العملياتية وعلى النحو التالي:

1- تظهر الرقابة الادارية ضمن مجموعة سياسات وإجراءات نابعة عن نظام الرقابة الاستراتيجية، بينما تظهر الرقابة العملياتية ضمن اجراءات وقوانين محددة نابعة عن الرقابة الاستراتيجية والرقابة الادارية.

2- ان الرقابة الادارة أعقد إنجازاً من الرقابة العملياتية لعدم احتوائها على مواصفات علمية محددة لقياس الأداء الفعلي.

3- ان نظام الرقابة العملياتي نظام هيكلي مع وجود بعض الاستثناءات، وان تطبيق القوانين يتم بشكل آلي (Automatic)، بينما تهيمن الاعتبارات السيكولوجية في

نظم الرقابة الادارية، لذلك تميل صناعة القرار في الرقابة الادارية إلى ان تكون ذاتية (Subjective).

4- ان المعلومات في نظم الرقابة العملياتية تكون مسهبة وذات علاقة بحوادث الأشخاص كما هي في الوقت الحاضر، اما المعلومات في نظم الرقابة الادارية فتكون اما مستقبلية او تحقيقية عن احداث سابقة، ومن ناحية اخرى فان نظم الرقابة العملياتية تعتمد البيانات الدقيقة، لذلك يمكن اخضاع هذه الرقابة إلى تعديلات حسابية او كمية بينما تظهر التقديرات النسبية في نظم الرقابة الادارية.

5- تكون مساهمة الادارة العليا في الرقابة العملياتية محدودة، في حين تتسع مساهمة هذه الادارة في الرقابة الادارية.

6- في الرقابة العملياتية تستخدم بعض الأجهزة والمعدات (الحاسب الآلي) لصناعة القرارات، بينما تميل الخيارات في الرقابة الادارية إلى الذاتية، لأن القرارات يصنعها او يساهم في صنعها الانسان بشكل ملحوظ.

7- ان الرقابة العملياتية نابعة ومستمدة من العلوم الصرفة، وتعتمد على طرق هندسية علمية، بينما تستمد الرقابة الادارية من حقل العلوم الاجتماعية والانسانية، لذا فالرقابة العملياتية هي حالة علمية والرقابة الادارية هي حالة فنية يتداخل العلم فيها قليلاً.

8- ان الرقابة العملياتية تمتلك أفقاً زمنياً محدداً بالأعمال اليومية، اما الأفق الزمني للرقابة الادارية فيمتد إلى اسابيع او شهور وحتى سنين.

ونخلص من ذلك إلى القول بان هناك خاصيتين تميزان الرقابة العملياتية عن الرقابة الادارية، الخاصية الأولى هي ان الرقابة العملياتية تنظر باهتمام إلى واجبات وأعمال ومعاملات الأفراد، بينما تركز الرقابة الادارية اهتمامها على مجموعة عمليات دائمية، الخاصية الثانية هي ان الرقابة العملياتية موضوعية (Objective) بينما الرقابة الادارية ذاتية (Subjective). وأخيراً فانه من المفيد ان نعيد القول بان العلاقة بين الاستراتيجية والرقابة تتمثل في الهيكلية الهرمية لأعمال التقييم والرقابة والتي لها ثلاث مستويات متداخلة ومترابطة من ضمنها نظام الرقابة الاستراتيجية والادارية والعملياتية.

نموذج فكري للاستراتيجية والرقابة

A Conceptual Model of Strategy and Control

لا يمكن فصل الاستراتيجية عن الرقابة، حيث ان للأول علاقة وثيقة بالثاني وفي جميع مراحل عملية إدارة الاستراتيجية، فمن ناحية نجد ان هدف الاستراتيجية هو ما ينبغي ان تكون عليه الحال مستقبلاً، اما الرقابة فان نشاطها ينصب على أعمال الماضي والحاضر، وكلاهما (استراتيج والرقابة) يوفران خططاً ومسارات كاشفة للقائد الاداري صانع ومتخذ القرارات في وقته الحاضر، وعليه فان الاستراتيجية والرقابة يشكلان أساسيات مجاميع الأنشطة المتداخلة التي تؤثر وتكمل الواحدة للأخرى، وان علاقتهما القوية هذه لها تأثيرها الجوهري والأساس في انجاز وتحقيق الغايات التنظيمية، ففي غياب الاستراتيجية ينعدم الاطار العملي للرقابة، وبكل تأكيد، فان أي منظمة لا تمتلك خطة استراتيجية او مجموعة ستراتيجيات، تكون في حالة تتعذر فيها السيطرة على مسيرتها، ثم ان غياب نظم الرقابة عن اية منظمة سيضعها في حيرة عما اذا كانت قد نالت مرادها وحققت الأهداف التنظيمية المرسومة لها، ام ان الأمر متروك للصدفة.

تظهر العلاقة بين الاستراتيجية والرقابة في الشكل (9-1) الذي يبين بان حلقات الوصل الرئيسة بينهما تبرز من خلال توافد المعلومات التي تنساب إلى مراكز الصياغة الأولى والاختيار والتنفيذ للاستراتيجية وإلى التغذية العكسية التي تسعى إلى تزويد ادارة المنظمة بالمعلومات التي تعكس ردود الفعل، ومن بين حلقات الوصل هذه الأهداف التنظيمية، التي تتبلور من اعمال التخطيط وتخضع للرقابة من خلال نظام الرقابة الاستراتيجية بمعية الاستراتيجيات البديلة. ان هذه الأهداف هي قواعد حلقات الوصل التي تشكل نظام الرقابة الادارية ويتحدد بموجبها اتجاه الرقابة العملياتية (التنفيذية). ومن الشكل (9-1) أيضاً نلحظ تعاقب الأحداث التي تفرق وتجزء أعمال صياغة واختيار وتنفيذ الاستراتيجية عن الأنشطة الاشرافية الادارية اللاحقة وعلى وفق التسلسل الهرمي للرقابة وكما يلي:

1- تعتمد المعلومات الواردة من البيئة الخارجية لتحديد منطقية التخطيط ومطابقتها لرسالة المنظمة التي عن طريقها تتبلور الأهداف التنظيمية فيما بعد.

2- وتعتمد الأهداف التنظيمية (غايات) كأساس لصياغة الاستراتيجيات الإدارية البديلة.

3- يتم اختيار وتنفيذ ستراتيج ما في ضوء نظام الرقابة الاستراتيجية، باعتبار ان هذا النظام هو قمة الهرمية الرقابية الإدارية للاستراتيجية المختار.

4- ان تنفيذ ستراتيج ما يسمح باقامة وتفعيل نظام الرقابة الادارية من خلال اعتماد المواصفات والمقاييس المشتقة من الأهداف الإدارية المتضمنة في الخطة الاستراتيجية.

5- ان تنفيذ نظام الرقابة الادارية يسمح بزيادة فعالية الاشراف والمتابعة في نظام الرقابة العملياتية التي من خلالها يستفاد من التكنولوجيا المتوفرة لتحويل المدخلات إلى مخرجات.

ان تدفق المعلومات الناتجة عن نظم الرقابة تأخذ مجريين، **الأول**: عن طريق التغذية العكسية والتي تعكس لنا وجهات نظر ما يدور في البيئة الخارجية، وتوضح مدى التوافق بين المعالجات والتعديلات التي تجري في البيئة الداخلية مع متطلبات البيئة الخارجية. **والمجرى الثاني**: يعكس لنا تدفق المعلومات داخلياً ليؤكد لنا بأن التعديلات والمعالجات جاءت لتأمين ادارة العمليات في ضوء المواصفات المحددة المتضمنة في نظام الرقابة الادارية. وإن هذا التدفق للمعلومات جاء مترادفاً ومتعاقباً (من وإلى) بين المنظمة البيئة المحيطة. انظر شكل (9-1). والتعاقب الأول والذي يبدأ من خارج المنظمة يرتبط ارتباطاً وثيقاً بنظام الرقابة الاستراتيجية رغم انه يحتم أحياناً إجراء تغييرات في نظامي الرقابة الادارية والعملياتية (التنفيذية). وتظهر الأحداث ضمن هذا السياق على النحو الآتي:

(1) ان البيئة الخارجية تختار ما يناسبها من بين مخرجات المنظمة (سلع او خدمات) منتجة في المساحات العملياتية لها، وتتزود إدارة المنظمة بالمعلومات التي تعكس وجهات نظر المستفيدين من تلك المخرجات عن طريق التغذية العكسية في الوقت المناسب.

(2) واعتماداً على طبيعة التغذية العكسية المتدفقة عن البيئة الخارجية فقد تطرأ بعض التحويرات والتعديلات على أوليات التخطيط او الأهداف التنظيمية التي بدورها قد تحتم إجراء التعديل والتحوير على الاستراتيجية الاداري.

(3) ثم ان التعديلات الحاصلة على الاستراتيجية تدفع بالضرورة إلى تغيير ما في نظام الرقابة الاستراتيجية، وإجراء تعديلات لاحقة على نظام الرقابة الاداري، كالتشديد على المواصفات والاستمرار على ضبط القياسات او التأكيد على ضرورة القيام بالإجراء التصحيحي في الوقت المناسب.

شكل (9-1)
العلاقة بين الاستراتيجية والرقابة

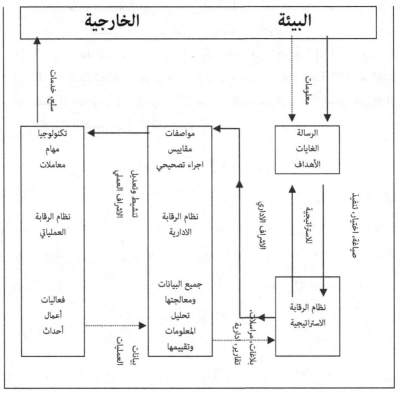

Johnson et. al (1973)

___ تغذية عكسية

------ تنفيذ وتعديل

(4) وبالمقابل فان التعديلات على نظام الرقابة الادارية يؤدي بلا شك إلى تعديلات مقابلة وتطويرات في نظام الرقابة العملياتية، كإعادة تحديد المسؤوليات وتعيين الأفراد، وإعادة ترتيب سير الأعمال وإعادة تنظيم وتوزيع الموارد والأعمال.

(5) وإذا كانت مثل هذه التعديلات والتطويرات على نظم الرقابة مناسبة وصحيحة، فان أي تغذية عكسية لاحقة من البيئة الخارجية تعد مؤشراً للاستغناء عن اجراء

أي تغييرات آنية، ومع ذلك فالمنظمة سائرة ومستمرة في التكييف والاستجابة لأي تغييرات لا يمكن تجنبها في ضوء معطيات البيئة الخارجية، وبهذا الشكل تحافظ المنظمة على حالة توازنها مع البيئة.

ان التدفق المثالي للمعلومات والذي يبدأ من داخل المنظمة يرتبط أساساً بنظامي الرقابة العملياتية والادارية رغم ان مثل هذا التدفق قد يستدعي تغييرات في نظام الرقابة الاستراتيجية، او في الاستراتيج الاداري المختار، او الأهداف التنظيمية التي تعد الركيزة الأساسية للخطة الاستراتيجية، وبالتالي تظهر أحداث هذا التدفق على النحو التالي:

أ- ان المنظمة تعتمد تكنولوجيا معينة في تحويل المدخلات الأولية (الخام) إلى مخرجات جاهزة للمستفيد. وهذا يعني ان ادارة المنظمة قد حددت الواجبات ووجهت لانجاز وتحقيق العمليات والأنشطة والفعاليات، وهي تتخذ الاجراءات المناسبة وتسجل الأحداث، حيث يرتبط مثل هذا الأداء الفعلي بالموازنات والتخصيصات والجداول والبيانات العملياتية التي تغذي نظام الرقابة الادارية، والتي تقوم على تجميع البيانات ومعالجتها وتحليلها وتقييمها لتضمينها في التقارير الادارية المخصصة لنظام الرقابة الاستراتيجية.

ب- ان التقارير الواردة من نظام الرقابة الادارية من حين لآخر تؤشر لادارة نظام الرقابة الاستراتيجية مدى توافق ومطابقة مخرجات الاستراتيجية المعتمد مع التوجهات المرسومة في الاستراتيج الاداري المختار.

جـ- وفي حالة اختلاف النتائج الفعلية عن النتائج الاستراتيجية المخطط لها، فالادارة تكون امام خيارين، الأول القيام باجراء التعديلات المناسبة على نظام الرقابة الادارية، وبالتالي على نظام الرقابة العملياتية. والثاني القيام بمراجعة وتنقيح الاستراتيج الاداري المعتمد او تقييم الأهداف التنظيمية ومراجعة الخطة الاستراتيجية.

عناصر التقييم والرقابة The Elements of Evaluation of Control

تتعدد عناصر ومكونات نظام الرقابة العملياتية في جميع المنظمات، ويمتد هذا التعدد ليشمل الادارة، ونظم الرقابة الاستراتيجية لعموم المنظمة، وقد يتباين ويختلف تركز النشاط الرقابي في كل مستوى من مستويات التسلسل الهرمي لنظم الرقابة. ومع تباين الآفاق الزمنية لنظم الرقابة، الا ان معنى الرقابة والتقييم يبقى متمحوراً في مراكز او نقاط الرقابة. إن عناصر التقييم والرقابة تشكل مجتمعة مع بعضها نظاماً أساسياً مهماً لضمان نجاح تنفيذ الاستراتيجية، وهنا لا بد لنا من شرح معنى كلمة "نظام" فنقول بان النظام هو مجموعة من العناصر المتفاعلة والمتداخلة والمعتمدة الواحدة على الأخرى بحيث تشكل جميعها تركيبة كلية كاملة (جواد والمؤمن 1990)، ومثل هذا التعريف ينطبق على تركيبة النظام الرقابية الأساس الموضح بالشكل (9-2)، ان عناصر النظام الأساسية وحسبما جاءت بها أدبيات ادارة الأعمال (Harrison 1978) هي الآتي:

1- النظام العملياتي (التنفيذي) Operating System:

وهو ذلك الجزء من المنظمة الذي تقوم فيه التكنولوجيا المعتمدة على تحويل المدخلات الخام (الأولية) إلى مخرجات جاهزة، وهذا هو جوهر العمليات في أي نوع من المنظمات، وسواء كانت المنظمة تقدم سلعاً او خدمات، فان مدخلاتها موارد بشرية ومادية ومالية، وكما مبين بالشكل (9-1) فان الرقابة في النظام العملياتي مرتبطة بنظام الرقابة الادارية من خلال قيام الأولى بتوليد وإرسال البيانات العملياتية إلى الثانية، التي بدورها تحولها إلى نظام الرقابة الاستراتيجية.

الشكل (9-2)
عناصر ومكونات الرقابة

Kast & Rosenzweig (1974).

2- الخواص الرقابية Control Characteristics:

من خواص العمل الرقابي اعتماد أي مؤشر مناسب يتحدد بموجبه الأداء، وهـذا يعنـي وجود مؤشرات مناسبة لكل حالة خاضعة للرقابة، فقد تتمثل الرقابة على مستوى نظام الرقابـة العملياتية بجداول تتضمن مواعيد التوزيع، وعـلى مستوى الرقابة الادارية تكـون عـلى شـكل مجموعة مراكز للمسؤولية، وعلى مسـتوى نظـام الرقابـة الاستراتيجية تـرتبط مميـزات الرقابـة ارتباطاً مباشراً بما يتضمنه الاستراتيجية الاداري المختار.

3- الرصد والمراقبة Sensor:

هو الفعل الذي مـن خلالـه تتم المراقبة وتسجيل مـا يجـري رقابيـاً، وفي نظـام الرقابـة العملياتي، وعلى مستوى نظام الرقابة الادارية يكون جهاز الرصد وبلا شك عضواً او ممثلاً عـن الادارة الاشرافية، اما على مستوى نظام الرقابة الاستراتيجية فان جهاز الرصد عـادة يكـون عضـواً او ممثلاً عن الادارة العليا.

4- المقارن Comparator:

هو الشخص او الوحدة، او الاداة التي تقيس او تقارن وتقييم الانجاز الفعلي في مسـتوى معين في ضوء المعايير الموضوعة وبناء على الخواص الرقابية.

5- **المستجيب Effector:**

هي الأدوات او الوسائل المساعدة على تنفيذ الاجراء التصحيحي من خلال نظام الرقابة في مستوى معين وعندما يتضح بان المخرج يتباين جوهرياً عن المخطط له، وقد يكون المستجيب فرداً او جهازاً من أجهزة المنظمة.

معايير الرقابة **Standards for Control:**

كما هو واضح في الشكل (9-2) تنبثق المعايير المختارة عن الخواص الرقابية التي يعتمدها الشخص المراقب لغرض مقايسة ومقارنة الأداء الفعلي مع الأداء المعياري، ان المعايير التي تعكس الأهداف الادارية تشكل قاعدة لنظم الرقابة على مستوى المنظمة، فالمعايير هي التي تقرر وتحدد ما يجب عمله وانجازه، وقد تأخذ شكلاً زمنياً (وقت) او مالياً (نقود) او مادياً (وحدات، اعداد، أطوال) او أرقاماً قياسية، يجب ان تكون المعايير المختارة ثابتة نوعاً ما، وفي نفس الوقت تتمتع بدرجة مناسبة من المرونة، مع القبول بانحرافات معقولة عن المعايير الموضوعة حتى يمكن لها ان تعبر وبوضوح عن الأهداف الاستراتيجية، وما عملية وضع المعايير الا المرحلة الأولى من مراحل الرقابة الادارية، وان تحديدها للأشخاص هي أول خطوة في الرقابة العملياتية (Higgins 1983).

ويوضح لنا Andrews (1980) أهمية المعايير والمقاييس الخاصة بالتقييم والرقابة بقوله ان الاشراف الحقيقي على التوجه والسير قدماً نحو الأهداف والغايات المنظمية يتطلب الملاحظة والمقايسة، كماً ونوعاً حتى تتمكن ادارة المنظمة من تكوين وبلورة الفكرة والرأي عن مكانة المنظمة الصحيحة، ولبلوغ مثل هذا القرار فان الأمر يتطلب وضع مجموعة من المعايير والمقاييس يعتمد عليها عند القيام بالعمل الرقابي التقييمي دون ان ننسى ان منبع المقاييس والمعايير يكمن في خطط المنظمة وستراتيجياتها، حيث يمكن ترجمتها جميعاً إلى عدد لا بأس به من المعايير التي يمكن اعتمادها لأعمال مقارنة الاداء الفعلي بالاداء المخطط.

ان الحديث عن معايير تقييم ورقابة الاستراتيجية الاداري امر يكتنفه التعقيد، ويضطرنا للرجوع إلى مناقشة معايير الخيار الاستراتيجي المنوه عنها في الفصل السابع، ذلك ان معظم المعايير المعتمدة في الاختيار يمكن ان تعتمد أيضاً لتقييم الاستراتيجية بعد وضعها

موضع التنفيذ. بمعنى آخر ان المعايير المعتمدة في مقارنة وتقييم مناهج الأعمال البديلة يمكن ان تصبح فيما بعد معايير لتخمين النتائج الفعلية مع النتائج المنشودة ستراتيجياً، وقد أشير في الشكل (9-1) إلى العلاقة بين الاستراتيجية والرقابة بهدف التأكيد على الدور المزدوج الذي يمكن ان تلعبه المعايير المختارة في الرقابة على اعمال صياغة وتنفيذ الاستراتيجية.

وقد جاءتنا الدراسات الادارية المختلفة (Andrews 1980) (Tilles 1963) ببعض الأمثلة لمعايير الخيار الاستراتيجية التي يمكن ان تعتمد في اعمال تقييم ورقابة الاستراتيجية الاداري منها:

1- العلاقات بين المخاطرة والمردود (Risk/Reward Relationships) والتي تعمل عامل جذب ودفع في فترة الخيار الاستراتيجي، ان هذه العلاقة عند اعتمادها كمعيار للتقييم والرقابة تصبح مؤشراً لضرورة القيام بالعمل التصحيحي او لإلغاء الاستراتيجية المعتمدة حالياً.

2- العلاقة بين الموارد والنتائج (Resource/Outcome Relationships) ان مثل هذه العلاقة تساعد في اظهار جودة ومناسبة أي منهج عمل وتكمن ادارة المنظمة من بلوغ قرار الاختيار، الا ان هذه العلاقة وبعد ان يتم اختيار الاستراتيجية تضع ادارة المنظمة امام حتمية اعادة البحث عن بدائل ستراتيجية اخرى.

3- العلاقة بين الفرص والقدرات (Opportunities/ Capabilities Relationships) وهي التي تدفع ادارة المنظمة إلى اختيار ستراتيج ما، وبعد التنفيذ والقيام بأعمال القياس والتقييم إزاء هذه العلاقة فقد تصبح سبباً لإلغاء الاستراتيجية لصالح ستراتيج أخرى قد تبدو اكثر منفعة للمنظمة.

إن معايير تقييم ورقابة الاستراتيجية قيد التنفيذ هي ابعد وأوسع من تلك العلاقات آنفة الذكر، ذلك ان مثل هذه المعايير قد تكون كمية (Quantitative) او نوعية (Qualitative) في طبيعتها، ومن المعايير الكمية لمنظمات التجارية مثلاً، صافي الربح، عائد الاستثمار، نمو حجم المبيعات، اتساع رقعة السوق، ارتفاع اسعار الأسهم. اما المنظمات غير الهادفة فتعتمد معايير مختلفة غير تلك المعايير الكمية لأغراض تقييم ورقابة الاستراتيجية (Hatton 1982). وهناك المعايير النوعية (غير الكمية) الممكن اعتمادها في تقييم ورقابة

اعمـال المنظمـات غيـر الهادفة للربح (Tilles 1984)... التي قد تـدفع المـدير إلى اصـدار أحكـام غير موضوعية، وندرج بعضاً من هذه المعايير:

* درجة انسجام وتوافق استراتيج مع البيئة.
* انسجام وتوافق القوى الداخلية وتوجهات الاستراتيجية.
* ملاءمة الاستراتيجية في ضوء الإمكانات والموارد المتاحة.
* ملاءمة الاستراتيجية للتطلعات المستقبلية للمنظمة.

رغم ان المعايير النوعية لا تخضع لحسابات عددية ورقمية، الا انها تضيف بعداً ذا مغزى إلى اعمال تقييم ورقابة الاستراتيجية قيد التنفيذ لا يمكن تحقيقـه مـن خـلال البيانـات الكميـة، يجب ان لا يخلو التقييم والقياس الكمي مـن تقيـيمات نوعيـة غـير كميـة، ذلـك ان المعطيـات البيئية المختلفة تحتاج لمثل هذا التقيـيم للتأكـد مـن ان الاسـتراتيجية تنطلـق مـن ارض صـلدة (Glueck & Gauch 1984)، ثم ان المعايير الكمية والنوعية المعتمدة بنسـب سـليمة وملائمـة تـوفر لادارة المنظمة مسلكاً متوازناً للقيام بالواجب الصعب والمعقد تجاه تقيـيم ورقابـة الاسـتراتيجية الاداري.

قياس وتقييم الأداء **Measurement & Evaluation of Performance:**

تشمل الخطوة الثانية في تقييم ورقابة الاستراتيجية قيد التنفيذ مقارنة النتائج مع المعايير المحددة مسبقاً، والقصد من هذا هـو الكشـف عـن الانحرافـات او الاختلافـات في فـترة تسـمح باجراء التصحيحات اللازمة، وعلينا هنا ان نقـول ان هنـاك دومـاً درجـة مـن التبـاين بـين الأداء الفعلي والاداء المطلوب، لذا يجـدر بواضـعي المعـايير تعيـين الحـدود المألوفـة والمقبولـة رسـمياً وعرفياً لذلك التباين، ويبرز هنا دور القائد الاداري على التفريق بين الاختلافات المهمة والحيوية وبين تلك الاختلافات الهامشية (Harvey 1982).

ويوضح لنا الشكل (9-3) درجة الاختلاف المسموح به عن الاداء القياسي كحالة افتراضية، ففي الشكل المذكور نرى الأداء القياسي على المحور الصفري، ولما كنا قد اتفقنا على انه من غير المعقول ان نتوقع أداءً فعلياً يتطابق تماماً مع الأداء القياسي، إذ لا بد من حصول انحراف بشكل او بآخر بين الفعلي والقياسي، وبالتالي يصبح من الحكمة السماح

بدرجة معينة من التباين والاختلاف المعقول والمقبول وكما هو معبر عنها في الشكل(3-9)، وما زاد عن النسبة المقبولة (2%±) فان الأمر يستدعي قيام ادارة المنظمة والادارات المعنية والقيام بالاجراء التصحيحي.

شكل (3-9)
التباين او الاختلاف المقبول عن الأداء القياسي

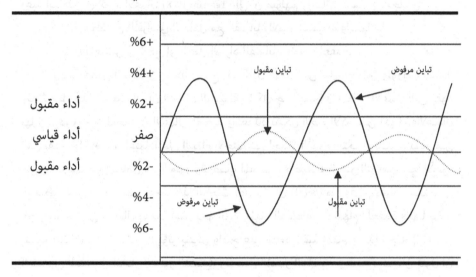

ان مفهوم التباين المقبول في الرقابة هي ليس أمراً جديداً بل هو معروف في مجال الرقابة الكمية أو النوعية، وعلى مستوى الوقت والكلفة...، والفكرة الجوهرية للسماح المقبول في الرقابة هي وضع الحدود عليا ودنيا على طرفي العمل القياسي حتى يظل الاداء في اطار هذين الحدين متماشياً ومتوافقاً مع الخطة الأصلية (Albanese 1981)، وبالتالي فان أي انحراف يعد مقبولاً ومسموحاً به طالما انه لا يتعدى الحدود المعقولة المتفق عليها، ويوحي لنا هذا المفهوم بان اعمال التقييم والرقابة يجب ان تركز على التباينات والاختلافات ذات الأثر على المنظمة والتي تبتعد عن الحدود المرسومة.

وفي الحديث عن ادارة وتنفيذ الاستراتيجية، فان المفردات الأساسية التي تعبر عن خيارات ستراتيجية تنصب اشرافاً مستمراً من قبل ادارة المنظمة لتحجيم الآثار الانسانية عند تنفيذ هذه الخيارات، لذلك لج المعنيون إلى الاستعانة بقاعدة Pareto (Slaybough 1966) في مجال رقابة وتقييم الاستراتيجية الاداري، وتؤكد هذه القاعدة على الاستغلال الكفؤ للوقت وعلى ضمان تنفيذ المهام بشكل متوازن حيث توصل واضع هذه القاعدة Pareto من خلال دراسته لحجم رغبة العاملين في انجاز الأعمال (Tennant 1978) إلى ان ميولهم ورغباتهم تسير في اتجاهين:

* الميل الطبيعي للأفراد في التعامل مع القضايا والأمور البسيطة والسهلة.
* الميل المعاكس في تأخير او تأجيل الأفراد للقضايا والأمور المعقدة.

يرتبط هذين الاتجاهين بشكل واضح باستغلال الوقت من قبل العاملين وتوزيعه بينهما، وقد توصل هذا الباحث إلى ان الأعمال البسيطة تشكل جزءاً يسيراً ن المهام والأعمال التي يقوم بها الأفراد، في حين لوحظ ان الأعمال الصعبة والمعقدة تشكل الجزء الأكبر من المهام والأعمال التي يقوم بها الأفراد، واعتماداً على النظام الاجتماعي لحياة الأفراد، يتكون هذا النظام من جزئين اكبرهما هو التعامل مع الأمور والقضايا المعقدة، وأصغرهما هو التعامل مع الأمور البسيطة، ومن هذا المنطلق وجد هذا الباحث (Pareto) ان (80%) من وقت الأفراد يستثمر في انجاز (20%) من الأعمال بسبب الميل نحو انجاز المهام البسيطة، اما المهام المعقدة فانها تنفذ بنسبة (20%) من الوقت مما يؤثر بشكل واضح على كفاءة تنفيذ المهام وهذا راجع إلى الميل الطبيعي للبشرـ في انجاز الامور النسبية وتأجيل الامور الصعبة، وعليه يمكن ان قول ان التخطيط الامثل للوقت يتمثل بتحقيق التوازن في تنفيذ المهام ضمن الوقت المحدد ووفق الاهميات المحددة وليس الميول الطبيعية للبشر، وتخدمنا هذه القاعدة في التعرف على مناطق الحاجة والفرص المتاحة وفي تحديد مصادر الموارد المهمة للمنظمة، وبالتالي فان المنفعة منها تدفع المنظمة إلى انفاق الوقت والجهد والمال باتجاه تحقيق مخرجات فعلية تتماشى مع المخرجات المنشودة ستراتيجياً.

كما ان الفكرة وراء قاعدة (Pareto) تتشابه وفكرة مراكز الرقابة والتفتيش (Control Points) التي تشير إلى الجوانب التي يجب ان تخضع للتقييم والرقابة، ومثل هذه

الجوانب هي التي تشكل ماهية التقييم والرقابة، بمعنى ان الفكرة الأساسية للقاعدة هي البحث عما تسعى ادارة المنظمة إلى مقايسته وتقييمه، وتهتم جميع النظم الرقابية بأربعة مجالات رقابية في الأقل هي الكم المراقب، والنوع المراقب، والوقت المطلوب للرقابة، وكلفة المراقب، وعند الحديث عن رقابة الأفراد فاننا نقصد كمية الجهد المبذول لتنظيم الكم والنوع والتوقيت والمال عند أدائهم للأعمال (Albanese 1981)، وتختلف هذه المجالات في درجة اهميتها ونسجها التركيبي اعتماداً على مستوى نظام الرقابة، فمثلاً تهدف مراكز الرقابة إلى تركيز واسع على الاداء مع توجيه قليل لنظام الرقابة الاستراتيجية، وتركيز مناسب وتوجيه محدود لنظام الرقابة العملياتية، ونجد ان نقاط الرقابة تستقر بين هذين النوعين وعلى اطراف نظام الرقابة الاداري الذي يتوسط النظامين السابقين، هذا ولما كان الشكل (9-2) قد وضح لنا كيفية القيام بأعمال التقييم والرقابة في المنظمات المختلفة عموماً، فان الشكل (9-3) يتوسع في تحديد الكيفية للبقاء بالعمل الرقابي ليشمل وضع حدود للانحرافات المسموح بها عن الاداء القياسي وبالتالي فان مراكز الرقابة تحدد الأمور المعيارية للاستراتيجية الاداري والخاضعة للقياس والتقييم والتي من خلالها يمكن الاجابة عن ماذا يقيم او يراقب؟

والأمر الثاني هو توقيت (Timing) اعمال القياس والتقييم والتوقيت أيضاً جزء من الاجراءات التصحيحية، اذ ان الحاجة إلى التوقيت في مجمل عملية تقييم ورقابة الاستراتيجية تتم بقياس وتقييم الأداء الفعلي ومقارنته مع الأداء القياسي، ثم يحين الوقت المناسب لكي تتهيأ الادارة لاتخاذ الاجراءات التصحيحية عندما يصبح واضحاً امامها وجود خرق أو انحراف بين الاداء الفعلي والمطلوب وان هذا الانحراف ليس انحرافاً معقولاً، وهنا يتعين على ادارة المنظمة القيام بالاجراءات التصحيحية في وقت يسبق هذا الخرق، بمعنى ان التوقيت المناسب للقيام بالاجراءات يعتمد على المعايير السليمة التي وضعت في ضوء المعلومات المتوفرة في حينها، والتي يتم اختيارها بموجب تقييم موضوعي عقلاني في ضوء المؤشرات الموضوعة عن الأداء الفعلي.

وقد توصل كل من (Cleland & King 1972) إلى اهمية تواصل واستمرارية اعمال تقييم ورقابة الاداء المكمل لنظم الرقابة وعلى مستويات المنظمة كافة، وكما يؤكدان على

ضرورة قيام المدراء وباستمرار بأعمال قياس الاداء اليومي ومقارنته بالالتزامات المفروضة على العاملين، وتقييم اسباب انحراف هذا الاداء عن الالتزام بالوقت والكلفة والعمل.

الإجراءات التصحيحية Corrective Action:

ان قياس وتقييم اداء القائمين بموجب معايير رقابية تؤدي إلى اتخاذ الاجراءات التصحيحية المناسبة، كلما دعت الضرورة الحفاظ على مستوى سليم من الاداء، ان الخطوة الاخيرة في عملية الرقابة هي تصحيح الانحرافات المكتشفة عن الخطة الأصلية، ان الغاية الاخرى من عملية الرقابة هي السماح للقائد الاداري لمعرفة المشاكل واختياره الاجراءات التصحيحية السليمة وفق تقديرات القائد نفسه (Harvey 1982).

ان الرقابة ليست غاية بحد ذاتها وانما هي وسيلة لتحقيق غاية معينة، الا وهي تنفيذ ناجح للاستراتيجية الاداري المختار الذي يؤدي إلى بلوغ وتحقيق الاهداف التنظيمية، ويبرر لنا الشكل (9-1) امكانية المحافظة على نظام الرقابة عن طريق توافد المعلومات من البيئة ومن المساحات العملياتية في المنظمة، حيث توفر هذه المعلومات مسببات البحث عن الانحرافات الفعلية او الكاملة المتوقعة عن الاداء القياسي، وهذا هو الدور الذي تلعبه التغذية العكسية للرقابة والتقييم مؤدى ذلك هو ان فاعلية أي نظام رقابي تعتمد على التغذية العكسية التي تؤشر لنا ضرورة القيام بالاجراء التصحيحي لضمان توافق المخرجات الفعلية مع المخرجات المخطط لها ولا غرابة في ان يبقى تدفق المعلومات عن وحدات القياس بشكل يتيح لادارة المنظمة امكانية المقارنة النسبية مع المعايير، ومع ان اعمال القياس تجري على وفق اداء سابق، الا انها في نفس الوقت يجب ان تتيح للقائد الاداري التنبؤ بالاداء المستقبلي، وهذا ما يؤشره الاجراء التصحيحي المطلوب قبل تفاقم الحال ومن جانب آخر فالاجراء التصحيحي يجب ان يتزامن وبشكل مناسب مع الحالة الناشئة عن الانحراف رغم وجود نزعة ورغبة لدى البعض من المنظمات في الانتظار مدة أطول قبل القيام بالاجراء التصحيحي.

لم تتطرق ادبيات إدارة الاستراتيجية بشكل مباشر إلى طبيعة الاجراءات التصحيحية الا بعض الشيء ومن خلال التعرض إلى اعمال تقييم ورقابة الاستراتيجية قيد التنفيذ فعندما

يؤشر نظام الرقابة الحاجة إلى الاجراء التصحيحي، فعلى ادارة المنظمة التحرك بسرعة للقيام به، ومن يتفحص ادبيات ادارة الاعمال (Tuggle 1978) يجد تطرفاً واضحاً في الاهتمام بآثار الاجراء التصحيحي المتطرف على اداء الافراد، ومن استحضار الافراط بالرقابة (over control) او الاستهانة بالرقابة (under control) في المنظمات عموماً ما يعكس لنا صعوبة تحقيق رقابة فاعلة على النظم الانسانية والتكنولوجية والاقتصادية العقدة، وحتى مع أفضل الآراء والمعارف، فانه لمن الصعوبة تحديد حجم الرقابة في الحالة الادارية، اذ ليس من المحبذ تشديد الرقابة على سلوكية العاملين في المنظمة، ففي مثل هذه الحال يجب ان تكون الرقابة انتقائية (Selective) وبحدود العمل المراقب (Albanese 1981). والسؤال الذي يطرح نفسه هنا هو كم هي مساهمة نظم الرقابة في تحقيق الغايات وبفاعلية؟ وكم تساهم هذه النظم في تطوير اداء الأفراد وتحقيق غاياتهم؟ ويبقى الأمر متروكاً للنقاش.

عند التفكير في الحاجة إلى الاجراء التصحيحي مهما كان شكله، فعلى ادارة المنظمة ان تتأكد من اسباب حدوث الانحراف عن الاداء القياسي، وهل هناك امكانية في التحكم بهذه الأسباب ام لا، وعندما نتحدث عن هذا الأمر، فاننا نتحدث عما يمكن ان يقع ضمن نطاق صلاحيات وامكانيات المنظمة وقدرات مدرائها، وعن تلك الانحرافات التي تكون مسبباتها خارج نطاق قدرات وامكانات المنظمة ومدرائها، وتصبح الحالة الثانية مؤشراً لاعادة النظر في الاستراتيجية المعتمد والأهداف الموضوعة (Bates & Eldredge 1984) ان ما تضعه المنظمة من اجراءات تصحيحية يعالج بالتأكيد الانحرافات الناتجة عن امور ممكن التحكم فيها، والتي لا يمكن التحكم فيها، ذلك ان مسألة التحكم هي مسألة نسبية، فعندما يتعذر على ادارة المنظمة تغيير العوامل المسببة للانحرافات او ابعاد المنظمة عن المؤثرات العكسية، فانها تكون امام معادلة سهلة نسبياً تدفع بهذه المنظمة إلى اللجوء لحماية نفسها واستراتيجياتها كذلك.

وفي واقع الحال هناك عدة عوامل تمنع الاستجابة لما تبذله ادارة المنظمة من جهد استثنائي متزامن مع الاحداث لتقليل الآثار العكسية لهذه العوامل على المنظمة ككل، والسبب الحقيقي وراء قناعة ادارة المنظمة بصعوبة التحكم الرقابي تعزى إلى مجموعة من العوامل التي يمكن ان تخضع للرقابة وإلى حد ما، نقول هذا لأن التجارب الشخصية دلت

على ان الادارات تتحمل بعض الأسباب المسببة لنشوء الحالات التي تهدد تنفيذ الاستراتيجية على الأرجح وتحولها إلى قوى لا يمكن التحكم فيها، ويدفع الاعتقاد إلى الادعاء بان ادارة المنظمة قد تكون غير قادرة على التنبؤ بمثل هذه القوى، او انها عاجزة عن تجنب النتائج العكسية الناجمة عن هذه القوى رغم التحذيرات المسبقة التي تحصل عليها، ان مثل هذا التبرير يثير السخرية، ذلك ان يلغي الحاجة إلى وجود الادارة (Management) ما دامت الأمور جميعها خارج نطاق تحكم هذه الادارة، انه لمن غير المعقول ان تستسلم ادارة المنظمة إلى القوى الخارجية التي لا يمكن التحكم فيها، حيث يقع عليها عبء تفتيت هذه القوى إلى اجزائها المكونة حتى يسهل تحجيم القوى التي لا يمكن التحكم فيها إطلاقاً، وتوجيه القوى الاخرى نحو الانشطة والفعاليات الهادفة إلى تحقيق اهداف المنظمة، وبمثل هذه الميكانيكية يمكن محايدة عدد قليل جداً من القوى غير المسيطر عليها او التي لا يمكن التحكم فيها من خلال رسم حدودها وأبعادها بحذر ودقة ومناظرتها مع الواقع الجاري في المنظمة (Harrison 1978).

ومهما يكن من امر فان الاجراءات التصحيحية في المستوى التنفيذي قد تأخذ أحد الأشكال الآتية... اعادة توزيع وتنظيم المسؤوليات... اعادة تكليف الأفراد بالمهام... إعادة جدولة الأنشطة والفعاليات... اعادة جدولة تسليم المخرجات إلى المستفيد... تخمين وتنقيح الممارسات الاشرافية..الخ، أما على مستوى نظام الرقابة الادارية فان الاجراء التصحيحي قد يشمل واحداً او بعضاً من الآتي... إعادة النظر بالمعايير الموضوعة... تجديد الحالة الاشرافية وتحديث أساليبها... اعتماد أساليب جديدة في وضع المعايير... إعادة بناء الأنشطة والفعاليات التصحيحية. وأخيراً وعلى مستوى نظام الرقابة الاستراتيجية فان الاجراء التصحيحي قد يتطلب القيام بالأنشطة الآتية كلاً او بعضاً... إعادة النظر بالاستراتيجية المعتمد وتطويره... إعادة رسم وتحديد الأهداف التنظيمية... إعادة جدولة الأولويات التخطيطية..

يتضح من هذا الاستعراض ان هناك مجموعة متوافقة من الاجراءات التصحيحية لكل مستوى رقابي من المستويات آنفة الذكر (العملياتية، والادارية، والاستراتيجية). ان الأمر الأساس في كل مستوى رقابي هو امتلاك المنظمة للقدرات والامكانات التي تمكنها من القيام

بالاجراء التصحيحي، ويتعين على ادارة المنظمة البحث عن الاجراء المقبول والمعقول الذي يؤدي في مكان وزمان معينين لمعالجة الانحراف الناشئ، الا ان البحث عن حلول مثالية ويفرض على ادارة المنظمة أعباء اضافية (كلفة والوقت والجهد)، والأفضل للمنظمات ان تبحث عن حلول ومعالجات مرضية ومقنعة لتلافي الانحرافات عن ما تبغيه المنظمة والاختلافات عن الواقع الفعلي، وعدم تعظيم الاختيارات العلاجية لهذه الانحرافات (Harrison 1981).

ديناميكية التقييم والرقابة Dynamics of Evaluation & Control:

يمكن وصف ديناميكية أي نظام رقابي بالاعتماد على نوعية وشكل التغذية العكسية التي تبرز في نظام الدورة المغلقة (Closed-Loop System) او نظام الدورة المفتوحة (Open-Loop System)، تنطوي عملية التغذية العكسية على استخدام واستثمار المعلومات المستقاة من اعمال منفذة مسبقاً لتكوين الرأي المناسب عن نوع الاجراء المطلوب وفق معطيات التقييم والرقابة (Haynes et. al. 1975).

ان المعلومات المتدفقة عن طريق التغذية العكسية هي احدى مقومات النظم الرقابية، اذ يمكن اعتمادها لصنع واتخاذ القرارات بشأن تحديد نوع وشكل وحجم وعدد الاجراءات والتعديلات الضرورية بالنسبة للنظام الرقابي ذاته، او النظم الاخرى للمنظمة، وتستقي المعلومات مقايسة بالاهداف والغايات المنشودة، وبالتالي فان التغذية العكسية في نظام الدورة المغلقة تعمل على حث وتنبيه الأجهزة المعنية فيه للقيام بالاجراءات التصحيحية التعديلية ذاتياً (أوتوماتيكياً) (Kast & Rosenzeig 1975). ذلك ان نظم الدورة المغلقة تحتوي اجهزة التعديل المصممة لتركيبة النظام نفسه (Built in self adjustment)، وهذه الاجهزة تستجيب ذاتياً بمجرد ورود ما يشير إلى حدوث انحراف عن الاداء القياسي، في حالة تطابق الاداء المطلوب للنظام، فان دورة العمل تستمر دون الحاجة إلى تصحيح او تعديل، الا اذا اعطت هذه الاجهزة الرقابية معلومة عن ظهور انحراف يستدعي الاجراء التصحيحي (Hutchinson 1967)، ولا تتأثر هذه الدورة المغلقة بالقرارات والأحكام الخارجية ولا بأي مؤثر آخر بعيداً عن مكونات هذه الدورة.

ويمكن تشبيه نظام الدورة الرقابية المغلق بالثرموستات الموجود في بعض الاجهزة الكهربائية والتبريد (الثلاجة، مكيف الهواء، المكوى) حيث يفصل هذا الجهاز القوة الكهربائية عند الضرورة وعندما يتحسن هذا الجهاز بضرورة هذا التوقف، ثم يعاود الاتصال عندما ترد اشارة مغايرة، واذا توقف عمل هذا الجهاز الرقابي او تعرض للتلف فقد يمتد اثر الانحراف إلى باقي الاجهزة العاملة في النظام الرقابي المغلق، وعلى العكس من ذلك تستمر انشطة الجهاز الرقابي بالعمل ذاتياً وبشكل متواصل في الدولة المغلقة من خلال قطع الدورة الكهربائية او ايصالها مرة ثانية، ان مثالنا السابق يعكس نظرياً فكرة الشكل (9-2) ومن خلال الاستعانة بجهاز تحسس إلكتروني ذاتي.

ان غالبية نظم الرقابة في منظمات الأعمال تعمل على توحيد انشطة الافراد العاملين وعمل الأجهزة والمعدات الميكانيكية، والحالة في مثل هذه النظم هي حالة نظم الدورة المفتوحة، حيث يتم استلام المعلومات عن طريق التغذية العكسية من خلال او بواسطة الافراد الذين يقومون بمعالجتها ويقررون نوع الاجراء التصحيحي المعالج لذلك الانحراف الحاصل (Kast & Rosenzweig 1974)، لذلك نجد ان الأفراد المعنيين هم الذي يعملون عمل جهاز التحسس والرصد الذي ورد ذكره، فيقومون بتكوين وجهات نظر من خلال الأوليات والمعلومات التي تتجمع لديهم ومعالجتها قبل وضع الاجراء التصحيحي المطلوب، وبالتالي فان القرارات المصنوعة في نظام الرقابة المفتوح تشمل جميع المجالات التي تدخل في صلب النظم الرقابية من ناحية ملاءمتها واقتصاديتها لنظام الرقابة، ولا بد من التثبيت هنا من ان العمل الرقابي في النظام المفتوح يوجه لرقابة عمليات معقدة، او لرقابة تلك العمليات التي لا يمكن ترتيب اجراءات رقابية لها في نظام الرقابة المغلق.

ان عملية صناعة واتخاذ القرار واصدار الاحكام تجاه الامور والاحداث تعد من المتغيرات الحيوية والاساسية التي يمكن اعتمادها لمعالجة الانحرافات المكتشفة، لها قواعد انسانية ولا يمكن القيام بها دون الاستعانة بالافراد العاملين كلاً او بعضاً (Hutchinson 1967)، وبالتالي فانه من غير المرجح ان يتم او يتحقق تقييم ورقابة اعمال الإدارة الاستراتيجية من خلال نظام رقابي مغلق، ومع ذلك فان هناك بعض الاجزاء من عمليات

التقييم والرقابة قد تحتل موقعها وبشكل ذاتي تلقائي في المساحات العملياتية (التنفيذية) للمنظمة.

الكتل الأساسية للتقييم والرقابة

Significant Aggregates of Evaluation & Control

هناك ثلاثة كتل (مجاميع) أساسية تلعب دورها عند توظيف نظام رقابي لعموم المنظمة، وعلى جميع المستويات الادارية دون استثناء وفي كل مفصل من مفاصل المنظمة... وهي:

1- الأهداف المنظمية Managerial Objectives

2- الموازنات الادارية Managerial Budgets

3- المعلومات الادارية Managerial Information

ان التفاعل الحاصل بين هذه الكتل (المجاميع) حالة مستمرة ودؤوبة تسهم في زيادة فاعلية وكفاءة الوظائف الرقابية ضمن التسلسل الهرمي التنظيمي للمنظمة الواحدة.

الأهداف المنظمية:

ان ركيزة كافة انواع الاستراتيجيات وفي كافة انواع المنظمات ليست مجرد تعبير تجريدي، بل هي النسيج الذي تحمل خيوطه جميع تفاصيل الأنشطة والفعاليات والأعمال التي تسهم في تحقيق رسالة المنظمة، ان الأهداف هي المنبع الذي منه تغرف ادارة المنظمة المعايير والمقاييس التي يقوم عليها وفي ضوئها قياس مدى نجاح تنفيذ الاستراتيجية، وان كانت الاهداف المنظمية مجرد نوايا ورغبات وأماني حسنة فهي اذن عديمة الفائدة، حيث ان الاهداف تتخلل جميع الفعاليات الجارية في عموم المنظمة، تلك الفعاليات التي بها تخصصها وخصوصيتها التي يجب ان تتميز بنتائج واضحة تجاه نهايات المنظمة (Drucker 1973). وبالتالي تسهم الاهداف في تحديد ابعاد توزيع المسؤوليات على العاملين جميعاً في المنظمة الواحدة، وعليه فالهدف المنظمي هو الغاية المنشودة التي تفرض المدى المطلوب، وتحدد الاتجاه للجهود المطلوبة من ادارة المنظمة لرسم الخطط وممارسة العمليات التخطيطية (Terry et. al. 1982).

إن أهمية الأهداف تنبع من كونها أساسيات الأعمال المنظمية التي يجب تحديدها وتثبيتها وفهمها قبل الشروع بأي منهج عمل ينشد بلوغ رسالة المنظمة من خلال اعمال الإدارة الاستراتيجية (Mee 1965). وفيما يخص نشاط ادارة المنظمة فان الامر اكثر حيوية اذ لا يمكن لها توجيه جهودها وتنسيق وتنظيم واستغلال مواردها وتحقيق الكفاءة والفاعلية ما لم يكن امامها هدف او مجموعة اهداف تلعب دور المنار والفنار لها، حيث يمكن تعريف الهدف على انه الغاية او المرمى الذي توجه اليه ادارة المنظمة كل جهودها (Sisk 1969). لذلك فان الاهداف تمكن القادة الاداريين من تقييم صدى قراراتهم، ومن ثم التنبؤ بما سيكون عليه حال المنظمة وتحليل دورها وكفاءتها في تحقيق مخرجات جيدة (Drucker 1973). وباختصار فان للأهداف المنظمية نهايات عديدة منها:

أ- الأهداف وحدة أساسية للقياس والمقارنة.

ب- الأهداف محفزات اساسية تجعل الأفراد ينسبون غاياتهم الشخصية إلى غايات المنظمة.

جـ- الاهداف وسائل لاشباع الحاجات الانسانية.

د- الاهداف وسائل لتحقيق رسالة المنظمة.

هـ- الأهداف وسيلة لتجميع وتوحيد الوحدات التنظيمية كافة في هيكل تنظيمي واحد وموحد.

وما يهمنا في هذا المجال هو قياس نشاط القادة الاداريين في ضوء الأهداف المنظمية الموضوعة بغض النظر عن مستوياتهم الادارية.

إن التركيز على اظهار اهمية الاهداف المنظمية يقودنا إلى الاساس النظري للأسلوب الاداري العلمي المعروف "الادارة بالأهداف Management by Objectives". من خلال مراجعة ادبيات ادارة الاعمال وجدنا ان (Drucker 1954) هو اول من اهتم بنظرية الادارة بالأهداف لتحسين وتطوير الاداء الاداري، ثم قام (Odiorne 1970) بعد ذلك بتهذيب وصقل هذه النظرية وتحويلها إلى أسلوب علمي، ورغم ان الدراسات الادارية (Tosi & Carroll 1970) برهنت على ان هذه النظرية لا تأتي نتيجة حتمية لتحسين وتطوير الأعمال إلا انها ضرورية للبناء الهرمي للأهداف المستمدة من الهدف المنظمي الأول.

ويعكس لنا الشكل (9-1) العلاقة بين اسلوب الادارة بالأهداف وبين تقييم ورقابة الاستراتيجية قيد التنفيذ، ونستعرض صورة ملخصة (Konntz et. al. 1984) لميكانيكية هذا الأسلوب مقايسة بأعمال التقييم والرقابة المطلوبة:

1- يتم تطوير وبلورة الاهداف التنظيمية من خلال اوليات التخطيط المعتمد على المعلومات المستقاة من البيئتين الداخلية والخارجية للمنظمة.

2- يقوم القادة الاداريون بالدراسة والتحليل بقصد التوصل إلى اتفاق بشأن الأهداف المنشودة (للمدى القصير والبعيد) ويجمعون تجاه النتائج الواجب تحقيقها في وقت لاحق في المستقبل.

3- يباشر المدير ادارة اعمال وحدته متحمساً لتحقيق ما تم الاتفاق عليه منطلقاً من شعوره بالمسؤولية تجاه ما ارتبط به.

4- يستفاد من الأهداف التنظيمية في صياغة وتنفيذ الاستراتيجية الاداري، باعتبارها الوسيلة المحققة للهدف، وبالتالي فان الاهداف التنظيمية تشكل وترسم حدود العمل المقبول في نظام الرقابة الاستراتيجية، حيث يتم في هذا النظام اعداد المعايير الاساسية التي ستعتمد لاحقاً في نظام الرقابة العملياتي.

5- يقوم المدراء وفي أوقات محددة بقياس الأداء ونتائج الأعمال في ضوء الأهداف المتفق عليها سابقاً.

6- تبدأ ادارة المنظمة وبسبب اعمال تنفيذ الاستراتيجية باستلام التقارير والمعلومات التي تصف مدى ردود فعل البيئة الخارجية تجاه ما تقدمه المنظمة، وكذلك عن سير الأعمال في المساحات العملياتية للمنظمة، حيث تؤشر هذه المعلومات والتقارير الانحرافات عن الاداء القياسي الذي ينبع أصلاً من الأهداف التنظيمية.

7- يعقد القادة الاداريون اجتماعات دورية مع رؤسائهم لمراجعة ومناقشة اعمال توجيه والإدارة الاستراتيجية نحو تحقيق الاهداف التي تم الاتفاق عليها.

8- ويبقى ان نقول ان امد دورة الادارة بالاهداف هي سنة واحدة يعاد بعدها مراجعة وتنقيح الاهداف وبوقت يتزامن مع انجاز العمل او مع أي تغيير يطرأ على الأوضاع البيئية (خارجية كانت ام داخلية).

وفي ضوء ما تقدم فان الأهداف التنظيمية تصبح مستقبلاً جزءاً حيوياً في عملية الإدارة الاستراتيجية في المنظمة اعتماداً على معطيات اسلوب الادارة بالاهداف والاساليب الادارية العلمية الأخرى.

الموازنات الادارية:

ان الموازنات الادارية وكما ألمحنا سابقاً تعنى بتحديد مصادر الموارد وتوزيعها على البرامج او الوحدات الادارية كي تسهم في انجاح تنفيذ الاستراتيجية، وكما سبق ذكره فان الموازنة هي خطة قصيرة المدى تعتمد كوسيلة لتقييم ورقابة الاستراتيجية، ولا ضير ان نكرر هنا القول بان الموازنات هي خير مثال على حالة التداؤب بين التخطيط والرقابة.. ففي غياب الموازنة لا يوجد ما يراقب، وفي غياب الرقابة لا يمكن ضمان نجاح الموازنة (Harrison 1978)، ومع ان هناك وظائف عدة للموازنات إلى جانب انواعها المتعددة الا ان النقاش هنا سيتركز على الدور العام للموازنة باعتبارها الاداة التي توضح آلية رقابة وتقييم الاستراتيجية الاداري. تكمن أهمية الموازنات الادارية في كونها المعيار الأول لأعمال التقييم والرقابة، وحيث ان طبيعة الأهداف المنشودة والخطط الاستراتيجية ترميان إلى ادارة مستقبلية بعيدة الأمد نسبياً، فان اعتمادها كمقياس لمقارنة النتائج السنوية (قصيرة الأمد) أمراً صعباً، وبالتالي نجد ان هناك خططاً موضوعة وفترات زمنية مناسبة (سنة فأقل) تسمى موازنات الأقسام (Departmental Budgets) تحكم أعمال الأقسام والوحدات الادارية الخاصة بالمنظمة وتنسجم مع متطلبات العناصر الاستراتيجية للموازنات الاكبر، ويستطيع بموجبها صانع القرار ومن خلال مقارنته للأداء الفعلي مع الأداء المخطط تقييم كفاءة الاداء والقيام بالاجراء التصحيحي العلاجي عند ظهور أي تقصير او انحراف عن الاداء المرسوم (Reinharth et. al. 1981).

وقد لا يغدو الأمر غريباً على البعض اذا قلنا ان الموازنة تعد حلقة وصل متينة بين الاستراتيجية الاداري بكل نتائجها البعيدة المدى التي تؤكد عليها، وبين التسلسل الهرمي لنظام الرقابة الموجه نحو المحافظة على معدل مقبول من التباين والانحراف عن الاداء القياسي. ان السبب وراء اعتماد الموازنة للأغراض الاستراتيجية هو ان عجلة العمل في المنظمة

وبشكل ما تحول عناصر الخطة إلى حالة مالية ذات ابعاد فكرية مشتركة مما يساعد على اجراء المقارنات بين النتائج المتحصلة وبين الخطط الموضوعة بأنواعها (McCarthy et. al. 1975)، ومن المهم الاشارة إلى ان اكثر المشاكل تأثيراً على إنشاء وإدارة نظام موازنة يتناغم مع متطلبات الاستراتيجية، هي المشاكل الإنسانية. وتعد الموازنة الأداة المساعدة في معالجة تلك المشاكل من خلال ما تفرضه من اساليب رقابية على النشاط الداخلي للمنظمة، الا ان الصعوبة تبرز في كيفية تشغيلها عندما يتعامل معها الأفراد (Steiner 1969).

ولا بد للمعنيين باعداد الموازنات من مراعاة جملة من الأمور الأساسية لكي يتمكنوا من انجازها على النحو المطلوب ولكي تؤدي هذه الموازنات دورها الحيوي والمهم (Steiner 1969) ونلخص لك أيها القارئ المجتهد هذه الضروريات وعلى النحو التالي:

1- ان تحظى الموازنات بدعم وحماية الادارة العليا، اذ لا يمكن ان يعمل نظام الموازنات بكفاءة دون دعم مشروط من هذه الادارة.

2- ان تقع مسؤولية الاداء والأعمال في نظام الموازنة الواحد ضمن حدود مسؤوليات وحدة ادارية واحدة أو مدير واحد وأن ترتبط به هذه الأعمال ارتباطاً واضحاً.

3- ان يكون نظام الموازنة امتداد منطقي لنظام التخطيط بعيد المدى، وان يتفهم القادة الاداريون العلاقة بين الموازنات الادارية والاستراتيجية الاداري.

4- ان تكون احدى تطلعات الموازنة هي قدرتها على ادارة القرارات وليس الاشراف والهيمنة عليها، لان الموازنات من الأدوات التي توفر أرضية التنسيق والتعاون بين العاملين في المنظمة.

5- ان تكون حسابات الموازنات المستقبلية بعيدة عن عدم التأكد عدا الحالات غير الموثوق بها لان الموازنات أدوات تخطيطية مبنية في ضوء توقعات وتنبؤات محسوبة.

6- ان توفر الموازنات المقاييس والمعايير التي تمكن ادارة المنظمة من قياس الأداء الفعلي، حتى لا تكون هذه الموازنة عبئاً ثقيلاً ومرهقاً على الادارة بمختلف مستوياتها.

7- ان تحضى الموازنات بقبول وموافقة المدراء كافة لأنها ستحكم أنشطتهم من قريب او بعيد.

ان اعتماد هذه المؤشرات يسهم بشكل أكيد في خلق حالات التوازن والتعاون بين القادة الاداريين مما يدفعهم إلى تطوير الموازنات وتطويعها لأعمال التقييم والرقابة، ومثل هذه المساهمة تجعل من نظام الموازنة الادارية نظاماً قوياً لأعمال تقييم ورقابة الاستراتيجية الاداري قيد التنفيذ لتأمين الحصول على المخرجات المرغوب بها مقايسة مع الأهداف المنشودة.

المعلومات الادارية:

لقد تم في الفصل السادس التمييز بين نوعين من المعلومات سمي النوع الأول بالمعلومات الاستراتيجية (Strategy-Based Information) وهذه المعلومات تستثمر وتسخر لأغراض صياغة الاستراتيجية، وتتجمع من مصادر خارج المنظمة، اما النوع الثاني فأطلقنا عليه "المعلومات الرقابية التقييمية" (Evaluation Information) التي تستثمر وتسخر لأغراض تقييم ورقابة الاستراتيجية الاداري، وتتجمع من مصادر داخل المنظمة.

الا ان اهتمامنا هنا ينصب على المعلومات المسخرة في أعمال تقييم ورقابة الاستراتيجية حال تنفيذها، ومع ان منشأ مثل هذه المعلومات هو البيئة الخارجية، الا ان استخدامها يمتد ليصبح من نتاج العمليات الجارية داخل المنظمة، وتعد هذه المعلومات العمود الفقري لشبكة أعمال التقييم والرقابة في الهيكل التنظيمي، وتعد أيضاً معياراً يكشف لادارة المنظمة الحاجة إلى:

* نوع الاجراءات التصحيحية المطلوبة للمستوى التنفيذي.
* نوع الاجراءات الادارية على المستوى التنظيمي.
* نوع الاجراءات التي يجب ان تتخذها الادارة العليا لمستوى الإدارة الاستراتيجية.

وقد سميت هذه المعلومات عموماً بالمعلومات الادارية كونها مسخرة لأعمال التنفيذ السليم للاستراتيجية الاداري، ومن اجل تنفيذ فعال للاستراتيجية المنظمي، يؤكد احد المتخصصين في هذا المجال (Steiner 1969) على ضرورة تهيئة الترتيبات التنظيمية اللازمة والمساعدة على توفير المعلومات بالكم والنوع اللازمين لتقديم أداء أفضل ولتنظيم الأعمال

والواجبات المترابطة والمتداخلة، ولما كانت المعلومات تنساب أساساً من البيئة الخارجية إلى داخل المنظمة وعلى جميع مستوياتها، فينبغي لها والحال هذه ان تتحرك داخل المنظمة بجميع الاتجاهات، عمودياً وأفقياً، وعندما تتحرك الحزم الضخمة من المعلومات إلى اعلى الهرم التنظيمي فيجب تكثيفها وتشذيبها وضغطها وتقليصها إلى الحد الذي يمكن الادارة العليا من السيطرة عليها، ويمكن تحقيق هذا التكثيف عن طريق تجميع البيانات والمعلومات ومعالجتها قدر الامكان على المستويات الدنيا من الادارة بحيث يترجم الجزء المتحرك منها نحو الأعلى الواقع دون الاخلال بالمعاني والمضامين التي من شأنها ان تسبب في نشوء المشاكل امام ادارة المنظمة، ويفترض ان يضخ النظام المعلومات إلى الجهات ذات الصلاحية المناسبة لمعالجتها وتشغيلها بشكل يخدم مراكز القرار، وعلى العكس من ذلك فقد تكون هناك نتائج عكسية اذا استقرت المعلومات بعيداً عن مراكز اتخاذ القرار (Andrews 1980)، ومن خلال الشكل (9-1) يلاحظ ضرورة الحفاظ إلى انسيابية المعلومات من نظام الرقابة العملياتية (التنفيذية) بشكلها المجمع والمتحول إلى معلومات ادارية في نظام الرقابة الادارية.

ولتجنب الخلط بين مصطلحي البيانات (Data) والمعلومات (Information) نقول ان البيانات هي حقائق واشارات موجودة في البيئة لم يجر عليها أي تحوير وما تزال مادة خام، اما المعلومات فهي بيانات تم تحويرها للاستفادة منها لموقف معين، او مجموعة مواقف (Cleland & King 1972) كما يمكن القول ان البيانات هي أي شيء مثل الغبار او الهواء او قائمة المشتريات او رسوم معينة...الخ، اما المعلومات فهي بيانات مرتبة ومبوبة ولها هيكلية نظمية تختلف عما تم جمعه من قبل الافراد كبيانات، والمشكلة التي تواجه ادارة المنظمة هي كيفية تحويل البيانات إلى معلومات، اذ ان ابقاءها على حالتها يحول دون تمييز القائد الاداري لهما (Wildavsky 1983).

وتجنباً لتفاصيل اخرى نقول ان تجميع البيانات ومعالجتها وتحليلها وتحويلها إلى معلومات مفيدة يتم بالشكل الذي يساعد ادارة المنظمة على تحليلها وتقييمها واستخدامها في صناعة واتخاذ قرار المصادقة على الاداء الفعلي، وان هذا الاداء لا يتعدى حدود الانحراف المقبول، لذلك نجد ان ادارة المنظمة تركز اهتمامها بشكل رئيس على المعلومات التي تم تحليلها وتقييمها، وهنا لا بد من التنبه إلى ضرورة عدم قيام الادارات المعنية بتغيير او تحريف

نتاج الاعمال فور ظهورها على شكل بيانات اولية (Raw Data)، ومن جهة ثانية يجب على ادارة المنظمة عدم التغاضي عن ضرورة التحوير والتعديل والتغيير المطلوب لايصال معلومات صحيحة ومؤثرة في الوقت المناسب، ذلك ان المعلومات الادارية هي العصب النابض في هرمية نظم الرقابة في عموم المنظمات، ويمكن توضيح دور المعلومات الادارية في تقييم ورقابة الاستراتيجية في حدود نظم الرقابة الموضحة في الشكل (9-1) من خلال العرض الآتي:

أولاً: تأتي اغلب معلومات نظام الرقابة العملياتية (التنفيذية) ان لم تقل جميعها من مصادر داخل المنظمة، وبالتالي فان نطاق هذه المعلومات محدود وضيق رغم اسهابها وتفصيلها لأمور حدثت في الماضي ومن واقع السجلات، وتعمل ادارة المنظمة على انتاج مثل هذه المعلومات واستخدامها لرقابة مخرجات المساحات العملياتية (التنفيذية) للمنظمة.

ثانياً: اما المعلومات التي يوفرها نظام الرقابة الادارية فانها تنساب من مصادر داخل المنظمة وخارجها، وتكون مثل هذه المعلومات فضفاضة إلى حد ما وتحتاج إلى المعاملة والاختصار، ومن حيث النسق الزمني فان هذه المعلومات تتحدث عن الزمن الحاضر مستفيدة من نتائج الماضي القريب مع الاهتمام الملحوظ بالمستقبل، وتقوم ادارة المنظمة بانتاج مثل هذه المعلومات بشكل دوري واستخدامها لتثمين وتقييم مخرجات مراكز المسؤولية الرئيس في المنظمة.

ثالثاً: اما المعلومات التي يوفرها نظام الرقابة الاستراتيجية فان اغلبها ان لم نقل جميعها يرد من مصادر خارج المنظمة، وهي معلومات واسعة وعامة وتغطي غالبية اوجه ومجالات المنظمة، الا ان اتجاهها مستقبلي دون اعمال او استثناء الزمن الحاضر والماضي، ورغم وجود مثل هذه المعلومات بشكل محدود مقارنة بالنظامين السابقين، الا انها معلومات حيوية ومهمة وذات وقع تجاه مستقبل المنظمة عموماً.

ان خاصية المعلومات في نظام الرقابة الاستراتيجية تختلف عن خاصية المعلومات المستخدمة في نظام الرقابة الادارية، وهي تختلف بشكل ملحوظ عن خاصية المعلومات

المستخدمة في نظام المعلومات العملياتية، ذلك ان المعلومات المستخدمة لأغراض الرقابة الاستراتيجية تستقى من مصادر خارجية أساساً، وتأتي عن طريق تقارير التقدم التكنولوجي او الاحصاءات التي تنشرها المنظمات الدولية...الخ. إلا ان مثل هذه المعلومات تخضع لمعالجات وصياغات جديدة حتى تتناسب واستخدامات الرقابة الاستراتيجية والوضع الحالي للمنظمة اذ ان جزءاً مهما منها قديم ولا يتلاءم وأحداث المنظمة الحالية نظراً لقدمه.

ومن جانب آخر فان كمية لا بأس بها من معلومات الرقابة الاستراتيجية تحوي نسبة ملحوظة من عدم التأكد، وحتى تتماشى مع ما سيحدث مستقبلاً في، أو، تجاه المنظمة فيجب معالجتها والتعامل معها وفقاً لذلك. ان المعلومات المطلوبة لرقابة الاستراتيجية تتأثر بطبيعة المشكلة قيد الدرس، كما ان المشاكل والحالات التي تواجه المنظمة كثيرة ومتنوعة وقد يتعذر التنبؤ بها جميعاً. وحتى اذا امكن التنبؤ بها فان الامر يستدعي تطوير وتوليف وتهيئة مثل هذه المعلومات بشكل يخدم القرار الاستراتيجي الخاص بكلفة اعداده وصناعته. وبسبب الطبيعة المتغيرة للبيئة والحالات المتنوعة الناشئة امام المنظمة لا بد من تجميع معلومات كثيرة ومتعددة وباستمرار حتى يتمكن نظام الرقابة الاستراتيجية من تأدية دوره المعلوماتي وبما يخدم الأغراض المختلفة المعنية ولمستوياتها كافة دون فشل نظامها (Anthony 1965).

ومجمل القول ان هناك اختلافات جوهرية في طبيعة المعلومات الادارية المستخدمة في تقييم ورقابة الاستراتيجية قيد التنفيذ، ولكل مستوى من مستويات المنظمة، فالمعلومات الخاصة للمستويات الدنيا تناسب من مصادر داخلية وذات طبيعة تاريخية، اما المعلومات الخاصة للمستويات الادارية العليا فهي ذات طبيعة مستقبلية ولها من السعة والشمولية الشيء الكثير وذات خصوصية معينة، وحتى تضمن نتائج ايجابية للاستراتيجية قيد التنفيذ فان الامر يستدعي الحصول على كل انواع المعلومات بخصائصها ودقائقها وحجمها ومصادرها.

خصائص النظم الفعالة للتقييم والرقابة:

Characteristics of Effective Evaluation & Control Systems

رغم وجود أساليب علمية عديدة لتقييم ورقابة الاستراتيجية المعتمد من قبل منظمات الأعمال (Dunnette 1976, Johnson et. al. 1973) إلا أننا سنركز على التقييم والرقابة باعتبارهما وسيلتين لإكمال دورة من دورات عملية إدارة الاستراتيجية، وبعبارة أدق أنهما وسيلتان تعتمدان لضمان تنفيذ سليم للخيارات الاستراتيجية في المنظمات، وإن مسألة اختيار وسيلة الانجاز لا تعنينا بقدر ما يعنينا انجاز العمل الرقابي. وتعد أعمال التقييم والرقابة ناجحة اذا ما تجلت في الحالة الهرمية للنظم الرقابية الخصائص الآتية (Albanese 1981, Hainman 1982):

1- يضمن مركز رقابة ستراتيجية سليمة للمنظمة من ناحية تحديد النقاط الخطرة والمهمة التي تساعد على التحكم في أعمال تنفيذ الاستراتيجية، اذ ان اعمال الرقابة التفصيلية وفي كل المجالات تؤدي إلى عدم تحقيق الكفاءة والفاعلية. وبالتالي فإن اختيار مراكز رقابة ستراتيجية يساعد إدارة المنظمة على التمييز بين الأعمال ومعرفة ما هو ملائم او غير ملائم وما هو الاجراء التصحيحي المناسب.

2- ان مرونة الرقابة والاستجابة لما يطرأ من تغيير او تبدل او تطور في البيئة والمنظمة يجب ان تكون سمة أساسية من سمات النظام الرقابي لكي يحافظ على فاعليته في خضم الأحداث التي قد تطرأ.

3- مطابقة الرقابة لأعمال المنظمة، عند تصميم نظام الرقابة للمنظمة ووضع هيكليته، فان الضرورة تحتم تطابق التصميم والهيكلية الرقابية والتوجه لهيكلية وتصميم المنظمة، حتى يمكن الاستفادة من الأساليب والأدوات الرقابية في إعطاء المعلومات الضرورية لمراكز اتخاذ القرار وتمكنها من معالجة الانحرافات وبجدية في ضوء معطيات التغذية العكسية.

4- ان السرعة في إظهار الانحرافات هي السمة الأخرى التي يجب ان يتمتع بها أي نظام رقابي كي يكون قادراً على إظهار واكتشاف الانحرافات المحتملة الوقوع، اذ

يجب ان يستلم القائد الاداري المعلومات الواردة عن طريق التغذية العكسية في وقت يمكنه من تفادي المشاكل والمعوقات وتجنب الاخفاقات المحتملة.

5- تناغم الرقابة والأهداف المنشودة والاستراتيجية الإداري المعتمد. بمعنى ان يتوقف عمل الرقابة على الخطط الموضوعة والاستراتيجية المختار وبما يحقق الأهداف التنظيمية المنشودة، اذ ان الرقابة تمتلك المعايير والمقاييس المناسبة لأعمال مقارنة ما يجري مع ما يجب ان يجري ومع ما كان واجباً حصوله.

6- الميزة الاقتصادية للرقابة، ان مخرجات أي نظام (حتى النظام الرقابي) يجب ان تكون ذات منافع وعوائد ومردودات تعكس ميزة اقتصادية للمنظمة، بمعنى ان يكون النظام الرقابي غير مكلف، وغير مجهد، ولا يستنزف الكثير من الوقت، قد تبدو هذه الخاصية سهلة وممكنة الا ان الواقع التطبيقي غالباً ما يعكس التعقيد بسبب وجهات النظر التقديرية لما هو مكلف او غير مكلف، مرهق او غير مرهق، وترك بلوغ النتائج للوقت المناسب او التأكيد على النتائج الفورية.

7- الوضوح والفهم لنظام الرقابة. ان الابتعاد عن التعقيد والغموض وعدم الوضوح يجب ان يكون من الخصائص الأساسية لأي نظام رقابي، واذا ابتعدت النظم الرقابية عن هذه الخاصية فان الاخفاق والفشل يكونا من نصيبهما، ذلك ان نظام الرقابة يوضع ويعد وينفذ من قبل الأفراد المنتشرين في عموم المنظمة، وقد تتباين وجهات النظر بسبب التعقيد وعدم الرؤية الواضحة مما يؤدي إلى تقصير هؤلاء الأفراد بمسؤولياتهم على الوجه الأكمل.

8- تأشير الاجراءات التصحيحية، يجب ان يشير ويدل النظام الرقابي إلى الإجراء التصحيحي السليم والمطلوب لمعالجة الانحراف المكتشف، ولا تكفي قدرة النظام على الابلاغ عن الانحرافات وانما يتوجب عليه ان يحدد موقع ظهورها، ومن هو المسؤول عنها، وما يجب عمله لمعالجتها.

9- التوجه الموضوعي للرقابة، ينطوي العمل الاداري على حالتي الموضوعية وغير الموضوعية، الا ان تقدير قيام العاملين في المنظمة بأعمالهم يجب ان يأخذ الاتجاه الموضوعي، وحتى يصبح ذلك يجب ان تكون المعايير والمقاييس الموضوعة لأعمال الرقابة ذات دلالات عملية واقعية غير خيالية وتخمينية، وان تبتعد هذه المعايير عن التحيز غير الموضوعي المتأثر بالانطباعات الشخصية.

الفصل العاشر

مظاهــــر
إدارة الاستراتيجيـــة

الفصل العاشر
مظاهر الإدارة الاستراتيجية
Perspectives of Strategic Management

بعد ان وصلنا إلى آخر المطاف في توجهنا لمناقشة موضوع إدارة الاستراتيجية، فان الفصل الحالي سيركز على الجوانب النظرية والمفاهيمية والمبدئية لإدارة الاستراتيجية. ومع ان الآراء ووجهات النظر التي ستطرح في هذا الفصل قد سبق التعرض لها والتلميح عنها خلال الفصول التسع السابقة، وتوضحت أكثر من مجمل المناقشات التي دارت حول الشكل (4-1). إلا ان من أهداف هذا الفصل العودة ثانية إلى البداية لمناقشة موضوع إدارة الاستراتيجية من خلال التعرض لمجموعة مظاهر إدارة الاستراتيجية (Metaperspectives) وعلى النحو الآتي:

أولاً: المظهر النشوئي Evolutionary Perspective:

بسبب تزامن التغييرات المستمرة مع صلب نظام إدارة الأعمال عموماً، مع النظام الإداري في المنظمة الواحدة بشكل خاص، فان مفهوم إدارة الاستراتيجية خاضع هو الآخر للتغيير.

لقد نشأ مفهوم الادارة متأثراً منذ القدم بالمبادئ المستقاة من المنظمات العسكرية، ويصح هذا التعميم على مفهوم إدارة الاستراتيجية، الذي اشتق هو الآخر من ادارة العمليات العسكرية، وقد جرى الكثير من التحوير والتعديل لمفهوم إدارة الاستراتيجية المعتمد في المنظمات ليصبح اكثر تكيفاً وملاءمةً لمنظمات الأعمال من خلال ابراز وتوضيح الأدوار التي يؤديها الاستراتيجية في هذين النوعين من المنظمات ولعموم المنظمات في مجتمعنا الحديث، ثم ان مفهوم إدارة الاستراتيجية قد اتسع ليشمل المنظمات الخدمية وغير الهادفة للربحية، كالمستشفيات والمؤسسات التربوية والحكومية.

ان هذا التوسع في تطبيق مفهوم إدارة الاستراتيجية جزء من الجهد في البحث عن نظرية مقبولة لادارة الأعمال توضح المدى الكلي للمظاهر التنظيمية في منظمات المجتمع الحديث، حيث ان نشوء مفهوم إدارة الاستراتيجية ما هو إلا تعاقب منطقي لجهود إدارة الأعمال نحو تحسين وتطوير استثمار الموارد المتاحة بأنواعها لصالح الغايات التنظيمية المنشودة.

وفي غضون الربع الأخير من هذا القرن تطورت وبسرعة ملحوظة أساليب التعامل مع مفهوم إدارة الاستراتيجية في دول العالم المتقدم من خلال التأكيد المستمر والواسع على حالة التفاعل الجارية بين المنظمة وبيئتها الخارجية. وقد برز هذا التطور بعد انتشار مفهوم النظام المفتوح (Open System) ودوره في القرار الذي تصنعه الادارة العليا لزج المنظمة بمناهج عمل تخدم تطوير دور إدارة الاستراتيجية، ان سرعة التطورات والتحولات التكنولوجية تضاعف من التصميم على النجاح، واستبعاد الخوف من الفشل في كل نوع من أنواع الأنشطة المنظمية.

ان اهمية البيئة الخارجية كمصدر للتغير والتطور (اجتماعياً وسياسياً واقتصادياً وتكنولوجياً) لا يقتصر على نشاط الادارة المنظمية، بل يجب ان تمتد لتشمل أساليب التعامل مع الفرص والتهديدات الكامنة في التغير الحاصل في البيئة، ان على ادارة المنظمة ان تتنبأ وتعمل أولاً بأول على وضع ما يستلزم لحماية مكانة المنظمة والحفاظ على حيويتها وديمومتها، ولا بد لنا من التأكيد على ان مثل هذا الجهد التنبؤي والتصوري لمستقبلية المنظمة يمكن ضمن حدود وأبعاد الادارة العليا حيث يتم معرفة وتحديد الفوارق الدقيقة بين البيئتين (خارجية وداخلية) باعتبارها الجهة الأكثر قدرة على التكهن بما يجري الآن وفي المستقبل، ونحن لا نحمل هذه الادارة مسؤولية كبيرة، ذلك ان القائد الاداري يعتبر المهندس والمخطط للاستراتيجية، وان نشوء وتطور الاستراتيجية وادارته يقعان ضمن مسؤولياته الادارية العليا.

يؤسس مفهوم إدارة الاستراتيجية مدرسة للفكر الاداري تبحث في العلاقة بين المنظمة وبيئتها الخارجية، ويقع عبء توجه هذه المدرسة على الادارة العليا في المنظمة، ثم ان مغزى نشوء مدارس الفكر الاداري هو ايجاد تفسيرات معقولة لأدوار ومهام القائد الاداري

وتحديد الكيفية للقيام بهذه الأدوار والمهام لتحقيق غايات المنظمة. كما ان هذه المدارس تسعى لتوسيع مدياتها في محاولة منها لنشر وتعميم خبراتها على ارضية منظمية أوسع، فان هذه المدارس تسعى أيضاً لنيل القبول العام مع مراعاتها لشمولية علاقاتها تجاه المفاهيم الخاصة بها. ومع ذلك فان طموح مدارس الفكر الاداري ينطلق إلى تجسيد مفهوم إدارة الاستراتيجية... وعليه فان إدارة الاستراتيجية امتداد لنظرية الأعمال التي تمثلها هذه المدارس.

وقد لاحظ (Koontz 1961, 1980) تنوع واختلاف نشوء الفكر الاداري من خلال ما أسماه بغابة النظرية الادارية (Management Theory Jungle) حيث قدم لنا هذا الدارس احدى عشرة مدرسة ادارية، أو كما يسميها البعض بالنظريات الادارية (جواد 1992)، ونستعرضها على النحو الآتي:

1- المدرسة التجريبية او مدرسة الحالات (The Empirical or Cases School):

التي اهتم روادها بحقل ادارة الأعمال من خلال تحليل التجارب والحالات التي تمر بها المنظمة.

2- مدرسة السلوك الفردي التفاعلي (Interpersonal Behavior School):

يهتم رواد هذه المدرسة بالفكر الاداري من خلال فحص وتحليل ودراسة الفرد (Individual) مع التأكد على الجوانب السلوكية والسيكولوجية له في العمل (المنظمة).

3- مدرسة السلوك الجماعي (Group Behavior School):

ينصب اهتمام رواد هذه المدرسة على شكلية وكيفية السلوك الصادر من المجموعة الواحدة خلال قيامها بالأعمال وفي مكان العمل.

4- مدرسة النظام التعاوني الاجتماعي (Corporative Social System School):

ينظر رواد هذه المدرسة إلى المنظمات على انها نظم تعاونية اجتماعية، ويؤكدون على دراسة العلاقات الانسانية الناشئة فيها لأنها جزء من هذه النظم.

5- مدرسة النظم الاجتماعية التقنية (Sociotechnical Systems School):

يهتم رواد هذه المدرسة بدراسة تأثير التكنولوجيا والنظم التقنية الأخرى على مواقف وسلوك الأفراد داخل النظام الاجتماعي الكائن في كل منظمة.

6- مدرسة القرار (Decision School):

يركز رواد هذه المدرسة اهتمامهم على اعمال صنع واتخاذ القرار في المنظمة، معتقدين بأن القرار هو العماد الذي يرتكز عليه بناء الفكر الاداري.

7- مدرسة النظم (Systems School):

يرى رواد هذه المدرسة ان أي منظمة هي عبارة عن نظام مفتوح يتفاعل إيجابياً مع الكتل البيئية اعتماداً على درجة النفاذية التي يتمتع بها ذلك النظام، ويعتقد مثل هؤلاء الرواد بأن النظام المفتوح يعطي تفسيراً واضحاً لسلوك الأفراد التنظيمي داخل المنظمة الواحدة وارتباطه بمؤشرات الكتل البيئية الخارجية.

8- المدرسة الرياضية او العلمية للادارة (Mathematical or management Science School):

يركز رواد هذه المدرسة اهتماماتهم على الممارسات الادارية التي تعتمد الأساليب الرياضية والعلمية مثل (بحوث العمليات، والرموز، والنماذج الرياضية والإحصائية) لذا نجد هذه المدرسة تميل نحو الكم (الرقم، العدد، الحجم...الخ).

9- المدرسة الموقفية او الاجتماعية (Contingency or Situational School):

تؤكد هذه المدرسة على ان كل ما يقوم به المدراء في المنظمة خاضع ومعتمد على جملة من الظروف والحالات والمواقف الناشئة والتي يجد القائد الاداري نفسه قد زج بها، لذا فان ما يصدر عنه يعتمد على احتماليات ذلك الموقف.

10- مدرسة الادوار الادارية (Managerial Roles School):

ينطلق تفكير رواد هذه المدرسة من الايمان بأن التوصل إلى نوعية الأدوار الادارية المطلوبة والكيفية التي يجب ان تكون عليها يأتي نتيجة لمراقبة وملاحظة العمل الفعلي

للقائد الاداري لرسم أبعاد الأدوار الادارية المطلوبة، او ما يجب ان تكون عليه الأدوار مستقبلاً لمثل هؤلاء القادة.

11- المدرسة العملياتية (Operational School):

ويبرز أخيراً أمامنا رأي رواد هذه المدرسة الذي يؤكد على ان الجانب العملي لنظرية علم الادارة يهدف إلى زج العلوم الوثيقة الصلة بادارة الأعمال وربطها بوظائف المدير، وكباقي العلوم العملية يسعى علم الادارة إلى جمع المفاهيم والمبادئ والنظريات والأساليب التي تشكل بمجموعها العمل الفعلي للمدير، يكشف هذا المسلك عن اهمية التعرف إلى حقل ادارة الاعمال الذي لا يمكن التوصل اليه الا عن طريق علم الادارة، كما ان مواضيع كالمركزية، والأعمال الاستشارية والتقسيم الهيكلي للادارات، والمدى الاداري والسلوك الاداري والمنظمي للأفراد.. كلها وأخرى تعد من الوسائل والأساليب الادارية التي تنمو وتنشط في ضوء المفاهيم والنظريات المختلفة، وهذه الأساليب والوسائل لا توجد الا في حقل ادارة الأعمال.

وبالعودة إلى إدارة الاستراتيجية فإننا نجد ان هذه الادارة تنشأ وتترعرع عن مدرسة فكرية تجمع بين جدرانها أفكار وتوجهات ونماذج المدارس آنفة الذكر، لتخرج إلينا بنموذج فكري لعملية إدارة الاستراتيجية ويمكن ابراز رابطة النشوء لهذا النموذج على النحو الآتي:

(1) يبنى مفهوم إدارة الاستراتيجية على أسس وقواعد نظرية الحالة القائمة، وان الدعامة الأساسية لدراسة الإدارة الاستراتيجية تكمن في المدرسة التجريبية أو مدرسة الموقف.

(2) كما ان تواجد أفكار المدارس السلوكية قائم في المكونات الرئيسة لإدارة الاستراتيجية، ويعكس الشكل رقم (4-1) هذا الترابط النظري، فمثلاً السلوك الإنساني موجود في كل جانب من جوانب صياغة واختيار وتنفيذ الاستراتيجية، ويظهر السلوك الجماعي جملة كحالة مألوفة في عملية الاختيار ذاتها، وفي حالة اعتبار المنظمة نظاماً تعاونياً يسود عملية الإدارة الاستراتيجية برمتها.

(3) أما مدرسة النظم الاجتماعية والتقنية فان آثارها تبرز في المساحات العملياتية التنفيذية وبعد إقرار وتنفيذ الاستراتيجية.

(4) ويعد دور مدرسة القرار الأكثر وضوحاً في عملية الخيار للاستراتيجية حيث يتم رسم الأهداف التنظيمية باختيار الاستراتيجية الاداري المناسب والأحسن للمنظمة.

(5) ثم تأتي مدرسة النظم لتمثل لنا عملية إدارة الاستراتيجية بأكملها اذ ينبغي لادارة المنظمة الراعية للاستراتيجية ان تنظر إلى المنظمة على انها نظام كلي مفتوح يسعى من خلال عملية التغذية العكسية للحصول على ردود الفعل اللازمة تجاه حالة التوازن الديناميكي مع البيئة الخارجية الخاصة بالمنظمة.

(6) وتسهم المدرسة الرياضية او العلمية للادارة التي تستند على استخدام الأساليب الكمية في حصول المنظمة على مناهج العمل البديلة او القريبة جداً من الموضوعية تمهيداً لاختيار المناسب مها، كما يمكن القول بان تطبيقات الادارة العلمية في نظام الرقابة العملياتية لضامن نتائج فعلية تتوافق مع النتائج التي ينشدها الاستراتيجية.

(7) كما يتضح دور المدرسة الموقفية او الاحتمالية وبشكل بين في جوانب متعددة من نموذج عملية إدارة الاستراتيجية، فمن الضروري ان يكون لنمط القيادة توجهات احتمالية وموقفية، وفي ضوء معطيات هذه المدرسة يصبح على ادارة المنظمة ان تحتاط للتطورات الحاصلة خلال عملية تقييم ورقابة الاستراتيجية وتتهيأ للتعامل مع الأحداث والمواقف من خلال تحديد المكان والزمان المناسبين والطريقة الملائمة.

(8) وعند فحصنا لآثار مدرسة الادوار الادارية نتلمس مثل هذه الآثار على عدد من مجالات عملية الإدارة الاستراتيجية، فمثلاً تؤثر المواقف والحالات ذات العلاقة على تحديد الأدوار الادارية التنفيذية والاستشارية خلال أعمال تنظيم الاستراتيجية، وكذلك يمتد تأثير المواقف على دور القائد الاداري خلال متابعة وتنفيذ الاستراتيجية.

(9) ولا يفوتنا ان نقول ان المعطيات الفكرية للمدرسة العملياتية تترادف مع نموذج عملية إدارة الاستراتيجية برمته، فالأنشطة والفعاليات التنظيمية كتحديد الأهداف وصياغة الخطط وتنظيم هذه الأنشطة واختيار الأفراد المناسبين للعمل في المنظمة، وإدارة العمليات والرقابة عليها، كلها تشكل الأساس والركيزة العملياتية للإدارة الاستراتيجية.

وفي ضوء ما تقدم نلاحظ كيف تجسد الطبيعة النشوئية لإدارة الاستراتيجية (انظر الشكل 4-1) ترابطاً مع توجهات مدارس الفكر الادارية، ذلك ان عملية الإدارة الاستراتيجية تتكون من مزيج من آراء وتوجهات وأفكار هذه المدارس من ناحية، ومن ناحية أخرى فان إدارة الاستراتيجية يمكن ان تمثل مدرسة فكرية بحد ذاتها، فإدارة الاستراتيجية لا تهتم فقط بمتابعة نطاق توجه المنظمة مع معطيات الكتل البيئية الخارجية فحسب، بل تركز أيضاً على القدرات المنظمية مقايسة بالفرص والتهديدات القائمة في البيئة الخارجية، وبالتالي فان إدارة الاستراتيجية تصور لنا نشوء الفكر الاداري على مستوى المنظمة كحالة كلية وتوضح كيف ان هذه الادارة تسعى لتأمين مستقبل المنظمة.

ثانياً: المستوى الانتقائي **The Electic Perspective**:

يعني الانتقاء الاستعانة بالوسائل والطرق والأنماط الادارية المختلفة لاختيار الأفضل، وبتعبير آخر، اختيار العناصر المرغوب فيها من مصادر عدة، تنعكس الطبيعة الانتقائية على الضوابط التي تعمل وتساعد على تطوير إدارة الاستراتيجية، حيث اشير في الفصل الرابع إلى ان الطبيعة الانتقائية لإدارة الاستراتيجية تتأثر بمجالين أساسيين، الأول حجم المعرفة النابعة او المستمدة من النظم والقوانين الأخرى، وبالثاني حجم المعرفة المتأصلة في عملية إدارة الاستراتيجية، هذان النوعان من المعرفة يدعم الواحد الآخر، حيث تزداد أهمية كل منهما بوجود الآخر وتتم المصادقة عليهما أثناء الممارسة، ان هذا الدعم المتبادل بين هذين النوعين من المعرفة يهدف إلى خلق معرفة اخرى جديدة تصبح المجال الثالث من المعروف ناتج عن تزاوج المعرفتين السابقتين، يساند ويدعم عملية إدارة الاستراتيجية، وبالتالي سوف تتم مناقشة المظهر الانتقائي لإدارة الاستراتيجية في نطاق النموذج الفكري لهذه الادارة، ان جميع

مكونات النموذج عرضة لتأثير النظم والقوانين المختلفة وخاصة على أعمال صياغة الاستراتيجية واختياره وتنفيذه ومن ثم رقابته، وبالتالي فان حالة التفاعل الناتجة عن هـذا التـأثير تشكل المظهر الانتقائي لإدارة الاستراتيجية.

نعود ثانية لنقول ان البيئـة الخارجيـة هـي المنشأ الأصلي لصياغة وتنفيذ الاستراتيجية الاداري، حيث تتأكد الحاجة للاستراتيجية من خلال مراجعة وتقييم المعلومات الاستراتيجية التي تستلمها الادارة من البيئة الخارجية. وكما أشرنا سابقاً فان الكتل البيئية هـي كتلة النظم الاجتماعية وكتلة النظم السياسية وكتلة النظم الاقتصادية وكتلـة النظم التكنولوجية، ومن الواضح ان جميع هـذه الكتل تتكون أصلاً مـن نظم وقوانين متعددة. فمثلاً، ان الأعراف والتقاليد والالتزامات الاجتماعية من كتلة النظام الاجتماعي، والتعددية والميول السياسية مـن كتلة النظام السياسي، والجوانب الفلسفية والاخلاقيـة مـن كتلة النظام الاقتصادي، والأبعاد الرياضية والهندسية والاحصائية من كتلة النظم التكنولوجية، ثـم ان البيئـة الخارجيـة تحتوي على عدد هائل ومختلف من قوى النظم التي تعمل وتتفاعل فيما بينها لرسم وتقدير أبعـاد درجة الحاجة للاستراتيجية الاداري، وهذه القوى تضم القوانين (Laws)، والمؤسسـات السياسيـة (Political Institutions)، الحضـارة والمدنيـة (Culture)، والتقاليـد (Traditions)، والعـرف الاجتماعي (Mores of the Society). وعند اختيار الاستراتيجية بعد صياغته، يجب ان يجاري القادة الإداريون التشريعات والقوانين والأنظمة التي قد تؤثر على عملية الخيار الاستراتيجي. ان على صانعي الاستراتيجية في المنظمات التجاريـة ان يتنبهـوا لمثل هـذه القوانين والتشريـعات الحكومية الخاصة بأعمال التجارة والتي تتعلق بمالكي المشروعات والمستهلكين، والجهـات ذات النفع العام، حيث يؤثر إصدار بعض القوانين والأنظمة على شكل العلاقة بين الرئيس والمرؤوس في المنظمة الواحدة في بعض دول العالم.

كما أن علم المجتمعات البشرية (Anthropology) وما يحتويه من نظم وقوانين تـؤثر هـي الأخرى في عملية إدارة الاستراتيجية وباتجاهات متعددة غيـر مبـاشرة، فالتقاليد والموروث مـن الأمور الشعبية، والأعراف الاجتماعية وتقاليد المجتمع لها أيضاً تأثيراتها وانعكاساتها عـلى تفكير وسلوكية صانع الاستراتيجية، وهي في نفس الوقت خير مقياس لنتائج مخرجات الخيار

الاستراتيجي، ولا ننسى ان متغيرات كالمعتقدات الدينية والخلفيات الحضارية تؤثر هـي الأخـرى في الادراك العام للخيار الاستراتيجي، ومن ثم على العزم لتحقيق النجاح.

ويعد التوجه السياسي السائد هو الأكثر تأثيراً في عملية الخيار الاستراتيجي، فمـن واجـب صانع الاستراتيجية الانتباه إلى التطورات السياسية الحاصلة والتـي قـد تعيـق نجـاح مخرجـات الخيارات الاستراتيجية، ذلك ان القوة السياسية الحقيقية تكمن في الجماعات الثانوية المختلفـة، كالاتحـادات والنقابـات والفئـات التعليميـة وذوي المهـن الخاصـة، والقـوات العسـكرية، والبيروقراطيين، وبالطبع عند حاملي الراية السياسية أنفسهم. وبالتالي تمارس البيئة تـأثيراً طاغيـاً على عملية إدارة الاستراتيجية، فهي التي تقرر الحاجة لستراتيج جديد او ضرورة تنقـيح وإعـادة صياغة الاستراتيجية المعتمد. وتؤكد معطيات البيئة ضرورة البحث عن المعلومـات الاسـتراتيجية التي تساعد على صنع وصياغة ستراتيجات بديلة. وفي نفس الوقت تتحكم مثل هذه المعلومات بالخيار وتنفيذ الاستراتيجية، كما تؤثر بشكل مباشر في قبول وضمان نجـاح الاسـتراتيجية المنفـذ، ومع ان الطبيعة الانتقائية تتأثر بالعناصر والكتـل الخارجيـة للمنظمـة، الا ان لهـا أيضـاً حالتهـا داخل المنظمة وبنفس المستوى من الأهمية، وعلى سـبيل المثـال -وبـالرجوع إلى نمـوذج عمليـة إدارة الاستراتيجية- فانـه يمكـن تحديـد وتعلـيم دور القـيم والأخـلاق الإداريـة (Boulding 1966) وعلى النحو الآتي:

1- عند اثبات الحاجة لستراتيج جديد فـان الضرـورة تـدفع لإعـادة صـياغة الاسـتراتيجية القائم، وعلى إدارة المنظمة ان تصدر أحكاماً قيمـة بخصـوص مقـدرة المنظمـة عـلى استثمار الفرص وتفادي التهديدات القائمة في البيئة الخارجية.
2- عند تنمية مجموعة بدائل ستراتيجية مختبرة، فمن الضروري اصدار أحكام قيمة حول مختلف الاحتمالات المنبثقة عن الأعمال المبحوث عنها.
3- في لحظة الخيار الاستراتيجي تعد نظم القـيم والـنظم الأخلاقيـة مـن العوامـل المهمـة والأساسية في عملية إدارة الاستراتيجية.
4- ان اختيـار التوقيـت المناسـب وطريقـة تنفيـذ الاسـتراتيجية المختـار حالـة تتطلـب بالضرورة آراءً وأحكاماً قيمة إلى جانب اليقظة تجاه المصالح الأخلاقية.

5- لا يمكن تجاهل الاحكام والأفكار القيمة حتى عند تقييم ورقابة الاستراتيجية، لما لذلك من أهمية في تحديد وقياس النتائج الفعلية وإقرار الحاجة إلى الاجراء التصحيحي، كي ينسجم ويتفق مع الأهداف المنظمية المنشودة.

وإلى جانب الاعتبارات الأخلاقية والفلسفية، فان للاعتبارات السيكولوجية آثارها هي الأخرى على سلوك القادة الاداريين في عملية إدارة الاستراتيجية، اذ يعكس الخيار الاستراتيجي شخصية صانع الاستراتيجية، كما يتأثر أسلوب ادراكه للأفراد والأدوار في المنظمات بالقيم والعواطف الشخصية الخاصة به (Wilson & Alexis 1962) حيث ان صانع الاستراتيجية يقع تحت وطأة مجموعة من القوى السيكولوجية عند أدائه أعمال إدارة الاستراتيجية، وقد أشرنا في الفصل السابع إلى وجود ظاهرتين سيكولوجيتين مهمتين تؤثران في الخيار الاستراتيجي، وهما:

أولاً: الضغوط الانفعالية الناتجة عن كم المعلومات الهائل الذي يقع خارج إمكانات وقدرات الفرد المحدودة.

ثانياً: الرغبة والقابلية على تحمل المخاطرة او تجنبها والتي تعبر عن رغبة الفرد وقدرته في التعامل مع مخرجات ونتائج غير مؤكدة.

ان الآثار السيكولوجية التي يمكن ان تقع على صانع الاستراتيجية (Wilson & Alexis 1962)، وكما أوضحها الشكل (4-1) هي على النحو الآتي:

أ- تؤكد درجة رغبة وحاجة الفرد لتحقيق فائدة معينة على أهمية الاستراتيجية او صياغة البدائل الاستراتيجية او صنع الخيار الاستراتيجي.

ب- الأسلوب الادراكي للفرد له من الاهمية الشيء الكثير في معالجة وتسوية تأثير القيم الادارية على جوانب عملية إدارة الاستراتيجية كافة.

جـ- يمارس الخيال الخصب الذي يتمتع به الفرد المرهف تأثيراً واضحاً على موازنة وتقييم البدائل تمهيداً لاختيار الاستراتيجية الأفضل.

د- ان رغبة وقابلية صانع الاستراتيجية على التعامل مع مبدأ عدم التأكد لها آثارها الواضحة على الاستراتيجية المختار.

هـ- ان مجرد الاهتمام بالجوانب الايجابية لأي منهج عملي قد يأتي نتيجة حالة إدراك متحيزة تحمل صانع الاستراتيجية على الاستهانة او التغاضي عن المشاكل التي تهدد نجاح الخيار الاستراتيجي.

و- ان المبالغة والمغالاة في أداء العمل من سمات الشخصية المخادعة، وينعكس آثار مثل هاتين الشخصيتين على أعمال تنفيذ الاستراتيجية بحيث تتعدى حدود الانحرافات الحد المسموح به.

ولا يمكن للقادة الاداريين تجاهل القوى السيكولوجية التي تترك آثارها في كل مكونات عملية إدارة الاستراتيجية، فالعملية تدار بقدرتهم على التعامل بفاعلية وكفاءة مع هذه القوى، ثم ان لعلم الاجتماع وعلم النفس الاجتماعي تأثيراً واضحاً على عملية إدارة الاستراتيجية، وقد أوضحنا في الفصل السابع حالة ميل الأفراد للمساهمة في صنع قرار جماعي حتى لا يتحمل الفرد الواحد مسؤولية النتائج الاستراتيجية لوحده. ان رغبة الجماعة في اختيار الاستراتيجية الأكثر مخاطرة يجب ان تؤخذ بنظر الاعتبار، كما أشير في ذلك الفصل أيضاً إلى ميول أعضاء الجماعة إلى اجراء اصدار الأحكام المستقلة والتوقف عن اجراء التقييم كبديل عن قبول ومصادقة باقي أعضاء الجماعة. ان هذه النزعة التي تعرف بـ: "فكر الجماعة Group think" تعمل ضد الاختيار الجماعي السليم. ذلك ان التخمين الكامل لحجم المؤثرات الاجتماعية والاجتماعية النفسية على عملية إدارة الاستراتيجية يقع على النحو الآتي:

1- ان الحاجة إلى ستراتيج جديد او لإعادة صياغة الاستراتيجية القائم امر تحدده جماعة الادارة العليا، او الجماعة المسؤولة عن صنع السياسة في المنظمة.

2- ان تجنب الخلافات بين الأفراد الاستشاريين والتنفيذيين أمر في غاية الأهمية في تنظيم الاستراتيجية.

3- ان ترتيب مناهج العمل البديلة حسب الأولوية تمهيداً للخيار الاستراتيجي يعكس قيم اعضاء الادارة العليا ويؤثر على المعايير التي يفضلها كل عضو من هذه الجماعة.

4- من الصعب على اية مجموعة التوصل إلى خيارات ستراتيجية دون ان تظهر بينهم الخلافات او الصراعات في هذا المجال. وتكمن الصعوبة في كيفية التوصل إلى اتفاق بشأن القواعد الحاكمة لأعمال الخيار، او الاستعانة بشخص ثالث لتسوية الخلافات وحسم الصراعات.

5- وحتى لو تمكنت هذه الجماعة من صنع عدة خيارات ستراتيجية الا انها لا تتمكن من تنفيذها، فالتنفيذ السليم يحصل فقط من خلال الانجازات الشخصية والفردية للمدراء، ويعني هذا ضرورة توسع الجماعات بتخويل الصلاحية بقصد توسيع قاعدة تحمل المسؤولية تجاه أي ستراتيج بعد اختياره.

ينجز استراتيج الاداري بوضعه المثالي من خلال توليفة وامتزاج وانسجام الأفراد والجماعات العاملة في المنظمة بطريقة مؤثرة وفاعلة، ومن خلال تتابع وتعاقب مكونات العملية الاستراتيجية ذاتها. وان غالبية النظم التي تم التطرق إليها نظم نوعية بطبيعتها. ومن هذه النظم، الحالة القانونية، المجتمعات البشرية والعلوم السياسية والتوجهات الفلسفية والأخلاقية والسيكولوجية إلى جانب علم الاجتماع وعلم النفس الاجتماعي. ويشكل تطبيق هذه النظم النوعية مجتمعة قضية مهمة تجاه الطبيعة الانتقائية لادارة استراتيج. ولا ننسى وجود نظم أخرى ذات طابع كمي مؤثر في عملية الإدارة الاستراتيجية، مثل النظم الاقتصادية والاحصائية والرياضية، اذ تشكل بمجموعها نمط عمل الرجل صاحب القرار الاستراتيجي.

في مضمار الشكل (4-1) قد يتبع صانع الاستراتيجية المنطق العقلاني الرشيد عند اختيار لمنهج عمل معين، وان نمط عمل هذا الفرد يميل إلى تعظيم المنفعة من الاستراتيجية (Friedman & Savage 1984). ويستفيد صانع الاستراتيجية من النظم الاقتصادية والاحصائية والرياضية عند وضع الفرضيات تجاه الاحتمالات الممكنة مقايسة بحجم وكم ونوع المعلومات المتوفرة. وبالتالي فان مثل هذه النظم تساعد على وضع الفرضيات الآتية:

أ- ان صانع الاستراتيجية له هدف معين ومحدد.

ب- ان صانع استراتيج قادر على ادارة أغلب البدائل ذات العلاقة بالخيار الاستراتيجي.

جـ- بالامكان تحديد كمية البدائل المتاحة.

د- يختار صانع استراتيج وبكل بساطة ذلك البديل الواعد بتحقيق أكبر قدر ممكن من هدفه.

ان مثل هذه الافتراضات لا يمكن تحقيقها واقعياً وعملياً لانها مبنية على أساس قدرة صانع استراتيج في تخمين وقياس كل البدائل ذات العلاقة بالهدف الواحد، وفي الواقع يصعب جعل الأهداف ثابتة، ويندر أيضاً قدرة صانع الاستراتيجية على الحصول على المعلومات الصحيحة التي يمكن بواسطتها تحديد البدائل حتى لو أتيح له الوقت وتخلص من محددات الكلفة. ونتيجة لهذا فان أقصى ما يرتجى من الخيار الاستراتيجي هو ظهور نتائج تفي وتحقق هدفاً ديناميكياً، لا تعظيم هدف محدد (Harrison 1981).

وفي سياق الحديث عن عملية إدارة الاستراتيجية، فان النظم الكمية في الاقتصاد والاحصاء تعد الأكثر والأنسب تطبيقاً عند مقارنة وتقييم مناهج العمل البديلة، اذ تستخدم هذه النظم في قياس الأداء الفعلي ومقارنته بالأداء القياسي بعد ان يتم اختيار وتنفيذ الاستراتيجية كما تستخدم في حساب أنواع الاجراءات التصحيحية وتثبيت مقدارها وحجمها، ويظهر مفعول النظم الرياضية في عملية إدارة الاستراتيجية من خلال تطوير واستخدام نماذج افتراضية لحالات واقعية، فالنموذج حالة مماثلة او متناظرة افتراضية لأي كيان معبر عنه بأسلوب رياضي او طبيعي بسيطة كيفية عمل هذا الجزء (Harrison 1981). وعطفاً على ما جاء في الشكل (4-1) يبدو ان ما تحققه النماذج مناسباً للاستخدام في عملية الإدارة الاستراتيجية وعلى النحو الآتي:

1- تساعد النماذج ادارة المنظمة في اثبات الحاجة لإعداد ستراتيج جديد او إعادة صياغة ستراتيج قائم.

2- تساعد النماذج على رسم وتحديد التسلسل الهرمي للأهداف والاستراتيجيةات الثانوية ضمن هيكل المنظمة التنظيمي.

3- تستخدم النماذج في البحث عن معلومات إضافية يتم في ضوئها تطوير مجموعة ستراتيجات بديلة.

4- يمكن اعتماد النماذج كمعايير لتقييم الاستراتيجية البديل والوقوف على صحة النتائج وتخفيض نسب عدم التأكد في المخرجات.

5- عند صنع الخيار الاستراتيجي وتنفيذه يمكن استخدام النماذج كوسيلة للرقابة من خلال النتائج المتوقعة.

ان الاستعانة بالنظم والقواعد المتناغمة مع العلوم الكمية والرياضية تضفي على عملية الإدارة الاستراتيجية نسيجاً متعدد النظم، وهذا النسيج يشكل حجر الزاوية للخاصية الانتقائية للإدارة الاستراتيجية.

ثالثاً: المظهر العمومي **Generic Perspective**:

وكما هو الحال في المظاهر السابقة فقد أشير في الفصل الرابع إلى الخاصية العامة والعمومية لإدارة الاستراتيجية. وبالعودة إلى الشكل (4-1) نجد ان النموذج النظري إلى حد ما عبارة عن تركيبة من عدة متغيرات متباينة مستنبطة من مقاطع عرضية لنماذج معلنة في أدبيات إدارة الاستراتيجية، وفي هذا السياق فان الجانب العام لإدارة الاستراتيجية يشير إلى حالة التوحيد للمكونات الرئيسة والشائعة في أغلب النماذج النظرية. كما تعد عملية إدارة الاستراتيجية عملية عمومية إلى حد ما تؤهلها للممارسة في جميع انواع المنظمات مع اختلاف نسب التشدد او التراخي في درجة الممارسة. ان هذا الاستخدام الأخير لكلمة عمومي (Generic) في إدارة الاستراتيجية هو ما يهم هذا الفصل بشكل رئيس.

ان الخاصية العمومية للإدارة الاستراتيجية هي القاعدة التحتية العريضة لتوجه هذا المؤلف حيث أصبح من الشائع والمألوف دخول موضوع إدارة الاستراتيجية في جميع أنواع المنظمات التجارية وممارسته في المشروعات الهادفة للربحية. ومع ان توظيف العلوم الادارية وإدارة الاستراتيجية لقرون خلت كان من نصيب الدولة والمؤسسات العسكرية، الا انه وبعد تطبيق الأساليب الادارية العلمية عقب الثورة الصناعية على العمليات الانتاجية، فقد تحفز الأمر لاعادة النظر في هذا التوظيف. وفي بداية القرن العشرين بدأ الفكر الاداري يمارس قواعده وبكل الطرق النظمية على كل المنظمات، تجارية كانت ام صناعية ام خدمية ام اجتماعية وامتدت هذه الممارسات للاستفادة من عمليات إدارة الاستراتيجية. حتى اصبحت

إدارة الاستراتيجية مسرحاً للفكر الاداري في السنوات الأخيرة، واليوم اصبحت الادارة مادة تدرس في كل المنظمات (حكومية وغير حكومية) قد أبرزت الحاجة إلى نظم أخرى تلائم في فحواها ومتنها أنواع خاصة من المنظمات، كالمنظمات التربوية (كليات ومعاهد) والصحية (المستشفيات والمؤسسات العلاجية والدوائية)، فبرزت موضوعات كالادارة التربوية والادارة الصحية والادارة العدلية، حتى اصبحت مفاهيم وأفكار ونظريات ومدارس ادارة الاعمال وادارة استراتيج تغطي وبشمولية وعمومية أوسع الحقول التربوية والصحية، وحتى حقل الادارة العامة الذي هو في الأساس مزيج من علم الادارة وعلم السياسة، يطبق في منظمات القطاع العام.

وفي الواقع ان ادارة الأعمال تعد حقلاً واحداً تجتمع فيه عدة مدارس فكرية. اما النظم الثانوية المشتقة فانها تتحرك نحو المتغيرات التنظيمية المتباينة والناتجة عن الاختلافات في رسالة المنظمة (تكنولوجيتها وبيئتها)، وتتكون هذه النظم الثانوية نتيجة عدم ظهور البراهين الكافية على ان عملية الادارة وإدارة الاستراتيجية قد تم تطبيقها بشكل سليم على الأعمال التنظيمية جميعاً (Harrison 1980)، وتهدف النظم الثانوية إلى كسر وتجزئة حقل ادارة الأعمال، الذي أصبح بشكل أو آخر مزيجاً من هذه النظم، الا ان حركة جديدة ملازمة ومصاحبة للوعي والنهوض الاداري قد نشأت عن هذه التجزئة، وتنادي هذه الحركة بامكانية تطبيق عملية الادارة وإدارة الاستراتيجية في جميع المنظمات مهما اختلفت توجهاتها، ويبرهن على ذلك تزايد اعداد المنخرطين في دراسات ادارة الأعمال (الطلبة منهم والعاملين في المنظمات) وإقبالهم على تلقي العلم الاداري، حتى ان المنظمات التربوية والصحية والعسكرية غدت تؤمن هي الأخرى بضرورة دراسة الادارة وإدارة الاستراتيجية (Drucker 1973)، ذلك ان مثل هذه المنظمات غير الهادفة للربحية سيكون لها شأن ملحوظ في المستقبل لما ستواجه من مهام حيوية وما يجب عليها ان تؤديه تجاه المجتمع عموماً، وبالتالي فانها بحاجة ملحة إلى العملية الادارية وإدارة الاستراتيجية (Keller 1983).

ومن الواضح ان الحاجة للإدارة وإدارة الاستراتيجية تظهر واضحة في جميع انواع المنظمات، ففي المجالات الانتاجية يتم تقسيم وتصنيف العمل وفق الوظائف التخصصية وحاجة علاقات العمل، وفي الجامعات والعاهد التربوية تبنى الأقسام العلمية على قواعد

ونظم متجانسة التكوين لحاجتها إلى الادارة السليمة لضمان مستلزمات الفعاليات التعليمية والبحثية (Keller 1983). أما في المنظمات الصحية والعسكرية والحكومية، فان الادارة توظف لضمان تناسق الأعمال المتخصصة. وعموماً فقد اتفق على ان الادارة ونظرياتها لها عمومية وشمولية على أنواع المنظمات كافة دون تمييز.

ويبدو ان موضوع إدارة الاستراتيجية يشغل حيزاً جزئياً في القطاع الخدمي، وان تقدم وتطور هذا الموضوع يزداد وضوحاً في المنظمات التجارية، الا ان الحاجة إلى إدارة الاستراتيجية اخذت تتسع خارج القطاع التجاري الهادف إلى الربحية، باعتباره أسرع القطاعات الاقتصادية نمواً ويمتلك الباعث على تحقيق معدلات أداء أعلى، ورغم صعوبات التطبيق فإن الحاجة إلى إدارة الاستراتيجية في المنظمات الخدمية غير الهادفة إلى الربحية تبقى شديدة، ذلك ان القادة الاداريين في المنظمات يمارسون تأثيراً واضحاً ومهماً على تشغيل الموارد الوطنية وعلى الخدمات العامة المهمة، حيث ان الوظائف الحكومية والأنشطة الصحية والخيرية والثقافية لها دور جوهري في حياة الفرد الاعتيادي، ومع ذلك فان ادارة المنظمات الخدمية ما زالت غائبة عن أذهان العلماء والخبراء الذين وجهوا عنايتهم إلى ادارة المنظمات الصانعة للأرباح، ونظروا إلى المنظمات غير الصانعة للأرباح نظرة إغفال وعدم اهتمام، ولم تدرس ككيان له اعتباراته مقايسة بالمنظمات الاقتصادية الأخرى (Hatten 1982).

ومع ذلك فانه بامكان القادة الاداريين القائمين على ادارة المنظمات غير الهادفة إلى الربحية الاستفادة من مفاهيم ونظريات وتطبيقات ادارة استراتيج الخاصة بالمنظمات الهادفة إلى الربحية وتحقيق الفائدة القصوى من الموارد الوطنية المتاحة التي تتطلب وبكل تأكيد ادارة كفوءة ومؤثرة إلى جانب الادارة القائمة على اعمال المنظمات الهادفة إلى الربحية، وتبدو المشكلة أعظم من الحاجة، ففي الكثير من الحالات تتعسكر المنظمات غير الهادفة إلى الربحية ضد استخدام تقنيات الادارة وإدارة الاستراتيجية، معتقدة بأنها لا تحتاج إلى مثل هذه التقنيات، أو بأنها أكبر من هذه الحاجة. وإن التحدي، في واقع الحال، الذي تواجهه ادارة هذه المنظمات هو كيفية تحويل حالة الامتناع هذه مع ندرة الموارد المتاحة فيها إلى القبول والاستقبال والاعتماد على تقنيات إدارة الاستراتيجية العملية (MacMillan 1983).

لقد أصبح المظهر العمومي لإدارة الاستراتيجية أكثر وضوحاً بعد ان اتسع اعتماد منظمات عدة ومنها المنظمات متعددة الجنسيات في عموم العالم لتقنيات إدارة الاستراتيجية، فقد أثبتت الدراسات والتجارب (Barnet & Muller 1974) و(Servan-Schreiber 1968) بان تقنيات عملية إدارة الاستراتيجية قد اعتمدت من قبل الكثير من المنظمات وان الأمر أخذ بالتزايد ولا يمكن اغفال المظهر العمومي لإدارة الاستراتيجية.

رابعاً: المظهر العالمي **The Global Perspective**:

ينطبق هذا المظهر على عملية إدارة الاستراتيجية بأكملها، اذ يستند على نظرية التفاعل الايجابي بين وظائف المنظمة جميعاً باعتبار ان كل منظمة نظام مفتوح في النظام البيئي الأكبر، حيث يتكون هذا النظام من مجموعة أنظمة جزئية تعد المنظمة إحداها، وقد تم التطرق إلى هذه العلاقة في الفصل الخامس من كتابنا هذا، الا ان الأمر يستحق المزيد من التفصيل، ويمكن ان نبدأ هذا التفصيل بالقول ان جميع المنظمات ما هي الا انظمة جزئية ثانوية تابعة إلى نظام عالمي أكبر وأوسع وهو النظام البيئي، ولكل نظام من الأنظمة الجزئية حدود تفصله عن النظم الأخرى وعن النظام العالمي، الا ان هذا الفصل ليس فصلاً كلياً، بل هو حالة تأطيرية، ذلك ان للحدود الفاصلة درجة نفاذية تجعل النظام الواحد قادراً على استلام ردود الفعل (التغذية العكسية) من الكتل البيئية ويستلم المدخلات من البيئة حتى يحولها إلى مخرجات تعاد بعد ذلك إلى النظام البيئي (المجتمع)، مما يجعل هذا النظام الأخير أكثر تعقيداً وديناميكية، وينبغي على المنظمات المختلفة المزيد من الانتباه إلى القوى البيئية الخارجية (Kast & Rosenzweig 1974).

ان البيئة الخارجية هي الأرضية التي تقوم عليها عملية إدارة الاستراتيجية، وان الحاجة لستراتيج جديد او اعادة صياغة الاستراتيجية الحالي تبرز امام ادارة المنظمة في ضوء معطيات التغذية العكسية التي توفر المعلومات اللازمة لبناء قاعدة الاستراتيجية. كما ان اعمال قبول او رفض السلع او الخدمات التي توفرها المنظمة المعنية إلى الجهات المستفيدة ضمن هيمنتها البيئية، وهما خير مؤشر لضرورة اجراء تعديلات على الاستراتيجية الحالي، او تعديل وتحوير الطريقة التي من خلالها تنفذ الهيمنة الاستراتيجية، ان المظهر العالمي لإدارة الاستراتيجية هو

الاقرار بان البيئة الخارجية هي المصدر الرئيس للتغيير الذي يجب التحكم فيه عن طريق الاستراتيجية المعتمد، كما انه من الواضح بان الاستراتيجية يوفر وسائل وأساليب تمكن المنظمة من القيام بأعمال الرقابة على البيئة الخارجية. ان قدرة ادارة المنظمة على تحقيق الاستجابة الناسبة في الوقت والأسلوب الصحيحين، وفي ضوء التلميحات الواردة من البيئة الخارجية، وإجراء تعديلات مناسبة على المدخلات التي ستأخذ طريقها إلى عمليات النظام لتصبح مخرجات مناسبة لمن هو خارج المنظمة، يعني بأنها قد تمكنت من المحافظة على حالة التوازن الديناميكي مع القوى الخارجية، وبمجرد احتواء الكتل الخارجية الرئيسة، فان ادارة المنظمة ستمتلك موقعاً مؤثراً في البيئة، وذلك باستثمارها الأكبر والأوسع للفرص المفيدة وبإبطالها لكل التهديدات الخطيرة التي قد تواجهها.

ان المظهر العالمي لإدارة الاستراتيجية يتكامل بالإيمان بأسبقية وأهمية البيئة الخارجية، ويسعى للتعامل المسبق مع التغييرات الخارجية، حتى يضمن مردودات إيجابية طويلة الأمد للمنظمة. عندما تتبنى ادارة المنظمة المظهر العالي، فانها تضع ضمن حساباتها الدور الذي يمكن ان يلعبه عنصر التغيير في تفاعلها وتعاملها مع الكتل البيئية، مثل هذا التوجه يضع ادارة المنظمة في المحك.. ويجعل البيئة تعمل لصالح المنظمة، ان المفهوم البسيط الذي يؤيد بان المنظمة لا تعمل في فراغ، وبان لها وجود وكيان وتنطلق في سلوكياتها من ارضية صلدة يشكل نواة تكامل المظهر العالمي، وبوضوح أكثر فان هذا المظهر يصور المنظمة كنظام مفتوح على عكس النظرة الضيقة الجزئية في اعتبار المنظمة نظاما مغلقاً.

ان قياس الطاقة (Entropic) نواة القانون العام للطبيعة وينطبق هذا على موضوعنا اذ بدونه تتحرك جميع المنظمات نحو الضمور او الانعدام كما أشير اليه في الفصل الخامس، ويتمكن النظام المفتوح عند استيراده للطاقة الخارجية بكميات تزيد عما يصدره من ادخار جزء منها تساعده على مواجهة التأثيرات المعاكسة بقوة متعادلة، فالمظهر العالمي لإدارة الاستراتيجية في حقيقته عاملاً في بناء قاعدة متينة لاستلام الطاقة عبر حدودها المنفذية، وبموجب هذه القاعدة تستهلك المنظمة معظم طاقتها وليس كلها في تحويل المدخلات الخام إلى مخرجات مفيدة، ثم ان التغذية العكسية تعمل وباستمرار على تحديد المدخلات المنتجة من البيئة الخارجية، وهكذا تتاح للمنظمة فرصة البقاء وتحقيق رسالتها ومن خلال دوران

متعاقب للأحداث المشار إليها، ان الايمان بأهمية إدارة الاستراتيجية بعيداً عن مظهرها العالمي يعدم ميزة النفاذية في حدود وأبعاد المنظمة ويؤدي بها إلى حالة فقدان القدرة بسبب عدم الاستفادة من الطاقة المستوردة (Tosi & Carroll 1976).

ان العلاقة القوية والحيوية بين المنظمة والبيئة من اهم سمات المظهر العالمي، حيث ان هناك علاقة حميمة بين المنظمة وبيئتها الخارجية فهي أشبه بالكائن البشري الذي عليه ان يتعلم ويتكيف لبيئته، وبعكسه يكون مصيره الفناء، وبفنائه يفنى العالم كله، والمنظمات أصلاً هي كائنات حية تسعى للبقاء وتساهم من خلال ما تقدمه في الحفاظ على النظام الأكبر (جواد والمؤمن 1990).

ان المظهر العالمي لإدارة الاستراتيجية يمتلك الريادة والسمو على المظاهر الأخرى التي تمت مناقشتها فيما يتعلق بديمومة وبقاء المنظمة على المدى البعيد، ان مسألة دراسة الاستراتيجية الاداري بعيداً عن البيئة وبوسائل لا تستجيب للطبيعة العالمية لعملية ادارة هذا الاستراتيجية ما هي الا مسألة تؤدي بالمنظمة إلى حالة التدهور والاضمحلال والتلاشي.

خامساً: المظهر الكلي Holistic Perspective:

يعرف المظهر الكلي من خلال إبرازه لأهمية الكل المتكامل، والعلاقة المتداخلة للأجزاء المكونة له. وهناك معنى آخر ينطوي على وجود نظرة اهتمام واسعة بالكل المتكامل والابتعاد عن النظرة الجزئية لهذا الكل وعدم تجزئته إلى وحدات الجزئية الأصغر (Albert 1983). تبرهن نظرية الكل المتكامل على ان الكون يتألف من أجزاء حياتية تغدو باتحادها أكبر من مجاميع أجزائه الأخرى (Astley 1982).

ثم ان النماذج الكلية هي واحدة من مجموعة نماذج نظرية تحاول الكشف عن كل العوامل الاقتصادية والاجتماعية ذات العلاقة بالسلوك التنظيمي. وبمعنى أدق، تصور هذه النماذج شكلين لمؤثرات التي تتركها المتغيرات السببية على سلوكية الفرد. الأول هو أن سلوك الفرد يعكس حالات إنسانية وسيكولوجية واجتماعية. والشكل الثاني هو انعكاس العوامل الاقتصادية والتكنولوجية على سلوك الفرد. ان مثل هذه السببية لا تجعل من السلوك حالة معقدة فحسب بل وتترك آثاراً سلبية عليه، وهذا ما لا يظهر في النماذج أحادية

التخصص مثل تأثير التفاعل الاجتماعي أو تأثير المردود الاقتصادي على السلوك (& Rice Bichoprick 1971).

ان مثل هذه التعريفات والايضاحات بشأن المعنى الكلي تنطبق على نموذج عملية إدارة الاستراتيجية. ذلك ان هذه العملية هي حالة كلية متكاملة تظلل بمكوناتها عناصر ومكونات المنظمة كافة. كما ان اهتمام هذه العملية لا يقتصر على وظائف القائد الاداري كالتخطيط والتنظيم والادارة والرقابة فحسب، وانما تهتم كذلك بأعمال وأنشطة وفعاليات المنظمة، كالانتاج والتصنيع والتسويق والتمويل والأفراد، كما تمتد شمولية هذه العملية لتغطي التعامل مع هذه الوظائف والأنشطة مجتمعة ومنفردة، ولتتغلغل في العلاقات القائمة فيما بينها جميعاً. وأن المظهر الكلي واحد من اكثر اهتمامات المنظمة، ذلك انه يلقي الضوء على أنشطة المنظمة كافة والوظائف التي يقوم بها أعضاء الادارة العليا بما في ذلك انه يلقي الضوء على أنشطة المنظمة كافة والوظائف التي يقوم بها أعضاء الإدارة العليا بما في ذلك المناصب التي يحتلوها والمسؤوليات التي يتحملونها، وعليه فان القرارات المصنوعة في ضوء نموذج عملية إدارة الاستراتيجية تعمل على تنمية ثروة المنظمة بالوسائل المتاحة. وفي ضوء معطيات هذا المظهر فان القرارات تميل نحو مصلحة المجموع دون المصالح الفردية. وبالتالي يمكن المحافظة على الموارد المتاحة وتسخيرها لمصالح المنظمة وغاياتها الأساسية. كما ان توجيه سلوك العاملين نحو تحقيق الغايات الأساسية للمنظمة والمصالح العامة هي القاعدة الرئيسة في المنظور الكلي للإدارة الاستراتيجية.

لقد أشير في الفصل الثالث بأن نموذج عملية إدارة الاستراتيجية الموضحة بالشكل (4-1) يتناظر ويتماثل مع النظام المفتوح الموضح في الشكل رقم (4-2). إن التشابه والتناظر يصوران إدارة الاستراتيجية من جانبها الكلي. لأن النظام المفتوح عبارة عن صورة مصغرة لمفهوم الكل. ان مثل هذا النظام يؤكد على أهمية الكل (whole) واعتماد أجزائه الواحد على الآخر، والتي هي في تفاعل مستمر مع البيئة الخارجية الديناميكية. إن الإدعاء بأن عملية إدارة الاستراتيجية متناظرة ومتماثلة مع النظام المفتوح هو التأكيد على إضفاء الحالة الكلية على هذه العملية.

يحتضن المظهر الكلي تشكيلة متنوعة من مكونات على درجة من التعقيد العلاقات المتداخلة، تتحكم هذه التشكيلة بالمكونات الرئيسة لعملية إدارة الاستراتيجية فهي التي تقرر مضاعفة حيويتها او تقليلها لكي تساهم في تحقيق مصالح المنظمة على الوجه الأفضل. ان كل عنصر من مكونات عملية إدارة الاستراتيجية لا بد وأن يضع المكونات الأخرى ضمن حساباته، وان يأخذها بعين الاعتبار ويتعايش معها، كما من الضروري إجراء تعديلات على السلوكية الاستراتيجية بما يتلاءم مع قابلية وتوجهات وتركيبة المكونات الأخرى سواء كان تفاعل السلوكية قوياً او ضعيفاً مع العنصر الواحد إذ أن التغيير في أي عنصر يؤدي بكل تأكيد إلى اجراء تغييرات في باقي المكونات المختلفة.

ولو سلمنا جدلاً أن المظهر الكلي نمط فكري نظري يصعب وضعه موضع التطبيق العملي لإدارة الاستراتيجية، فإننا، ومن خلال التعامل الفكري، نجده يسعى إلى تحسين أداء وأعمال المنظمة، ذلك أنه **أولاً**: يرسم الاطار العملي لتوحيد المكونات الرئيسة والمفاهيم والنظريات المهمة لإدارة الاستراتيجية، ويصور المنظمة كوحدة كلية واحدة ويحللها في ضوء هذه النظرية الكلية، ويجعلنا نتعامل مع المنظمة كمجموع كلي إلى جانب تعاملنا مع أجزائها. ومن خلال النظرة الكلية يقل التركيز وينعدم التوجه نحو تحقيق مصالح خاصة أو التحيز لقسم من الأقسام. **وثانياً**: يعد المظهر الكلي حالة تحفيزية تدفع لإعادة النظر بطرق صياغة الاستراتيجية التقليدية ولصنع الخيارات الاستراتيجية ولتنفيذ الاستراتيجية المختار بشكل يخدم الصالح العام للمنظمة. ان كل مكون من مكونات عملية إدارة الاستراتيجية له دوره ومغزاه تجاه الحالة الكلية للعملية. ويصعب إحلال مكون محل آخر أو تغيير أحد المكونات دون مراعاة حالات التأثير والتأثر التي يحدثها أحدهما على العملية برمتها. ان مسألة تحوير او تغيير شكل مكون ما يجب ان يتم على وفق التغييرات الناشئة في البيئة الخارجية، حتى نضمن مسيرة عملية إدارة الاستراتيجية الكلية على المنظمة بأكملها دون اقتصارها على نشاط واحد أو قسم من أقسام المنظمة. **وثالثاً**: فان المظهر الكلي يسعى إلى بلوغ حالة التوحيد السليم لجهد الفرد والآلة من خلال عملية إدارة الاستراتيجية، ولبلوغ حالة التوحيد ينبغي تحليل المعلومات الاستراتيجية الأساس القادمة من البيئة الخارجية، وتقييمها ومقارنتها مع المعلومات الوافدة من المساحات العملياتية (التنفيذية) للمنظمة، ان

مثل هذا التحليل يضاعف براعة ادارة المنظمة ومهاراتها في الانطلاق من واقع حساسة لعملية الإدارة الاستراتيجية. وبالتالي فان المظهر الكلي يساعد في التعامل مع هذه المعلومات باتجاه اختيار الطرق العلمية المتنوعة في أعمال صياغة وبناء الاستراتيجية. ان طرقاً كالتحليل الشبكي والبرامج الخطية والبيانات (Network Analysis, Linear Programme, Flow Charts) وأخرى تعد طرقاً طبيعية واعتيادية في هذا المظهر، حيث يستطيع القائد الاداري توفير الفرص الكثيرة والمفيدة المساندة لتحقيق المصالح الأساسية في المنظمة، هذا اذا امتلك هذا القائد القدرة والقابلية على التكيف والتغيير والاستعانة بعمليات ووسائل علمية في الإدارة الاستراتيجية قيد التنفيذ.

يفترض المظهر الكلي تشغيل معظم مكونات وأجزاء نموذج عملية إدارة الاستراتيجية غالباً (أوتوماتيكياً) وإبعاد الطاقة البشرية الخلاقة والإبداعية عن الأعمال الروتينية التقليدية. كما يسهم المظهر الكلي في خلق التجانس والحفاظ على استمرارية وترابط عملية إدارة الاستراتيجية عند تنفيذها في المنظمة، وعليه يضع هذا المظهر المنظمة بعيداً عن مفهوم الطاقة الفائضة لقدرته على استغلالها بكفاءة عالية وفاعلية وبما يساعد على تحقيق الأهداف التنظيمية وبلوغ رسالة المنظمة المنشودة.

سادساً: المظهر التداؤبي **Synergetic Perspective**:

ناقشنا في مواقع متعددة من كتابنا هذا بشكل أو بآخر مفهوم التداؤب مع بعض الإيضاحات التطبيقية. وفي الفصل الثاني قلنا ان التداؤب هو أحد الأجزاء التأسيسية الموحدة للنموذج النظري لإدارة الاستراتيجية. كما تطرفنا إلى إمكانية الاستدلال في حالة التداؤب حين قيام المنظمة بأعمالها بفاعلية وكفاءة نتيجة اعتمادها ستراتيج معين، ويحصل العكس بدونه. والأمثلة على مظاهر الكفاءة والفاعلية الناتجة عن التداؤب كثيرة منها:

1- تزايد فاعلية العمليات التنفيذية.

2- الاستخدام الأمثل للموارد المتاحة.

3- الاستفادة القصوى من الفرص الخارجية المكونة للبيئة الخارجية.

ان الجهود الادالية ليست العامل الرئيس في احداث التداؤب وسريانه في صلب العمليات الداخلية فحسب، بل في لمس تأثيره الإيجابي على حالة التوازن المثلى بين المنظمة وبيئتها الخارجية، وعلى العكس، فان ضعف القيادة وعدم استيعاب أهمية الاستراتيجية الإداري يؤثران سلباً على التداؤب ويؤديان إلى نتائج عكسية.

وفي الفصل الرابع وعطفاً على ديناميكية عملية الاستراتيجية، فقد ذكرنا ان التداؤب ينتج عندما يحصل التفاعل المؤثر بين الأجزاء الرئيسة المكونة للعملية، فالتداؤب عنصر ـ إيجابي لا يمكن الحصول عليه عن طريق زيادة عدد الأعمال المتميزة، بل هو أحد المنافع الأولية المستخلصة والمنبثقة عن حالة الترابط والتداخل التي تحصل بين الأجزاء الرئيسة لعملية إدارة الاستراتيجية إلى جانب الحالة الديناميكية للعملية كليها. لقد تعرضنا إلى مفهوم التداؤب في الفصل السابع عندما ناقشنا أعمال اختيار الاستراتيجية الإداري. وفي ذلك الفصل طرحت عدة تعريفات ملخصها ان التداؤب هو مقياس للجهود المتظافرة والمنفردة، أي ان التداؤب هو حالة التوحيد وتجميع المكونات والعناصر والحصول على ناتج كلي واحد أفضل من ناتج كل جزء على انفراد. ومن هنا تبرز أهمية المظهر التداؤبي لعملية إدارة الاستراتيجية.

وبالتداؤب تطرح عملية الأجزاء داخل الكتلة الواحدة نتائج أفضل وأعظم قياساً بنتائج عمليات أجزاء كتلة أخرى لا تتخللها حالة التداؤب، ذلك ان التداؤب وكما أشير إليه، ينشأ إذا توصلنا إلى أفضل توحيد ودمج للأجزاء التي سبق تفريقها وتعكس هذه السطور التعريفية القليلة ما يلعبه التداؤب في عملية إدارة الاستراتيجية. حيث ان تشغيل أي جزء او مكون من مكونات الاستراتيجية ومن غير ان يتداءب مع الأجزاء جميعاً يؤدي إلى تفكك وانهيار الحالة التكاملية الكلية للاستراتيجية وما ينبغي الوصول إليه. فمثلاً ان توصل ادارة المنظمة إلى قرار الحاجة للاستراتيجية، أو قرار إعادة صياغة الاستراتيجية الحالي بمعزل عن الأمور الأخرى، فانه يبدو عديم الأهمية والجدوى إلى حد ما. وأيضاً إن انجاز أعمال وفعاليات أخرى على انفراد وبمعزل عن الأعمال والفعاليات الاستراتيجية الأخرى يمنع قرار الخيار الاستراتيجي من الإسهام في تحقيق الأهداف التنظيمية. ان عملية تنفيذ الاستراتيجية من جانب واحد ـ لا تحضى ـ بدعم ومساندة القادة الإداريين القائمين على مسؤولية تنفيذ الاستراتيجية المختار. ان غياب أعمال التقييم والرقابة المستمرين يعني استبعاد الحصول على

الأداء المطلوب ضمن حدود الانحرافات والسماحات المقبولة عن الأداء القياسي. ان التجاهل او التغاضي عن مردود التغذية العكسية الصحيحة ووفق توقيتات سليمة قد توصل المنظمة إلى نتائج معاكسة الاتجاه مع أعمال ونتائج الاستراتيجية قيد التنفيذ مهما بلغت درجة فهم الاستراتيجية ودقة تنفيذه. وأخيراً وليس آخراً يمكن القول بأن التداؤب ينتج بسبب حدوث الاندماج والتزاوج بين جميع عناصر ومكونات إدارة الاستراتيجية وبشكل فاعل ومؤثر وبما يؤكد حصول لمردوده الإيجابي للمنظمة نتيجة اتباعها هذا المدخل.

ومن الأمثلة على سريان الحالة التداؤبية في المنظمة التي تعتمد في ادارة عملياتها خططاً ستراتيجية مختارة. **أولاً**: الاستثمار الكبير للفرص المتاحة في البيئة الخارجية بالاعتماد على معلومات القاعدة الاستراتيجية. **وثانياً**: حصول حالة التأثير الملحوظ على القوى الخارجية وما يتبعه من تفاعل متبادل بين زبائن، ومالكين، وإداريين عبر الحدود التنظيمية. **وثالثاً**: الاستثمار والتسخير السليم للموارد المتاحة للمنظمة مقروناً بالأعمال والفعاليات الجارية مقايسة مع المسؤوليات والالتزامات التي تعهد إلى رجالة وقادة المنظمة الإداريين تجاه الغايات الاستراتيجية. وأخيراً تتعاظم الفاعلية والكفاءة للمنظمة من خلال أعمال الرقابة والتقييم السليمين للاستراتيجية الإداري المعتمد.

ونختتم كلامنا في هذا المجال بالقول بأن عملية إدارة الاستراتيجية تنطوي على قوة كامنة قادرة على توفير التداؤب الإيجابي. وحتى تتمكن إدارة المنظمة من الاستفادة من هذه القوى. وعليها أن تلاحظ العلاقة المتداخلة والمترابطة لجميع المكونات الأساسية ولعموم عملية إدارة الاستراتيجية. إن إدارة الاستراتيجية بكونها مجموعة أجزاء ومكونات متكاملة مترابطة ومتداخلة لها استقلاليتها في نفس الوقت، وتعمل جميعها ككل متكامل ومتخذ يؤدي إلى تحقيق الحالة التداؤبية الإيجابية وكنتيجة طبيعية ومنطقية لأعمال تنفيذ الاستراتيجية.

سابعاً: المظهر العقلاني **Rational Perspective:**

ينصب أهمية هذا المظهر على سلوك القائد الاداري وعلى الدور الذي يمكن ان يلعبه هذا الفرد داخل المنظمة في عملية إدارة الاستراتيجية وتوجيهها نحو غايات المنظمة من خلال القرارات التي تصدر عنه. وقد عالج الفصل السابع موضوع العقلانية والرشد كمظهر من مظاهر إدارة الاستراتيجية في عملية الاختيار. حيث قلنا ان من الحكمة اعتبار السلوك القيادي إما عقلانياً رشيداً أو غير عقلاني في ضوء اتجاه ذلك السلوك نحو هدف معين، بحيث يكون ذلك الفرد قادراً على اختيار المسلك الواعد والمناسب لبلوغ هذا الهدف. والقائد الاداري صاحب السلوك العقلاني هو الذي يعرف مسبقاً نتائج سلوكه قبل زج نفسه والمنظمة في مناهج عمل معينة. بمعنى ان سلوكية مثل هذا القائد الاداري وتحركاته يميلان نحو تحقيق الهدف المنشود، ومثل هذا الميل يضع اللبنات الأساسية لمظهر القادة الاداريين العقلاني في ادارتهم للاستراتيجية المعتمد.

وقد ذكرنا أيضاً في الفصل السابع ان القادة الاداريين العقلانيين يميزون ويقبلون بفكرة محدودية المعلومات المتاحة، وان مثل هذه المعلومات غير دقيقة وكاملة تماماً خصوصاً في عملية الخيار الاستراتيجي حيث الضغوط الكلفوية والزمنية. ومثل هذه المتغيرات ومتغيرات أخرى مثل عدم بعد النظر ومحدودية التفكير تؤثر على درجة عقلانية القائد الاداري في الخيار الاستراتيجي. وبالتالي فان التركيبة الشخصية للقائد الاداري تغلب على اعمال اختيار الاستراتيجية سعياً وراء تعظيم النتائج. ان افضل ما يمكن ان يحققه القائد الاداري في اطار ثوابت الضغوط المؤثرة في العقلانية، هو بلوغ نتيجة ستراتيجية تتناسب ومستوى الطموح الذي تعكسه الأهداف التنظيمية. ان فكرة العقلانية المقيدة التي من خلالها يختار القائد الاداري الاستراتيجيات الواعدة بنتائج مقنعة تتطابق مع تطلعات الإدارة الاستراتيجية الاداري برمتها، وليس فقط على صنع الخيار الاستراتيجي، وهذا هو جوهر المظهر العقلاني لإدارة الاستراتيجية، ولإيضاح الأمر فاننا نسرد الأمثلة التالية بخصوص تطبيقات المظهر العقلاني على المكونات الأساسية لإدارة الاستراتيجية وعلى النحو الآتي:

1- عند إقرار الحاجة للاستراتيجية او بلوغ قرار اعـادة صياغة الاستراتيجية الحالي، فان القائد الاداري يعاني من جملة محددات وقيود سببها الأساس عدم كمالية المعلومات الاستراتيجية، فضلاً عن المحـددات الكلفوية والزمنيـة التي تمنع هـذا القائد من الاستمرار في البحث عن معلومات مفيدة أخرى، ومن ناحيـة أخرى فان محدودية التفكير والادراك والتصور عند القائد الاداري تمتد لتشمل أعمال صنع واتخاذ القرار الاستراتيجية كما هي الحال لدى صانعي القرار الآخرين.

2- عند صياغة الاستراتيجية في ضوء المعلومات الاستراتيجية التمهيدية وصولاً إلى الخيار الاستراتيجي، يقع القائد الاداري تحت تأثير المتغيرات ذات العلاقة بالعقلانية المفيدة والمحـدودة. كـما ان نـدرة المعلومـات والضغوط الكلفويـة والزمنيـة، إلى جانـب محدودية التفكير والادراك والتصور، تعمل كلها على تقليل البـدائل المتاحـة للخيار الاستراتيجي.

3- اما عندما تتوجه الجهود نحو تنفيذ الخيار الاستراتيجي، تقع على القائد الاداري مهمة التعايش مع عنصر عدم التأكد المنسوب إلى العقلانية المقيدة. وهنا يتسـاءل هـذا القائد هل يتم القبول بالخيار الاستراتيجي بكل حماسة على أساس تنفيذ هذا الخيار كلاً أو جزءاً. ولماذا؟

4- واذا فحصـنا نشـاط تقيـيم ورقابـة الاستراتيجية الاداري المختـار، نـرى جهـود القائد الاداري قد يتحدد بعقلانية سلوكه. ثم ان المعلومات غير الكاملة او الدقيقة تشكل قيوداً أو ضغوطاً تجاه جديـة العقلانية، وان ضغوط الموازنات قد تحول دون التقييم والقياس الشاملين قبل القيام بالاجراءات التصحيحية المناسبة.

5- وأخيراً، فان اعمال تثمين المعلومات المرتدة من البيئة الخارجيـة عـن طريق التغذيـة العكسية تضع القائد الاداري تحت تأثير عقلانية محدودة تتأثر هـي الأخرى بقلـة المعلومات او عدم وضوحها وكماليتها ودقتهـا. كـما وأن الموازنـات تتطلـب الانتباه الثابت والتركيز المناسب وقد تنتظر الاجراءات التصحيحية السريعة. ثم ان محدودية التفكير والادراك والتصور تساهم في تحميل القائد الاداري عبء معلومات لا يرغب فيها ولا يقدر على التعامل معها.

وفي نهاية المطاف فاننا نقول، ينبغي على القائد الاداري تبني المظهر العقلاني في أعماله ونشاطاته تجاه عملية إدارة الاستراتيجية. ولا ننسى ان العقلانية المقيدة تؤثر على درجة تفاعل العناصر والمكونات الرئيسة لعملية إدارة الاستراتيجية إلى جانب تأثيرها على شخص القائد الاداري بشكل ملحوظ جداً.

خـــاتـــمــة

حسبنا في خاتمة كتابنا إدارة الاستراتيجية، وبعد أن ارهصنا في تحليلنا لجوانب عملية إدارة الاستراتيجية والمتغيرات المتعلقة بدراسة علاقات المنظمة بـالبيئتين الداخليـة والخارجيـة والتي يمكن في إطارها وضع الصيغ المنتقاة تجاه نظرة مستقبلية لنوعية هذه العلاقة.

فان ما قدمناه لا يعدو ان يكون لمسات رقيقة فاحصة لموضوع ضخم، وحسبنا أننا أسهمنا في طرح موضوع إدارة الاستراتيجية، وإجادة طرح الموضوع نصف العلم. وكنا قد أشرنا إلى اهم قسمات إدارة الاستراتيجية في كتابنا سياسات الأعمال بطبعتيه عام 1990 وعام 2000 أو على صفحات كتابنا هذا. وحرصنا دوماً ان تتضمن مؤلفاتنا أفكاراً، إلا أن الأهم من ذلك هو الأسلوب الذي تقال به هذه الأفكار. أما الشيء الأكثر أهمية من هذا وذاك هو مقدار التأثير الذي تحدثه تلك الأفكار في اتجاهات القارئ المجتهد وأفكاره وسلوكه.

الدكتور شوقي ناجي جواد
عمان عام 2009م

المراجــــــع

أولاً: المراجع العربية:

جواد، شوقي ناجي	1996	ادارة الأعمال منظور كلي، دار الكتب - بغداد
	1992	سلوكيات الانسان، دار الكتب، بغداد.
	1991	التفاوض مهارة وستراتيج، دار الفنون، بغداد.
	1990	سياسات الأعمال، مطبعة الراية، بغداد.
	1989	واقع صناعة واتخاذ القرارات الاداري في التعليم العالي، مجلـة كليـة الادارة والاقتصاد، الجامعة المستنصريـة، بغداد.
	1989	الأنمـاط القياديـة لرؤسـاء الأقسـام العلميـة في التعليم العالي، مجلة الرافدين، الموصل، العراق.
	1988	مبادئ الادارة، مطبعة التعليم العالي، بغداد.
	1987	نموذج مقترح لتطوير الطاقات البشرية، مجلـة كليـة الادارة والاقتصاد، جامعة بغداد.
	1985	التخطيط وفق مفهوم النظم، المجلة العربية للعلوم الادارية، عمان.
	1984	الادارة التربوية، المجلة العربية للعلوم الادارية، عمان.
خطاب، عايدة سيد	1985	الادارة والتخطيط الاستراتيجي، دارة الفكر العربي، مصر.
القروي، هشام (مترجم)	1990	القـوى المحركـة، سـتراتيجية جديـدة للمؤسسة، دار الشؤون الثقافية، بغداد.
المنصور، كاسر نصر	1998	ادارة الانتاج والعمليات، دار الحامد، عمان.
	2000	نظرية القرارات الادارية، دار الحامد، عمان.

ثانياً: المراجع الأجنبية للطبعة التالية:

1- Bijlani H. 1997, vision and Re-visions, The Economic Times, January New Delhi

2- Bosemen G. and Phatak A. 1989, Strategic Management. John Wiley New York.

3- Campbell A. and Yeung S. 1991, Mission, vision, and Strategic Intent, Long Range Planning, August PP. 145-147.

4- Caroll A. B. 1979, A Three Dimensional Conceptual Model of Corporate Performance. Academy of Management Review, October P.499.

5- Demb A. and Neubauer F.F. 1992, The corporate Board, Confronting the Paradoxes. Long Range Planning, June P.13.

6- Garvin, D. A. 1993, Building a Learning Organization. Harvard Business Review, July – August P.80.

7- Hickson D. J. 1986, Top Decisions, Strategic, Decision Making in Organization, Jossey – Bass, San Francisco.

8- Hinterhuber H. H. and Popp W. 1992. Are you a Strategist or Just a Manager, Harvard Business Review January – February PP. 105-113.

9- Kattz R. 1996, Three skills of an Executive Administrative, Harvard Business Review, January.

10- Lau R. S. M. 1996, Strategic Flexibility. A new Reality for World Class Manufactures, Advanced Management Journal, Spring PP. 11-15.

11- Mintzberg H. 1973, Strategy Making in Three Models, California Management Review, Winter PP. 44-53.

12- Pitts R. A. Lei D. 1996, Strategic Management Macmillan, London.

13- Smith K. G. and Grimn. J. 1987, Environmental Variation, Strategic Change and Firm Performance. Strategic Management Journal July – August PP. 363-376.

14- Steiner G. A., Miner J. B. and Gray E. R. 1986, Management Policy and Strategy, Macmillan, New York.

15- Wheelen T. L. and Hunger J. D. 1998, Strategic Management, Addison Wesley Longman Inc. New York.

شوقـــي ناجـــي جـــواد
دكتوراه إدارة أعمال
ولد في بغداد عام 1940

بعد الباكلوريا كان أحد الدارسين في جامعة بغداد حصل منها على شهادة الدبلوم العالي في المحاسبة (1962)، وفي ذات الوقت كان أحد الدارسين في جامعة الحكمة بغداد التي تخرج فيها بدرجة بكالوريوس في إدارة الأعمال (1963). في عام (1971) أنهى دراسة الماجستير في إدارة الأعمال(تمويل) في كلية التجارة جامعة القاهرة، ثم أصبح أحد أعضاء الهيئة التدريسية في كلية الإدارة والاقتصاد جامعة بغداد. في عام (1976) أصبح عميداً لمعهد الإدارة - الرصافة - هيئة المعاهد الفنية. وفي عام (1982) نال شهادة الدكتوراه في إدارة الأعمال (تنظيم أفراد) من جامعة ويلز Wales المملكة المتحدة. كلف بمهام مساعد رئيس هيئة المعاهد الفنية للشؤون الإدارية والمالية عام (1983)، ثم عميداً لمعهد الإدارة التقني عام (1988). في العام نفسه نقل خدماته إلى كلية الإدارة والاقتصاد الجامعة المستنصرية، ثم ترك الخدمة إلى التقاعد عام (1989) دون أن ينقطع عن ممارسة التعليم. تدرج في الألقاب العلمية من مدرس مساعد عام (1972) ثم مدرس عام (1976)، وأستاذ مساعد عام (1983) حتى نال الأستاذية في إدارة الأعمال عام (1993). وهو أحد العراقيين الخمسة الذين أوجدوا أول طريقة للاختزال باللغة العربية (طريقة الفراهيدي) عام (1989) طريقة عراقية عربية أصيلة. حاضر ولا يزال يحاضر في موضوعات إدارة الأعمال على مستوى الدراسات الأولية والعليا في الجامعات العراقية والعربية، وأشرف على العديد من الرسائل الجامعية. أنتدب للتدريس والخبرة الإدارية لدى بعض المنظمات العراقية والعربية وحتى الدولية. له أكثر من عشرة مؤلفات في بحر الاختصاص، إلى جانب العديد من بحوث منشورة في مجلات عراقية وعربية وأجنبية. كما أن له عدداً آخر منها قيد الإنجاز. عمل خبيراً لدى بعض المنظمات الدولية، إحداها مديراً لمشروع تطوير المراكز التدريبية وإقامة المشروعات الصغيرة في العراق برعاية البرنامج الإنمائي التابع للأمم المتحدة (1996 - 1999)، وآخرها خبيراً تنفيذياً لبرنامج تطوير مدراء المراكز التدريب المهني في اليمن برعاية منظمة العمل الدولية، المركز الدولي للتدريب - تورينو - إيطاليا (2000). انظم إلى جامعة عمان للدراسات العليا منذ العام 2000 ولا زال يمارس الإشراف والتدريس لطلبة الماجستير والدكتوراه.

Printed in the United States
By Bookmasters